Contratos de Construção de Grandes Obras

Contratos de Construção de Grandes Obras

2019

Lie Uema do Carmo

CONTRATOS DE CONSTRUÇÃO DE GRANDES OBRAS
© Almedina, 2019
AUTOR: Lie Uema do Carmo
DIAGRAMAÇÃO: Almedina
DESIGN DE CAPA: Roberta Bassanetto
ISBN: 9788584934782

Dados Internacionais de Catalogação na Publicação (CIP)
(Câmara Brasileira do Livro, SP, Brasil)

Carmo, Lie Uema do
Contratos de Construção de Grandes Obras / Lie
Uema do Carmo. -- São Paulo : Almedina Brasil, 2019.

Bibliografia.
ISBN 978-85-8493-478-2

1. Contratos de construção civil 2. Contratos
de engenharia 3. Construção - Leis e legislação
4. Engenharia - Contratos 5. Projetos de engenharia -
Administração I. Título.

19-25427   CDU-34:69

Índices para catálogo sistemático:
1. Contratos de projetos e obras : Construção civil : Direito 34:69
Iolanda Rodrigues Biode - Bibliotecária - CRB-8/10014

Este livro segue as regras do novo Acordo Ortográfico da Língua Portuguesa (1990).

Todos os direitos reservados. Nenhuma parte deste livro, protegido por copyright, pode ser reproduzida, armazenada ou transmitida de alguma forma ou por algum meio, seja eletrônico ou mecânico, inclusive fotocópia, gravação ou qualquer sistema de armazenagem de informações, sem a permissão expressa e por escrito da editora.

Abril, 2019

EDITORA: Almedina Brasil
Rua José Maria Lisboa, 860, Conj.13i.e.132, Jardim Paulista | 01423-001 São Paulo | Brasil
editora@almedina.com.br
www.almedina.com.br

À minha mãe, Kei Uema,
e ao meu pai, Leão Neto do Carmo (*in memoriam*),
os primeiros que me ensinaram o valor do amor e da perseverança. À
Bel, Ben e Tom, amores da vida inteira.

À minha orientadora, Prof. Dra. Titular Paula Andrea Forgioni,
pela orientação e pelo exemplo de dedicação à vida acadêmica.

AGRADECIMENTOS

Um ambiente propício é uma das condições para a realização de um trabalho que exige mais fôlego e reflexão. Tive a felicidade de contar com contribuições de várias ordens, todas preciosas, para a realização desta obra. Este livro teve origem em trabalhos entregues ao longo do doutorado cursado perante a Faculdade de Direito da Universidade de São Paulo e, principalmente, em minha tese de doutorado, depositada em 19 de janeiro de 2012, desenvolvida desde 2009 sob a orientação da Profa. Dra. Paula Andrea Forgioni.

Muito obrigada, pelo amor e pelo apoio, a Kei Uema e às minhas irmãs, Keili Uema do Carmo Vilibor, Silvia Pereira da Cruz e Ieda Uema Fontes. A alegria de Maria Elizabeth, Lina Bo, Lucas, Francisco, Liz, Nicole, Pedro e Noah tornaram tudo mais leve e prazeroso. A Aline Santini, Henrique Moraes Prata e Clemência Angélica, um agradecimento muitíssimo especial, difícil de expressar com palavras. A Alexandre Machado, Marie Grinberg e Rodrigo Marambaia pelo inestimável auxílio na revisão desta obra. A Izabel Zanforlin, por tudo.

A meus devotos amigos-irmãos, alguns fisicamente próximos e outros distantes, que a seu modo apoiaram o desenvolvimento deste trabalho por meio de trocas de ideias, revisões, incentivos ou simplesmente tendo a paciência carinhosa de compreender minhas ausências e recolhimento: obrigada aos amados Pablo Navarro, Paula Garcia, Marta Machado, Fabio Andrade, Deborah Kirschbaum, Daniele Medeiros, Fabianne Rezek, Sabrina Barros Xavier, Luciana Dualib, Raquel Otranto, Raíssa Reis Balaniuc, Aline Navarro, Maíra Machado, Lele Engler, Eduardo Pupo Ferreira, Fernando Fadul Vilibor, Renoir Vieira, Alberto Morelli, Ana Luiza Leão,

Maria Fernanda Rocha, Simone Roque, Ana Luiza Garfinkel, Fernando Lottenberg, Marcelo Corazza, Munyz Arakaki, Marli Arakaki, Helena Uema, Jaqueline Rodrigues, Leandro Pereira, Simone Nervo Codato, Xavier Vouga, Viviane Muller Prado, Roberta Prado, Mariana Amaral, Geyza Rodrigues, Gilmara dos Santos Ferreira, Fabio Pappalardo, Marina Feferbaum e Juliana Palma.

A todos os amigos da Escola de Direito da Fundação Getulio Vargas, pelo apoio e pelos incentivos fundamentais para a elaboração da tese que deu origem a esta obra: obrigada a Ary Oswaldo Mattos Filho, Oscar Vilhena Vieira, Paulo Clarindo Goldschmidt, Adriana Ancona de Faria, Emerson Fabiani, Ronaldo Porto Macedo Jr., Mário Engler Pinto Junior, Carlos Ari Sundfeld, Frederico Normanha Ribeiro, Cássia Nakano Hirai, Luciana Gross Cunha e Rafael Maffei. Meu reconhecimento especial a Roberto Vasconcellos. Meus sinceros e carinhosos agradecimentos a Diego Castro e Caio Oliveira, jovens pesquisadores e amigos de Fundação Getulio Vargas, hoje ótimos advogados.

A Paulo Cesar Aragão, Plínio Barbosa e Monique Mavignier, exemplos de profissionais imensamente competentes, íntegros e generosos. Meu reconhecimento especial a Paul Schnell, do Skadden Arps, Slate, Meagher and Flom e a sua gentil equipe de bibliotecárias.

Aos professores Paula Andrea Forgioni, Wanderley Fernandes e Arthur Barrinuevo, pelos aportes e valiosos comentários generosamente oferecidos na banca de qualificação. Ao professor Victor Goldberg, que me recebeu na Universidade de Columbia e cedeu seu precioso tempo para discutir tópicos da tese defendida em 2012, que deu origem ao presente livro.

A Leonardo Toledo da Silva e a todos da Almedina.

NOTA DO IBDIC

A questão semântica e terminológica é um grande desafio para o jurista que se propõe a estudar o direito dos "contratos de construção". Termos como "contrato de construção", "contrato de engenharia", "contratos de engenharia e construção", "contratos de engineering", "contrato de empreitada", "contratos de infraestrutura", "contratos de infraestrutura e construção" e "contratos de construção de grandes obras" já foram utilizados para designar modelos e categorias contratuais diversos.

Esse perfil mais complexo de contratos de construção, dentre os quais se inserem o contrato de EPC (engineering, procurement and construction) e o Contrato de Aliança, não possui uma caracterização típica muito fácil. A obra de Lie Uema do Carmo, que é fruto de sua tese de doutoramento, na Faculdade de Direito da USP, elege quatro características essenciais – índices de tipo – para individualização dos contratos de construção de obras de grande, contribuindo para o debate jurídico sobre tipicidade dessas figuras contratuais. A partir desses quatro elementos, a autora sugere sistematizar os contratos existentes no mercado da construção em quatro categorias, cuja divisão foi inspirada justamente pela intensidade dos índices do tipo por ela adotados.

A autora ainda elabora ainda um excelente apanhado analítico das principais figuras contratuais complexas, no cenário da construção, buscando correlacionar a complexidade desses modelos a algumas consequências jurídicas específicas.

Pela sua qualidade indiscutível, a obra foi fortemente recomendada para publicação na "Coleção Direito da Construção IBDiC".

Leonardo Toledo da Silva
Presidente do IBDiC
Mestre e Doutor em Direito Comercial pela USP.
Prof. do Programa de Mestrado Profissional da FGV Direito-SP.
Advogado e árbitro, sócio de Toledo Marchetti Advogados.

PREFÁCIO

Tenho a satisfação de apresentar o livro "Contratos de Construção de Grandes Obras", de Lie Uema do Carmo. A obra tem por base a tese de doutorado da autora, elaborada sob minha orientação, e aprovada *cum laude* pela banca composta pelos Professores José Alexandre Tavares Guerreiro, Arthur Barrinuevo Filho, Hélio Nogueira da Cruz e José Marcelo Martins Proença.

Na prática, grandes obras de engenharia são sinônimos de contratos complexos e investimentos volumosos. Os litígios decorrentes são igualmente complexos e caros. Apesar da relevância, parca era a literatura existente sobre o tema. Esta obra preenche um vazio em nossa doutrina jurídica ao abordar, com profundidade e de modo único, dois temas cognitivamente árduos: a anatomia e a complexidade dos contratos de construção.

Ao tratar da anatomia dos contratos de grandes obras, a autora não se furtou ao desafio de expandir as fronteiras do Direito para conhecer e refletir sobre temas tipicamente afetos à Engenharia, Arquitetura, Administração, Economia e Financiamento de Projetos. A contribuição para a dogmática jurídica é clara: a possibilidade de compreender a racionalidade econômico-financeira dos variados contratos de grandes obras dentro do contexto real, da prática na qual eles são celebrados. Se bem compreendida, a racionalidade de cada contrato, devidamente contextualizada, é a chave para afastar o operador de qualificações e abstrações simples, porém errôneas, e iluminar a correta aplicação do Direito e, especialmente, a interpretação desses contratos. Conhecer sua racionalidade é compreender a intenção comum das partes, a natureza do negócio.

Tem-se neste livro uma outra preciosidade: a investigação inédita da teoria da complexidade aplicada a contratos de construção. A autora vai além dos tipos contratuais que destrincha, elevando-se à doutrina da teoria geral dos contratos empresariais. Examinou, com maestria, os aspectos estruturais da complexidade, a complexidade no Direito e, em específico, as fontes endógenas e exógenas da complexidade de um programa contratual de uma grande obra.

Posso afirmar, sem favor algum, que a autora é uma das melhores pesquisadoras brasileiras e alia, como poucos, a teoria à prática. Não existem professores ou pesquisadores de direito empresarial criados em laboratório. Em ambientes assépticos, é impossível apreender uma matéria que brota do pulso da realidade. Nos doutorados, deveria ser obrigatório que o candidato conhecesse a prática da matéria que se propõe estudar. Estamos todos fartos de trabalhos superficiais e de teses que não servem para nada, a não ser agradar aos números impostos pela CAPES.

Por tudo isso, prefaciar o livro da Professora Lie Uema do Carmo é realmente uma honra. Teoria e prática ombreadas, domínio e inovação da teoria geral do direito empresarial, utilidade e originalidade na parte específica sobre os contratos da construção de grandes obras. Simbiose eloquente entre direito e economia. Uma autora que enobrece a Academia brasileira, mas que com ela não se contenta.

Paula A. Forgioni
Professora Titular de Direito Comercial da Faculdade de Direito da
Universidade de São Paulo

LISTA DE FIGURAS

Figura 1 - Custo relativo de administração contratual em cenários de incerteza . 96

Figura 2 - Sequência de contratação em obras públicas 133

Figura 3 - Alternativas de contratação considerando a duração do contrato, riscos e confiança 158

Figura 4 - Adequação do método de alocação ou partilha de riscos vis-à-vis o contexto 168

Figura 5 - Estrutura organizacional de aliança de projeto....................................170

Figura 6 -Categorias de riscos 198

Figura 7 - Riscos associados a diferentes projetos 203

Figura 8 - Rede contratual de um megaprojeto 205

Figura 9 - Linha da complexidade 263

Figura 10 - Linhas relativas da complexidade..264

Figura 11 - Fronteira da complexidade..265

LISTA DE TABELAS

Tabela 1 - Perspectivas do investimento 2018-2021 33

Tabela 2 - Comparação entre as modalidades preço fixo e cost-plus 94

Tabela 3 - Origem dos recursos investidos na indústria e na infraestrutura
(2005-2009) 213

Tabela 4 - Classificação dos contratos de construção
no ordenamento jurídico brasileiro 218

Tabela 5. Custo de um contrato completo 249

LISTA DE ABREVIATURAS

AIA	American Institute of Architects
AGC	Associated General Contractors of America
ASCE	American Society of Civil Engineers
BLT	Build-Lease-Transfer
BNDES	Banco Nacional de Desenvolvimento Econômico e Social
BOO	Build-Operate-Operate
BOT	Build-Own-Transfer
Cau-Br	Conselho de Arquitetura e Urbanismo do Brasil
CC	Código Civil Brasileiro
CLT	Consolidação das Leis do Trabalho
CMAA	Construction Management Association of America
CMa	Construction Management as agent
CMAR	Construction Management at-risk
Confea	Conselho Federal de Engenharia e Agronomia
Crea	Conselho Regional de Engenharia e Agronomia
ECT	Economia dos custos de transação
EJDC	Engineers Joint Document Committee
EPC	Engineering, procurement and construction
EPCM	Engineering, procurement and construction management
FIDIC	Fédération Internationale des Ingénieurs-Conseils
FBCF	Formação bruta de capital fixo
IBGE	Instituto Brasileiro de Geografia e Estatística
IBRAOP	Instituto Brasileiro de Auditoria de Obras Públicas
ICC	Internacional Chamber of Commerce
ICE	Institution of Civil Engineers

JCT	Joint Contracts Tribunal
NEC	New Engineering Contract
NSPE	National Society of Professsional Engineers
PAC	Programa de Aceleração do Crescimento
PDP	Política de Desenvolvimento Produtivo
PIB	Produto interno bruto
PIL	Programa de Investimento em Logística
PPA	Power Purchase Agreement
PPI	Programa de Parcerias de Investimentos
PMI	Project Management Institute
PMG	Preço Máximo Garantido
RDC	Regime Diferenciado de Contratação
SPE	Special purpose entity ou sociedade de propósito específico

SUMÁRIO

Introdução..23

Parte 1 – Contratos de Construção de Grandes Obras....................................29

Capítulo 1 – Contratos de *Engineering* e Construção de Grandes Obras 67
  1.1 Definições e Opção Terminológica...43
  1.2 Atipicidade e o Problema da Qualificação 51
    1.2.1 Tipo...56
    1.2.2 Reflexões sobre as Definições de Alpa e Cavallo Borgia 59
    1.2.3 Reflexões sobre a Qualificação Feita por Gil..62

Capítulo 2 – Anatomia dos Contratos de Construção 67
  2.1 Fases...68
  2.2 Modalidades de Contratação 78
    2.2.1 Sujeitos: Prime *ou Multi-Prime* 78
    2.2.2 Estrutura de Remuneração 79
    2.2.2.1 Preço Fixo, Global ou Lump-sum 80
    2.2.2.2 Preço por Unidade ou por Série..88
    2.2.2.3 Cost-plus, Preço-alvo ou Preço Máximo Garantido (PMG) 89
    2.2.2.4 A Seleção das Estruturas de Remuneração 95
    2.2.3 Métodos de Procurement..98
    2.2.3.1 Tradicional...99
    2.2.3.2 Design-build ou Processo Turnkey..100
    2.2.3.3 Design-bid-build..102
    2.2.3.4 Build-Operate-Transfer (BOT), Build-Own-Operate (BOO)
    e Build-Lease-Transfer (BLT) 103
    2.2.3.5 Design-Manage 103
    2.2.3.6 Construction Management e Management Contracting......................104

CONTRATOS DE CONSTRUÇÃO DE GRANDES OBRAS

2.2.3.7 Construção Faseada ou Fast-Track..104
2.3 Tipologia Contratual..105
2.3.1 Administração ou Gerenciamento de Projetos, At-risk, EPCM
e Representante do Proprietário..106
2.3.1.1 Administração ou Gerenciamento de Projetos
ou Construction Management as Agent.......................................106
2.3.1.2 Administração At-risk ou Construction Management At-risk...........107
2.3.1.3 Representante do Proprietário..109
2.3.1.4 EPCM..111
2.3.2 Empreitada..112
2.3.2.1 Empreitada por Administração...130
2.3.2.2 Empreitada de Obra Pública...131
2.3.3 Engineering, Procurement and Construction.............................137
2.3.4 Parceria de Projeto ou Project Partnering.............................150
2.3.5 Aliança de Projeto ou Project Alliancing..............................157
2.4 Perfil Organizativo dos Contratos de Construção...............................176
2.4.1 Elementos e Caracteres Jurídicos.......................................177
2.4.1.1 Regulamentação Profissional e Sociedade de Engenharia como Contratada 178
2.4.1.2 Obra Complexa..183
2.4.1.3 Prestações Complexas e Articuladas..................................186
2.4.2 Características Econômico-Financeiras...................................188
2.4.2.1 Capital Intensivo, Indivisibilidade e Irreversibilidade.............189
2.4.2.2 Longa Duração e Especificidade do Ativo e do Investimento...........190
2.4.2.3 Riscos...195
2.4.3 Pertencimento a uma Rede ou Coligação Contratos e Financiamento.......203
2.4.3.1 Rede ou Coligação Contratual...203
2.4.3.2. Financiamento e Estruturação de Projetos...........................205
2.4.4 Proposta de Sistematização dos Contratos de Construção
no Ordenamento Brasileiro..214

Parte 2 – Complexidade..225

Capítulo 1 – As Bases da Complexidade..227
1.1 Weaver e a Noção de Complexidade Organizada..................................227
1.2 Aspectos Estruturais da Complexidade Segundo Simon...........................229
1.2.1 Hierarquia...230
1.2.2 Estrutura do Sistema Complexo e Tempo de Evolução......................231
1.2.3 Propriedades Dinâmicas de Sistemas Complexos...........................233
1.2.4. Descrições de Sistemas Complexos......................................234

SUMÁRIO

Capítulo 2 – Complexidade e Direito..237
2.1 Complexidade das Regras Jurídicas segundo Kaplow.............................238
2.2 Completude e Incompletude Contratual 241
2.3 Complexidade Contratual..250
   2.3.1 Fontes ou Indutores da Simplicidade e da Complexidade Contratual 253
   2.3.1.1 Ambiente Institucional 254
   2.3.1.2 Elementos ou Características da Transação 258
   2.3.1.3 Racionalidade Limitada..261
   2.3.1.4 Renegociação e Preenchimento de Lacunas 266
   2.3.1.5 Assimetria Informacional..268
   2.3.1.6 Monitoramento 270
   2.3.1.7 Confiança e Reputação 272
   2.3.1.8 Contratos Standard ou Contratos-tipo 277
   2.3.1.9 Pressão Evolutiva sobre Minutas de Contratos 279
   2.3.1.10 Características dos Mercados, das Partes e dos Assessores......................281
   2.3.1.11 Custos de Negociação e Redação 288
   2.3.1.12 Custos do Litígio..294
   2.3.1.13 Relação Contratual Pretérita 296

Capítulo 3 – Complexidade em Contratos de Construção de Grandes Obras 301
3.1 Complexidade em Contratos de Construção de Grandes Obras.............303
3.2 Nota sobre a Incompletude Contratual,
a Complexidade e os Novos Modelos de Contratação 310

Considerações Finais..313

Referências..315

Introdução

> "Na minha rua estão cortando árvores
> botando trilhos
> construindo casas.
>
> Minha rua acordou mudada.
> Os visinhos não se conformam.
> Elles não sabem que a vida
> têm dessas exigências brutas.
>
> Só minha filha gosa o espectaculo
> e se diverte com os andaimes,
> a luz da solda autogena
> e o cimento escorrendo nas fôrmas."
>
> A rua differente
> Carlos Drummond de Andrade[1]

O poema A rua differente, de Carlos Drummond de Andrade, escrito no final da década de 1930, retrata mudanças na vida cotidiana percebidas no início dos processos de urbanização e industrialização brasileiros.

Das primeiras décadas do século XX até hoje, o Brasil mudou profundamente. A população brasileira passou de aproximadamente 17 milhões para mais de 208 milhões. Antes localizados principalmente na área rural, os brasileiros hoje vivem, em sua maioria, nos centros urbanos. A econo-

---

[1] ANDRADE, Carlos Drummond. **Alguma poesia – o livro em seu tempo**. FERRAZ, Eucanaã (Org.). São Paulo: Instituto Moreira Salles, 2010, p. 123-124.

mia brasileira, na época uma restrita monocultura cafeeira, posiciona-se hoje como uma das maiores economias mundiais.

O lirismo de Drummond mostra as contradições do progresso, que chegou e trouxe consigo "exigências brutas", que provocam a indignação dos "visinhos" (*sic*). Mas as características positivas dessa evolução dos tempos, alegoricamente representadas pela perspectiva da filha, que aprecia o "espectaculo", que vê beleza nos andaimes, na luz da solda e no movimento do cimento escorrendo das "fôrmas", simbolizam as vantagens do progresso.

Há duas décadas, Clóvis V. do Couto e Silva, um dos poucos autores brasileiros a tratar do contrato de *engineering*, nos dava notícia da recorrência de contratos de construção de grandes obras em nosso ordenamento[2].

A urbanização, a industrialização e a criação da infraestrutura do país – todos ainda em curso – utilizaram-se de uma base normativa contratual de raiz comum, centrada no contrato de empreitada. Mas não só: se é verdade que parte dos envolvidos em tais processos puderam respaldar-se no contrato típico de empreitada, é igualmente certo que os agentes da industrialização e dos diversos setores de infraestrutura precisaram e precisam recorrer a contratos legal e a outros socialmente típicos.

Mas quais são os principais instrumentos jurídicos que permitem a consecução das grandes obras realizadas no Brasil? Quais são suas características jurídicas e econômico-financeiras?

A indústria de construção costuma ser dividida em quatro grandes categorias: residencial, comercial, de engenharia pesada e industrial[3].

A primeira é voltada para a edificação de casas de família, condomínios e prédios de apartamentos residenciais. A categoria de construção comercial compreende aquelas edificações de uso não residencial, para fins "institucionais, educacionais, industriais leves, comerciais, sociais, religiosos, governamentais e recreacionais"[4].

---

[2] SILVA, Clóvis V. do Couto. Contrato de engineering. **Revista dos Tribunais**, São Paulo, v. 81, n. 685, 1992, p. 30-40.

[3] CLOUGH, Richard H.; SEARS, Glenn A.; SEARS, S. Keoki; SEGNER, Robert O., ROUNDS, Jerald L. **Construction contracting: a practical guide to company management**. 8. ed., Hoboken: Wiley & Sons, 2015, p. 12.

[4] "institutional, educational, light industrial, comercial, social, religious, governmental, and recreational". CLOUGH et al. **Construction contracting: a practical guide to company management**, cit., p. 13. Tradução nossa.

A de engenharia ou construção pesada é uma categoria ampla, com viés mais funcional do que estético. Nesta categoria, situam-se a construção de portos, pontes, rodovias, aeroportos, hidrelétricas etc[5]. Por fim, o segmento industrial é focado no desenvolvimento de plantas fabris[6].

É comum haver especialização entre os atores das diferentes categorias, porque há grande variação entre "os equipamentos requeridos, os métodos de construção, as habilidades de negócio e supervisão, tipos e conteúdo dos contratos e os arranjos financeiros envolvidos"[7].

No presente trabalho, interessam-nos especialmente as construções nas categorias de engenharia pesada e industrial, que desenvolvem obras de grande porte[8]. Os montantes contratados costumam ser expressivos, da ordem de mais de centenas de milhões de reais. Tais obras costumam representar desafios técnicos elevados, tanto de engenharia quanto de financiamento, e esse é usualmente o caso de obras de infraestrutura e de plantas industriais. Os contratos relativos a projetos ou empreendimentos nos setores de construção ou engenharia pesada e industrial serão designados, simplesmente, contratos de construção de grandes obras.

Sob o gênero "contratos de construção" ou "contratos de *engineering*" podem ser enquadrados diversos tipos de contrato que tenham por objeto a prestação, mediata ou imediata, de uma obra. Incluem-se nesse gênero (ou categoria) contratos típicos, como os de prestação de serviços de engenharia e arquitetura e o de empreitada, ou ainda aqueles atípicos, como os de *"engineering, procurement and construction"*, *"project alliancing"* e *"project partnering"*, dentre outros.

Este trabalho possui um objetivo dual: (i) identificar a estrutura jurídica e as características econômico-financeiras principais de contratos de construção de grandes obras, e (ii) investigar as fontes da complexidade de tais contratos.

---

[5] CLOUGH et al. **Construction contracting: a practical guide to company management**, cit., p. 13.

[6] CLOUGH et al. **Construction contracting: a practical guide to company management**, cit., p. 14.

[7] "[...] equipment requirements, construction methods, trade and supervisory skills, contract types and provisions, and financial arrangements involved (...)". CLOUGH et al. **Construction contracting: a practical guide to company management**, cit., p. 12. Tradução nossa.

[8] Entende-se que algumas considerações poderão ser aproveitadas para obras cujos montantes envolvidos ou cuja dificuldade técnica sejam menores, mas fica aqui o registro de que as reflexões são direcionadas ao contexto de obras de grande porte ou de alta complexidade técnica.

Dizer que contratos de construção de grandes obras são complexos parece um truísmo. Eles o são, de fato, na acepção de "complicados e difíceis"[9]. Pessoas pouco familiarizadas a tais contratos poderiam usar o termo "complexo" para atribuir-lhes outra conotação –, a de "confusos e obscuros"[10].

Mas, ao se pensar na definição de complexo com base em sua raiz etimológica, do latim *complexus*, significando "grupo ou conjunto de coisas, fatos ou circunstâncias que têm qualquer ligação ou nexo entre si"[11], ou na qualidade de adjetivação de "conjunto, tomado como um todo mais ou menos coerente, cujos componentes funcionam entre si em numerosas relações de interdependência ou de subordinação, de apreensão muitas vezes difícil pelo intelecto e que geralmente apresentam diversos aspectos"[12], pode-se passar da obviedade para o campo da curiosidade[13].

No presente trabalho, pretende-se olhar para além do senso comum do atributo da complexidade de contratos de construção de grandes obras.

A complexidade, em geral, é definida como a propriedade de um sistema em que múltiplas partes se encontram imbricadas em um todo maior que o mero somatório das partes, havendo constante interação, interdependência e retroalimentação das próprias partes entre si e das partes com o todo.

A complexidade do contrato seria medida em três dimensões: a. a quantidade contratualmente prevista de contingências relevantes de probabilidade média e alta, b. a variabilidade das contrapartidas ou resultados possíveis para as partes ante a ocorrência de contingências, e c. o nível de demanda cognitiva exigido pelo contrato[14].

---

[9] CALDAS Aulete dicionário online. Disponível em: <http://aulete.uol.com.br/site.php?mdl=aulete_digital&op=loadVerbete&pesquisa=1&palavra=complexo>. Acesso em 11 jan. 2012.

[10] CALDAS Aulete dicionário online, cit.

[11] CUNHA, Antônio Geraldo. **Dicionário etimológico Nova Fronteira da língua portuguesa**. 2. ed. Rio de Janeiro: Nova Fronteira, 2000.

[12] INSTITUTO ANTÔNIO HOUAISS. **Dicionário Houaiss da língua portuguesa**. Rio de Janeiro: Objetiva, 2011.

[13] Um crítico mais arguto diria que, mesmo nessa última conotação, a assertiva continuaria sendo um truísmo; num diálogo imaginário, ele argumentaria que "contratos de construção de grandes obras são, inegavelmente, complicados, difíceis, confusos e obscuros talvez justamente porque contêm muitos elementos com aspectos diversos, com diferentes formas de inter-relação, às vezes de difícil apreensão ou compreensão".

[14] EGGLESTON, Karen; POSNER, Eric A.; ZECKHAUSER, Richard J. The design and interpretation of contracts: why complexity matters. **Northwestern University Law Review,**

INTRODUÇÃO

Considerando-se o programa contratual de um contrato de construção de grandes obras como um sistema complexo ou um sistema caracterizado pela complexidade, argumenta-se neste trabalho que a complexidade contratual é relevante e tem consequências jurídicas (i.e., desenho do contrato e interpretação contratual) e econômico-sociais (i.e., aumento dos custos de transação contratuais sociais) que merecem atenção.

Este trabalho está dividido em duas partes.

Na primeira, examinam-se os aspectos jurídicos, econômico-financeiros e organizativos dos contratos de construção de grandes obras.

A segunda parte aborda as origens da complexidade e, especificamente, a complexidade contratual, as fontes ou indutores da complexidade e da simplicidade contratual.

Ao final, é feita uma reflexão sobre a complexidade em contratos de construção de megaprojetos e sobre suas consequências para o sistema jurídico.

v. 95, n. 1, 2000, p. 97-98.

Parte 1 – Contratos de Construção de Grandes Obras

Durante as décadas de 1980, 1990 e até meados de 2000, o nível de investimentos manteve-se baixo, com ciclos instáveis e de curta duração[15]. De 2006 em diante, o cenário alterou-se. A título de exemplo, de acordo com o Banco Nacional de Desenvolvimento Econômico e Social (BNDES), no período 2010-2013, os investimentos foram da ordem de R$310 bilhões[16].

---

[15] A respeito, ver OLIVEIRA, José Clemente et al. Investimento na transição reformista: indústria, mineração, petróleo, telecomunicações, energia elétrica, transportes e saneamento. In: BIELSCHOWSKY, Ricardo (Coord. e Org.). **Investimentos e reformas no Brasil: indústria e infra-estrutura nos anos 1990**. Brasília: Ipea/Cepal, 2002. p. 33 et seq, BIELSCHOWSKY, Ricardo. A indústria em três movimentos: relatórios de três pesquisas. In:_____. (Coord. e Org.). **Investimentos e reformas no Brasil: indústria e infra-estrutura nos anos 1990**, cit., p. 163 et seq. A análise dos fatores que restringiam o investimento entre 1980 e 2000 e as mudanças de cenário subsequentes são analisadas por PUGA, Fernando Pimentel et al. Perspectivas do investimento na economia brasileira 2010-2013. In: TORRES, Ernani; PUGA, Fernando; MEIRELLES, Beatriz (Orgs.). **Perspectivas do investimento: 2010-2013**. Rio de Janeiro: BNDES, 2010. p. 16 et seq. e por FERREIRA, Tiago Toledo; AZZONI, Carlos Roberto. Arranjos institucionais e investimento em infraestrutura no Brasil. **Revista do BNDES**, Rio de Janeiro, n. 36, p. 44-49, 2011.

[16] No início de 2010, a estimativa era de R$274 bilhões, consoante BORÇA JR., Gilberto; QUARESMA, Pedro. Perspectivas de investimento na infra-estrutura 2010-2013. **Revista do BNDES**, Rio de Janeiro, n. 77, p. 2, 2010. Em publicação feita apenas alguns meses depois, o montante cresceu para R$310 bilhões, conforme COUTINHO, Luciano. A construção de fundamentos para o crescimento sustentável da economia brasileira. In: ALÉM, Ana Cláudia; GIAMBIAGI, Fabio (Orgs.). **O BNDES em um Brasil em transição**. 1. ed. Rio de Janeiro: BNDES, 2010, p. 25.

Na infraestrutura, o setor privado passou a representar uma fatia mais expressiva dos contratantes de obras, ao lado do setor público[17]. De R$59,9 bilhões em 2003, os investimentos saltaram para R$131,3 bilhões em 2010, alcançando R$ 251,7 bilhões em 2015[18] e, mesmo com a crise econômica, no ano de 2017 chegaram a quase R$ 129 bilhões[19]. Consoante cálculos da LCA Consultores, de 2015 até 2022, o país necessitará investir R$1,7 trilhões em infraestrutura[20].

Mas as demandas por obras vão além.

De fato, a partir da implantação do Plano Real, o país passou a ter condições macroeconômicas mais propícias para o investimento em capital fixo.

De forma cautelosa na década de 1990 e, mais expressiva, a partir de meados de 2000[21], as companhias voltaram a investir em renovação e ampliação do parque industrial e a fazer novos investimentos, estimula-

---

[17] A título de exemplo, entre os anos de 200i.e.2007, os investimentos do setor privado em infraestrutura superaram ou estiveram muito próximos daqueles do setor público (somando-se Governo Federal, empresas estatais e sociedades de economia mista), nas seguintes proporções: 2,23:1,09 em 2001, 1,19:1,0i.e. 2002, 0,88:0,74 em 2003, 1,08:0,76 em 2004, 1,14:0,92 em 2005, 0,99:1,12 em 2006 e 0,97:1,06 em 2007, conforme FRISCHTAK, Claudio R. O investimento em infra-estrutura no Brasil: histórico recente e perspectivas. **Pesquisa e Planejamento Econômico**, Rio de Janeiro, v. 38, n. 2, p. 312, 2008.

[18] BRASIL. Comitê Gestor do PAC. **PAC 2 2011-2014: primeiro balanço**, 2011. Disponível em: <http://www.brasil.gov.br/pac/relatorios/2011-nacionais>. Acesso em 02 out. 2011, p. 19 e BRASIL. Comitê Gestor do PAC. PAC 2015-2018: segundo balanço, 2016, p 10. Disponível em: <http://www.pac.gov.br/pub/up/relatorio/23216159149151fbfbcedb1d57dff510.pdf>. Acesso em 29 jul 2016.

[19] BNDES. **Perspectivas do investimento 2018-2021**, julho de 2018. Disponível em: <https://web.bndes.gov.br/bib/jspui/bitstream/1408/15580/1/Perspectivas_Investimento_2018-2021_Final_P.pdf> Acesso em 15 fev 2019, p. 2.

[20] FIESP - Federação das Indústrias de São Paulo. **Construbusiness 2015**, p. 64. Relatório produzido pelo Departamento da Indústria e Construção da FIESP. Disponível em: <http://hotsite.fiesp.com.br/construbusiness/2015/docs/Caderno-Tecnico.pdf>. Acesso em 29 jul 2016.

[21] Vide TORRES FILHO, Ernani Teixeira; PUGA, Fernando Pimentel. Os rumos dos investimentos em infra-estrutura. **Visão do Desenvolvimento**, Rio de Janeiro, n. 20, 17 nov. 2006. Disponível em: <http://www.bndes.gov.br/SiteBNDES/bndes/bndes_pt/Institucional/Publicacoes/Consulta_Expressa/Tipo/Visao_do_Desenvolvimento/200611_2.html>. Acesso em 02 nov. 2010, p. i.e. seq., e TORRES FILHO, Ernani Teixeira; PUGA, Fernando Pimentel. Investimentos vão crescer entre 2007 e 2010. **Visão do Desenvolvimento**, Rio de Janeiro, n. 21, 29 nov. 2006. Disponível em: <http://www.bndes.gov.br/SiteBNDES/bndes/bndes_pt/Institucional/Publicacoes/Consulta_Expressa/Tipo/Visao_do_Desenvolvimento/200611_1.html>. Acesso em 02 nov. 2010, p. 2 e 3.

das pela estabilização de preços, pelo aumento do poder de consumo das famílias e pela utilização da capacidade industrial instalada[22]. O acesso a linhas de crédito nos mercados nacional e internacional, a capitalização oriunda do fluxo de recursos estrangeiros voltados para o investimento direto permanente e o desenvolvimento do mercado de capitais nacional contribuíram para esse novo ciclo de investimentos[23].

Em 2007, o governo federal lançou o Programa de Aceleração do Crescimento (PAC), com orçamento de R$657,4 bilhões, voltado primordialmente à infraestrutura e secundariamente à ampliação do crédito a empresas[24]. Em 2011, iniciou-se a segunda fase do PAC, chamada de PAC 2, com R$955 bilhões em investimentos contemplados[25]. O ano de 2015 marcou a terceira fase do PAC. Nesta fase, havia previsão de investimentos de R$1,04 trilhões, dos quais quase ¼ foram executados apenas no ano de 2015[26]. Outro programa importante foi o Programa de Investimento

---

[22] Previamente ao representativo ciclo de investimentos havido entre 2004 e 2008, as companhias brasileiras realizaram ajustes em sua estrutura de capital. De fato, entre 2002 e 2004, houve sensível redução da relação dívida líquida/patrimônio líquido, e diminuição das dívidas em moeda estrangeira para setores não exportadores. O aprimoramento desses índices foi fundamental para viabilizar o acesso aos mercados de crédito, conforme PUGA, Fernando Pimentel; BORÇA JR., Gilberto Rodrigues; NASCIMENTO, Marcelo Machado. O Brasil diante de um novo ciclo de investimento e crescimento econômico. In: ALÉM, Ana Cláudia; GIAMBIAGI, Fabio (Orgs.). **O BNDES em um Brasil em transição**. 1. ed. Rio de Janeiro: BNDES, 2010, p. 60-62.

[23] A respeito do ciclo de 2004 a 2008: "O financiamento do ciclo de investimentos brasileiro seguiu um padrão internacional e conhecido na literatura econômica – pecking order. Nesse padrão, o financiamento do investimento ocorre primeiro por meio de lucros retidos, seguido por crédito e, finalmente, pelo mercado de capitais". PUGA, Fernando Pimentel; BORÇA JR., Gilberto Rodrigues; NASCIMENTO, Marcelo Machado. O Brasil diante de um novo ciclo de investimento e crescimento econômico, cit., p. 62.

[24] À época da divulgação do balanço, em 09 de dezembro de 2010, a estimativa era de que os investimentos executados pelo PAC representassem, em 31 de dezembro do mesmo ano, R$619 bilhões, ou 94,1% do orçado. BRASIL. Comitê Gestor do PAC. **Balanço 4 anos 2007-2010 PAC**, p. 5-30. 2010. Disponível em: <http://www.brasil.gov.br/pac/relatorios/nacionais/11o--balanco-4-anos/parte-1/view>. Acesso em 02 out. 2011.

[25] BRASIL. Comitê Gestor do PAC. **PAC 2 2011-2014: primeiro balanço**, cit., p. 30 e **PAC 2 segundo balanço: julho-setembro 2011**, p. 4 Disponível em: <http://www.brasil.gov.br/pac/relatorios/2011-pac-2/2o-balanco/2o-balanco-inicio/view>. Acesso em 27 nov. 2011.

[26] IBGE - Instituto Brasileiro de Geografia e Estatística. Indicadores IBGE - Contas nacionais trimestrais, 2015, p. 21. Disponível em: <ftp://ftp.ibge.gov.br/Contas_Nacionais/Contas_Nacionais_Trimestrais/Fasciculo_Indicadores_IBGE/pib-vol-val_201504caderno.pdf> Acesso em: 29 jul 2016.

em Logística (PIL), de 2012, e o Programa de Parcerias de Investimentos (PPI), de 2016.

O PIL, o PAC e o PPI, conjugados às demais medidas indutoras da política industrial brasileira[27] e à atuação do BNDES como maior financiador de longo prazo no país, garantiu um significativo afluxo de recursos para a expansão dos investimentos.

Como resultado de tais ações, a formação bruta de capital fixo, ou FBCF[28], em percentual do PIB, saiu de 15,3% em 2003, alcançou o patamar de 20% até o terceiro trimestre de 2011[29]. Durante o PAC 2, estimava-se que tal percentual subisse para cerca de 23,2% em 2015[30]. Mas, dada a crise econômica, a instabilidade política e as ações de combate à corrupção que impactaram diretamente muitas das grandes construtoras brasileiras, a relação FBCF:PIB declinou, ficando em 17,8% em 2015, 15,5% em 2016 e 15,6% em 2017[31].

---

[27] A política industrial brasileira foi revista e reformulada e, em 2008, foi lançada a Política de Desenvolvimento Produtivo (PDP), com metas e programas que se propunham a ampliar a competitividade e sustentar o crescimento econômico de longo prazo.

[28] Consoante a definição do Instituto Brasileiro de Geografia e Estatística (IBGE), o FBFC registra "a ampliação da capacidade produtiva futura de uma economia por meio de investimentos correntes em ativos fixos, ou seja, bens produzidos factíveis de utilização repetida e contínua em outros processos produtivos por tempo superior a um ano sem, no entanto, serem efetivamente consumidos pelos mesmos". IBGE - Instituto Brasileiro de Geografia e Estatística. Diretoria de Pesquisa – DPE, Coordenação de Contas Nacionais – CONAC. Sistema de Contas Nacionais – Brasil. Referência 2000. **Nota Metodológica n. 19: formação bruta de capital fixo.** Versão 1, p. 2.

[29] Conforme informado por ROCKMAN, Roberto. Governo aposta no PAC para fazer PIB crescer. **Valor Econômico,** São Paulo, 19 dez. 2011, Caderno Especial de Infraestrutura, p. F2.

[30] Dados conforme BRASIL. Comitê Gestor do PAC. **PAC 2 2011-2014: primeiro balanço,** cit., p. 19 e PUGA, Fernando Pimentel et al. Perspectivas do investimento na economia brasileira 2010-2013, cit., p. 6. Sobre o impacto do PAC no FBFC, ver PUGA, Fernando Pimentel et al. Por que o PAC vai aumentar o investimento. **Visão do Desenvolvimento 2007.** Rio de Janeiro: BNDES, 2007, p. 190.

[31] Respectivamente, IBGE, **Indicadores IBGE - Contas nacionais trimestrais,** 2015, p. 21, IBGE, **Contas Nacionais do Brasil,** Disponível em: https://cidades.ibge.gov.br/brasil/pesquisa/10089/76999, Acesso em 15 fev 2019, e **PIB avança 1,0% em 2017 e fecha ano em R\$ 6,6 trilhões,**Estatísticas econômicas, Disponível em: <https://agenciadenoticias.ibge.gov.br/agencia-sala-de-imprensa/2013-agencia-de-noticias/releases/20166-pib-avanca-1-0-em-2017-e-fecha-ano-em-r-6-6-trilhoes.>, Acesso em 15 fev 2019.

Mesmo com tais fatores redutores do ritmo de crescimento, somando-se os investimentos esperados para o quadriênio 2018-2021 na indústria e em infraestrutura, o montante total poderá chegar a R$1,03 trilhões, segundo a estimativa do BNDES[32].

Tabela 2: Perspectivas do investimento, por setor
(R$ bilhão, preços de 2017)

Setor	Realizado 2017	Perspectiva: 2018 a 2021		Crescimento 2018 a 2021 (% a.a.)
		Soma	Média anual	
Extrativa mineral	13,8	60,5	15,1	3,7
Petróleo e gás	57,9	291,4	72,8	9,4
Alimentos	8,9	38,1	9,5	2,8
Bebidas	2,3	11,2	2,8	8,0
Papel e celulose	7,7	21,1	5,3	(14,8)
Biocombustíveis	2,7	11,5	2,9	2,7
Química	2,7	14,6	3,7	13,2
Siderurgia	2,3	15,3	3,8	22,3
Complexo eletroeletrônico	4,1	21,0	5,3	10,5
Complexo ind. saúde	5,0	20,4	5,1	1,1
Automotivo	6,8	24,6	6,1	(3,9)
Aeroespacial	2,8	10,2	2,5	(4,2)
Indústria	**116,8**	**539,9**	**135,0**	**5,9**
Energia elétrica	61,1	160,3	40,1	(16,2)
Telecomunicações	28,0	121,0	30,2	3,1
Logística	28,3	156,3	39,1	13,3
• Rodovias	14,4	80,7	20,2	14,0
• Ferrovias	7,8	39,3	9,8	9,3
• Portos	1,3	18,0	4,5	54,7
• Aeroportos	1,5	8,0	2,0	10,6
• Mobilidade urbana	3,2	10,3	2,6	(8,7)
Saneamento	11,4	52,5	13,1	5,8
Infraestrutura	**128,8**	**490,1**	**122,5**	**(2,0)**
Total	**245,7**	**1.030,0**	**257,5**	**1,9**

Tabela 1- Perspectivas do investimento 2018-2021

Recentemente, o país viveu a movimentação gerada pelos grandes eventos esportivos realizados no país: a Copa do Mundo de 2014 e os Jogos Olímpicos em 2016, cujos investimentos, individualmente, superaram duas dezenas de bilhões de reais[33].

---

[32] BNDES. **Perspectivas do investimento 2018-2021**, op. cit, p. 1.

[33] Os investimentos em torno dos eventos compreendem "a construção e reforma de novos estádios e instalações, em projetos de urbanização e logística, transporte de passageiros,

Os diversos programas de investimento, a nova política industrial, os eventos esportivos e a atratividade singular do Brasil como receptor de investimentos[34] parecem, todavia, ter impactos subdimensionados como indutores de um estoque de infraestrutura semelhante àquele dos países desenvolvidos ou em desenvolvimento.

Muito embora os números impressionem, investe-se pouco considerando-se termos percentuais do PIB. A título de exemplo, no período 2001-20016, os montantes investidos na indústria e em infraestrutura passaram a representar em média 2,03% do PIB. Esse número, embora superior a anos anteriores, ainda contrasta com os padrões dos gastos com infraestrutura dos países desenvolvidos (equivalentes a 3% do PIB) ou dos emergentes que tiveram rápido desenvolvimento econômico, como a Coreia do Sul (5% do PIB[35]). O Banco Mundial estima que, para alcançarmos o patamar sul-coreano, seriam necessárias inversões de longo prazo de 4,7% a 9% do PIB[36]. Para alcançar um estoque-alvo de 60,4% do PIB em vinte

---

reforma e construção de hotéis", conforme COUTINHO, Luciano. A construção de fundamentos para o crescimento sustentável da economia brasileira, cit., p. 26.

[34] Luciano Coutinho defende que o Brasil é um local privilegiado, no qual existem janelas de investimentos com retorno elevado e com baixo risco de demanda. COUTINHO, Luciano. A construção de fundamentos para o crescimento sustentável da economia brasileira, cit., p. 25. No mesmo sentido, é a opinião de Cecília Vidigal Monteiro de Barros, MONTEIRO DE BARROS, Cecilia Vidigal. PPPs in Brazil. **The International Construction Law Review**, v. 26, parte 2, 2009, p. 181.

[35] FRISCHTAK, Claudio R. O investimento em infra-estrutura no Brasil: histórico recente e perspectivas, cit., p. 307 e 336. O Brasil não está sozinho nesta posição. A política norte-americana foi duramente criticada pelo baixo nível de investimentos em infraestrutura, que em 2012 remontavam a 2% do PIB. O ex-presidente Barack Obama teve rejeitada uma proposta de US$60 bilhões de dólares que seriam utilizados na constituição de um banco voltado à infraestrutura. Estima-se que os EUA necessitem investir US$2 bilhões apenas para manter a infraestrutura existente. LUCE, Edward. An unbridged divide takes its toll. **Financial Times**, London, 6 Nov. 2011. <http://www.ft.com/cms/s/0/c0058b18-06df-i.e.-b9cc-00144feabdc0.html#axzz1d8Tf8hiO>. Acesso em 8 nov. 2011.

[36] Aumentos dessa ordem foram obtidos entre 1970 e 1990 por países como a própria Coreia do Sul, a Indonésia e a Malásia, conforme CORREA, Paulo et al. **Como revitalizar os investimentos em infra-estrutura no Brasil: políticas públicas para uma melhor participação do setor privado**. Relatório n. 36624-BR, Departamento de Finanças, Setor Privado e Infra-estrutura, Volume I: Relatório Principal. Banco Mundial, 2007, p. 25.

anos, os investimentos brasileiros precisariam alcançar um patamar médio de 4,15% do PIB[37].

Em termos concretos, as demandas tornam os desafios consideráveis. A título de exemplo, até 2030 o país precisará aumentar 2,4 vezes a capacidade dos seus aeroportos[38], com investimentos de R$20 bilhões até 2022 para expansão de terminais de passageiros, de pátios de movimentação de aeronaves e de pistas[39]. De 1,6 milhões de km da nossa malha rodoviária, apenas 12,2% ou 200 mil km encontram-se pavimentadas[40]. A malha rodoviária requererá, isoladamente, investimentos da ordem de R$200 bilhões no período de 2010-2030[41]. O setor ferroviário, por sua vez, exige investimentos urgentes. A ampliação necessária é da ordem de R$130 bilhões para expansão e aprimoramento mínimo das condições de segurança[42]. Para o setor de energia elétrica, preveem-se inversões de R$950 bilhões na próxima década [43]. E a lista poderia continuar longamente.

Os desafios para a estabilização e a manutenção da tendência de crescimento dos volumes de investimento na indústria e em infraestrutura

---

[37] FRISCHTAK, Claudio R.; MOURAO, J. **O estoque de capital de infraestrutura no Brasil: uma abordagem setorial**, 2017, p. 16. Disponível em: <https://epge.fgv.br/conferencias/modernizacao-da-infraestrutura-brasileira-2017/files/estoque-de-capital-setorial-em-infra-brasil-22-08-2017.pdf>. Acesso em: 15 fev 2019.

[38] Conforme MCKINSEY & COMPANY. Estudo do setor do transporte aéreo do Brasil: relatório consolidado. 1. ed. Rio de Janeiro: McKinsey & Company, 2010, p. 11.

[39] FIESP. **Construbusiness 2010**, cit., p. 70.

[40] Para efeitos de comparação, o percentual de estradas pavimentadas na Turquia é de 41%, na Índia de 47% e no México de 49%, conforme PASIN, Jorge Antonio; LACERDA, Sander Magalhães; LAPLANE, Gabriela. O BNDES e os novos caminhos da logística. In: ALÉM, Ana Cláudia; GIAMBIAGI, Fabio (Orgs.). **O BNDES em um Brasil em transição**. 1. ed. Rio de Janeiro: BNDES, 2010, p. 232. Usando-se por referência o "índice Mortara", que toma por critérios de comparação a relação entre extensão territorial, população e quantidade de veículos, o país fica na décima posição, atrás de Paraguai e Panamá. Confome FIESP. **Construbusiness 2010**. Relatório produzido pelo Departamento da Indústria e Construção da FIESP, com pesquisa formulada pela FGV Projetos e pela LCA Consultores. Disponível em: <http://www.fiesp.com.br/construbusiness/>. Acesso em 02 nov. 2010, p. 61-62.

[41] FIESP. **Construbusiness 2010**, cit., p. 60.

[42] FIESP. **Construbusiness 2010**, cit., p. 65.

[43] FIESP. **Construbusiness 2015**, FIESP - Federação das Indústrias de São Paulo. **12° Construbusiness: Congresso Brasileiro da Construção**, p. 46. Disponível em: <https://site-fiespstorage.blob.core.windows.net/uploads/2017/03/deconcic-construbusiness-2016.pdf>. Acesso em 15 fev 2019.

são diversos. Desajuste das contas públicas[44], alta carga tributária, elevado custo de capital, necessidade de aprimoramento normativo, riscos institucionais e regulatórios[45], politização dos órgãos reguladores, falta de capacidade de planejamento de médio e longo prazo, dependência de financiamento e execução pelo setor público, mas baixo investimento devido a restrições orçamentárias e fiscais[46], ausência de mecanismos redutores do prêmio de risco e assecuratórios do retorno do investimento em concessões[47], dentre outros, são apontados como obstáculos para os investimentos[48].

O investimento em infraestrutura e na indústria cria as bases para o aumento de produtividade e de competitividade. Ele é condição para o

[44] FIESP - Federação das Indústrias de São Paulo. **Construbusiness 2015**, p. 64. Relatório produzido pelo Departamento da Indústria e Construção da FIESP. Disponível em: <http://hotsite.fiesp.com.br/construbusiness/2015/docs/Caderno-Tecnico.pdf>. Acesso em 29 jul 2016.

[45] Para um exame amplo das agências reguladoras federais e estaduais relacionadas à infraestrutura e sugestões de aprimoramento regulatório, ver CORREA, Paulo et al. Regulatory governance in infrastructure industries – assessment and measurement of brazilian regulators. **Trends and Policy Options**, n. 3, 2006. Disponível em: <http://www.regulacao.gov.br/publicacoes/artigos/regulatory-governance-in-infrastructure-industries>. Acesso em 02 nov. 2010.

[46] FRISCHTAK, Claudio R. O investimento em infra-estrutura no Brasil: histórico recente e perspectivas, cit., p. 319-336.

[47] O Banco Mundial propôs um rol de sugestões para o aumento de investimentos do setor privado em infraestrutura, conforme em CORREA, Paulo et al. **Como revitalizar os investimentos em infra-estrutura no Brasil: políticas públicas para uma melhor participação do setor privado**. V. 1: relatório principal, cit., p. 12-15 e 31-50.

[48] Com a crise de 2008, o BNDES passou a exercer um papel anticíclico, elevando o montante financiado para projetos de investimentos. Assim, no pós-crise, os níveis de alavancagem e endividamento das grandes companhias brasileiras não chegou a representar um obstáculo ao financiamento de projetos. Para a maioria dos setores, a crise em si não significou a suspensão, mas apenas o adiamento de alguns projetos, conforme PUGA, Fernando Pimentel; BORÇA JR., Gilberto Rodrigues; NASCIMENTO, Marcelo Machado. O Brasil diante de um novo ciclo de investimento e crescimento econômico, cit., p. 64-65 e 67.

CONTRATOS DE CONSTRUÇÃO DE GRANDES OBRAS

crescimento econômico do país, pelos seus efeitos multiplicadores para o restante da economia[49, 50].

Os contratos de construção, também conhecidos como de *engineering*, são os instrumentos jurídicos que dão substrato à realização de obras de infraestrutura e de unidades fabris ou comerciais de porte. São eles os contratos celebrados nas construções de rodovias, ferrovias, portos, usinas nucleares, hidrelétricas, térmicas e de biomassa, plataformas de petróleo, usinas de açúcar e álcool, gasodutos, altos-fornos siderúrgicos e plantas inteiras das mais diversas indústrias. Em suma, são contratos que desempenham um papel central na realização de obras de infraestrutura e de plantas industriais que servem à produção de bens dos mais variados setores da economia.

Em um contexto de necessidades prementes e grandes desafios institucionais para o investimento nacional, o presente trabalho pretende oferecer uma contribuição, ao direcionar seu exame para os contratos de construção de grandes obras. Com efeito, esse gênero contratual[51] integra um grupo ainda extenso de contratos sofisticados que carece de tratamento particularizado e aprofundado na doutrina jurídica brasileira, à altura de sua utilização e de sua importância nas relações intrafirmas[52].

---

[49] FIOCCA, Demian. **BNDES: Infra-estrutura e desenvolvimento**. Fórum Nacional do Banco Nacional de Desenvolvimento Econômico e Social – BNDES, p. 1, mal. 2005. Disponível em: <http://www.bndes.gov.br/SiteBNDES/export/sites/default/bndes_pt/Galerias/Arquivos/empresa/download/apresentacoes/fiocca_infradesenvolvimento.pdf>. Acesso em 02 nov. 2010. e BORÇA JR., Gilberto; QUARESMA, Pedro. Perspectivas de investimento na infra-estrutura 2010-2013, cit., p. 2-3.

[50] Em termos técnicos macroeconômicos: "A recuperação da trajetória de expansão da FBCF é fundamental para a sustentabilidade do crescimento brasileiro por seus múltiplos efeitos, macro e microeconômicos: por ser veículo de incorporação de progresso técnico, condicionando as possibilidades de modificação estrutural dos padrões de especialização produtiva; por permitir a manutenção do equilíbrio entre oferta e demanda agregadas; e por ser condição para a ampliação da capacidade de absorção de postos de trabalho". OLIVA, Rafael; ZENDRON, Patricia. Políticas governamentais pró-investimento e o papel do BNDES. In: ALÉM, Ana Cláudia; GIAMBIAGI, Fabio (Orgs.). **O BNDES em um Brasil em transição**. 1. ed. Rio de Janeiro: BNDES, 2010, p. 76.

[51] Como se verá em 1.1 adiante, trata-se de um gênero, sob o qual podem ser alocadas várias espécies de contratos.

[52] Outros contratos com tais características são o contrato de compra e venda de ações, os contratos bancários e bursáteis e os contratos de tecnologia em geral (i.e. pesquisa e desenvolvimento), somente para citar alguns. O presente trabalho pretende fazer parte de um rol de trabalhos nacionais que se propõem a examinar temas jurídicos de forma interdisciplinar,

Contrariamente, encontra-se na doutrina estrangeira, especialmente na literatura jurídica europeia e anglo-saxã, livros e artigos volumosos dedicados ao exame de tais contratos. No Brasil, a expressividade dos montantes e as necessidades de investimento contrastam com a limitada oferta de estudos sobre contratos de construção, de *engineering* ou mesmo do contrato típico de empreitada. Assim, motiva este trabalho o intuito de contribuir para mitigar a carência de trabalhos nacionais sobre o tema.

Pretende-se apresentar uma visão sistematizada sobre contratos de construção, com foco restrito às grandes obras. Buscar-se-á localizar a análise, sempre que possível, no ambiente institucional brasileiro.

O primeiro capítulo é dedicado à identificação de definições e ao registro da opção terminológica por contratos de construção, seguido de um estudo sobre a qualificação de tais contratos.

O segundo capítulo discorre sobre a anatomia dos contratos de construção. Inicialmente, serão apresentadas as fases necessárias à implementação de um megaprojeto e as principais modalidades de contratação. Passa-se, então, ao delineamento dos programas contratuais típicos e atípicos mais relevantes. A parte final do capítulo volta-se à identificação dos pressupostos e elementos jurídicos distintivos de contratos de construção, de suas características econômico-financeiras e de seu pertencimento a uma rede ou coligação de contratos, encerrando com uma proposta de qualificação dos contratos de construção no ordenamento pátrio.

O objetivo final deste capítulo é oferecer uma descrição – que não se pretende exaustiva – dos contratos de construção sob os aspectos jurídico, econômico-financeiro e organizativo, para fins de situar a discussão sobre complexidade que se coloca na parte II do presente trabalho.

---

como por exemplo, o de Paula Andrea Forgionl. FORGIONI, Paula A. **Contrato de Distribuição**. 2. ed. São Paulo: Revista dos Tribunais, 2008.

Capítulo 1 – Contratos de Engineering e Contratos de Construção

A utilização de contratos de construção detalhados data do Império Romano[53]. Mas a origem dos contratos *standard* de *engineering* ou de construção tal como os conhecemos hoje remonta a meados do século XIX[54].

Nos Estados Unidos da América, 13 arquitetos fundaram, em 1857, o American Institute of Architects (AIA). A AIA teve por mérito, dentre outros, promover o reconhecimento das contribuições do arquiteto, distinguindo-as das do engenheiro. Na sequência da formação da AIA, surgiram diversas associações de engenheiros que, por sua vez, pretendiam distin-

---

[53] Thomas J. Stipanowich registra o uso de contratos minuciosos, apontando que na Roma antiga "os grandes contratos de construção continham especificações descrevendo os trabalhos e os materiais a serem usados, a garantia do construtor e as condições do pagamento a serem feitas pelo proprietário" ("[...] in ancient Rome, major building contracts contained specifications describing the work and the materials to be used, builder guarantees and owner payment terms"). STIPANOWICH, Thomas J. Reconstructing construction law: reality and reform in a transactional system. **Wisconsin Law Review**, v. 620, 1998, p. 482 e nota de rodapé 69. Tradução nossa. Philip L. Bruner lembra que Marcus Vitruvius Pollio, engenheiro-chefe de Júlio Cesar e do imperador Augusto redigiu um tratado de dez volumes sobre as práticas de construção em Roma, que já previam garantias de solidez e administração de custos, conforme BRUNER, Philip L. Construction law: the historical emergence of construction law. **William and Mitchell Law Review**, v. 34, 2007, p. 2 e nota de rodapé 5.

[54] FURST, Stephen et al. **Keating on construction contracts**. 8th. ed. London: Sweet & Maxwell, 2006, p. 6, e BRUNER, Philip L. Construction law: the historical emergence of construction law, cit., p. 4.

guir a profissão de engenheiro da do construtor, bem como identificar especialidades dentro da engenharia (i.e. elétrica, mecânica, civil, etc.)[55].

Em 1888, a AIA publica o "Uniform Contract". Ele é tido como o primeiro contrato *standard* de construção nos Estados Unidos da América[56], tendo sido elaborado por dois arquitetos. Esse modelo, para ser celebrado entre o dono da obra e o construtor, pretendia promover uma distribuição mais equilibrada de riscos entre as partes, vez que a legislação vigente à época previa que os riscos caberiam quase que integralmente ao construtor, salvo de expressamente disposto de forma diversa.

O arquiteto, em tal contrato, atuava como um representante do proprietário, a quem o construtor se dirigia em caso de necessidade de maior detalhamento dos desenhos ou de explicação sobre os projetos. Previa também que todos os desenhos, projetos e especificações seriam de propriedade do arquiteto[57].

O "Uniform Contract" contou com contribuições da National Association of Builders – atualmente designada de Associated General Contractors of America (AGC)[58] e da Western Association of Architects. Em 1900, um advogado passa a integrar o comitê da AIA encarregado de revisar o Uniform Contract, e desde então advogados participam dos documentos produzidos pela AIA.

Em 1911, a AIA publicou o primeiro grupo de contratos padrões – Standard Documents of the AIA – que, dentre outros, trazia a definição de termos técnicos e delimitava as atribuições e responsabilidade do arquiteto e do engenheiro. Em 1915, a AIA publica uma nova versão, revista, com contribuições de outros arquitetos, advogados, e engenheiros, bem como outras entidades de classe, como a Boston Society of Archictects e a Mas-

---

[55] BRUNER, Philip L. Construction law: the historical emergence of construction law, cit., p. 4.

[56] AMERICAN INSTITUTE OF ARCHITECTS. The History of the AIA Contract Documents. Disponível em: https://www.aiacontracts.org/contract-doc-pages/21531-the-history--of-aia-contract-documents. Acesso em 16 fev 2019.

[57] AMERICAN INSTITUTE OF ARCHITECTS. Section 2.d, Uniform Contract. Disponível em: <http://aiad8.prod.acquia-sites.com/sites/default/files/2017-12/First-AIA-contract--document-1888.pdf>. Acesso em 16 fev 2019.

[58] BRUNER, Philip L. Construction law: the historical emergence of construction law, cit., p. 6.

ter Builder's Association[59]. O modelo foi revisto inúmeras vezes, contando, em 2019, com 15 edições.

Na esteira dos contratos *standard* da AIA, vários outros modelos foram criados por organismos e associações nacionais e internacionais. Na maior parte delas, as minutas de contratos resultam de amplas discussões e negociações entre os membros, que representam o amplo espectro de agentes da indústria de construção.

Nos Estados Unidos da América, além dos modelos da AIA e AGC, são também muito utilizados aqueles desenvolvidos e publicados pela National Society of Professional Engineers (NSPE)[60], pela Construction Management Association of America (CMAA) e pelo Engineers Joint Document Committee – EJDC of the American Society of Civil Engineers - ASCE[61].

Na Inglaterra e no País de Gales, o Joint Contracts Tribunal (JCT) há mais de setenta e cinco anos publica contratos *standard*, muito disseminados e utilizados na indústria da construção.

O Institution of Civil Engineers (ICE) publica suas versões desde 1945. Em 1993, o ICE publica o *"New Engineering Contract"* ou NEC, um modelo de contrato em linguagem simples e direta, e que pretende ser um catalizador da boa administração do projeto. O NEC3 foi corroborada pelo governo da Grã-Bretanha e é o mais utilizado atualmente na construção civil[62] [63].

---

[59] AMERICAN INSTITUTE OF ARCHITECTS. The History of the AIA Contract Documents. Disponível em: https://www.aiacontracts.org/contract-doc-pages/21531-the-history-of-aia-contract-documents. Acesso em 16 fev 2019.

[60] SWEET, Justin. **Legal aspects of architecture, engineering and the construction process**. 3rd. ed. Saint Paul: West, 1986, p. 8.

[61] CLOUGH et al. **Construction contracting: a practical guide to company management**, cit., p. 170.

[62] FURST, Stephen et al. **Keating on construction contracts**, cit., p. 7.

[63] O NEC4, evolução do NEC3, está disponível desde 2017, conforme www. https://www.ice.org.uk/disciplines-and-resources/professional-practice/nec-contracts-and-ice-conditions-of-contract, disponível em 18 de abril de 2017. O ICE foi substituído na administração deste modelo de contrato pela Association for Consultancy and Engineering - ACE e pela Civil Engineering Contractors Association - CECA.

Nas contratações internacionais de grandes obras, predominam os modelos publicados pela Fédération Internationale des Ingénieurs-Conseils (FIDIC)[64] e pela International Chamber of Commerce (ICC)[65].

No Brasil ainda não se tem notícia de modelos criados por entidades privadas que sejam largamente utilizados. Sabe-se que alguns contratantes recorrentes, como os da indústria do petróleo e do setor elétrico, por exemplo, já criaram modelos próprios de contrato. Tais modelos diferem dos *standards* por não terem sido elaborados, a princípio, com uma preocupação em equilibrar os interesses das partes e não terem contado com os comentários das contrapartes usuais.

Aqui e nos demais países capitalistas, o grande salto havido na indústria de construção de grandes obras deu-se a partir do século XX. O refinamento das técnicas construtivas e de materiais e o desenvolvimento tecnológico possibilitaram a realização de obras cada vez mais desafiadoras para a inteligência humana. Outro fator sumamente importante foi a organização das atividades de engenharia e arquitetura sob a roupagem empresarial, fator de impulso para o desenvolvimento da indústria de construção de nossos dias[66].

Há que se destacar o curso do movimento protecionista das décadas de 1960 e 1970, no qual foi promulgado o Decreto n° 64.345, de 1969, que criava a reserva de mercado para a contratação de sociedades nacionais de engenharia pela administração pública, reserva essa que perdurou por quase duas décadas.

---

[64] A FIDIC publica seus modelos desde 1957. Atualmente, há quatro modelos de contratos relevantes, dos quais três são utilizados para obras de grande porte (os chamados Red Book, Yellow Book e Silver Book). Para mais detalhes, ver o site www.fidic.org e, em Português, a obra de Rafael Marinângelo e Lukás Klee, **Recomendações FIDIC para orientação de contratos de projetos e obras**. São Paulo: PINI, 2014. Ver também a excelente síntese feita por Rafael Marinângelo no artigo "Aspectos relevantes dos modelos contratuais FIDIC". In: MARCONDES, Fernando (Org.). **Temas de Direito na Construção**. São Paulo: PINI, 2015, p.11-30.

[65] FURST, Stephen et al. **Keating on construction contracts**, cit., p. 8. Outro modelo importante é o publicado pela UNITED NATIONS COMMISSION ON INTERNATIONAL TRADE LAW. **Legal guide on drawing up international contracts for the construction of industrial works**. Disponível em: <http://www.uncitral.org/uncitral/en/uncitral_texts/procurement_infrastructure/1988Guide.html>. Acesso em 2 jun. 2009.

[66] GIL, Fabio Coutinho de Alcântara. **A onerosidade excessiva em contratos de engineering**. 2007. 151 f. Tese (Doutorado em Direito Comercial) – Faculdade de Direito, Universidade de São Paulo, São Paulo, 2007, p. 10-12.

Nos termos do artigo 1° do decreto, a contratação de serviços de consultoria e engenharia pela administração federal somente poderia ser feita com sociedades nacionais. Seria permitida a contratação de sociedades estrangeiras caso não houvesse sociedade nacional com a competência necessária e, ainda assim, seria dada preferência para consórcios entre uma sociedade brasileira e uma estrangeira.

Em decorrência das restrições criadas pelo decreto, em relação a infraestrutura construída na década de 1970, "pode-se afirmar sem temer o exagero que todas as obras públicas de importância contratadas pela Administração Federal foram realizadas por empresas nacionais e, em alguns casos, em consórcio com empresas estrangeiras"[67].

Ainda graças à reserva de mercado criada pelo decreto, as sociedades de engenharia nacionais puderam atuar em conjunto com as estrangeiras, beneficiando-se da proximidade com outros modos de organização empresarial e de novas tecnologias, podendo assim crescer e "ao cabo de algum tempo se tornaram sociedades com tecnologia e capacidade de construção, suscetíveis de competirem internacionalmente"[68].

1.1 Definições e Opção Terminológica

Os contratos de *engineering* representam um gênero que compreende uma gama de contratos desenvolvidos pela praxe comercial à luz das necessidades da indústria de engenharia e construção.

O crescimento industrial, a migração das populações para as cidades e as consequentes demandas de infraestrutura, aliados ao desenvolvimento tecnológico acelerado de materiais e métodos construtivos, impulsionaram, nas economias capitalistas, a criação e a utilização, na praxe comercial, de programas contratuais inovadores que não encontram guarida na tipicidade codificada.

Sob a expressão "contratos de *engineering*" abrigam-se espécies diversas de contratos. Exemplificativamente, eles podem ter por objeto a prestação de serviços de engenharia ou arquitetura, a empreitada de serviços e materiais ou tudo isso somado ao fornecimento e à colocação em pleno funcionamento da planta industrial e a posterior operação e manutenção.

---

[67] SILVA, Clóvis V. do Couto. Contrato de engineering, cit., p. 30.
[68] SILVA, Clóvis V. do Couto. Contrato de engineering, cit., p. 31.

Há diversas definições de contratos de *engineering* e é de se destacar a falta de uniformidade entre elas.

Rosella Cavallo Borgia, autora de importante monografia sobre o tema, diz tratar-se de um contrato:

> [...] atípico ou inominado, de empresa, a título oneroso, mediante o qual o engenheiro assume perante o contratante a obrigação de projetar, de organizar financeiramente e de executar uma obra articulada e complexa e os riscos subsequentes, por uma contrapartida em dinheiro.[69]

O doutrinador italiano Guido Alpa define-o, genericamente, como:

> Um contrato pelo qual uma parte (normalmente uma sociedade) obriga-se, em relação a outra, a elaborar um projeto de natureza industrial, arquitetônica, urbanística e, eventualmente, a realizá-lo, ou a realizar o projeto elaborado por outra empresa, obrigando-se, ainda, se assim for pactuado, a desenvolver prestações acessórias de assistência técnica recebendo, a título de contraprestação, um montante em dinheiro, eventualmente integrado (ou substituído) por "royalties", ações ou participação nos resultados da atividade empresarial a ser desenvolvida quando da consecução do projeto.[70]

Para Roberto Rosapepe, trata-se de um contrato que:

---

[69] "[...] atipico o innominato, di impresa, a titolo oneroso, con il quale *l'engineer* assume verso il comitente l'obbligo progettuale, finanziario organizativo e anche esecutivo di un'opus articolato e complesso ed i consequente rischi, verso un corrispettivo in denaro". CAVALLO BORGIA, Rosella. **Il contratto di engineering**. Padua: Cedam, 1992, p. 135. Tradução nossa.

[70] "Un contratto con il quale una parte (normalmente un'impresa) si obbliga, nei confronti dell'altra, ad elaborare un progetto di natura industriale, archetettonica, urbanistica ed eventualmente a realizzarlo, ovvero a dare realizzazione a progetti da altre imprese elaborati, provvedendo anche, se ciò sia convenzionalmente pattuito, a svolgere prestazioni accessorie di assistenza tecnica ricevendo a titolo di corrispettivo una somma di denaro, integrata (o sostituita) eventualmente da 'royalties', interessenze o partecipazione agli utili dell'ativitá impreditoriale avviata in seguito alla realizzazione del progetto". ALPA, Guido. I contratti di engineering. In: RESCIGNO, Pietro (Org.). **Tratatto di diritto privato**. 2. ed. Torino: UTET, 2000, v. 11, tomo III, p. 72. Tradução nossa.

CONTRATOS DE ENGINEERING E CONTRATOS DE CONSTRUÇÃO

[...] tem por objeto exclusivamente a obrigação, para o engenheiro, de fornecer ao contratante "análise, desenho, projetos para a instalação e montagem industrial", ou que preveja ainda o desenvolvimento das atividades sucessivas, necessárias para a concreta realização da obra.[71]

Na lição de Ricardo Luis Lorenzetti:

O contrato de *engineering* é uma espécie de consultoria e pode--se defini-lo dizendo que são serviços prestados individual ou grupalmente para levar adiante projetos de engenharia, administração e gestão para a realização de obras de engenharia civil, incluindo o assessoramento em todas as fases e os serviços de manutenção.[72]

Entre nós, ensina Orlando Gomes:

O *engineering* é um contrato a fim de obter-se uma indústria construída e instalada. Desdobra-se em duas fases bem características: a de estudos e a de execução. Obriga-se a empresa de engenharia a apresentar o projeto para a instalação da indústria, a dirigir a construção de suas instalações e a pô-las em funcionamento, entregando--a nestas condições à outra parte, que, por sua vez, se obriga a pôr todos os materiais e máquinas à disposição da construtora e a lhe pagar os honorários ajustados e reembolsar despesas.[73]

---

[71] " (...) il contratto abbia ad oggetto esclusivamente l'obbligo per l'engineer di fornire al committente 'analisi, disegni, progetti per instalazioni e insediamenti industriali', ovvero preveda anche lo svolgimento delle attività successive, necessarie per la concreta realizzazione dell'opera". ROSAPEPE, Roberto. Engineering. In: BUONOCORE, Vicenzo; LUMINOSO, Angelo (org). **Contratti D'Impresa**. Milano: Giuffrè, 1993. v. 1, p. 401-402. Tradução nossa.

[72] "El contrato de *engineering* es una especie da la consultoria y puede definirse diciendo que son servicios prestados individual o grupalmente para llevar adelante proyectos de ingeniería, administración y gestión para la realización de obras de ingeniería civil, incluyendo el asesoramiento en todas las fases y los servicios de mantenimiento". LORENZETTI, Ricardo Luis. **Tratado de los contratos**. 2 ed. Buenos Aires: Rubinzal-Culzoni, 2007. v. 2, p. 675. Tradução nossa.

[73] GOMES, Orlando. **Contratos**. 26. ed. Rio de Janeiro: Forense, 2009, p. 579.

Clóvis V. do Couto e Silva, autor de um dos poucos artigos monográficos sobre o tema em nossa literatura jurídica, assim delineia o contrato de *engineering*:

> O contrato de *engineering* é um negócio jurídico complexo, porquanto, de regra, são feitos diversos contratos, parciais, seja com finalidade preparatória, seja executiva, que constituem, no seu todo, o aludido negócio jurídico. O seu conteúdo pode abrigar, assim, contratos de empreitadas parciais, de planejamento de obra, de realização de certas partes ou equipamentos, contratos de serviços, contratos de transporte, contratos de supervisão, sendo a sua totalidade o "contrato de engineering".[74]

Extrai-se, da leitura das definições, a latitude de objetos e prestações e a variedade de espécies que podem se subsumir ao gênero contratos de *engineering*.

A amplitude e a aparente imprecisão terminológica motivaram a professora Rosella Cavallo Borgia a investigar a realidade empírica, a praxe contratual italiana, os contratos uniformes internacionais e nacionais e o entendimento doutrinário e jurisprudencial, para daí inferir os seus elementos de tipificação[75].

Guido Alpa, reconhecendo a dificuldade de reduzir a uma única definição as diversas espécies de programas contratuais, optou pela expressão "contratos de *engineering*", no plural. Para ele, essa expressão, ao invés de representar limites conceituais, tem tão-somente o propósito limitado de categorizar, de agrupar, de sistematizar para fins didáticos[76].

---

[74] SILVA, Clóvis V. do Couto. Contrato de engineering, cit., p. 33.

[75] CAVALLO BORGIA, Rosella. **Il contratto di engineering**, cit., p. 23-38. O entendimento da professora Rosella será examinado adiante, a respeito da qualificação contratual.

[76] ALPA, Guido. I contratti di engineering, cit., p. 71. Dizia Alpa, em obra anterior: "Apenas exigências de simplificações podem induzir a considerar, por convenção, que se possa falar de *contrato de engineering*; enquanto que uma avaliação mais realística da experiência sugere manter os caracteres de pluralidade desta operação econômica, definindo-a ao invés como *contratos de engineering*". ("Solo esigenze di semplificazione possono indurre a ritenere, per convenzione, che si possa parlare di *contratto di engineering*; mentre una più realistica valutazione dell'esperienza suggerisce mantenere caratteri di pluralità a queste operazione economiche, definidole piuttosto come *contratti di enginnering*"). ALPA, Guido. Engineering: problemi di qualificazione e di distribuzione del rischio contrattuale. In: VERRUCOLI, Piero (cura).

CONTRATOS DE ENGINEERING E CONTRATOS DE CONSTRUÇÃO

A limitação semântica da expressão não passou despercebida a Orlando Gomes. O saudoso civilista apontou em seus escritos que o objeto do *engineering* é mais amplo do que a sua literalidade sugere, extrapolando a mera elaboração de um projeto industrial, podendo incluir a execução, a montagem e a posterior assistência técnica[77], daí a objeção a uma acepção sugestivamente reducionista.

A doutrina classifica os contratos de *engineering* em dois subtipos: *consulting engineering* e *commercial engineering*[78]. Os primeiros têm como propósito o desenvolvimento de atividades consultivas preliminares de engenharia ou arquitetura (i.e. estudos preparatórios, análises de viabilidade, etc.) ou a elaboração de projetos. Os segundos referem-se à execução, gestão e administração de empreendimentos, podendo incluir ainda a operação e manutenção destes. O contrato chamado de *engineering, procurement and construction*, ou EPC, é tido como o representante mais emblemático do *commercial engineering*.

A classificação bipartida de maneira simplista sofre, natural e logicamente, da mesma sina de sua raiz.

Rosella Cavallo Borgia questiona a utilidade dessa distinção, por ter diferenciação tênue e mascarar a enorme variedade de situações forçosamente enquadradas nos dois subtipos:

> Na realidade, a praxe comercial apresenta-se bem mais articulada, e a função econômico-social da atividade da sociedade de engenha-

---

Nuovi tipi contrattuali e tecniche di redazione nella prattica commerciale – profili comparatistici. Milano: Giuffrè, 1978, p. 334. Grifos do autor. Tradução nossa.

[77] GOMES, Orlando. **Contratos**, cit., p. 579.

[78] Essa bipartição é bastante disseminada, seguindo-a, dentre outros, ALPA, Guido. Engineering: problemi di qualificazione e di distribuzione del rischio contrattuale, cit., p. 333-334, I contratti di engineering, cit., p. 73 e CAGNASSO, Oreste; COTTINO, Gastone. Contratti Commercialll. In: COTTINO, Gastone (cura). **Trattato di diritto commerciale.** v. 9, Padova: Cedam, 2000, p. 345, LORENZETTI, Ricardo Luis. **Tratado de los contratos**, cit., p. 676, ROSAPEPE, Roberto. Engineering, cit., p. 401. E, entre nós, BOITEUX, Fernando Netto. **Contratos mercantis**, São Paulo: Dialética, 2001, p. 247-248. Caio Mário da Silva Pereira legou-nos o registro de que "o contrato de engineering [...] não difere muito do know-how. Tem por objeto 'a assistência técnica especializada em engenharia'". PEREIRA, Caio Mário da Silva. **Instituições de direito civil.** 13. ed. Rio de Janeiro: Forense, 2009, p. 520. Presume-se que o civilista tenha considerado em sua definição a experiência belga e francesa, que classificavam o engineering como 'contracts de conseil', dando acento à transmissão de conhecimento técnico, como ensina ALPA, Guido. I contratti di engineering, cit., p. 75.

ria vai, sem dúvida, reconhecer uma pluralidade de exteriorizações não redutíveis aos dois esquemas contratuais suprarrepresentados.[79]

A opinião de Oreste Cagnasso e Gastone Cottino segue no mesmo sentido, concluindo que:

> O *engineering* é, na sua multiplicidade de conteúdos e nas suas diversas versões internas e internacionais, uma *fattispecie* que não coincide com nenhuma figura negocial. [...] sua complexidade é tão variada e fugidia, tão fugazes são os confins entre o *consulting* e o *commercial engineering* que se torna difícil reconduzi-lo a uma unidade, ainda que de contrato atípico.[80]

Na literatura jurídica norte-americana e anglo-saxã, embora haja referências a *engineering contracts*, é mais comum a menção ao gênero pela expressão *construction contracts*.

Uma das mais importantes obras sobre o tema no direito da Inglaterra e do País de Gales, a *Keating on construction contracts*, define contrato de construção como:

> [...] qualquer contrato no qual uma pessoa concorda, em contrapartida à remuneração, a desenvolver trabalhos de construção, que podem incluir trabalhos de edificação, de engenharia ou outros. A expressão, portanto, engloba todo contrato, desde o simples acordo verbal para o reparo do telhado até sofisticados contratos de obras públicas[81].

---

[79] "In realtà la prassi commerciale si presenta ben più articolata ed alla funzione economico--sociale dell'ativà posta in essere dalle società di engineering va senza dubbio riconosciuta una pluralità di esteriorizzazioni non riducibile ai due schemi contrattuali supra rappresentati". CAVALLO BORGIA, Rosella. **Il contratto di engineering**, cit., p. 28-29. Tradução nossa.

[80] "L'engineering è, nei suoi molteplici contenuti e nelle sue diverse versioni interne e internazionale, una fattispecie che non coincide con alcuna figura negoziale. [...] la sua complessità è così variegata e sfuggente, tanto labili sono i confini tra *consulting* e *comercial engineering* che riesce difficile ricondurla ad unità anche quale contratto atipico". CAGNASSO, Oreste; COTTINO, Gastone. Contratti Commercialli, cit., p. 347-348. Tradução nossa.

[81] "[...] include any contract where one person agrees for valuable consideration to carry out construction works, which may include building or engineering works, for another. The phrase thus covers every contract from, a simple oral agreement to repair a garage roof to

Entre nós, confira-se o conceito dado por Hely Lopes Meirelles para contrato de construção:

> *Contrato de construção* é todo ajuste para execução de obra certa e determinada, sob direção e responsabilidade do construtor, pessoa física ou jurídica legalmente habilitada a construir, que se incumbe dos trabalhos especificados no projeto, mediante as condições avençadas com o proprietário ou comitente. Este conceito abarca, na sua generalidade, as duas modalidades de contrato de construção de obra particular conhecidas e praticadas entre nós – a *empreitada e a administração* –, as quais se diversificam nas condições econômicas da realização da obra, mas guardam as características da espécie que assinalamos.[82]
>
> *Construção*, em sentido técnico, oferece-nos o duplo significado de atividade e de obra. Como *atividade*, indica o conjunto de operações empregadas na execução do projeto; como *obra*, significa toda realização material e intencional do homem, visando adaptar a natureza às suas conveniências. Nesse sentido, até mesmo a demolição se enquadra no conceito de construção, porque objetiva, em última análise, a preparação do terreno para subseqüente e melhor aproveitamento.[83]

O saudoso administrativista especificava conceitualmente o contrato de construção de obras públicas da seguinte forma:

> *Contrato de construção de obra pública*, em sentido amplo, são todos aqueles ajustes da Administração direta ou indireta que tenham por objeto realizações materiais destinadas ao uso comum do povo, à fruição de determinados usuários ou à utilização das próprias repartições administrativas.

---

elaborate public works contracts". FURST, Stephen et al. **Keating on construction contracts**, cit., p. 1-2. Tradução nossa.

[82] MEIRELLES, Hely Lopes. **Direito de construir**. 11. ed. São Paulo: Malheiros, 2013, p. 230. Grifos do autor.

[83] MEIRELLES, Hely Lopes. **Direito de construir**, cit., p. 411. Grifos do autor.

Em sentido técnico-administrativo restrito, contrato de obra pública é somente aquele que vise à execução de projeto de Engenharia, Arquitetura ou Agronomia em imóvel público ou destinado a fins públicos.[84]

Percebe-se que o potencial conotativo de *construction contracts* ou de contratos de construção tal como entendido no direito anglo-saxão, no norte-americano e no direito pátrio é vasto, havendo definições de espectro maior ou menor. De todo modo, as definições de *construction contracts* ou de contratos de construção são, em regra, mais abrangentes até do que o conceito de *engineering* tal como utilizado por alguns na doutrina italiana, ao englobar contratos típicos como o de empreitada e de prestação de serviços[85].

Em vista da proximidade conceitual com contratos de *engineering*, mas da maior amplitude conteudística de *construction contracts*, na presente obra prefere-se utilizar a tradução, em vernáculo, "contratos de construção". A preferência fundamenta-se, também, na maior riqueza para a análise da complexidade de contratos de construção que se pretende empreender na parte II deste trabalho.

Reconhece-se que à expressão *construction contracts* ou "contratos de construção" podem ser feitas reservas idênticas àquelas já destinadas a contratos de *engineering*. A crítica da semântica reducionista, dirigida por Orlando Gomes a contratos de *engineering*, também é pertinente à escolha ora feita; enquanto uma ressalta a atividade de engenharia, a outra acentua a atividade construtiva. Ambas, todavia, podem, *in concreto*, significar mais ou menos o que seu núcleo semântico literal indica.

---

[84] MEIRELLES, Hely Lopes. **Direito de construir**, cit., p. 258. Grifos do autor.

[85] Rosella Cavallo Borgia, por exemplo, não considera nem o *appalto* nem o *contratto d'opera intellettuale* como contratos de engineering. CAVALLO BORGIA, Rosella. **Il contratto di engineering**, cit., p. 111-119. Contra, por exemplo, SANTINI, Gerardo. **Commercio e servizi – Due saggi di economia del diritto**. Bologna: Il Mulino, 1998, p. 501. Já a definição de Guido Alpa é reconhecidamente abrangente: "Uma definição tão ampla que tende a compreender a maior parte das especificações dos contratos de 'engineering', com as prestações (inclusive acessórias) que normalmente são desenvolvidas pela empresa em favor do comitente" ("Una definizione assai ampia, quindi che tende a ricomprendere la maggior parte dele specificazioni dei contratti di 'engineering', insieme con le prestazione (anche accessorie) che normalmente sono svolte dall'impresa a favore del comitente"). ALPA, Guido, I contratti di engineering, cit., p. 72. Tradução nossa.

Mas, para além do literal, qual o conceito dogmático de contratos de construção? Para fins deste trabalho, define-se contrato de construção em sentido amplo como aquele celebrado pelo proprietário ou dono da obra, como contratante, com uma pessoa física ou jurídica especializada em engenharia ou arquitetura, como contratada, que, em contrapartida ao preço, obriga-se a elaborar um projeto de engenharia ou arquitetura e a executar a obra, ou tão-somente a executar a obra, ou a realizar supervisão, monitoramento ou administração de uma obra, ou, ainda, se convencionado, a prestar assistência e a operá-la.

O contrato de construção de grandes obras, todavia, necessita ser ainda conceitualmente qualificado. Seria um negócio jurídico celebrado pelo proprietário ou dono da obra, como contratante, com uma pessoa *jurídica* especializada em engenharia ou arquitetura, como contratada, que, em contrapartida ao preço, se incumbiria de projetar e, eventualmente, de executar uma obra *de complexidade técnica, tecnológica ou financeira elevada*, podendo ainda, se convencionado, obrigar-se a prestar assistência, mantê-la e operá-la.

Portanto, além da presença necessária de uma sociedade de engenharia como contratada, caracterizaria o contrato de construção de megaprojetos a complexidade da obra e os riscos a ela associados, bem como a consequente e necessária complexidade de prestações, de ambas as partes, articuladas para a consecução de um fim último: a obra perfeita e acabada. Essas características são tidas como centrais pois identificam os elementos essenciais do tipo.

1.2 Atipicidade e o Problema da Qualificação

O nosso Código Civil, tal como diversos outros, privilegia a liberdade contratual, permitindo a criação de contratos atípicos desde que dentro de certos limites[86].

---

[86] "Art. 425. É lícito às partes estipular contratos atípicos, observadas as normas gerais fixadas neste Código". Existem dispositivos semelhantes, dentre outros, no Código Civil português (artigo 405) e no Código Civil italiano (artigo 1.322).

Ao lado dos contratos previstos no código ou em leis esparsas, existem e convivem em nosso ordenamento contratos atípicos – vale dizer, aqueles "não reconduzíveis" aos tipos legais, na lição de Rui Pinto Duarte[87].

Como visto, há uma gama de contratos que podem ser enquadrados no amplo gênero contrato de *engineering* e na definição que ora se adota, igualmente elástica, de contratos de construção.

Uma questão difícil e de relevo diz respeito à qualificação jurídica. Seria um contrato típico, um contrato atípico em sentido próprio, um contrato atípico misto ou um contrato socialmente típico? No exame da doutrina sobre contrato de *engineering*, encontram-se opiniões variadas.

Guido Alpa, tal qual a maioria da doutrina italiana, conceitua o *engineering* como um contrato atípico complexo ou misto. Em vista de contratos com variados conteúdos, Alpa rejeita a possibilidade de identificar a causa e a base negocial aprioristicamente. Seguindo o *iter* metodológico recomendado para a qualificação do contrato, ele prefere identificar as características fundamentais do tipo, que, por sua vez, põem em relevo aspectos essenciais do gênero[88]. Mas conclui, "para o fim de propor uma precisão conceitual ao processo de tipificação", isto é de "valoração do conteúdo do contrato e de sua estrutura", que o contrato de *engineering* pertence à categoria de contratos complexos[89].

Ricardo Luis Lorenzetti, ao examinar a qualificação do "contrato de obra 'llave en mano'", entende ser este um contrato atípico. Diz ele:

> Pode-se observar que há um resultado determinado suscetível de entrega passível de ser qualificado como obra; mas essa obra é complexa: não consiste em uma construção, mas em uma fábrica, um hospital, um aeroporto, quer dizer, engloba tanto o edifício como

---

[87] DUARTE, Rui Pinto. **Tipicidade e atipicidade dos contratos**. Lisboa: Almedina, 2000, p. 44.

[88] Diz ele: "Somente depois de serem individuados os conteúdos constantes e recorrentes se poderá proceder à designação do contrato em um gênero mais específico, talvez assimilando o tipo assim identificado com outro tipo de fisionomia mais clara." ("Solo dopo che si siano individuati contenuti costanti e ricorrenti, si potrà procedere ala assegnazione del contratto ad un genere più specifico, magari assimilando il tipo così identificato ad un tipo di più chiara fisionomia"). ALPA, Guido, I contratti di engineering, cit., p. 74. Tradução nossa.

[89] "[...] al solo fine dei proporre una precisazione concettuale del processo di 'tipizzazione', cioè di valutazione del contenuto del contratto, e della sua struttura". ALPA, Guido, I contratti di engineering, cit., p. 74. Tradução nossa.

todos os demais fatores que propiciam o funcionamento. Por isso, haverá aspectos que se regularão pelo contrato de construção de obras materiais, outros pelo contrato de obra intelectual, outros por aquele de serviços, mas a tudo isso há que se agregar um interesse que atua como elemento unificador: o funcionamento da planta contratada. Por essa razão, no direito interno é um contrato diferente de obra e é atípico. [90]

Para Orlando Gomes, trata-se de contrato misto, mas ressalva a existência de pensamentos em sentidos diversos, como segue:

> O *engineering* é considerado um contrato atípico da espécie contrato misto, no entendimento de que resulta da justaposição de prestações características de vários contratos típicos. Alguns autores qualificam-no, todavia, como empreitada em modalidade especial, e outros acham que se funde com a venda (empreitada mista), formando uma entidade original.[91]

Rosella Cavallo Borgia, em voz dissonante, classifica o contrato de *engineering* como um contrato socialmente típico. Argumenta a autora que o contrato de *engineering*, na prática italiana, seguiu os modelos de contratação de comércio internacional, com conteúdo uniformizado mas capaz de resguardar "a compatibilidade plena com cada um dos ordenamentos nacionais" [92], com uma "progressiva tendência a uma autossuficiência da

---

[90] "Puede advertirse que hay un resultado determinado susceptible de entrega que puede ser calificado como obra; pero esta obra es compleja: no consiste en una construcción, sino en una fabrica, un hospital, un aeropuerto, es decir, involucra tanto el edificio como todos los demás factores que hacen el fucionamiento. Por ello habrá aspectos que se regularán por el contrato de construcción de obras materiales, otros por el contrato de obra intelectual, otros por el de servicios, pero a todo ello hay que agregar un interés que actúa como elemento unificador: el funcionamiento de la planta contratada. Por esta razón, en el Derecho interno es un contrato diferente de obra y es atípico". LORENZETTI, Ricardo Luis. **Tratado de los contratos**, cit., p. 704-705. Tradução nossa.

[91] GOMES, Orlando. **Contratos**, cit., p. 579.

[92] "[...] di piena compatibilità con i singoli diritti nazionali". CAVALLO BORGIA, Rosella. **Il contratto di engineering**, cit., p. 108. Tradução nossa.

disciplina e, portanto, de uma 'internacionalização' ou 'de-localização' da relação contratual"[93].

A inexistência de previsão legal no direito italiano para o *engineering* não representaria um vazio. O contrato seria socialmente tipificado, dadas sua relativa uniformidade e sua frequente presença na realidade socioeconômica nacional[94]. Após afastar o enquadramento do *engineering* como contrato de empreitada ou de prestação de serviços[95], a autora argumenta ser ele um contrato atípico, mas recusa a sua identificação como contrato misto ou complexo.

Rebatendo o entendimento de Alpa, afirma a autora:

> O *engineering* é, assim, um contrato atípico em "sentido próprio", cuja causa não é o resultado da fusão de elementos causais diversos, mas é única e autônoma, enquanto plúrimas são as prestações articuladas e integradas entre si de modo a consentir a realização da causa atípica, isto é, a troca da obra complexa contra o preço[96].

A opinião contestada de Guido Alpa, ao repousar sobre contratos complexos, põe destaque na multiplicidade de elementos causais que convergem para a formação da relação contratual. Rosella contesta a pluralidade

---

[93] "[...] e di progressive tendenza ad una autosufficienza della disciplina e, quindi, ad una 'internazionalizzazione' o 'de-localizazzazione' de rapporto contrattuale". CAVALLO BORGIA, Rosella. **Il contratto di engineering**, cit., p. 108. Tradução nossa.

[94] CAVALLO BORGIA, Rosella. **Il contratto di engineering**, cit., p. 108. "Atribuindo, assim, o devido valor às características emergentes de frequência e standardização, se pode verificar uma significativa tendência do engineering de transformar-se progressivamente de figura com carga de atipicidade em figura com aquelas características de uniformidade e uso repetido, que contrasta o tipo 'social' que ainda não é tipo 'legal'". ("Attribuendo, quindi, il dovuto valore agli emergenti caratteri di frequenza e standardizzazione si è potuto verificare una significativa tendenza dell'engineering a trasformarsi progressivamente da figura connotata di atipicità a figura con quei caratteri di uniformità e di uso ripetuto, che contrassegna il tipo 'sociale' non ancora tipo 'legale'"), cit., p. 133. Tradução nossa.

[95] CAVALLO BORGIA, Rosella. **Il contratto di engineering**, cit., p. 111-119.

[96] "L'engineering è, altresì, un contratto atípico "in senso proprio", la cui causa non è il risultato della fusione di elementi causali diversi, ma è única ed autônoma, mentre plurime sono le prestazione articolate ed integrate fra loro in modo da consentirnela realizzazione della causa atípica, ovvero lo scambio di *un'opus* complesso, contro prezzo". CAVALLO BORGIA, Rosella. **Il contratto di engineering**. Padua: Cedam, 1992, p. 135. Tradução nossa. No direito italiano, a causa tem um relevo especial na tipificação, o que não ocorre no direito brasileiro.

CONTRATOS DE ENGINEERING E CONTRATOS DE CONSTRUÇÃO

de elementos causais, dizendo que a pluralidade de prestações existente no contrato de *engineering* não se equipara à de causas[97]; a causa do *engineering* seria, repise-se, única e autônoma.

Ao final, argumenta a autora que a qualificação do *engineering* como contrato complexo ou misto promove o esvaziamento do seu caráter dogmático e obstaculiza a evolução do modelo contratual[98].

Em trabalho monográfico mais recente, Fabio Coutinho de Alcântara Gil defende ser o contrato de *engineering* um contrato socialmente típico[99].

Assimilando as lições de Rosella Cavallo Borgia, o autor atribui ao contrato de *engineering* um "pressuposto específico", que é a "presença da empresa de engenharia como parte no contrato" em "operação econômica que possui notas de complexidade e grau de risco" constantes mas apenas eventualmente presentes na empreitada[100]. Tendo como ponto referencial comum a realização de uma obra e uma alegada elasticidade do tipo pátrio de empreitada vis-à-vis o direito italiano, o alemão e o francês, Fabio Gil conclui que

> [...] os contratos de engineering estão em função da execução de obras que, embora sejam de grande porte e complexas, não deixam de servir à criação, modificação, aumento, diminuição ou destrui-

---

[97] "[...] mesmo que na indagação não se possa não registrar posições ainda divergentes, ela permite fixar sem incerteza que no esquema contratual em exame se está em presença de causa única". ("[...] anche se l'indagine non può non registrar posizioni ancora divergenti, essa tuttavia consente di poter ritenere senza incertezze che nello schema contrattuale in esame si è in presenza di causa unica"). CAVALLO BORGIA, Rosella. **Il contratto di engineering**, cit., p. 127. Tradução nossa.

[98] "A qualificação do contrato de engineering como contrato complexo, ao invés de tornar claro o significado e seu papel no plano aplicativo, acaba por tornar vão um discurso de caráter dogmático reconstrutivo, frustrando, assim, a potencialidade evolutiva de um modelo contratual na sua essência dinâmico e dúctil". ("La qualifica dell'engineering come contratto complesso, oltre che appiattirne il significato e il ruolo sul piano ricostruttivo, finirebbe per vanificare un discorso di carattere dogmatico ricostruttivo, frustrando altresì le potenzialità evolutive di un modello contrattuale nella sua essenza dinamico e duttile"). CAVALLO BORGIA, Rosella. **Il contratto di engineering**, cit., p. 128. Tradução nossa.

[99] GIL, Fabio Coutinho de Alcântara. **A onerosidade excessiva em contratos de engineering**, cit., p. 46-57.

[100] GIL, Fabio Coutinho de Alcântara. **A onerosidade excessiva em contratos de engineering**, cit., p. 47.

ção de algum bem [...]. Portanto, o tipo contratual de empreitada abrange o do *engineering*.[101]

Antes de iniciar o exame crítico das opiniões, é fundamental, para fazer jus aos respeitáveis doutrinadores, retomar alguns pontos importantes.

1.2.1 Tipo

A lei utiliza-se de elementos "variáveis e heterogéneos" na fixação dos tipos legais[102]. Nem sempre ela utiliza uma definição[103]. Muito comumente, a norma descreve as prestações como ocorre, ilustrativamente, com a compra e venda[104] e com a doação[105], ou identifica o objeto, do que é exemplo a comissão[106]. Noutras vezes, destaca a natureza do objeto, como ocorre na diferenciação entre o mútuo[107] e o comodato[108]. Ainda em outras circunstâncias, a lei fixa o tipo por meio da qualidade de uma das partes, como ocorre no contrato de seguro[109].

---

[101] GIL, Fabio Coutinho de Alcântara. **A onerosidade excessiva em contratos de engineering**, cit., p. 51.

[102] DUARTE, Rui Pinto. **Tipicidade e atipicidade dos contratos**, cit., p. 66. No mesmo sentido, ASCENÇÃO, José de Oliveira. **A tipicidade dos direitos reais**. Lisboa: Calouste Gulbenkian, 1968, p. 47-49.

[103] "Na construção dos tipos legais não há necessidade de definir. A definição só é necessária quando é preciso estabelecer limites exatos, claros e firmes para um conceito, quando se pretende criar condições para uma subsunção que não deixe lugar para dúvidas, quando interessa possibilitar um juízo binário de sim ou não". VASCONCELOS, Pedro Pais. **Contratos atípicos**. 2 ed., Lisboa: Almedina, 2009, p. 93.

[104] CC: "Art. 481. Pelo contrato de compra e venda, um dos contratantes se obriga a transferir o domínio de certa coisa, e o outro, a pagar-lhe certo preço em dinheiro."

[105] CC: "Art. 538. Considera-se doação o contrato em que uma pessoa, por liberalidade, transfere do seu patrimônio bens ou vantagens para o de outra".

[106] CC: "Art. 693. O contrato de comissão tem por objeto a aquisição ou a venda de bens pelo comissário, em seu próprio nome, à conta do comitente".

[107] CC: "Art. 586. O mútuo é o empréstimo de coisas fungíveis. O mutuário é obrigado a restituir ao mutuante o que dele recebeu em coisa do mesmo gênero, qualidade e quantidade".

[108] CC: "Art. 579. O comodato é o empréstimo gratuito de coisas não fungíveis. Perfaz-se com a tradição do objeto".

[109] CC: "Art. 757. Pelo contrato de seguro, o segurador se obriga, mediante o pagamento do prêmio, a garantir interesse legítimo do segurado, relativo a pessoa ou a coisa, contra riscos predeterminados".

As fronteiras da tipicidade e da atipicidade não são claras. Elas dependem "das características formais que se atribuam à própria noção de tipo"[110]. Tanto é que "saber quais contratos são atípicos pode parecer simples em abstracto, mas em concreto pode ser difícil"[111]. A variedade e a divergência das posições acima mencionadas sobre o contrato de *engineering* servem de esclarecedor exemplo.

Parte da dificuldade reside no conceito de tipo. Dentro da dogmática jurídica, tipo pode se referir à existência de previsão na norma (o *Tatbestand*) ou a "uma categoria intelectual geral (intermédia do conceito geral e do conceito individual) ou uma das modalidades que as espécies de um género podem assumir"[112]. Em contratos, interessam-nos as duas últimas acepções [113].

Os conceitos gerais abstratos são produtos do raciocínio indutivo. Na elaboração do conceito geral abstrato, os elementos ou características comuns dos indivíduos são selecionados e agregados. É separado, deixado fora do conceito geral abstrato aquelas características específicas, particulares, incomuns dos indivíduos[114]. O mesmo não ocorre com os tipos. No seu processo formativo, preserva-se a aglomeração tanto dos elementos e características comuns aos indivíduos quanto aquelas incomuns[115].

---

[110] "O grau de exatidão das fronteiras entre o típico e o atípico depende das características formais que se atribuam à própria noção tipo. Quanto maior for a rigidez com que se definam os tipos, tanto maior será a facilidade em traçar as linhas das fronteiras.", DUARTE, Rui Pinto. **Tipicidade e atipicidade dos contratos**, cit., p. 43.

[111] VASCONCELOS, Pedro Pais. **Contratos atípicos**, cit., p. 211.

[112] DUARTE, Rui Pinto. **Tipicidade e atipicidade dos contratos**, cit., p. 34.

[113] O *Tatbestand* é de interesse fundamental para o direito penal, mas, dada a permissividade do sistema para contratos atípicos, não é tópico de relevância dentro do recorte contratual.

[114] VASCONCELOS, Pedro Pais. **Contratos atípicos**, cit., p. 25. Existe uma função inversamente proporcional entre a quantidade de características, de notas identificadas no conceito, e sua extensão: quanto menor o número de notas, mais amplo é o conceito, ou, em sentido inverso, "quanto mais atributos integrarem o conceito, menor parcela da realidade será por ele designada, menos extenso será o seu âmbito", VASCONCELOS, Pedro Pais. **Contratos atípicos**, cit., p. 25-26.

[115] "Nos tipos, a parcela de realidade designada mantém-se íntegra sem ser amputada do diferente. Os tipos juntam o comum e o incomum em torno de algo que constitui o critério de tipificação e que dá coerência ao conjunto". VASCONCELOS, Pedro Pais. **Contratos atípicos**, cit., p. 38.

A dificuldade também é verificável, marcadamente, em certas qualidades dos tipos[116]. Em primeiro lugar, na sua abertura. Os tipos não exigem um número fixo de atributos os quais necessariamente têm de existir para admitir um indivíduo. Não se faz nos tipos, ao contrário do que ocorre com os conceitos abstratos, juízo de inclusão ou exclusão. Ligada à abertura dos tipos está a elasticidade, assim explicada por Pedro Pais de Vasconcelos:

> Os tipos, abertos que são, são elásticos. Quer isto dizer que não têm fronteiras definidas e firmes, os seus contornos são fluidos. Não é possível determinar com segurança onde começa e onde acaba o tipo, definir os seus limites. No seu interior, as características do tipo são intermutáveis, são substituíveis uma por outras. [117]

Outra característica do tipo, que, por vezes, torna opaco o processo de qualificação, refere-se à graduabilidade. A verificação, no caso em concreto, das características do tipo não se faz de modo binário, sim ou não, mas em tons, de mais próximo ou menos próximo, de mais típico ou menos típico[118].

Ainda, – e esse parece ser um atributo especialmente importante dos tipos para a reflexão em curso –, importa lembrar que as características do tipo não são organizadas de modo aleatório, desordenado, mas "existe um sentido que ordena as características, uma coerência que explica o modo como elas se relacionam"[119]. Exemplificando esse atributo, Pedro Pais de Vasconcelos diferencia uma venda por preço baixo e uma doação modal com ônus pesado dizendo que "o preço, mesmo baixo, é tipicamente a contrapartida económica da coisa vendida, o ónus, ainda que pesado, não o é"[120].

---

[116] Há outras qualidades dos tipos, além das tratadas a seguir, mas não se afiguram relevantes para estruturar a argumentação que se segue. A respeito do rol de qualidades e de conceitos outros, como tipo aberto e tipo fechado, ver VASCONCELOS, Pedro Pais. **Contratos atípicos**, cit., p. 37-60.

[117] VASCONCELOS, Pedro Pais. **Contratos atípicos**, cit., p. 44.

[118] "Um caso pode ser pouco típico porque lhe falta uma característica de importância secundária ou porque em relação a ele se verifica pouco ou menos uma característica. A graduabilidade dos tipos torna-os particularmente aptos para designar casos mistos ou de transição". VASCONCELOS, Pedro Pais. **Contratos atípicos**, cit., p. 44-45.

[119] VASCONCELOS, Pedro Pais. **Contratos atípicos**, cit., p. 45.

[120] VASCONCELOS, Pedro Pais. **Contratos atípicos**, cit., p. 45.

1.2.2 Reflexões sobre as Definições de Alpa e Cavallo Borgia

Confrontando-se inicialmente as definições dadas por Guido Alpa[121] e por Rosella Cavallo Borgia[122], percebe-se que ambos ficaram no plano dos tipos, ambos na categoria intermediária.

Em um cotejo à primeira vista, a definição de Alpa é mais inclusiva. Ela admite como parte tanto uma sociedade quanto uma pessoa física do ramo de engenharia ou arquitetura, ao contrário daquela de Rosella, que considera apenas a sociedade de engenharia. Alpa reconhece objetos contratuais disjuntivos (projetar ou projetar e construir ou projetar, construir e prestar assistência); Rosella não, ela traz para seu conceito atributos unidos (projetar somado à organização financeira somado ainda à execução do projeto). Alpa enriquece sua definição com modalidades diferentes de contraprestação, enquanto Rosella limita-se a prever a contrapartida em dinheiro.

Por outro lado, Rosella incorpora em sua definição um elemento de destaque que, embora notado por Alpa em seus trabalhos sobre *enginee-*

---

[121] Para Alpa, o *engineering* é um "contrato pelo qual uma parte (normalmente uma sociedade) obriga-se, em relação a outra, a elaborar um projeto de natureza industrial, arquitetônica, urbanística e eventualmente a realizá-lo, ou a realizar o projeto elaborado por outra empresa, obrigando-se ainda, se assim for pactuado, a desenvolver prestações acessórias de assistência técnica recebendo a título de contraprestação um montante em dinheiro, eventualmente integrado (ou substituído) por 'royalties', ações ou participação nos resultados da atividade empresarial a ser desenvolvida quando da consecução do projeto". ("Un contratto con il quale una parte (normalmente un'impresa) si obbliga, nei confrontti dell'altra, ad elaborare un progetto di natura industriale, archetettonica, urbanistica ed eventualmente a realizzarlo, ovvero a dare realizzazione a progetti da altre imprese elaborati, provvedendo anche, se ciò sia convenzionalmente pattuito, a svolgere prestazioni accessorie di assistenza tecnica ricevendo a titolo di corrispettivo una somma di denaro, integrata (o sostituita) eventualmente da 'royalties', interessenze o partecipazione agli utili dell'attività impreditoriale avviata in seguito alla realizzazione del progetto"). ALPA, Guido. I contratti di engineering, cit., p. 72. Tradução nossa.

[122] Para Rosella Cavallo Borgia, repita-se, trata-se de um contrato "atípico ou inominado, de empresa, a título oneroso, mediante o qual o engenheiro assume perante o contratante a obrigação de projetar, de organizar financeiramente e de executar uma obra articulada e complexa e os riscos subsequentes, por uma contrapartida em dinheiro". ("[...] atipico o inno-minato, di impresa, a titolo oneroso, con il quale *l'engineer* assume verso il comitente l'obbligo progettuale, finanziario organizzativo e anche esecutivo di un'opus articoloto e complesso ed i consequente rischi, verso un corrispettivo in denaro"). CAVALLO BORGIA, Rosella. **Il contratto di engineering**, cit., p. 135. Tradução nossa.

ring, não chegou a ser por ele alocado no conceito: a complexidade da obra e riscos correspondentes.

No contraste das definições, poder-se-ia apressadamente concluir que há apenas diferenças de graus de abstração entre elas, daí a dificuldade de conciliar os entendimentos. Mas seria de fato uma conclusão apressada. Há reflexos mais sérios.

Como dito, Alpa não pretendeu elaborar um conceito nem geral, nem individual. Explicitou que seu propósito era apenas organizar sistemática e didaticamente uma pluralidade de elementos de aspectos "tão genéricos e abrangentes a ponto de englobarem todas as espécies de *engineering*"[123]. Alpa declaradamente identificou mais um gênero do que um tipo contratual[124]. Assim, um primeiro deslinde a fazer é que o conceito dado por Alpa se refere a uma acepção de tipo como "uma das modalidades que as espécies de um género podem assumir"[125].

Todavia, em assim fazendo, em plano de abstração tão elevado, contribuiu negativamente Alpa para a qualificação de contratos de *engineering* ao tratá-los, de modo indiscriminado, como complexos ou mistos[126]. Como se verá adiante, no exame de tais contratos (logicamente pensando-os à luz do ordenamento brasileiro), concluir-se-á que, sob o manto dos contratos

---

[123] "[...] così generali e comprensivi da poter riguardare tulle le specie di 'engineering'". ALPA, Guido. I contratti di engineering, cit., p. 71. Tradução nossa.

[124] Com efeito, ele recusa a nomenclatura de "tipo contratual" inclusive para o *consulting engineering* e para o *commercial engineering*, chamando-os de "subcategorias" nas quais "os contratos de engenharia assumem conteúdos os mais variados". ALPA, Guido. Engineering: problemi di qualificazione e di distribuzione del rischio contrattuale, cit., p. 334.

[125] DUARTE, Rui Pinto. **Tipicidade e atipicidade dos contratos**, cit., p. 34.

[126] Dizia o mestre Bulgarelli: "Os contratos atípicos são constituídos por elementos originais ou resultantes da fusão de elementos característicos de outros contratos; resultam, em consequência, em certas combinações, em que se ressaltam os contratos *mistos*, que aliam a tipicidade à atipicidade, ou seja, conjugam e mesclam elementos de contratos típicos, com elementos de contratos atípicos". BULGARELLI, Waldirio. **Contratos mercantis**. 14. ed. São Paulo: Atlas, 2001, p. 86. Segundo António Menezes Cordeiro, todo e qualquer contrato misto é atípico. O contrato misto pode ser classificado como misto em sentido estrito, misto em sentido amplo e atípicos em sentido estrito. Os primeiros seriam a mera fusão de dois ou mais contratos típicos. O contrato misto em sentido amplo contém cláusulas de contratos típicos e outras concebidas pelas partes. O contrato atípico em sentido estrito seria caracterizado pela absoluta inovação das partes no ajuste de seus interesses, sendo suas obrigações e responsabilidades estruturadas de modo singular em relação ao ordenamento e às práticas comerciais estáveis. Para outras sub-classificações de contratos mistos, ver MENEZES CORDEIRO, António. **Manual de direito comercial**. Coimbra: Almedina, 2007, p. 463.

de *engineering* (em uma definição ampla como a de Alpa), situam-se tanto contratos típicos quanto atípicos mistos.

À definição de Rosella, da mesma forma, cabem reparos. Ao localizar o foco no projeto somado à execução, e ao dizer que colheu os elementos mais constantes ou mais prevalentes para construir sua definição tipológica, a autora parece limitar o tipo. De tão restritiva, a definição aplica-se, com clareza, apenas a algumas modalidades contratuais conhecidas na indústria da construção, como os contratos de EPC, a aliança de projetos e a parceria de projetos.

À primeira vista, a definição não inclui os contratos de *consulting engineering* nem modalidades contratuais outras de *commercial engineering*, como a administração de projetos, a *at-risk* e o representante do proprietário[127].

Apenas uma leitura cuidadosa e paciente do trabalho de Rosella permite compreender que, para a autora, os contratos de *consulting engineering* são considerados "absorvidos" pelo resultado final, que é a obra[128]. Portanto, eles não foram excluídos do tipo, mas estão implícitos.

Observe-se que há uma relativa inadequação na absorção sugerida por Rosella. Nos tipos, diferentemente do que ocorre com os conceitos gerais abstratos, inexiste relação verticalizada. Na lição de Pedro Pais de Vasconcelos:

> [os tipos] não se subsumem uns aos outros [...] mas ordenam-se e coordenam-se uns com os outros. Os tipos não são superiores uns aos outros e não se contêm uns nos outros através da eliminação

---

[127] Examinadas no capítulo II, adiante.

[128] "Em regra o fenômeno que se analisa encontra a sua mais completa expressão nos contratos assim chamados de 'chave na mão' ou 'chave na porta'. Todavia, nos outros tipos de contratos de *engineering* – aqueles chamados de *consulting* –, caracterizados por uma série complexa de serviços prestados a diversos títulos por profissionais, a obra de um único sujeito perde sua relevância intrínseca, restando absorvida e integrada no resultado final, qualificável como 'industrial' e encontrável apenas no âmbito de uma organização de tipo empresarial capaz de coordenar os vários fatores de produção". ("Di regola il fenomeno che si sta analizzando trova la sua più compiuta espressione nei contratti cosidetti 'chiavi in mano' o 'chiave sulla porta'. Tuttavia anche negli altri tipi di contratti di *engineering* – quelli cosiddetti di *consulting* – caratterizzati da una serie complessa di servizi resi a diverso titolo da professionisti, l'opera del singolo soggetto perde la sua intriseca rilevanza, restando assorbita e integrate nel risultato finale, qualificabile come 'industriale' e raggiungibile soltanto tramite un organizzazione di tipo impreditoriale in grado di coordinare i vari fattori della produzione"). CAVALLO BORGIA, Rosella. **Il contratto di engineering**, cit., p. 36. Tradução nossa.

(abstracção) de notas; combinam-se, ordenam-se e coordenam-se em séries e em planos[129].

Assim, para bem entender o pensamento tipológico de Rosella, há que se recusar a existência de uma hierarquização entre os tipos, que sugere que certos contratos de *commmercial engineering* absorvem, se sobrepõem ou são de categoria mais elevada que os demais; há que se entender que a autora reconheceu nos tipos uma relação de ordenação e coordenação, tão-somente.

De todo modo, à luz do nosso regramento jurídico, parece igualmente inadequado assumirmos, sem reflexão crítica, a conclusão da eminente autora de que os contratos de *engineering* – ou seja, aqueles explícitos ou implícitos – são, de forma homogênea e geral, (atípicos mas) socialmente típicos, como se verá adiante.

1.2.3 Reflexões sobre a Qualificação Feita por Gil

Fabio Coutinho Gil cria um aparente oxímoro ao afirmar que o contrato de *engineering* é um contrato (atípico mas) socialmente típico e, concomitantemente, submetê-lo ao tipo legal da empreitada, dizendo que o "tipo de empreitada abrange o de *engineering*"[130]. Como poderia um contrato ser atípico e ao mesmo tempo típico? O porte intelectual do autor exige que se esmiúce a aparente contradição.

Gil defende uma visão ampliada do tipo legal de empreitada. Argumenta o autor que o tipo previsto em nosso ordenamento, "por ser menos detalhado e não conter a definição de empreitada", diversamente do italiano, "tem maiores condições de abrigar os contratos de *engineering*"[131].

Uma das maiores dificuldades da qualificação do contrato que contém marcadamente elementos de um típico, mas também outras prestações é, precisamente, "saber a partir de que ponto é que essas variações ou acrescentamentos determinam que o contrato deva deixar de ser considerado

---

[129] VASCONCELOS, Pedro Pais. **Contratos atípicos**, cit., p. 38.
[130] GIL, Fabio Coutinho de Alcântara. **A onerosidade excessiva em contratos de engineering**, cit., p. 51.
[131] GIL, Fabio Coutinho de Alcântara. **A onerosidade excessiva em contratos de engineering**, cit., p. 55.

típico"[132]. Seria possível sustentar que o contrato de EPC é apenas uma variação, uma diferença de "grau e especificidade"[133] da empreitada? Como afirmar que um contrato de administração de obra a risco é empreitada? E a chamada representação do proprietário?

Embora a doutrina reconheça uma dose de arbitrariedade e subjetivismo na qualificação, oriundos das características de abertura, elasticidade e graduabilidade do tipo, alargar o tipo legal da empreitada para nele albergar uma variedade de objetos e prestações tão ampla quanto os de construção não parece ser a melhor solução.

Alguns contratos, especialmente aqueles de *commercial engineering*, como o EPC, preveem uma multiplicidade de objetos e prestações típicas e atípicas. A depender do contrato *in concreto*, eles podem refletir o somatório de um ou mais contratos típicos, como a empreitada, o fornecimento, a prestação de serviços, a agência ou representação, o mandato, a comissão, a compra e venda, dentre outros.

Tal qual Gil, a maior parte da doutrina reconhece pontos de semelhança entre os contratos de *engineering* e a empreitada[134]. E isso não é de se estranhar, porque na construção de programas contratuais pelas partes há, corriqueiramente, o recurso ao conhecido[135]. Mas, daí, da semelhança à identificação pura com a empreitada há um longo caminho, especial-

---

[132] DUARTE, Rui Pinto. **Tipicidade e atipicidade dos contratos**, cit., p. 44.

[133] GIL, Fabio Coutinho de Alcântara. **A onerosidade excessiva em contratos de engineering**, cit., p. 48.

[134] Por todos, veja Cagnasso e Cottino sobre a semelhança da empreitada: "Afigura-se que o caleidoscópio multicolorido das situações passíveis de composição ou construção pelas partes segundo objetivos que, de volta em volta elas perseguem deve dirigir-se à segunda solução. Nesse sentido, é a orientação dominante; e, em princípio, não se pode fazer mais do que partilhá-lo". ("Pare che il variopinto caleidoscopio delle situazione costruibili o componibili dalle parti secondo gli obiettivi che di volta in volta esse perseguono debba far verso la seconda soluzione. In questo senso è l'orientamento dominante; e in via di principio non si può che condividerlo"). CAGNASSO, Oreste; COTTINO, Gastone. Contratti commercialli, cit., p. 347. Tradução nossa.

[135] Como bem nos lembra o professor Verçosa: "Assim como na natureza nada se cria, nada se perde, mas tudo se transforma, não existem contratos inominados absolutamente novos em seus elementos". VERÇOSA, Haroldo M. D. **Contratos mercantis e a teoria geral dos contratos - o Código Civil e a crise do contrato**. São Paulo: Quartier Latin, 2010, p. 192. "Não é fácil imaginar e criar um contrato que não tenha nada dos tipos já reconhecidos na lei ou na prática. No entanto, nada impede, em princípio, que assim aconteça". VASCONCELOS, Pedro Pais. **Contratos atípicos**, cit., p. 216.

mente à luz das particularidades dos elementos recorrentes dos contratos de construção.

O próprio autor reconhece como especificidades do *engineering* a complexidade da obra, os riscos e a presença necessária da empresa de engenharia. É forçoso, em vista de tais particularidades, admitir que o tipo legal da empreitada dê conta do *engineering*, porque não há, salvo melhor juízo, correspondência do tipo legal com o tipo social. Sobre a necessidade de adequação, doutrina Pedro Pais de Vasconcelos:

> [...] para que se possa dizer que o contrato é legalmente típico, é necessário que a regulação legal corresponda pelo menos aproximadamente ao tipo social e seja suficientemente completa para dar às partes a disciplina básica do contrato.[136]

Asseverar que é possível enquadrá-los no tipo legal da empreitada lembra, inevitavelmente, o uso do leito de Procrustes: o que não cabe no leito é cognitiva e dogmaticamente eliminado ou deformado. Essa solução dificilmente pode ser considerada satisfatória.

Não há a correspondência idealizada por Gil, salvo por recurso a uma artificial ampliação do tipo legal da empreitada. Do exposto, não é possível partilhar da interpretação do autor de que o "tipo de empreitada abrange o de *engineering*"[137].

Cabe agora explorar a outra faceta da assertiva de Gil: a de que os contratos de *engineering* são socialmente típicos, que foram levados "à tipificação, não pela lei, mas socialmente, por contratos-tipo, ou formulários, de aceitação internacional, que imprimem um tratamento mais amplo e detalhado a esses contratos"[138].

Sobre tipos sociais, assim nos ensina Antonio Menezes Cordeiro:

> Desta feita, trata-se de negócios jurídicos que, embora não previstos na lei, são de tal forma solicitados pela prática que adoptam um figurino comum, por todos conhecido. Desse modo, bastará uma

[136] VASCONCELOS, Pedro Pais. **Contratos atípicos**, cit., p. 214.
[137] GIL, Fabio Coutinho de Alcântara. **A onerosidade excessiva em contratos de engineering**, cit., p. 51.
[138] GIL, Fabio Coutinho de Alcântara. **A onerosidade excessiva em contratos de engineering**, cit., p. 53.

simples referência ao "tipo social" para, de imediato, as partes se reportarem a todo um conjunto de regras bem conhecidas, na prática jurídico-social. [139]

Poder-se-ia falar de um tipo social para uma das várias espécies de contratos de construção: o de EPC. E com certas reservas.

Sobre contratos socialmente típicos, assim ensinam Díez-Picazo e Gullon:

> Não obstante, existem negócios que, ainda que careçam de uma disciplina normativa consagrada por lei, apresentam uma reiteração ou uma frequência em sua aparição como fenômeno social, de maneira que isso lhe atribui um *nomen iuris*, pela qual são conhecidos, e uma disciplina, que se consagra por via doutrinária ou jurisprudencial.[140]

Para o reconhecimento do contrato atípico como socialmente típico, extrai-se da lição doutrinária que

> o contrato tem de ter, na prática ou nos usos, um modelo de disciplina que seja também pelo menos tendencialmente completo. Este modelo regulativo, que é o tipo social propriamente dito, constitui a principal fonte e critério da integração da parte não estipulada dos contratos que lhe correspondam.[141]

Assim, do rol de contratos de *engineering*, apenas o EPC pode ser compreendido como um contrato com reconhecimento social, mas ainda assim com ressalvas, porque, embora se possa afirmar que ele é celebrado com fre-

---

[139] MENEZES CORDEIRO, Antonio. **Tratado de direito civil português**. 2 ed, Lisboa: Almedina, 2000. v. 1, tomo 1, p. 320.

[140] "No obstante, existen negocios que, aunque carecen de una disciplina normativa consagrada por la ley, poseen una reiteración o una frecuencia en ordem a su aparición como fenómeno social, de manera que ello les dota de un nome iuris, por el que son conocidos, y de una disciplina, que se consagra por vía doctrinal o jurisprudencial". DÍEZ-PICAZO, Luis; GULLÓN, Antonio. **Instituciones de derecho civil**. Madrid: Tecnos, 2000. v. 1, tomo 1, p. 315. Tradução nossa.

[141] VASCONCELOS, Pedro Pais. **Contratos atípicos**, cit., p. 215.

quência, inexistem no país bases doutrinárias e jurisprudenciais suficientes para considerá-lo "consagrado" no que tange a uma disciplina normativa.

Portanto, o raciocínio de Gil qualificando o *engineering* como contrato socialmente típico seria parcialmente aceitável apenas caso se consentisse que ele assume um conceito-tipo restrito de *engineering*, seguindo Rosella Cavallo Borgia. Mas, mesmo nesse caso, seria parcialmente aceitável apenas com as ressalvas feitas anteriormente e sujeito às mesmas restrições feitas à tipologia da autora italiana.

Antes de se proceder a uma proposta de qualificação dos contratos de construção à luz do ordenamento brasileiro, importa conhecer a anatomia dos contratos de construção.

Capítulo 2 – Anatomia dos Contratos de Construção

Nas últimas décadas, a indústria da construção, especialmente nos segmentos de engenharia e industrial, passou a enfrentar desafios cada vez maiores. Em paralelo ao acúmulo de conhecimento e ao desenvolvimento tecnológico, as construções cresceram em tamanho e complexidade[142].

Além de caros, complexos e de longa duração para sua finalização[143], na literatura encontra-se afirmada e reafirmada uma outra característica onipresente de grandes obras: a singularidade de cada projeto. Confira-se:

---

[142] CLOUGH et al. **Construction contracting: a practical guide to company management**, p. 1. No mesmo sentido, diz Roberto Ricardino sobre questões locais: "O início da década de 90 assinalou, no Brasil, uma significativa mudança nas obras do setor da construção pesada, ocasionada principalmente pela escassez de recursos financeiros baratos, pelo processo de privatização e pela abertura do setor à participação de empresas estrangeiras, passando o mercado a ser francamente de oferta. A contratação da execução de projetos de construção pesada tornou-se um processo complexo, refletindo um novo modelo de relação entre as partes celebrantes do contrato". RICARDINO, Roberto. **Administração de contrato em projetos de construção pesada no Brasil: um estudo da interface com o processo de análise do risco**. 2007. 172 f. Dissertação (Mestrado em Engenharia) – Escola Politécnica, Departamento de Engenharia de Construção Civil, Universidade de São Paulo, São Paulo, 2007, p. 5.

[143] "A indústria da construção civil apresenta singularidades que a diferenciam da indústria de produção seriada. O seu ciclo de produção é relativamente longo se comparamos com a indústria manufatureira, assim com exige uma imobilização de capital circulante elevada [...]". PEDROSA, Verônica de Andrade. **Reivindicações em contratos de empreitada no Brasil**, cit., p. 39.

Cada projeto de construção é único a seu modo, e não há dois absolutamente idênticos. Cada estrutura é moldada para se adequar ao seu ambiente, projetada e construída para atender às necessidades do seu proprietário, organizada para desempenhar sua função específica, e desenhada para refletir gostos pessoais e preferências. As imprevisibilidades do local da construção e as possibilidades infinitas de variação criativa e útil da estrutura, ainda que o produto de construção pareça ser estandardizado, contribuem para tornar cada projeto uma experiência nova e diferente.[144]

Como um grande projeto é desenvolvido e implementado? Quais são suas características jurídicas e econômico-financeiras? O presente capítulo responderá tais questões e delineará a anatomia dos contratos de construção.

2.1 Fases

Antes de adentrar nas grandes linhas das fases de planejamento e implementação de um grande projeto de *engineering*, cabe registrar algumas definições relevantes. A primeira é precisamente a de projetos.

Em várias passagens ao longo do presente trabalho, utilizaremos projeto em sua acepção corriqueira, como sinônimo de empreendimento[145].

---

[144] "Each construction project is unique in its own way, and no two are ever quite alike. Each structure is tailored to suit its environment, designed and built to satisfy the needs of its owner, arranged to perform its own particular function, and designed to reflect personal tastes and preferences. The vagaries of the construction site and the infinite possibilities for creative and utilitarian variation of the structure, even when the building product seems to be standardized, combine to make each construction project a new and different experience". CLOUGH et al. **Construction contracting: a practical guide to company management**, cit., p. 1. Tradução nossa. Ainda, fazendo referência ao PMI: "Por obedecer geralmente a um plano, uma das principais características do Projeto é a sua singularidade. O produto de um Projeto é diferente, de algum modo, do produto de outros projetos congêneres, pressupondo que ao longo da execução são feitas coisas novas, nunca feitas anteriormente". RICARDINO, Roberto. **Administração de contrato em projetos de construção pesada no Brasil: um estudo da interface com o processo de análise do risco**, cit., p. 13.

[145] RICARDINO, Roberto. **Administração de contrato em projetos de construção pesada no Brasil um estudo da interface com o processo de análise do risco**, cit., p. 2.

Mas, em seu uso técnico, projeto e seus cognatos foram campo de fértil discussão.

Por anos, existiu no ordenamento nacional uma variedade de normas que utilizavam conceitos variados tanto para "projeto", em geral, quanto para os dois projetos centrais em qualquer obra: o projeto básico e o projeto executivo. A amplitude conceitual reinava também na doutrina[146].

A Resolução CONFEA nº 361, de 1991, definiu projeto básico em seu artigo 1º, como "o conjunto de elementos que define a obra, o serviço ou o complexo de obras e serviços que compõem o empreendimento, de tal modo que suas características básicas e desempenho almejado estejam perfeitamente definidos, possibilitando a estimativa de seu custo e prazo de execução."

Consoante a referida Resolução, o projeto básico é também uma fase "perfeitamente definida de um conjunto mais abrangente de estudos e projetos, precedido por estudos preliminares, anteprojeto, estudos de viabilidade técnica, econômica e avaliação de impacto ambiental, e sucedido pela fase de projeto executivo ou detalhamento" (artigo 2º).

O rol das principais características de um projeto básico, por sua, vez, eram objeto do artigo 3º:

Art. 3º. As principais características de um Projeto Básico são:

a) desenvolvimento da alternativa escolhida como sendo viável, técnica, econômica e ambientalmente, e que atenda aos critérios de conveniência de seu proprietário e da sociedade;
b) fornecer uma visão global da obra e identificar seus elementos constituintes de forma precisa;
c) especificar o desempenho esperado da obra;

---

[146] A título de exemplo, o mestre Hely definia projeto como sendo: "[...] o conjunto de estudos, cálculos e desenhos necessários à expressão técnica e artística da obra a ser executada. O projeto abrange, normalmente: a) *estudos preliminares*, tais como sondagens do terreno e ensaios de laboratório; b) *cálculos estruturais* e de outros tipos; c) *desenhos*, tais como plantas, cortes, fachadas ou elevações; d) *memorial descritivo*, com especificações de material e de mão de obra; e) *orçamentos* dos trabalhos a executar e do material a empregar; f) *cronogramas* indicativos do andamento dos serviços em suas sucessivas fases. Além destes elementos, outros poderão ser impostos pela natureza e complexidade da obra, ou exigidos pela repartição competente para aprovação do projeto". MEIRELLES, Hely Lopes. **Direito de construir**, cit., p. 412. Observe-se que essa é a acepção restrita de projetos..

d) adotar soluções técnicas, quer para conjunto, quer para suas partes, devendo ser suportadas por memórias de cálculo e de acordo com critérios de projeto pré-estabelecidos de modo a evitar e/ou minimizar reformulações e/ou ajustes acentuados, durante sua fase de execução;

e) identificar e especificar, sem omissões, os tipos de serviços a executar, os materiais e equipamentos a incorporar à obra;

f) definir as quantidades e os custos de serviços e fornecimentos com precisão compatível com o tipo e porte da obra, de tal forma a ensejar a determinação do custo global da obra com precisão de mais ou menos 15% (quinze por cento);

g) fornecer subsídios suficientes para a montagem do plano de gestão da obra;

h) considerar, para uma boa execução, métodos construtivos compatíveis e adequados ao porte da obra;

i) detalhar os programas ambientais, compativelmente com o porte da obra, de modo a assegurar sua implantação de forma harmônica com os interesses regionais.

Nos seus artigos 6º e 8º, respectivamente, a Resolução obrigava a aplicação das normas e conceituações acima previstas para obras públicas e privadas.

A celeuma inicia-se com o advento da Lei nº 8.666, de 1993, que divergia conceitualmente da Resolução CONFEA nº 361. O artigo 6º da Lei nº 8.666, de 1993, assim definiu projeto básico e executivo:

IX - Projeto Básico - conjunto de elementos necessários e suficientes, com nível de precisão adequado, para caracterizar a obra ou serviço, ou complexo de obras ou serviços objeto da licitação, elaborado com base nas indicações dos estudos técnicos preliminares, que assegurem a viabilidade técnica e o adequado tratamento do impacto ambiental do empreendimento, e que possibilite a avaliação do custo da obra e a definição dos métodos e do prazo de execução, devendo conter os seguintes elementos:

a) desenvolvimento da solução escolhida de forma a fornecer visão global da obra e identificar todos os seus elementos constitutivos com clareza;

b) soluções técnicas globais e localizadas, suficientemente detalhadas, de forma a minimizar a necessidade de reformulação ou de variantes durante as fases de elaboração do projeto executivo e de realização das obras e montagem;

c) identificação dos tipos de serviços a executar e de materiais e equipamentos a incorporar à obra, bem como suas especificações que assegurem os melhores resultados para o empreendimento, sem frustrar o caráter competitivo para a sua execução;

d) informações que possibilitem o estudo e a dedução de métodos construtivos, instalações provisórias e condições organizacionais para a obra, sem frustrar o caráter competitivo para a sua execução;

e) subsídios para montagem do plano de licitação e gestão da obra, compreendendo a sua programação, a estratégia de suprimentos, as normas de fiscalização e outros dados necessários em cada caso;

f) orçamento detalhado do custo global da obra, fundamentado em quantitativos de serviços e fornecimentos propriamente avaliados;

X - Projeto Executivo - o conjunto dos elementos necessários e suficientes à execução completa da obra, de acordo com as normas pertinentes da Associação Brasileira de Normas Técnicas – ABNT.

Para fins de auditoria de obras públicas, e com o propósito de trazer uniformidade ao entendimento sobre "projeto básico", o IBRAOP – Instituto Brasileiro de Auditoria de Obras Públicas exarou a seguinte definição, por meio da Orientação Técnica IBRAOP OT-IBR 001/2006:

Projeto Básico é o conjunto de desenhos, memoriais descritivos, especificações técnicas, orçamento, cronograma e demais elementos técnicos necessários e suficientes à precisa caracterização da obra a ser executado, atendendo às Normas Técnicas e à legislação vigente, elaborado com base em estudos anteriores que assegurem a viabilidade e o adequado tratamento ambiental do empreendimento.

Deve estabelecer com precisão, através de seus elementos constitutivos, todas as características, dimensões, especificações, e as quantidades de serviços e de materiais, custos e tempo necessários para execução da obra, de forma a evitar alterações e adequações durante a elaboração do projeto executivo e realização das obras.

Todos os elementos que compõem o Projeto Básico devem ser elaborados por profissional legalmente habilitado, sendo indispensável o registro da respectiva Anotação de Responsabilidade Técnica, identificação do autor e sua assinatura em cada uma das peças gráficas e documentos produzidos.

O item 6 da norma citada incluía o projeto arquitetônico como parte do conteúdo técnico do projeto básico, causando discussões ainda mais acaloradas na indústria.

Para dirimir as divergências e debates existentes, o CONFEA aprovou, por meio da Decisão Normativa nº 106, de 2015, definições para "projeto", "projeto básico", "projeto arquitetônico" e "projeto executivo".

Projeto seria "a somatória do conjunto de todos os elementos conceituais, técnicos, executivos e operacionais abrangidos pelas áreas de atuação, pelas atividades e pelas atribuições dos profissionais da Engenharia e da Agronomia" tal como contido no corpo do regramento de tais profissões (artigo 1º).

Projeto básico, por sua vez, foi definido no artigo 2º, I como aquele que contém os

principais conteúdos e elementos técnicos correntes aplicáveis às obras e serviços, sem restringir as constantes evoluções e impactos da ciência, da tecnologia, da inovação, do empreendedorismo e do conhecimento e desenvolvimento do empreendimento social e humano, nas seguintes especialidades:

a) levantamento Topográfico;
b) sondagem;
c) projeto Arquitetônico;
d) projeto de Terraplenagem;
e) projeto de Fundações;
f) projeto Estrutural;
g) projeto de Instalações Hidráulicas;

h) projeto de Instalações Elétricas
i) projeto de Instalações Telefônica, de dados e som;
j) projeto de Instalações de Prevenção de Incêndio;
k) projeto de Instalações Especiais (lógicas, CFTV, alarme, detecção de fumaça);
l) projeto de Instalações de Ar-condicionado;
m) projeto de Instalações de Transporte Vertical; e
n) projeto de Paisagismo.

A definição de projeto arquitetônico veio no parágrafo único do artigo 2º, I fazendo referência à Orientação Técnica IBRAOP OT-IBR 001/2006, como uma subcategoria de projeto básico

> cujo conteúdo técnico de seu desenho pode contemplar: situação; implantação com níveis; plantas baixas e de cobertura; cortes e elevações; detalhes que possam influir no valor do orçamento; indicação de elementos existentes, a demolir e a executar, em caso de reforma ou ampliação; e cujo conteúdo técnico de sua especificação pode contemplar materiais, equipamentos, elementos, componentes e sistemas construtivos.

Projeto executivo passou a ser definida pelo CONFEA como "conjunto dos elementos necessários e suficientes à execução completa da obra ou do serviço, conforme disciplinamento da Lei nº 8.666, de 1993, e das normas da Associação Brasileira de Normas Técnicas – ABNT."[147]

Vistas tais importantes definições, passemos às fases.

Quais são, em grandes linhas, as fases de planejamento e implementação de um grande projeto de *engineering*? Embora variem muito conforme o modelo de contratação, as fases de um grande projeto podem ser esquematicamente descritas em três: pré-construção, construção e pós-construção.

A depender do tamanho, das especificidades e da complexidade técnica, um projeto pode levar anos para ser implementado[148]. Em certos pro-

---

[147] Sobre a relevância das normas técnicas e muitos outros temas específicos do direito da construção, ver DEL MAR, Carlos P. **Direito na Construção Civil**. São Paulo: PINI: Leud, 2015, p. 500-503.

[148] Serão apresentadas apenas as linhas gerais das fases de projetos, apenas para fins de delineamento de um grande projeto. Não há, logicamente, pretensão de esgotar o assunto.

jetos, gasta-se mais tempo na fase de pré-construção do que propriamente na de construção[149].

A fase de pré-construção é considerada a chave para o sucesso do projeto. Para ilustrar a sua relevância, podemos citar as obras do PAC 1, em que restou clara a necessidade de investimentos maiores na etapa pré-construtiva, pois parte dos problemas enfrentados posteriormente resultaram de falhas nos estudos preliminares:

> O estágio de conclusão desses empreendimentos sugere que, no momento em que o programa foi concebido, não se dispunha de uma avaliação completa da complexidade da sua operacionalização, seja na estruturação de projetos de engenharia, seja no atendimento a possíveis exigências dos órgãos de controle [...][150].

A pré-construção inicia-se com um estudo panorâmico, um diagnóstico das atividades, dos ativos e do pessoal necessários para a consecução da obra. Realiza-se a seleção da equipe, a prospecção do imóvel e as investigações preliminares de características gerais do solo e *status* jurídico (i.e. servidões e outras restrições ao direito de propriedade).

No momento inicial, são feitos também o orçamento preliminar, a estimativa de demanda a ser gerada pelo projeto, bem como os relatórios de viabilidade econômica, técnica e de desenvolvimento[151]. Começa, aqui, também os esforços de financiamento do projeto. Aprofunda-se também a investigação das limitações do projeto – tais como restrições de zonea-

---

Mais detalhes em ANDERSON, John et al. Phases of the construction project. In: KLINGER, Marilyn; SUSONG, Marianne (Eds.). **The construction project: phases, people, terms, paperwork, processes.** Chicago: ABA, 2006, p. 4-40 e BEZANÇON, Xavier; CUCCHIARINI, Christian; BITTER, Patrícia. **Guide de la commande privée – contrats prives globaux développement durable.** Paris: Le Moniteur, 2008, p. 29-33.

[149] Há processos muito longos, como os da indústria de óleo ou gás, que "podem se estender por um longo período, às vezes até 30 anos". ("[...] which can stretch over a long period, sometimes as long as 30 years"). HALMAN, J. 1. M.; BRAKS, B. F. M. **Project alliancing in the offshore industry.** International Journal of Project Management, v. 17, n. 2, 1999, p. 72. Tradução nossa.

[150] OLIVA, Rafael; ZENDRON, Patricia. Políticas governamentais pró-investimento e o papel do BNDES, cit., p. 78.

[151] Conforme ANDERSON, John et al. Phases of the construction project, cit., p. 5.

mento, de natureza ambiental, etc. – previamente à definição do terreno e, dentro deste, do local da obra.

Referidas limitações são de grande relevância, pois podem impactar os aspectos econômico-financeiros das projeções preliminares. Elas têm o condão, por exemplo, de afetar a demanda projetada ou indicar aumento de custos ao se verificar a necessidade de mitigação de efeitos da implementação do projeto (i.e. remoção de espécies ameaçadas), ou, de outro modo, indicar impactos negativos no retorno esperado pelos investidores (i.e. prazo de *break-even*).

O passo seguinte costuma ser a elaboração do projeto conceitual básico, ou projeto básico. Alguns contratos de construção têm apenas esse escopo[152, 153]. Em processos licitatórios para obras públicas, é precondição para realização do certame que o projeto básico tenha sido aprovado pelas autoridades competentes e disponibilizado aos interessados em concorrer no processo[154].

Nessa etapa, cabe ao dono da obra determinar os critérios básicos do projeto, que passa a ser desenvolvido pelos engenheiros e arquitetos contratados.

Em obras de infraestrutura de grande porte, usualmente a liderança de projetos cabe a engenheiros. Ao longo desta etapa, costuma-se contar com a colaboração de uma série de especialistas que contribuem para o projeto, tais como engenheiros e consultores das mais variadas especialidades (i.e. civil, de estruturas, de solo, mecânica, elétrica, geotécnica, iluminação,

---

[152] A Lei nº 8.666, de 1993, no seu artigo 7º, exige uma sequência na contratação. O projeto básico deve, necessariamente, anteceder a execução da obra. Admite-se que o projeto executivo, se autorizado pela administração, seja desenvolvido simultaneamente com a execução das obras, consoante o §1º.

[153] Cabe lembrar que, consoante a inovação trazida pelo §2º do artigo 610 do Código Civil, salvo disposição contratual expressa, não pode haver presunção de que um contrato de elaboração de projeto inclua a execução, o acompanhamento ou a fiscalização da obra projetada. Essa é a opinião, dentre outros, de TEPEDINO, Gustavo; BARBOZA, Heloisa Helena; BODIN DE MORAES, Maria Celina. **Código Civil interpretado conforme a Constituição da República**. Rio de Janeiro: Renovar, 2006. v. 2, p. 342.

[154] Lei nº 8.666:
"Art. 7º.
§ 2º. As obras e os serviços somente poderão ser licitados quando:
I - houver projeto básico aprovado pela autoridade competente e disponível para exame dos interessados em participar do processo licitatório;"

etc.)[155]. O dono da obra e os profissionais encarregados do *design* interagem intensamente nesse período. O momento é especialmente importante porque "mudanças durante a fase de construção têm ordens de magnitude muito mais custosas que aquelas feitas durante a fase de desenho"[156].

Em seguida, passa-se à fase de desenho esquemático do projeto. Enquanto alguns se dedicam à elaboração do desenho propriamente dito, outros, do time de construção, desenvolvem as ideias sobre os métodos construtivos, o que envolve o planejamento da construção e a definição dos materiais e serviços envolvidos nela. O produto do trabalho desse período é formalizado nos chamados "documentos esquemáticos de *design*".

Durante a preparação dos documentos esquemáticos do design podem ser tomadas decisões importantes. Por exemplo, a depender dos requisitos burocráticos, algumas autorizações ou permissões precisam ser solicitadas nessa fase, em benefício do tempo, pois demoram a ser expedidas.

É nesse momento que o dono da obra pode optar por realizar a obra no chamado "*fast-track*"[157], tomando a decisão de realizar certas compras de insumos e materiais com antecedência (devido ao longo prazo de entrega), ainda que sob o risco de tais insumos e materiais serem descartados em razão de mudanças ulteriores no projeto.

Em projetos de grandes obras, mesmo que não se siga o sistema *fast-track*, costuma-se fazer certos pedidos nessa etapa (antes de os documentos de construção estarem prontos), pois, mesmo que haja desperdício, a

---

[155] ANDERSON, John et al. Phases of the construction project, cit., p. 7.

[156] "[c]hanges during the construction phase are orders of magnitude more expensive then changes during the design phase", ANDERSON, John et al. Phases of the construction project, cit., p. 9. Tradução nossa.

[157] O "sistema fast-track" pode ser definido como "um método de administração de construção que envolve uma operação contínua de design-construção. O contratado geral começa o trabalho de construção antes da conclusão dos projetos e especificações e as partes refinam e completam o design à medida que a construção se desenrola" ("A method of construction management that involves a continuous design-construction operation. The general contractor starts the construction work before completion of the plans and specifications and the parties refine and complete the design as construction proceeds"). BRIGLIA, Shannon J. et al. Terms employed in the construction project. In: KLINGER, Marilyn; SUSONG, Marianne (Eds.). **The construction project: phases, people, terms, paperwork, processes.** Chicago: ABA, 2006, p. 87. Tradução nossa.

demora na colocação de tais pedidos pode ser ainda mais prejudicial para a consecução tempestiva do projeto[158].

Em seguida, passa-se à etapa de desenvolvimento dos projetos. Nesta, o projeto é detalhado e refinado, os sistemas são definidos, as especificações são concluídas e há continuidade na identificação e na realização do orçamento de insumos, materiais e serviços que serão necessários à luz do projeto de desenvolvimento[159].

Neste momento, pode ocorrer também o chamado *value engineering*, no qual a equipe de construção faz sugestões de substituição de materiais, insumos, métodos ou sistemas construtivos, com vistas a diminuir os custos da construção[160] ou a ampliar as possibilidades de economia do projeto (i.e. redução, no pós-obra, dos custos de reparo e manutenção).

Na fase subsequente, que na prática norte-americana se chama de preparação dos chamados "documentos da construção", ocorre o refinamento e a complementação dos aspectos ainda em aberto na etapa de desenvolvimento.

É nesse ponto que os especialistas de engenharia ou de outras áreas finalizam e entregam seus trabalhos, coordenados com as equipes de *design* e de construção[161]. Finalizam-se, assim, os projetos executivos. Nesse momento, é possível se finalizar a orçamentação e a equipe de construção conhece e é capaz de colocar os pedidos dos itens e materiais a serem definitivamente utilizados no projeto.

---

[158] Sobre a decisão de compra antecipada e disputas de atribuição de culpa: "Uma quantidade significativa de litígios de construção surgem desses fatores concorrentes e que, quase sempre os aspectos econômicos relacionados à construção do projeto dependem de quão bem o time de design, o time de construção e o proprietário lidam com esse equilíbrio delicado" ("A significant amount of construction litigation arises from these competing factors and often the economics related to the construction of a project are dependent on how well the design team, the construction team, and the owner handle this delicate balance"). DE CHIARA, Michael K.; ZETLIN, Michael S. **New York construction law**. New York: Aspen, 2003, p. 9. Tradução nossa.

[159] DE CHIARA, Michael K.; ZETLIN, Michael S. **New York construction law**, cit., p. 8.

[160] ANDERSON, John et al. Phases of the construction project, cit., p. 13. É do interesse do proprietário, em muitas das modalidades de contratação, que a engenharia de valor seja executada ao longo de toda a execução do contrato.

[161] ANDERSON, John et al. Phases of the construction project, cit., p. 11-12.

Na fase de construção, o dono ou proprietário da obra (ou a pessoa por ele determinada) mantém contato intenso com o empreiteiro e a equipe de projetos até a conclusão da obra[162].

Com efeito, uma vez celebrado o contrato, uma verdadeira rede de profissionais e de sociedades é, na sequência, contratada para fornecer insumos, mão de obra especializada, equipamentos, etc. Pelo fato de cada projeto ser tido como único em sua conformação e exigências, a fase de construção demanda uma articulação sempre singular e complexa de contratados.

No Brasil, a indústria da construção é bastante fragmentada, como em quase todos os países do mundo. Ao lado das grandes construtoras brasileiras, há um imenso número de profissionais especializados em cada uma das fases construtivas. Assim, a coordenação da atuação e da contribuição dos vários atores para a obra exige um grande investimento de tempo e de recursos. Portanto, a coordenação é central para o sucesso do projeto.

Na fase de pós-construção, entram em cena outros agentes da indústria: aqueles especializados na operação e na manutenção dos empreendimentos, usualmente contratados diretamente pelo proprietário ao final da obra ou contratados concomitantemente com a construção, como se verá adiante.

2.2 Modalidades de Contratação

Na literatura de construção há diversos enquadramentos tipológicos para as contratações de projetos. Alguns estruturam as modalidades de contratação pelo sujeito ativo, outros pela estrutura de remuneração do contratado e outros ainda pela modalidade de *procurement*. Apresentaremos abaixo a taxonomia mais corriqueira, deixando ressalvado que há sobreposição e combinações entre tais enquadramentos e com os modelos contratuais subjacentes.

2.2.1 Sujeitos: Prime ou Multi-Prime

---

[162] Muitos são os documentos que tradicionalmente formalizam os contatos entre as partes nesta fase do projeto. Uma lista de exemplos é dada por HUGHES, Richard O.; CHRISTENSEN, Linda. Managing construction in New York construction law. In: DE CHIARA, Michael K.; ZETLIN, Michael S. (Eds). **New York construction law**. New York: Aspen, 2003, p. 89, e FURST, Stephen et al. **Keating on construction contracts**, cit., p. 4-6.

ANATOMIA DOS CONTRATOS DE CONSTRUÇÃO

Em obras de pequeno porte, a contratação mais comum é a chamada *prime*, o que em vernáculo se traduziria por principal ou primária. Por meio desta, o dono ou o proprietário da obra contrata separadamente o arquiteto (e/ou o engenheiro) e o construtor[163]. Nesse modelo de contratação, o arquiteto desenvolve o projeto e acompanha, de forma limitada, a execução deste, apenas para fins de esclarecimento de dúvidas[164].

O construtor, encarregado da realização do projeto, pode realizar a obra pessoalmente, por meio de seus empregados ou ter um número maior ou menor de subcontratados. Neste modelo, há o chamado "ponto focal de responsabilidade", pois a coordenação entre o dono da obra e os diversos fornecedores e subcontratados é feita por meio do construtor.

Outra forma de contratação é a chamada *multi-prime* ou *multiple prime contracts*, o equivalente a múltiplos contratos primários ou principais. Nesta, o dono ou proprietário da obra estabelece diversas relações contratuais "principais" concomitantemente. O dono da obra contrata empreiteiros que se encarregam de etapas ou partes diferentes do projeto[165] e contrata uma empresa de engenharia que administra os vários empreiteiros[166].

2.2.2 Estrutura de Remuneração

Sob o ponto de vista da estrutura de remuneração, as contratações podem ser divididas em preço fixo (ou *lump-sum*), preço por unidade ou, ainda, as chamadas *cost-plus*.

---

[163] ANDERSON, John et al. Phases of the construction project, cit., p. 18 e HUGHES, Richard O.; CHRISTENSEN, Linda. Managing construction in New York construction law, cit., p. 71.
[164] HUGHES, Richard O.; CHRISTENSEN, Linda. Managing construction in New York construction law, cit., p. 71.
[165] BRIGLIA, Shannon J. et al. Terms employed in the construction project, cit., p. 88.
[166] ANDERSON, John et al. Phases of the construction project, cit., p. 19. A chamada "Wicks Law" torna obrigatória esta modalidade de contratação para projetos públicos de valores elevados no estado de Nova Iorque, Estados Unidos da América. Obriga-se a que haja uma segregação do projeto em partes (gás, aquecimento, ventilação, mecânica, elétrica, hidráulica, etc.) e que o empreiteiro de tal parte assuma a responsabilidade por ela perante o contratante. O propósito da obrigatoriedade de contratação parcelada é garantir que haja formação de expertise em tais áreas. A crítica mais constante a essa obrigatoriedade é justamente que o controle e a coordenação do projeto podem restar prejudicados. HUGHES, Richard O.; CHRISTENSEN, Linda. Managing construction in New York construction law, cit., p. 7i.e.87-89.

Cada uma das modalidades possui uma alocação de obrigações e riscos inerente, que pode alterar os incentivos comportamentais das partes. Em vista dos incentivos criados e do tipo ou etapas das obras, não é incomum que as partes combinem mais de uma modalidade[167].

2.2.2.1 *Preço Fixo, Global ou* Lump-sum

Na modalidade de preço fixo, também conhecida como preço global ou simplesmente por sua designação em inglês, *lump-sum*, o contrato prevê um valor determinado a ser pago pelo contratante para o empreiteiro pela consecução da integralidade do objeto do contrato[168]. De acordo com essa modalidade,

> [...] o contratado garante, salvo na ocorência de erros encontrados nos projetos e nas especificações, que ele irá completar o projeto pelo preço acordado, que inclui toda a mão de obra, os materiais, os equipamentos e os serviços, e o *overhead* e os lucros do contratado, independentemente dos problemas e das dificuldades que podem ser encontradas. As partes podem aumentar o preço do contrato via ordens de mudança por motivos diversos[169].

Em nossa doutrina, o preço fixo, ou à *forfait*, é modalidade bastante conhecida e comum de contratação na empreitada de obras privadas e públicas[170]. Vale notar que, muito embora o destaque fique no preço, essa

---

[167] WERREMEYER, Kit. **Understanding & negotiating construction contracts**. Kingston: RSMeans, 2006, p. 16. Pontes de Miranda, com sua habitual lucidez, lembra que na empreitada as partes podem estabelecer um preço parcialmente fixo e parcialmente por medida. PONTES DE MIRANDA, Francisco C. **Tratado de direito privado**, cit., p. 392.

[168] STROKES, McNeill. **Construction law in contractor's language**. New York: McGraw-Hill, 1977, p. 33.

[169] "[...] the contractor warrants, except when errors are encountered in the plans and specifications, that it will complete the project for an agreed-upon price, for all labor, materials, equipment and services, and contractor's overhead and profit, regardless of the problems or difficulties that may be encountered. The parties may increase the contract price by change orders for various reasons". BRIGLIA, Shannon J. et al. Terms employed in the construction project, cit., p. 88. Tradução nossa.

[170] A Lei n. 8.666 prevê, no seu art. 6º, VIII, a, a definição de empreitada por preço global: "Art. 6º. Para os fins desta Lei, considera-se:

ANATOMIA DOS CONTRATOS DE CONSTRUÇÃO

estrutura de remuneração também é, costumeiramente, "cronograma fixo", ou seja, fixa-se o preço e o prazo para a realização e entrega do empreendimento[171].

A respeito da estrutura de remuneração, diz Alfredo de Almeida Paiva:

> [...] o preço é fixado, antecipadamente, em quantia certa e invariável, sem possibilidade de alteração ainda que a mão-de-obra e os materiais encareçam, ou que, por qualquer motivo, a obra venha a ficar mais cara do que fora previsto[172].

Nessa modalidade, cabe ao empreiteiro apreçar corretamente os custos diretos e indiretos e as despesas do contrato e estimar a sua margem de lucro. A margem de lucro, no caso, é precisamente o saldo do valor do contrato deduzidos os custos e as despesas da realização da obra. Eventual lapso ou equívoco no apreçamento pode provocar a redução da margem de lucro esperada ou mesmo causar prejuízos ao empreiteiro. Mas o empreiteiro é presumivelmente alguém que conhece seu *métier*, que tem experiência inclusive quanto às oscilações do mercado. Daí se falar que, nessa modalidade, o risco do cálculo dos custos e despesas da obra recaem sobre o empreiteiro[173].

Interessa observar que, na modalidade de preço fixo, faz parte da racionalidade econômico-financeira do empreiteiro a inclusão, no preço, de

---

VIII - Execução indireta - a que o órgão ou entidade contrata com terceiros sob qualquer dos seguintes regimes:
a) empreitada por preço global - quando se contrata a execução da obra ou do serviço por preço certo e total".

[171] WERREMEYER, Kit. **Understanding & negotiating construction contracts**, cit., p. 13.

[172] PAIVA, Alfredo de Almeida. **Aspectos do contrato de empreitada**. 2. ed. Rio de Janeiro: Forense, 1997, p. 19.

[173] STROKES, McNeill. **Construction law in contractor's language**, cit., p. 33. Diz Paiva: "[...] haverá sempre em potencial a possibilidade de prejuízos para o empreiteiro-construtor, pois os cálculos feitos, por mais exatos e minunciosos que sejam, estarão sempre sujeitos a alterações, resultantes da instabilidade do preço dos materiais e da mão-de-obra a serem empregados na construção". PAIVA, Alfredo de Almeida. **Aspectos do contrato de empreitada**, cit., p. 19. Ainda, na lição de Silvio Luís Ferreira da Rocha: "Esse modo de fixação de preço é extremamente vantajoso para o dono da obra, pondo-o ao abrigo de qualquer surpresa, assumindo o empreiteiro, desde logo, o risco por um erro nos seus cálculos ou por um aumento de seus custos". ROCHA, Silvio Luís Ferreira. **Curso avançado de direito civil: contratos**. Organização de Everaldo Augusto Cambler. São Paulo: Revista dos Tribunais, 2002, p. 243.

uma projeção dos acréscimos nos custos e despesas do projeto no decurso dos trabalhos. Para proteger sua margem, a tendência de um empreiteiro racional seria fazer uma projeção conservadora, incluindo os riscos incorridos[174]. Dentro de processos competitivos de preço, essa projeção consideraria cenários mais pessimistas, ajustados para montantes que tornariam a proposta atrativa.

O contratante, de sua parte, também assume riscos. Em primeiro lugar, o de identificar com precisão o escopo dos trabalhos[175], para assegurar-se de que receberá o trabalho esperado em contrapartida ao preço ajustado.

Em segundo lugar, e direta e logicamente ligado ao primeiro fator de risco mencionado, recai sobre o contratante o risco de apreçar o valor do serviço contratado e verificar se este encontrará correspondência, ao longo do prazo da realização do projeto, com o preço contratado. Já que pode haver acréscimo ou decréscimo em insumos, custos e despesas envolvendo o objeto contratado, sabe-se que uma oscilação real a maior impacta negativamente o empreiteiro, que recebe menos do que o esperado, enquanto uma oscilação a menor impacta negativamente o contratante, que paga mais caro pelo objeto contratado.

Outro risco assumido pelo dono da obra reporta-se à qualidade do serviço prestado e da obra resultante. Reconhece-se que, se de um lado essa modalidade oferece uma proteção ao dono da obra, um *hedge* quanto à oscilação de preços, de outro, traz um incentivo perverso de potencial redução da qualidade final da obra[176].

Na literatura, encontra-se menção a combinações possíveis entre a modalidade de preço fixo e incentivos positivos que podem ser dados ao empreiteiro – por exemplo, um acréscimo ao preço em caso de término do

---

[174] "O proprietário normalmente paga preços fixos que estão blindados em várias medidas de custos máximos antecipados, independentemente de tais custos máximos efetivamente ocorrerem" ("The owner normally pays lump-sum prices which are guarded to varying degrees of maximum anticipated costs, whether or not the maximum costs are actually incurred"). STROKES, McNeill. **Construction law in contractor's language**, cit., p. 33. Tradução nossa.

[175] WERREMEYER, Kit. **Understanding & negotiating construction contracts**, cit., p. 13.

[176] Ensina Paiva: "[...] não se poderá esquecer, por outro lado, que tal modalidade oferece o inconveniente de favorecer e estimular a má execução da obra contratada, dado o interesse que anima o empreiteiro de ver reduzido o seu custo e, consequentemente, aumentado o seu lucro, empregando material de qualidade inferior ou quantidade insuficiente, ou sacrificando, por outro lado, a perfeição da mão-de-obra". PAIVA, Alfredo de Almeida. **Aspectos do contrato de empreitada**, cit., p. 20.

ANATOMIA DOS CONTRATOS DE CONSTRUÇÃO

contrato antes do prazo estipulado ou ante o alcance de metas. Discutem--se, também, incentivos negativos, como a redução do preço do contrato (ou a aplicação do preço menor) em caso de cumprimento intempestivo ou não alcance de metas. O risco da utilização da modalidade de preço fixo com certos incentivos, como se intui e como tratado anteriormente, é precisamente o comprometimento da qualidade dos materiais e dos serviços prestados e da obra como um todo[177].

Por fim, cabe observar que a doutrina identifica dois subtipos de preço fixo[178]. No preço fixo em sentido absoluto não existiria a possibilidade de alteração nem do preço, nem dos trabalhos avençados para a consecução da obras. O preço fixo em sentido relativo, por sua vez, concretizaria a invariabilidade da contraprestação pactuada, mas registraria contratualmente a possibilidade de alteração do preço em função de alterações no projeto ou no escopo da obra. Os artigos 619 e 620 do Código Civil, que tratam da empreitada[179], evidenciam que a regra permissiva dispositiva do preço

---

[177] A respeito, vale reproduzir a anedotal mas verídica estória dos irmãos Wright, registrada por Strokes: "Quando em 1908 o governo federal redigiu o contrato para o seu primeiro avião, as especificações de desempenho exigiam que 'a máquina de voar mais pesada que o ar' voasse a 40 milhas por hora carregando dois passageiros com um peso agregado de 350 libras e combustível suficiente para 125 milhas. O pagamento seria feito em base de preço fixo com um incentivo de que o preço fixo seria acrescido de 10% a cada milha por hora que o avião voasse em adição às 40 milhas ou que o preço fixo decrescesse 10% a cada milha por hora que o avião voasse a menos de 40 milhas por hora. Os irmãos Wright ganharam o contrato e construíram o avião, que voou a 42 milhas por hora. O governo aceitou e pagou pelo avião, e então o avião caiu". ("When in 1908 the federal government wrote a contract for its first airplane, the performance specifications required that a 'heavier than air flying machine' should fly 40 miles per hour carrying two passengers with a combined weight of 350 pounds and carry enough fuel for 125 miles. Payment was made on a lump-sum basis with an incentive that the lump sum would be increased 10 percent for every mile an hour that the plane flew in excess of 40 miles per hour or that the lump sum would be decreased by 10 percent for every mile an hour that the plane flew under 40 miles per hour. The Wright Brothers got the contract and built the plane, which flew 42 miles per hour. The government accepted and paid for the plane, and then the plane crashed"). STROKES, McNeill. **Construction law in contractor's language**, cit., p. 34. Tradução nossa. O contrato com os irmãos Wright foi um dos primeiros *incentive contracts*. A partir de 1962, sob a gestão de Robert S. MacNamara, o ministério da defesa norte-americano adotou referidos contratos em substituição ao preço fixo, consoante NASH, Ralph C. **Incentive Contracting**. Government Contracts Monograph No. 7, p. 3. Disponível em: <http://ssrn.com/abstract=1928629>. Acesso em 2 jan. 2010.

[178] PAIVA, Alfredo de Almeida. **Aspectos do contrato de empreitada**, cit., p. 21.

[179] CC: "Art. 619. Salvo estipulação em contrário, o empreiteiro que se incumbir de executar uma obra, segundo plano aceito por quem a encomendou, não terá direito a exigir acréscimo

fixo é no sentido relativo, já que permite o aumento do preço comutativamente a acréscimos da obra[180], bem como a redução do preço, caso haja evolução a menor dos valores de material e mão de obra.

Por fim, vale mencionar que a lógica da imutabilidade dos preços na modalidade de preço fixo, seja esta absoluta, seja relativa, não pode afastar a aplicabilidade da teoria da imprevisão nem a onerosidade excessiva, tal como propugnavam alguns, cujos escritos antedatam nosso Código Civil de 2002.

A finalidade de proteção do proprietário contra variação de preços não deve ser esvaziada. Mas também não pode vir a significar prejuízo ou mesmo a quebra do construtor.

Como dito, usualmente o construtor orça e estabelece o preço embutindo desde logo alguma margem de variação, durante a vigência do contrato, em mão de obra, materiais, equipamentos, insumos, *overhead*, etc., com base em sua *expertise* e em projeções de escalada de preços e inflação, dentre outros. No modelo de preço fixo, cabe ao construtor a responsabilidade de precificar bem, acurada e adequadamente. Todavia, fatores extraordinários e imprevisíveis que venham a romper o sinalagma e a comutatividade do preço, repise-se, desde que não sejam resultado da culpa do construtor na fixação do preço, devem ser motivos bastantes para ensejar a revisão do contrato e a modificação do preço ou do prazo ou, em circunstâncias extremas, mesmo a resolução do contrato.

---

no preço, ainda que sejam introduzidas modificações no projeto, a não ser que estas resultem de instruções escritas do dono da obra.

Parágrafo único. Ainda que não tenha havido autorização escrita, o dono da obra é obrigado a pagar ao empreiteiro os aumentos e acréscimos, segundo o que for arbitrado, se, sempre presente à obra, por continuadas visitas, não podia ignorar o que se estava passando, e nunca protestou.

Art. 620. Se ocorrer diminuição no preço do material ou da mão-de-obra superior a um décimo do preço global convencionado, poderá este ser revisto, a pedido do dono da obra, para que se lhe assegure a diferença apurada."

[180] Teresa Ancona Lopez sustenta que, consoante a previsão do *caput* do artigo 619 do Código Civil, o documento escrito é o único meio de prova aceito para que o empreiteiro pleiteie acréscimos ao preço. Há, todavia, uma exceção, prevista no parágrafo único do mesmo artigo, que dispõe que, caso o proprietário tenha feito visitas a obra e não tenha objetado aos acréscimos, fica o proprietário obrigado a pagar por estes. LOPEZ, Teresa Ancona. **Comentários ao Código Civil: parte especial - das várias espécies de contratos**. i.e.., v. 7, Organização de Antônio Junqueira de Azevedo. São Paulo: Saraiva, 2003, v. 7, p. 301-302.

ANATOMIA DOS CONTRATOS DE CONSTRUÇÃO

Há que se reconhecer, todavia, que muitas das contratações, especialmente as privadas, não são *open book*, ou seja, inexiste o fornecimento, pelo construtor ao proprietário, do rol detalhado, item a item, dos materiais, da mão de obra, dos insumos, dos tributos, etc. acrescidos da margem de lucro que compõem o preço[181]. Assim, as disputas são dificultadas pela opacidade dos elementos, daquilo que foi de fato considerado pelo construtor quando da fixação do preço[182].

Em contraste, vale notar que em alguns ordenamentos e ambientes de contratação, existe, como praxe, um detalhamento da formação do preço, ainda que fixo. Na Inglaterra, por exemplo, costuma-se encontrar um documento chamado de "bill of quantities", que identifica a quantidade dos insumos e materiais a serem utilizados na execução da obra, ou fornece uma estimativa de tal quantidade. A "bill of quantities" costuma ter como premissas as condições do local de realização da obra e outras limitações ou desafios específicos da obra.

Ainda, em obras há sempre um espaço – recomendável, diga-se, dada a expertise do construtor – de discricionariedade na escolha de materiais e no método de execução, mas que, somados a eventos posteriores, podem

---

[181] Anotava Pontes de Miranda: "O projeto não é elemento necessário e a grande maioria das empreitadas são sem projetos, por ter sido suficiente a determinação do que se quer". PONTES DE MIRANDA, Francisco C. **Tratado de direito privado**, cit., p. 395. Se não há projeto, menos ainda há abertura dos itens de precificação. A ausência de projeto, todavia, não é plausível em grandes obras.

[182] Em obras públicas, deveria haver o open book ou algo próximo, especialmente pelas seguintes exigências da Lei nº 8.666, de 1993:
"Art. 7º.
§ 2º. As obras e os serviços somente poderão ser licitados quando:
II - existir orçamento detalhado em planilhas que expressem a composição de todos os seus custos unitários;
§ 4º. É vedada, ainda, a inclusão, no objeto da licitação, de fornecimento de materiais e serviços sem previsão de quantidades ou cujos quantitativos não correspondam às previsões reais do projeto básico ou executivo.
§ 8º. Qualquer cidadão poderá requerer à Administração Pública os quantitativos das obras e preços unitários de determinada obra executada.
Art. 8º. A execução das obras e dos serviços deve programar-se, sempre, em sua totalidade, previstos seus custos atual e final e considerados os prazos de sua execução.
Parágrafo único. É proibido o retardamento imotivado da execução de obra ou serviço, ou de suas parcelas, se existente previsão orçamentária para sua execução total, salvo insuficiência financeira ou comprovado motivo de ordem técnica, justificados em despacho circunstanciado da autoridade a que se refere o art. 26 desta Lei."

ensejar a revisão do preço[183]. Outrossim, diversos problemas a exigir ajuste de preço podem ter origem no encadeamento complexo de atos e obrigações das partes, em que se inferem situações de culpa concorrente[184].

A dificuldade probatória dos fatos recomenda, portanto, que controvérsias sobre imprevisão ou onerosidade excessiva na modalidade de preço fixo sejam examinadas *cum granus salis*.

Precisamente pela assimetria de conhecimentos (o construtor conhece seu negócio melhor do que ninguém), cabe ao construtor, nesse modelo, arcar com os riscos de variação do preço. Não à toa, construtores sabem avaliar bem seus custos e despesas e mantêm uma estrutura – em geral,

---

[183] Orlando Gomes analisa uma controvérsia na qual o consórcio construtor utiliza um determinado método de execução, mais expedito, de assentamento de uma tubulação submarina, sempre sob a fiscalização do proprietário. Tempestades e ressacas – discute-se a previsibilidade destas na região – afetam os tubos, que exigem reparos. O proprietário recusa-se a arcar com o aumento do preço sob o argumento da previsibilidade dos eventos e da falta de assentamento de proteções aos tubos, resultado do método de execução. Orlando Gomes conclui: "se vier a entender-se, com alguma dose de severidade, que o empreiteiro teve certa culpa na verificação dos danos de que se queixa, será caso de tomar o fato em conta na revisão do preço que ele solicita, por analogia com o que sucede em matéria de responsabilidade civil, quando o lesado culposamente contribui para a produção ou agravamento do dano. Mas nunca o fato poderá servir de fundamento à recusa total da revisão, até porque, como vimos, a entidade dona da obra terá que considerar-se igualmente culpada na verificação do evento danoso." GOMES, Orlando. Empreitada. Responsabilidade do dono da obra. In: _____. **Novas questões de direito civil**. 2. ed. São Paulo: Saraiva, 1988, p. 419-435.

[184] Conta-nos Pontes de Miranda o resultado de um laudo em disputa sobre empreitada: "O laudo principal, que foi feito pelos desempatadores [...], teve conclusões de grande relevância: a) Uma grande falta por parte de projetistas, que forneceram um projeto sem os devidos estudos hidrológicos, hidráulicos e geotécnicos, projeto este não satisfatório e incompleto, pondo em risco vidas humanas e propriedades ribeirinhas. A falta dos projetistas é ainda agravada pela omissão total por parte de responsáveis de acompanhar ou verificar, in loco, as cotas de fundação e esclarecer pormenores do projeto incompleto. b) Há falta por parte da proprietária de fornecer o projeto não-satisfatório e incompleto, ainda parceladamente, pois esta forma de entrega provavelmente dificultou a sua verificação por parte da construtora. Ainda faltou competência técnica em relação à fiscalização e/ou pelas intervenções na sua execução. c) A construtura, apesar de não ser sua obrigação, deveria ter verificado a correção do projeto e não aceito todas as interferências indevidas por parte da proprietária, na condução técnica dos trabalhos". PONTES DE MIRANDA, Francisco C. Parecer sobre não ser responsável pelos danos que resultaram de execução do projeto, feito por outrem, empresa construtora que só se responsabilizou pela obra e pelos serviços. 6 dez. 1972. In: _____. **Dez anos de pareceres**. v. 10, Rio de Janeiro: Francisco Alves, p. 181-191, 1977, p. 185.

ANATOMIA DOS CONTRATOS DE CONSTRUÇÃO

sofisticada – para acompanhar a evolução daqueles ou, se for o caso, fazer uma reivindicação de ajuste[185].

A teoria da imprevisão ou da onerosidade excessiva não deve ser aplicada ao construtor negligente ou àquele que, apenas para conseguir apresentar contrato com menor preço, subavaliou ou desconsiderou elementos ou componentes de formação do preço e que, portanto, agiu de forma desleal, violando o dever de boa-fé perante o proprietário[186, 187]. Não pode, também, tornar inócua a proteção contra variação de preços que faz parte da lógica dessa modalidade, especialmente em vista do fato de o empreiteiro ser *expert* e poder precaver-se embutindo já no preço os aumentos projetados[188].

---

[185] Como lembra a autora: "As maiores empresas de construção reconhecem a importância das reivindicações e possuem unidades especializadas nesse assunto na área de administração de contratos [...]. Contam com engenheiros experientes, possuidores de grandes conhecimentos na área de construção e negociação, com advogados especializados e com uma infra-estrutura de apoio devidamente disciplinada por procedimentos e rotinas, que está sempre prevenindo, identificando e documentando possíveis reivindicações. Nos Estados Unidos existem firmas que oferecem consultoria nesse assunto. São as chamadas 'Management Claims'". PEDROSA, Verônica de Andrade. **Reivindicações em Contratos de Empreitada no Brasil**. 1994. 95 f. Dissertação (Mestrado em Engenharia) – Escola Politécnica, Departamento de Engenharia de Construção Civil, Universidade de São Paulo, São Paulo, 1994, p. 3. Sobre causas comuns de reivindicações ver, na obra citada, p. 28-42.

[186] "Parece que em alguns casos a proposta mais baixa é sempre falha (i.e. estimativas erradas de medida e/ou de preço). Isso, combinado com as decisões da administração de excluir o lucro ou overheads quando desesperadas para ganhar uma concorrência resultam em contratados fazendo reivindicações e novas medidas para recuperar prejuízos". ("It appears that in some cases the lowest bid is often flawed (i.e. estimator errors of measurement and/or price). This combined with management decisions to exclude profit and even overheads when desperate to win a tender results in contractors pursuing claims and ad-measurement to recover losses"). NAOUM, Shamil. An overview into the concept of partnering. **International Journal of Project Management**, v. 21, 2003, p. 72. Tradução nossa.

[187] Haveria, na hipótese, violação ao artigo 422 do Código Civil, que exige dos contratantes a salvaguarda da probidade e da boa-fé tanto na conclusão quanto na execução do contrato.

[188] Um caso difícil é examinado por Orlando Gomes. A construtora apresenta proposta e vence a licitação. Seis meses depois do contrato assinado, é publicado o acórdão de um dissídio salarial que aumenta em 70% os salários da categoria de trabalhadores. Ocorre que o início da disputa entre os sindicatos patronais e de trabalhadores pré-datava em um mês a proposta vencedora, restando a dúvida se a variação era ou não superveniente. O mestre baiano conclui que sim, que o reajustamento salarial era superveniente e afetava a formação dos custos da construtora, ensejando a revisão do preço. GOMES, Orlando. Interpretação de cláusula de reajustamento de preço de obra. In: _____. **Novas questões de direito civil**. 2. ed. São Paulo: Saraiva, 1988, p. 195-203.

De outro lado, o rigor da aplicação do *pacta sunt servanda* dentro da lógica do preço fixo há que ser temperado pelo princípio da justiça contratual, da equitatividade das prestações e da inteligência valorativa do ordenamento pátrio, que não admite o enriquecimento sem causa do proprietário (decorrente da quebra do sinalagma) e o consequente empobrecimento do construtor e exige a intepretação dos contratos consoante a função social dos contratos, nos termos dos artigos 317, 884 e 421 do Código Civil[189].

2.2.2.2 Preço por Unidade ou por Série

Outra modalidade de contratação é a de preço por unidade ou *marché par unité de mesure* ou por série[190], ou ainda *measurement and value*[191]. Como o nome sugere, o construtor recebe a contraprestação a cada unidade ou série construída[192]. É recomendada, portanto, para a "obra que se divide em partes distintas ou quando é daquelas que se determina por medida"[193]. A remuneração seria fixada "pelo volume do trabalho desenvolvido"[194].

Essa modalidade, à primeira vista, parece assemelhar-se àquela de preço fixo. Diferencia-se, todavia, na extensão do que é contratado. Aqui, a métrica é a da unidade ou da série tal como ela venha a ser contratualmente definida, enquanto naquela o escopo costuma compreender o todo ou parte significativa da obra ou projeto.

---

[189] "Art. 317. Quando, por motivos imprevisíveis, sobrevier desproporção manifesta entre o valor da prestação devida e o do momento de sua execução, poderá o juiz corrigi-lo, a pedido da parte, de modo que assegure, quanto possível, o valor real da prestação.
Art. 421. A liberdade de contratar será exercida em razão e nos limites da função social do contrato.
Art. 884. Aquele que, sem justa causa, se enriquecer à custa de outrem, será obrigado a restituir o indevidamente auferido, feita a atualização dos valores monetários".

[190] A Lei nº 8.666 prevê a empreitada por unidade, no seu art. 6º, VIII, b:
"Art. 6º. Para os fins desta Lei, considera-se:
VIII - Execução indireta - a que o órgão ou entidade contrata com terceiros sob qualquer dos seguintes regimes: b) empreitada por preço unitário - quando se contrata a execução da obra ou do serviço por preço certo de unidades determinadas".

[191] FURST, Stephen et al. **Keating on construction contracts**, cit., p. 109.

[192] STROKES, McNeill. **Construction law in contractor's language**, cit., p. 34 e VIANA, Marco Aurélio da Silva. **Contrato de construção e responsabilidade civil (teoria e prática)**. 2. ed. ampliada, São Paulo: Saraiva, 1981, p. 10.

[193] FRANCO, Vera Helena de Mello. **Contratos – direito civil e empresarial**, cit., p. 134.

[194] LOPEZ, Teresa Ancona. **Comentários ao Código Civil: parte especial - das várias espécies de contratos**, cit., p. 301.

Ainda diversamente da modalidade de preço fixo, na racionalidade do preço por unidade ou por série poderia não haver, para o proprietário, a estabilidade almejada quanto ao preço da obra. Se no preço fixo o proprietário pode conhecer antecipadamente a contraprestação e há a expectativa de sua inalterabilidade, no preço por unidade ou por série o preço é conhecido apenas quando da medição ou da entrega da unidade ou da série construída[195].

O construtor, nessa modalidade, assume o risco da quantidade, do volume de trabalho que será desenvolvido. Especificamente, o construtor assume o risco de "que o custo de cada unidade de trabalho não supere o custo especificado no contrato"[196].

2.2.2.3 Cost-plus, *Preço-alvo ou Preço Máximo Garantido (PMG)*

A terceira modalidade é mais conhecida por sua expressão em inglês: *cost--plus*, abreviação de *cost-plus-a-fee-compensation agreement* ou *cost-reimbursable* ou ainda *do-and-charge*. Esta modalidade é bastante conhecida e utilizada na empreitada[197], em contratos de administração de projetos e de construção por administração[198].

O PMBOK assim define o *cost-plus* como "categoria de contratos que envolve pagamento (reembolso de custos) para o vendedor por todos os custos reais legitimamente incorridos para a realização do trabalho, mais uma remuneração representando o lucro do vendedor"[199].

No *cost-plus*, o administrador é reembolsado pelos custos (diretos e/ou indiretos) e despesas efetivos, por ele incorridos na realização do projeto. É do interesse das partes detalhar os custos e as despesas que podem ser

---

[195] E esse é o maior inconveniente dessa modalidade de contratação, consoante PAIVA, Alfredo de Almeida. **Aspectos do contrato de empreitada**, cit., p. 21.

[196] STROKES, McNeill. **Construction law in contractor's language**, cit., p. 35.

[197] "Empreitada a preço de custo é aquela em que o empreiteiro fica obrigado a realizar o trabalho, sob sua responsabilidade, com fornecimento de materiais e pagamento de mão-de--obra, mediante reembolso do despendido, acrescido do lucro assegurado". PEREIRA, Caio Mário da Silva. **Instituições de direito civil**, cit., p. 269.

[198] MARCONDES, Fernando. Contratos de construção por administração com preco máximo garantido: a lógica econômica e a apuração dos resultados In **Temas de Direito na Construção**. (Fernando Marcondes, Org.). São Paulo: PINI, 2015, p.12.

[199] PROJECT MANAGEMENT INSTITUTE. **A guide to the project management body of knowledge (PMBOK guide)**. 5 e. Newton Square: Project Management Institute, 2013. P. 363.

objeto de reembolso (usualmente as direta e estritamente relacionadas à execução do projeto) e quais não são reembolsáveis.

Some-se a tal reembolso a remuneração propriamente dita, pré-acordada[200], que pode ser fixa ou uma percentagem dos custos e das despesas[201] da obra, designada de taxa de administração.

Nesta estrutura de preço utiliza-se, conjugadamente, a base *open-book*, ou seja, a abertura total tanto dos custos e despesas da obra, com seus respectivos documentos e suportes fiscal e contábil para possibilitar o cálculo da remuneração devida. O *open-book* pode ser também solicitado quanto aos custos e despesas do construtor, para monitoramento, auditoria e confirmação dos valores a serem reembolsados.

É também chamada de "tempo-material" porque se entende que o dono da obra remunera o empreiteiro tanto pelo tempo gasto no trabalho e na supervisão do projeto quanto pelos custos do material necessário para a realização da obra, acrescido de uma remuneração[202].

Essa modalidade de contratação é comum nas seguintes situações: quando o escopo do projeto ainda não está definido[203], quando o dono da obra é experiente e teve a oportunidade de trabalhar com o empreiteiro anteriormente[204], quando a construtora pode reduzir custos via *value engineering*

---

[200] STROKES, McNeill. **Construction law in contractor's language**, cit., p. 36.

[201] BRIGLIA, Shannon J. et al. Terms employed in the construction project, cit., p. 87 e ECLAVEA, Romualdo. **American jurisprudence 2d., state and federal - building and construction contracts to carriers**. [S.l.]: Thomson-West, 2009, v. 13, p. 27.

[202] HUGHES, Richard O.; CHRISTENSEN, Linda. Managing construction in New York construction law, cit., p. 76.

[203] A modalidade *cost-plus* permite a realização do projeto em *fast-track*: "O proprietário evita o longo processo de seleção de contratado no preço fixo, passando depois pelo desenvolvimento dos projetos de engenharia, pela produção dos documentos da concorrência, pela concorrência e revisão do resultado, e pelo processo de seleção final do contratado. O proprietário pode esperar economizar até um ano ou mais na conclusão do cronograma de grandes projetos com essa proposta de contratação". ("The owner avoids the lengthy fixed-price process of selecting a main contractor, then going through the development of engineering and the production of bid documents, the bidding and bid review, and final contractor selection process. The owner might expect to save up to a year or more on the completion schedule of major projects with this contracting approach"). WERREMEYER, Kit. **Understanding & negotiating construction contracts**, cit., p. 17-18. Tradução nossa.

[204] HUGHES, Richard O.; CHRISTENSEN, Linda. Managing construction in New York construction law, cit., p. 76.

ANATOMIA DOS CONTRATOS DE CONSTRUÇÃO

e obter ganho na redução de custos orçados ou, ainda, quando se trata de obras nas quais há relativa flexibilidade para alteração de escopo e prazos[205].

Ela é preferida, ainda, por construtores que não desejam utilizar recursos próprios na aquisição dos materiais, insumos e outros itens necessários à realização da obra, ou em momentos de "falta de capitais ou sua escassez no mercado"[206]. É bastante comum em projetos grandes e complexos[207].

A estrutura de incentivos das partes no *cost-plus* é bastante particular e diversa das demais modalidades.

Nas modalidades de preço fixo ou preço por unidade ou série, o construtor ou empreiteiro tem interesse em adquirir insumos, materiais e serviços ao menor preço e nas melhores condições possíveis. Salvo se pactuado de forma específica, tais insumos, materiais e serviços atenderão a um padrão de qualidade que se adapte ao custo-benefício do construtor.

De qualquer modo, em tais modalidades, quanto menores forem os custos e as despesas, mais beneficiado é o construtor, que assim aumenta potencialmente sua remuneração. Ele tem, portanto, um interesse claro em trabalhar de forma eficiente, em reduzir os custos e despesas do projeto.

Para o proprietário, nesses cenários, tal administração de gastos interessa-o apenas na medida em que afeta a qualidade dos insumos, materiais e serviços adquiridos pelo construtor. Como dito anteriormente, o preço fixo do contrato funciona para ele como um *hedge* em sentido impróprio, uma garantia contra oscilações dos preços.

Na modalidade *cost-plus* a alocação de riscos inerente à estrutura de remuneração altera os interesses das partes. Na modalidade de preço fixo, por exemplo, os desembolsos a serem feitos pelo proprietário são delimitados pelo preço do contrato (salvo, é claro, nas hipóteses de ordens de mudança, de caso fortuito e força maior ou de fato do príncipe, se aplicável). Já na *cost-plus* o risco de escalada de preços recai inteiramente sobre o contratante, que pode vir a desembolsar montante superior àquele originariamente estimado[208].

---

[205] PESSOA, Michelle Pinheiro. **Contrato PMG (preço máximo garantido): uma alternativa para clientes e construtoras que desejam compartilhar ganhos e riscos**. 2004. 64 f. Trabalho de Conclusão de Curso (Especialização em Gerenciamento de Empresas e Empreendimentos na Construção Civil, com ênfase em Real Estate) – Escola Politécnica, Universidade de São Paulo, São Paulo, 2004, p. 49.

[206] PAIVA, Alfredo de Almeida. **Aspectos do contrato de empreitada**, cit., p. 23.

[207] WERREMEYER, Kit. **Understanding & negotiating construction contracts**, cit., p. 17.

[208] STROKES, McNeill. **Construction law in contractor's language**, cit., p. 36-40.

Diz-se que o *cost-plus* puro incentiva o construtor a ser subeficiente[209], que não fomenta o seu interesse em pesquisar, negociar e adquirir insumos, materiais e serviços nas melhores condições possíveis de preço e qualidade.

Além disso, como sua remuneração tem como base o reembolso de custos e despesas de determinados materiais e serviços, pode haver um estímulo perverso de aumento de base, por meio da aquisição de bens comparativamente mais caros, ou por meio de uma despreocupação com a produtividade[210]. Por isso, em modelos *cost-plus*, o contrato deve prever a razoabilidade, de forma expressa, para que os custos e as despesas sejam aqueles necessários à execução do projeto. Na doutrina norte-americana, já é sedimentado o princípio de que o construtor não pode atribuir ao contratante custos e despesas que extrapolem os limites da razoabilidade[211]. Ainda, diz-se que este modelo de contratação de preço incentiva o construtor a não se preocupar com o prazo de entrega da obra.

Algumas cláusulas costumam ser conjuntamente inseridas para contrabalancear os incentivos perversos que a modalidade *cost-plus* pode gerar: a cláusula chamada "custo alvo" ou "preço alvo", a "custo máximo garan-

---

[209] HUGHES, Richard O.; CHRISTENSEN, Linda. Managing construction in New York construction law, cit., p. 76.

[210] STROKES, McNeill. **Construction law in contractor's language**, cit., p. 36-40. Diz Alfredo de Almeida Paiva: "A empreitada por administração exige por parte do dono da obra uma severa e vigilante fiscalização, pois o interesse do empreiteiro será sempre o de majorar o custo da construção, mediante maior dispêndio de material e mão-de-obra, aumentando, consequentemente, a sua contribuição". PAIVA, Alfredo de Almeida. **Aspectos do contrato de empreitada**, cit., p. 22. Observe-se que a concepção de Paiva parece ser bastante pessimista, com uma presunção de má-fé generalizada e generalizante do construtor com a qual que não se partilha neste trabalho.

[211] "Essa falta de motivação de alguns contratados de minimizar os custos deu origem ao princípio legal de que o contratado não pode cobrar do proprietário as despesas não razoáveis. [...] O proprietário tem o direito de esperar que o contratado faça o trabalho de modo eficiente e não desperdice os recursos daquele. [...] Na ausência de disputa sobre a razoabilidade dos custos ou a correta categorização deles como custos, todavia, o proprietário é obrigado a pagar o preço total avençado não importando quão elevado ele seja". ("This lack of motivation by some contractors to minimize costs has given rise to the legal principle that a contractor may not charge the owner for any unreasonable expenses. [...] The owner has the right to expect the contractor to do the work efficiently and not to waste the owner's funds. [...] In the absence of challenge to the reasonableness of costs or to their proper categorization as costs, however, the owner is obligated to pay the total agreed price regardless of how high it is"). STROKES, McNeill. **Construction law in contractor's language**, cit., p. 40. Tradução nossa. Entende-se que o mesmo direito seria assegurado ao proprietário, pela legislação brasileira, consoante o artigo 422 do Código Civil, de executar o contrato conforme a boa-fé.

tido" ou "preço máximo garantido" ou *upset price* e a cláusula de remuneração pela economia gerada.

Pela primeira, as partes estabelecem um custo ou preço alvo. Trata-se de mecanimo pelo qual, uma vez alcançado o alvo, o construtor pode não mais receber a remuneração combinada ou receber uma remuneração que, de forma escalonada, passe a ser reduzida. Há, por meio desta cláusula, um incentivo para que o construtor se esforce para realizar a obra pelo custo ou preço projetado, sob pena de, em não o fazendo, não ter sobre tais extras qualquer remuneração, reduzindo assim a rentabilidade do projeto para si.

Pela cláusula de custo ou preço máximo garantido, as partes fixam um teto para o valor dos custos e das despesas do projeto. Para o contratante, essa cláusula é benéfica, pois predetermina os desembolsos e o investimento a ser feito no projeto. Há uma partição de riscos[212]. Até o teto, o risco é atribuído ao contratante. O construtor assume, todavia, as oscilações a maior no que superar o teto, o que funciona como um incentivo ao construtor para observar e ater-se a tal limite[213].

Enquanto na modalidade de preço fixo há um incentivo para que o construtor embuta o risco de aumento de preços e de incertezas no preço do contrato, em tese, na modalidade *cost-plus* com a cláusula PMG, esse sobrepreço seria menor ou poderia ser suprimido, já que a maior parte (ou todo) o risco poderia remanescer com o contratante[214].

---

[212] STROKES, McNeill. **Construction law in contractor's language**, cit., p. 36. O autor nota que costumam optar por esta cláusula contratantes inseguros quanto à finalização do projeto ou aqueles que preferem iniciar o projeto, antes mesmo de estarem finalizadas as especificações e as plantas. No mesmo sentido, PESSOA, Michelle Pinheiro. **Contrato PMG (preço máximo garantido): uma alternativa para clientes e construtoras que desejam compartilhar ganhos e riscos**, cit., p. 7.

[213] Nossa doutrina conhece a modalidade de empreitada chamada de preço máximo, que segue a mesma lógica econômico-financeira do que ora se chama de cláusula "custo máximo garantido". A respeito, ver PAIVA, Alfredo de Almeida. **Aspectos do contrato de empreitada**, cit., p. 22 e LOPEZ, Teresa Ancona. **Comentários ao Código Civil: parte especial - das várias espécies de contratos**, cit., p. 255.

[214] STROKES, McNeill. **Construction law in contractor's language**, cit., p. 36. Diz o autor: "De modo geral, o contratado deve esperar que o 'upset price' seja maior que aquele no preço fixo, porque, sem a cláusula que dá ao contratado o direito a uma fatia da economia, os modelos de contratos 'não maiores que' servem apenas aos interesses do proprietário". ("Generally speaking, the contractor should expect the 'upset price' to be higher than on a fixed-price basis because without a clause giving the contractor a share of the savings, these 'not to exceed' contracts work solely for the benefit of the owner"). Tradução nossa.

Por fim, pela cláusula de remuneração pela economia gerada, o empreiteiro recebe um percentual aplicado sobre a diferença entre o montante do custo máximo garantido e o custo efetivamente despendido, desde que este esteja, é claro, dentro do custo máximo[215].

Observe-se que o modelo *cost-plus* com PMG não é o mais comum em vários modelos de contratos, justamente dada a dificuldade de se renegociar os efeitos de mudanças no projeto e o preço máximo[216].

Para finalizar, o quadro abaixo traz uma boa síntese das vantagens e desvantagens dos modelos de preço fixo e *cost-plus*:

	Preço Fixo	Cost-Plus
Alocação de riscos principalmente para	Construtor	Proprietário
Incentivos para a qualidade	Menos	Mais
Administração pelo proprietário	Menor	Maior
Serve para minimizar	Custos	Prazo
Exigências documentais	Maior	Menor
Relacionamento adversarial	Maior	Menor

Fonte: Patrick Bajari e Steven Tadelis, Incentives versus transaction costs: a theory of procurement contracts.

Tabela 2 Comparação entre as modalidades preço fixo e cost-plus

[215] STROKES, McNeill. **Construction law in contractor's language**, cit., p. 36.
[216] "Um problema importante é a dificuldade para estabelecer alvos justos e equitativos de custos. Quaisquer mudanças devidas a falha de projeto, prioridades do comprador, metas ou outros fatores fora do alcance do construtor exigirão a renegociação das cláusulas de incentivo e dos custos-alvo". ("A leading problem is the difficulty in establishing fair and equitable cost targets. Any changes due to design failure, buyer priorities, goals or other factors beyond the contractor's control will require a renegotiation of incentive provisions and cost targets"). BAJARI, Patrick; TADELIS, Steven. Incentives versus transaction costs: a theory of procurement contracts. **RAND Journal of Economics**, v. 32, n. 3, 2001, p. 390. Tradução nossa. A indústria da construção, em sua busca por meios alternativos, desenvolveu o CMAR at-risk, na qual a combinação cost-plus e PMG é sim comum. Veja, a respeito o item 2.3.1.2.

2.2.2.4 A Seleção das Estruturas de Remuneração

O risco e a incerteza são elementos intrínsecos de grandes obras. As três estruturas de remuneração examinadas anteriormente são tradicionalmente compreendidas como ligadas ao risco de forma direta e em ordem crescente: à medida que o risco aumenta, passa-se do preço fixo para o preço por unidade até o *cost-plus*[217].

Referida concepção, prevalente dentro da indústria, é confirmada pela teoria da economia dos custos de transação ou ECT.

Tomando por base o custo de elaborar e administrar um contrato de construção, J. Rodney Turner identificou quatro elementos ou custos principais: a. de especificação do produto, b. de especificação do método ou processo construtivo, c. de administração de variações na especificação do produto, d. de administração de variações na especificação do método[218].

Na modalidade de preço fixo, o custo dos quatro elementos (especificação do produto e do método e administração da variação do produto e do método) seria baixo se houvesse certeza quanto ao produto contratado. Mas, quanto menor fosse a certeza, maiores seriam os custos de especificação do produto e administração das variações[219].

No modelo *cost-plus*, salvo se com preço máximo garantido, em princípio não haveria preocupação em determinar *ex ante* o produto ou o método construtivo. Mas isso não é necessariamente correto, pois o controle de custos exigido pelo *cost-plus* tem por base a previsão de um processo de desenvolvimento da obra. Se se reconhecer que referido processo independe do grau de certeza quanto ao produto ou processo, ou seja, que nesse modelo sempre se incorre em tal custo, comparando-se o *cost-plus*

---

[217] TURNER, J. Rodney. Project contract management and a theory of organization. **ERIM Report Series in Management**, ERS-2001-43-ORG, 2001, p. 3. Disponível em: <http://papers.srn.com/sol3/papers.cfm?abstract_id=370900>. Acesso em 26 dez. 2011.

[218] TURNER, J. Rodney. Project contract management and a theory of organization, cit., p. 6.

[219] "O custo de processar as variações aumentará porque o cliente precisará verificar a solidez da extensão das ordens de mudança feitas, contestar algumas destas, determinar o impacto delas no custo e na duração de outros trabalhos". ("The cost of processing variations will increase because the client will need to check the validity of the size of the claims made, challenge some of the claims made, determine the impact of changes on the cost and duration of other work.") TURNER, J. Rodney. Project contract management and a theory of organization, cit., p. 6. Tradução nossa.

ao preço fixo, conclui-se que se o grau de incerteza for: a. baixo, o custo é maior no *cost-plus*; b. alto, o custo é menor[220].

Turner conclui que os custos no modelo de remuneração de preço por unidade ou série, *ceteris paribus*, ficariam entre o *cost-plus* e o preço fixo.

As conclusões de Turner, com base na ECT, poderiam ser representadas graficamente da seguinte forma:

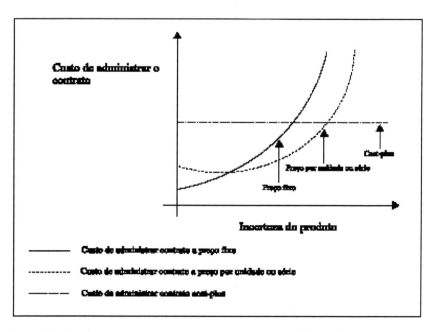

Fonte: J. Rodney Turner. Project contract management and a theory of organization, 2001.

Figura 1 - Custo relativo de administração contratual em cenários de incerteza

Turner faz a análise utilizando a ECT para, ao final, criticá-la. Diz o autor que existe uma premissa subjacente falsa: a de que, em qualquer das estruturas de remuneração, o custo final da obra (não incluindo os custos de administração, suprarreferidos) seria o mesmo. Segundo ele, a experiência contradiz a premissa[221].

---

[220] TURNER, J. Rodney. Project contract management and a theory of organization, cit., p. 6.
[221] TURNER, J. Rodney. Project contract management and a theory of organization, cit., p. 7.

ANATOMIA DOS CONTRATOS DE CONSTRUÇÃO

Tendo por referência alguns projetos realizados na Europa, Turner afirma que o modelo de preço fixo é preferido quando há certeza relativa sobre o produto mas incerteza quanto a processo ou método construtivo. Já o preço por unidade ou série passa a ser o escolhido quando tanto o produto quanto o processo ou método de construção são relativamente certos[222].

No projeto "Betuweroute", de construção do trem de alta velocidade na Holanda, foram utilizadas as três estruturas de remuneração. O preço fixo foi escolhido na parte da construção civil. Estava-se diante de um cenário de certeza do produto mas incerteza do processo. Assim, uma vez alertado o construtor quando da licitação e devidamente pactuado o valor, o preço fixo serviu como incentivo para que ele buscasse métodos inovadores e se assegurasse uma boa margem de lucro. A ideia era de que "o contratado comprasse os riscos do projeto e lucrasse com a administração de tais riscos"[223]. Os quatro custos de administração (especificação do produto e do método e administração da variação do produto e do método) mostraram-se baixos.

O modelo de preço por unidade ou por série foi utilizado no projeto "Betuweroute" na construção da maior parte dos trilhos, em vista da certeza quanto ao processo e ao produto. O proprietário já havia feito os projetos e, por conhecer a estabilidade de produto e processo, havia fixado um preço *standard* para a construção[224]. Nesse cenário, o custo de especificação do produto e do processo era elevado, mas, de todo modo, seriam incorridos pelo proprietário. Todavia, a certeza tornou os custos de monitoramento e variação menores[225].

Já para um trecho do projeto no qual havia elevada incerteza quanto ao produto e ao processo (i.e. interferência com outras linhas, cabeamentos não identificados, lentidão na outorga de permissões e licenças, etc.), as partes optaram pelo modelo *cost-plus*, dentro de um programa contratual de aliança de projeto. Os custos de especificação do produto e do processo foram baixos, pois foram alocados para a aliança, e o monitoramento foi absorvido pela estrutura da aliança[226].

---

[222] O universo analisado por Turner limitou-se à indústria de construção pesada, infraestrutura e construção civil. Ele sugere que talvez o raciocínio não se aplique a outras indústrias.
[223] TURNER, J. Rodney. Project contract management and a theory of organization, cit., p. 7.
[224] TURNER, J. Rodney. Project contract management and a theory of organization, cit., p. 7.
[225] TURNER, J. Rodney. Project contract management and a theory of organization, cit., p. 7.
[226] TURNER, J. Rodney. Project contract management and a theory of organization, cit., p. 8.

Concomitantemente à publicação de Turner, Patrick Bajari e Steven Tadelis investigaram a indústria da construção civil privada e alcançaram conclusões semelhantes à de Turner: de que os contratos nos moldes cost--plus são preferidos quando o projeto é mais complexo[227].

Uma das conclusões que podem ser extraídas das reflexões de Turner é que as estruturas de remuneração não são capazes de, *per se*, incentivar de modo eficiente o construtor nem de atender concomitantemente aos interesses de construtor e proprietário. Torna-se necessário o envolvimento do proprietário de modo mais intenso na obra. Daí entra em cena outro elemento profundamente explorado pela ECT e que será adiante detalhado, principalmente no exame da aliança de parceria e aliança de projeto: a estrutura de governança.

2.2.3 *Métodos de* Procurement

No linguajar da indústria da construção (e, atualmente, de muitas outras), utiliza-se a expressão inglesa *"procurement"*. No Brasil, muitos traduzem-na como equivalentes a "suprimentos" ou "fornecimento" ou "agenciamento". Nenhuma de tais acepções, de forma isolada, abrange todo o universo de atividades, escopos e áreas envolvidas no *"procurement"* na indústria da construção.

Por isso, toma-se a liberdade de adotar, nesta obra, acepção mais ampla, seguindo alguns autores, que compreendem o *"procurement"* como um processo econômico-financeiro, de administração, de arquitetura, engenharia e jurídico para a realização do projeto de *engineering*. Ele compreende tanto a estrutura de financiamento de um projeto como a organização de todas as etapas envolvendo a construção de determinada obra, incluindo obtenção de recursos, projetos, compras, administração de recursos humanos etc[228].

Como se verá abaixo, diversos são os métodos de *procurement* (e a definição de vários deles, a propósito, assemelha-se ao conteúdo dos respectivos programas contratuais). A escolha entre eles é usualmente orientada por alguns fatores: grau de envolvimento do dono da obra, prazo para finalização, necessidade de flexibilidade no desenvolvimento da obra, grau de

---

[227] BAJARI, Patrick; TADELIS, Steven. Incentives versus transaction costs: a theory of procurement contracts, cit., p. 388-389.

[228] HUGHES, Will; CHAMPION; Ronan; MURDOCH, John. **Construction contrats: law and management**. 5 e., Oxon and New York: Routledge, 2015, p. 12.

segurança sobre o custo final da obra, dentre outros. Cada uma das modalidades abaixo apresenta, potencialmente, arranjos diferentes entre tais fatores, e deve ser sopesada à luz do seu contexto concreto, para o que mais se adapta à realidade e interesses das partes envolvidas. No item 2.3, adiante, alguns dos modelos de contratos mais relevantes (equivalentes aos métodos de *procurement*) serão examinados em maior detalhe.

2.2.3.1 Tradicional

O modelo tradicional compreende uma contratação bipartida ou tripartida e sequencial do arquiteto, do engenheiro e do construtor. Em primeiro lugar, o dono da obra contrata o arquiteto que prepara os projetos arquitetônicos. Na sequência, o dono da obra contrata o engenheiro que prepara os projetos pertinentes de engenharia (fundações, estruturas, demolições etc.). Tendo os projetos em mãos - básico ou básico e executivo das mais variadas disciplinas relevantes -, o dono da obra contrata o construtor para realizar a obra projetada.

Neste modelo, há relação jurídica direta entre o dono da obra e o arquiteto, entre o dono da obra e o engenheiro, em separado da relação jurídica que se estabelece entre o dono da obra e o construtor. Há uma separação clara entre os papéis e responsabilidades de cada contratado. O preço é acordado usualmente em bases fixas[229].

Salvo se diversamente acordado, cada um dos atores fica circunscrito a sua própria esfera de responsabilidades e atribuições. Cabe ao arquiteto a responsabilidade por seus próprios projetos, valendo o mesmo para o engenheiro (ou para os engenheiros das mais variadas especialidades). Via de regra, cabe ao arquiteto supervisionar a construção para verificar a adequação estética, arquitetônica, funcional do construído ao projetado sem, necessariamente, ter o papel de fiscalizar a construção ou de atuar como administrador da construção. Cabe ao construtor, por sua vez, realizar a construção no prazo e preço acordados e consoante os projetos por ele recebidos, não competindo a ele responsabilidade por erros ou falhas de projeto.

Tem-se a separação como um ponto positivo vez que, em outras modalidades de *procurement*, nas quais os papéis são fundidos, há o receio de

---

[229] V., sobre preço fixo, o item 1.2.2.1.

mitigação da imparcialidade de cada um. Por exemplo, com os papéis individualizados, o arquiteto desenvolve a concepção e os elementos do projeto conforme o programa de necessidades do cliente sem, todavia, restrições de outras ordens. O construtor, por sua vez, seleciona e utiliza os métodos construtivos e materiais que a melhor prática recomendar e consoante previsto contratualmente. Em oposição, quando os papéis se confundem, há, por exemplo, risco de qualidade, de que os projetos fiquem *designed-down*, ou seja, sejam sub ótimos, com o intuito de economizar na execução[230].

Por outro lado, tal separação pode trazer outros potenciais problemas: a falta de colaboração e comunicação adequada e tempestiva entre o arquiteto, o engenheiro e o construtor. Cabe, via de regra, ao dono da obra fazer a "ponte" entre tais especialistas. Após a finalização dos projetos, pode haver dúvidas do construtor decorrentes da falta de detalhamento de determinados projetos, ou pode mesmo o construtor apontar imprecisões ou incompatibilidades entre os projetos. Se o dono da obra não for capaz de fazer a interlocução esperada ou caso os especialistas não cheguem a consensos, como consequência, podem haver discrepâncias na obra construída, retrabalhos ou ainda aumento de custos ou atrasos, onerando o dono da obra.

2.2.3.2 Design-build *ou Processo* Turnkey

No *design-build* - também conhecido como processo *turnkey*, "package deal", "clé-em-main" ou "EPC"[231] -, o proprietário contrata uma única pessoa para projetar e construir o projeto. Essa modalidade admite algumas variações, com o construtor ou engenheiro sendo o principal contratado e subcontratando o arquiteto[232], ou vice-versa, ou ainda com a formação de *joint ventures* entre esses especialistas.

A existência de uma única equipe de projeto e de execução, que facilitaria a colaboração desde a fase de projetos, é considerada um dos benefícios desse sistema de execução de obras. A expertise do construtor em

---

[230] DENNIS, M. Stephen; ROUVELAS, Joanna B.; DIBRITA JR., Anthony. Design-build, cit., p. 106-108.

[231] HUSE, Joseph A. **Understanding and negotiating turnkey and EPC contracts**. 2 e., London: Sweet & Maxwell, 2011, p. 5.

[232] DENNIS, M. Stephen; ROUVELAS, Joanna B.; DIBRITA JR., Anthony. Design-build. In: DE CHIARA, Michael K.; ZETLIN, Michael S. (Eds). **New York construction law**. New York: Aspen, 2003, p. 103.

ANATOMIA DOS CONTRATOS DE CONSTRUÇÃO

matérias e métodos construtivos poderia, por exemplo, contribuir desde as fases iniciais de discussão entre o arquiteto e o dono da obra, enriquecendo as opções e ampliando os ganhos de tempo e custos na implantação do projeto. A ampliação das responsabilidades atribuídas às partes aumentaria os incentivos para a qualidade dos trabalhos, aprimoraria a eficiência e diminuiria a quantidade potencial de reclamações[233]. Ainda, o *design-build* possibilitaria a entrega de projetos em prazos menores, via *fast-tracking*[234].

Como desvantagens, esse modelo é considerado inapropriado para certos tipos de projetos (i.e. estruturas muito complexas ou de *high-design*)[235]. Tem-se também como desvantagens a alteração nos papéis tradicionais de projeto e execução, que ficam centrados em um única pessoa[236]. Diz-se ainda que são desvantagens desse método "a crescente necessidade de inputs do proprietário na fase inicial, o baixo controle do proprietário e o alto risco de construção", o que o tornaria inadequado para "projetos de construção grandes e em desenvolvimento"[237].

Precisamente pelas objeções anteriores, a lei do Estado de Nova Iorque, nos Estados Unidos da América, e da maior parte dos estados norte-americanos determina limitações à utilização do *design-build*[238].

No Brasil, até o advento do Regime Diferenciado de Contratação (RDC), previsto na Lei nº 12.462, de 2011, havia impecilhos à realização

---

[233] DENNIS, M. Stephen; ROUVELAS, Joanna B.; DIBRITA JR., Anthony. Design-build, cit., p. 103-106.

[234] PETERSON, Jason H. The Big Dig disaster: was design-build the answer?, cit., p. 916.

[235] SWEET, Justin. **Legal aspects of architecture, engineering and the construction process**, cit., p. 455.

[236] DENNIS, M. Stephen; ROUVELAS, Joanna B.; DIBRITA JR., Anthony. Design-build, cit., p. 103-106.

[237] "[...] increased need for upfront owner input, decreased owner control, and increased construction risk. [...] large and evolving construction projects are not appropriate for design-build". PETERSON, Jason H. The Big Dig disaster: was design-build the answer?, cit., p. 916-917. Tradução nossa.

[238] "Existe uma tendência crescente nos setores públicos e privados de ter uma única entidade responsável pelo projeto e pela construção de um projeto [...] conhecido como *design-build* que é permitido apenas em certas condições em Nova Iorque". ("There is a growing trend in both the private and public sectors to have a single entity responsible for both the design and the construction of a project [...] is referred to as 'Design-Build' and is permitted only under certain conditions in NY"). DE CHIARA, Michael K.; ZETLIN, Michael S. **New York construction law**, cit., p. 4. Tradução nossa. A respeito, ainda, HUGHES, Richard O.; CHRISTENSEN, Linda. Managing construction in New York construction law, cit., p. 81; e PETERSON, Jason H. The Big Dig disaster: was design-build the answer?, cit., p. 912.

do *design-build* para obras públicas. A restrição tinha origem no artigo 9º da Lei nº 8.666, de 1993, que exige o projeto básico como pré-requisito para a licitação e expressamente veda a possibilidade de uma mesma sociedade realizar o projeto básico e executar a obra. O RDC, inicialmente restrito para as obras da Copa do Mundo e das Olimpíadas, foi ampliado, sendo hoje o regime de contratação aplicado para um grande rol de obras públicas[239].

2.2.3.3 Design-bid-build

A modalidade prevalente de contratação no Brasil e em diversos outros países é a chamada *design-bid-build*, tanto para obras privadas quanto para obras públicas. No *design-bid-build* há um processo competitivo e uma pessoa é contratada para projetar a obra. Concluídos os projetos, é realizado outro processo competitivo e outra pessoa, distinta do projetista, é contratada para executar a obra[240].

Se assim avençado, o projetista pode auxiliar o dono da obra a preparar a documentação necessária para realizar o processo competitivo de contratação do construtor, auxiliando inclusive no esclarecimento de eventuais dúvidas que surjam durante o processo. Pode também auxiliar o dono da obra na compreensão das propostas feitas (e seus limites de escopo, premissas etc.) e na definição do vencedor do processo competitivo[241].

Idealmente, essa modalidade teria diversas vantagens. Em primeiro lugar, ela permitiria que pequenas sociedades de engenharia ou arquitetura pudessem participar dos processos licitatórios, por exemplo, podendo fornecer apenas os projetos.

Ainda, por haver a definição do projeto logo no início, haveria menos incertezas quanto à aceitação do *design* final. Por fim, o projetista, pelo fato de ter sido contratado diretamente pelo proprietário, poderia zelar

---

[239] Foge ao escopo do presente trabalho os temas específicos de obras públicas, inclusive o RDC. A respeito, v. ALTOUNIAN, Cláudio Sarian. **Obras Públicas: Licitação, Contratação, Fiscalização e Utilização**. 5 e., Belo Horizonte: Forum, 2016. p. 503 e ss.

[240] Peterson informa que a maior parte dos estados norte-americanos são obrigados a contratar no modelo *design-bid-build*, mas o governo federal retirou tal obrigatoriedade em 1996. PETERSON, Jason H. The Big Dig disaster: was design-build the answer? **Suffolk University Law Review**, v. 40, 2007, p. 912.

[241] CLOUGH et al. **Construction contracting: a practical guide to company management**, cit., p. 17-18.

melhor pelos interesses deste ao acompanhar a execução da obra a cargo de terceiro[242].

Para muitos, esta modalidade tem diversas desvantagens associadas, sendo a principal delas o potencial de aumento de custos e de atrasos decorrentes de eventual descompasso entre o projeto e a capacidade do construtor[243].

2.2.3.4 Build-Operate-Transfer *(BOT)*, Build-Own-Operate *(BOO)* e Build--Lease-Transfer *(BLT)*

A modalidade BOT – com as variações de BOO, BLT e BOOT – é bastante utilizada em projetos internacionais.

É também utilizada para que, em última instância, determinadas obras tornem-se públicas. Neste último caso, em um BOT, uma pessoa jurídica privada encarrega-se de obter o financiamento, projetar e construir a obra (i.e. uma rodovia), por meio de uma concessão pode operar e administrar a obra construída, e, ao término do prazo de concessão, efetua a transferência da titularidade de todos os ativos e dos recursos humanos pertinentes para o poder concedente.

Os lucros auferidos durante o período de concessão deveriam ser suficientes para ressarcir a pessoa jurídica dos custos e despesas do financiamento bem como dos de realização do projeto. No Brasil, um BOT é feito por licitação e o contrato uma Parceria Público-Privada.

2.2.3.5 Design-Manage

Quando o dono da obra contrata uma única pessoa para elaborar os projetos e para realizar a administração da construção está-se diante da modalidade chamada de *design-manage*. Corriqueiramente, a pessoa contratada é um joint venture ou uma sociedade de propósito específico formada por dois especialistas: um escritório de arquitetura ou de engenharia e uma construtora.

---

[242] PETERSON, Jason H. The Big Dig disaster: was design-build the answer?, cit., p. 913-914.
[243] HUSE, Joseph A. **Understanding and negotiating turnkey and EPC contracts**. 2 e., London: Sweet & Maxwell, 2011, p. 3.

Um dos benefícios dessa modalidade é que, como o projetista/administrador da obra conhece o projeto em detalhes, ele é capaz de interagir com o construtor com desenvoltura, esclarecendo dúvidas e preenchendo lacunas, contribuindo para o ritmo planejado da obra. Essa modalidade também é utilizada para construções em *fast-track*.

2.2.3.6 Construction Management *e* Management Contracting

A *construction management* caracteriza-se pela celebração direta e individual, pelo dono da obra, de contratos com especialistas das mais variadas áreas e pela contratação do administrador que fará a coordenação, a administração, a supervisão, o monitoramento e interfaces entre tais especialistas, em nome e por conta do dono da obra.

A *management contracting* guarda relevantes semelhanças com a *construction management*, sendo comum, inclusive, que haja confusão entre tais modelos.

No *management contracting*, todavia, compete o administrador da obra celebrar diretamente e em seu próprio nome os contratos com todos os especialistas, sem necessariamente a intervenção do dono da obra.

2.2.3.7 *Construção Faseada ou* Fast-Track

A construção faseada ou *fast-track* ocorre quando a construção se inicia antes da finalização da fase de projetos ou da definição precisa do escopo da obra. Tem, assim, por característica a sobreposição das fases de projeto e de construção. Nela, algumas etapas da construção – como sondagem e demolição etc. – são iniciadas ainda que os projetos básico e executivo estejam em curso, sendo desenvolvidos, tendo por base algumas premissas. Ela é usualmente adotada por donos da obra tomadores de risco que pretendem reduzir o tempo total da obra, iniciando tão logo possível, e antecipar a entrada em operação do projeto.

Chama-se também de construção faseada ao implementar uma lógica de segregação da obra em múltiplas partes. Enquanto os trabalhos de construção concentram-se em uma fase, a equipe de projetos foca-se na fase imediatamente subsequente. O projeto pode ser objeto de cotação e contratação nos chamados "pacotes" ou fases de engenharia civil e outras especialidades (i.e. demolição, terraplenagem, fundação, estrutura etc.).

2.3 Tipologia Contratual

O contrato instrumentaliza, em grandes obras, a operação econômica que lhe é subjacente[244]. Interessa-nos, sobremaneira, aquele voltado à execução de um megaprojeto.

Por esse motivo, o presente subitem é voltado à descrição sistemática da estrutura de alguns dos tipos contratuais mais utilizados na realização de contratos de grandes obras, com ênfase naqueles do chamado *commercial engineering*[245].

Há um grande número de contratos utilizados na indústria de construção, adaptáveis às necessidades do empreendimento ou do proprietário da obra. Em linhas gerais, pode-se dividir tais contratos em (i) administração, (ii) desenho e administração, (iii) apenas construção e (iv) *design-build* ou desenho e construção.

Como o propósito é fornecer um quadro dogmático geral, porém estruturado, para o exame da complexidade que se segue nos capítulos subsequentes, este item tem como fronteira autodeterminada as linhas gerais dos principais tipos contratuais, ou seja, identificar uma tipologia[246] dos contratos de construção. Não se pretende, portanto, indicar exaustivamente todos os contratos de construção e respectivas variações ou examinar dogmaticamente as questões pontuais de cada um dos modelos contratuais.

---

[244] "Em qualquer dos momentos históricos do processo do regime capitalista ao longo de sua evolução, o *contrato* foi – e continua a ser –, em sua 'dimensão exclusivamente jurídica' –, uma 'construção' para jurisformizar ou jurisdicizar *operações econômicas*". GOMES, Orlando. A função do contrato. In: _____. **Novos temas de direito civil**. Rio de Janeiro: Forense, 1983. p. 105. Grifos do autor.

[245] Como dito na introdução deste trabalho, o recorte busca privilegiar os setores de engenharia e industrial. Por este motivo, optou-se por não se adentrar em modalidades como o *build-to-suit* e outras da indústria de construção comercial.

[246] Consoante a lição de José de Oliveira Ascenção, tipologia "significa justamente uma série de tipos, unificados segundo determinado prisma". ASCENÇÃO, José de Oliveira. **A tipicidade dos direitos reais**, cit., p. 39.

2.3.1 *Administração ou Gerenciamento de Projetos*, At-risk, *EPCM e Representante do Proprietário*

Justin Sweet, um dos mais importantes autores anglo-saxões sobre contratos de construção, aponta o surgimento da *construction management* ou administração ou gerenciamento de projetos como uma forma de superar ineficiências de outras modalidades de contratação, especificamente "a inabilidade de projetistas e de contratados de usarem eficientemente as competências de administração"[247].

2.3.1.1 *Administração ou Gerenciamento de Projetos ou* Construction Management as Agent

Nesta modalidade de administração de projetos, conhecida na literatura norte-americana como *"construction management as agent"* ou "CMa", um administrador é contratado pelo dono da obra e assume obrigações que podem ser mais ou menos amplas.

Pode ter por objeto administrar apenas uma fase do processo de construção, como a instalação do canteiro de obras, a terraplenagem e as fundações. Ou, de modo amplo, as obrigações do administrador podem exemplificativamente, abranger desde o acompanhamento das conversas com projetistas para compreensão das necessidades e exigências do dono da obra (i.e. quanto a desempenho da planta, qualidade construtiva, vida útil de máquinas e materiais etc), fazer o planejamento, a cotação e o orçamento da obra, a gestão do fluxo de caixa, dos seguros e das garantias, a realização de processos de seleção de contratados, a organização dos trabalhos e a interação entre tais contratados, o monitoramento e a supervisão dos progressos dos trabalhos, a observância pelos contratados de suas respectivas obrigações legais etc.

Se acordado, o administrador poderá realizar atividades complementares àquelas mais ordinárias de gestão da obra, tais como o *value engineering*, a revisão substantiva da construtibilidade de certos projetos, o comissionamento e a tradição da obra, ou ainda atividades pós-entrega, tais como

---

[247] "[...] inability of designers and contractors to use eficiente management skills". SWEET, Justin. **Legal aspects of architecture, engineering and the construction process**, cit., p. 451. Tradução nossa.

o acompanhamento de trabalhos de ajustes e correções de eventuais defeitos e de substituição de peças de reposição.

Um ponto de relevo na administração de projetos diz respeito ao papel e a responsabilidade do administrador. Neste modelo contratual, as relações jurídicas são estabelecidas diretamente entre o dono da obra e cada um dos contratados (empreiteiro, fornecedor etc.), cabendo ao administrador realizar, como visto acima, o monitoramento ea coordenação, a interface entre eles, como mandatário do dono da obra. Neste papel, via de regra, o administrador não assume obrigações em seu próprio nome, mas sim em nome e por conta do dono da obra.

Na relação entre administrador e dono da obra as obrigações não são de fim, mas sim de meio. Assim, salvo se expressamente contratado, não compete ao administrador, por exemplo, responsabilidade pela construção, pela operação ou pelo desempenho da obra contratada. Estas responsabilidades foram assumidas ou pelo epecista ou pelo construtor civil e demais fornecedores.

A esfera de responsabilidade do administrador é usualmente restrita. Ela é restrita ao seu profissionalismo, aos deveres de diligência no cumprimento de suas obrigações[248]. Qual o padrão de diligência esperado? Em nossa opinião, a diligência deve seguir os padrões contratualmente definidos e, na ausência de definição específica, a padrões profissionais elevados de sua área de atuação, devidamente contextualizados à obra em questão.

2.3.1.2 *Administração* At-risk *ou* Construction Management At-risk

Uma variação da contratação da administração de projeto é a chamada *construction management at-risk* ou "CMAR". Esta contratação encontra-se bastante disseminada na Europa e nos Estados Unidos nas últimas décadas e, no Brasil, é bastante usada em construções comerciais ou industriais e de engenharia de maior complexidade.

No CMAR, o dono da obra inicialmente contrata os projetos. Enquanto os projetos ainda estão em fase de desenvolvimento - entre 30% a 60% da

---

[248] Assim sustenta o mestre Clóvis: "A doutrina sempre estabeleceu a diferença entre o contrato de empreitada e os demais que com ele mantenham semelhança, entendendo que aquele é típico, de resultado, enquanto que o contrato de prestação de serviços gera obrigações simplesmente de meios". SILVA, Clóvis V. do Couto. Contrato de engineering, cit., p. 31.

fase de *design* dos projetos[249] -, o dono da obra contrata o administrador para auxiliá-lo na "revisão dos projetos, revisão da construtibilidade, estimativa de custos, *value engineering* e cronograma"[250]. É comum que a esfera de responsabilidade do administrador inclua a de orçar e de apoiar o dono da obra na seleção de fornecedores, matérias e insumos. A contratação do administrador nesta fase ocorre ou na modalidade de preço fixo ou na modalidade *cost-plus*[251].

O CMAR é considerado um modelo colaborativo de implementação de obras. O administrador, por ter sido contratado no estágio inicial da concepção e desenhos da obra, pode assim contribuir com os projetistas com recomendações no tocante a materiais, especificações, construtibilidade da obra e ainda *value engineering*. O ingresso do administrador e a colaboração daí decorrente aumenta a segurança para o dono da obra e a possibilidade de, se de interesse, iniciar o *fast-tracking* da obra.

Ao se promover o "tratamento coeso" entre desenho, projetos, planejamento e execução[252], com a colaboração logo nos estágios iniciais entre os responsáveis pelo projeto, o dono da obra e o administrador, o CMAR pode resultar em economias significativas de prazo e custos, bem como adicionar valor ao projeto. Daí o apelo deste modelo de contratação.

---

[249] FRANCOM, Tober C. Performance of the Construction Manager at Risk (CMAR) Delivery Method Applied to Pipeline Construction Projects. Dissertation presented in partial fulfillment of the requirements for the degree of Doctor of Philosophy. Arizona State University, December 2015, p. 4.

[250] FRANCOM, Tober C. Performance of the Construction Manager at Risk (CMAR) Delivery Method Applied to Pipeline Construction Projects. Dissertation presented in partial fulfillment of the requirements for the degree of Doctor of Philosophy. Arizona State University, December 2015, p. 4.

[251] V. o item 2.2.2.3.

[252] "Desde a concepção do projeto, o gerente deveria estar focado em analisá-lo como um todo e determinar sua coesão. Essa aproximação possibilita que o gerente reduza custos logo na fase de *design* e melhore o controle de custos ao longo do projeto. Dessa forma, ordens de mudança podem ser antecipadas e significativamente reduzidas ou eliminadas". ("From the inception of the project, the construction manager at risk should be focused on analyzing the project as a whole and determining the project to fit together. This approach enables the construction manager at risk to reduce project costs early in the design phase and improve costs controls throughout the project. In this way, possible change orders may be anticipated and significantly reduced or eliminated"). HUGHES, Richard O.; CHRISTENSEN, Linda. Managing construction in New York construction law, cit., p. 79. Tradução nossa.

ANATOMIA DOS CONTRATOS DE CONSTRUÇÃO

O papel do administrador na orçamentação do projeto é de bastante importância. Tanto é que, tão logo o projeto alcance um estágio que permita um orçamento estimativo da obra – mesmo que não seja um projeto básico ou de um executivo –, o dono da obra celebra um segundo contrato com o administrador, que passa a desempenhar, em adição, o papel de construtor[253]. Se, com base no orçamento as partes acordarem a fixação de um preço máximo garantido (PMG), a contratação do administrador/construtor, neste momento, reveste-se a característica de ser *at-risk*.

O administrador/construtor assume, perante o dono da obra, além da responsabilidade de construir, a de coordenar e supervisionar o andamento dos trabalhos de todos os especialistas e fornecedores envolvidos, a de auxiliar no *procurement* dos materiais e insumos necessários, e de gerenciar todos os subcontratados, sempre observando-se o PMG. Cada fornecedor e especialista responde, dentro de suas competências e habilidades, pelo respectivo produto ou serviço. A responsabilidade do administrador fica circunscrita à ação diligente e ativa; no papel de construtor, a responsabilidade diz respeito à segurança e solidez da obra, bem como pelo que for expressamente pactuado no contrato.

Note-se que o PMG vem usualmente atrelado a um sistema de ganhos e perdas. Se assim acordado, além da taxa de administração, o administrador/construtor pode recebe uma fração dos valores economizados até o limite do preço máximo garantido. Se não o fizer, recebe penalidades tal como o não recebimento da taxa de administração e multas. Outra forma de estrutura do sistema de ganhos e perdas é fixação de bônus em caso de alcance de metas de prazo ou qualidade e antecipações de marcos contratuais[254].

2.3.1.3 Representante do Proprietário

Ainda outra variação do administrador de projetos é o chamado *owner's representative*, ou representante do proprietário. De acordo com esse modelo, o administrador atua como um mandatário ou agente, mas sem

---

[253] FRANCOM, Tober C. Performance of the Construction Manager at Risk (CMAR) Delivery Method Applied to Pipeline Construction Projects. Dissertation presented in partial fulfillment of the requirements for the degree of Doctor of Philosophy. Arizona State University, December 2015, p. 4.

[254] HUGHES, Richard O.; CHRISTENSEN, Linda. Managing construction in New York construction law, cit., p. 79.

qualquer responsabilidade pelos riscos da obra, que continuam sendo assumidos integralmente pelo dono ou pelo empreiteiro. Em regra, cabe ao representante agir como se fosse o dono da obra, com o diferencial de ter ele a *expertise* necessária[255].

Cabe ao administrador atuar de forma presente no local da obra, monitorando-a:

> Um componente central da responsabilidade do representante do proprietário é o monitoramento das atividades no sítio da obra, sendo, de fato, o cérebro, os olhos e os ouvidos do proprietário durante a construção. A natureza exata e o escopo de tal monitoramento são definidos no contrato entre o representante e o proprietário. [...] Pelo fato de ter experiência no tipo de projeto de construção em andamento, o representante qualificado do proprietário está em posição de avaliar tanto a qualidade dos serviços prestados quanto a adequação do preço cobrado, verificando, assim, a atuação do administrador da obra ou do contratado principal[256].

O papel do administrador, nessa modalidade, pode ser bastante extenso, compreendendo o aconselhamento do dono da obra durante todas as fases, da pré-construção à pós-construção (i.e. planejamento, orçamento, compras, aquisição de apólices de seguros, inspeções, correção dos itens da *punch list*, etc.).

---

[255] As figuras do administrador de projetos e do *owner's representative* podem subsistir, sendo atribuídos a eles papéis diferentes. HUGHES, Richard O.; CHRISTENSEN, Linda. Managing construction in New York construction law, cit., p. 80.

[256] "A key component of the owner's representative responsibility is to monitor on-site construction activities, in effect to be the brain, eyes, and ears of the owner during construction. The exact nature and scope of such monitoring is defined in the owner's representatives contract with the owner. [...] Because a qualified owner's representative likely has experience in the type of construction project being built, the owner's representative is in a position to evaluate both the quality of the work performed and the proper price charged, in effect a check on the construction manager or general contractor". HUGHES, Richard O.; CHRISTENSEN, Linda. Managing construction in New York construction law, cit., p. 80.

2.3.1.4 EPCM

Uma outra modalidade é a chamada *design-manage*, pela qual o proprietário contrata, além dos serviços de administração, também o projeto de um mesmo arquiteto ou engenheiro[257]. Por vezes, essa modalidade é também referida pela sigla EPCM, de *engineering, procurement and construction management*.

Existe, ainda, alguma confusão entre o EPCM e o EPC. Tais figuras são absolutamente distintas. O EPCM é uma espécie de *construction management*. É um contrato típico de prestação de serviços. Via de regra, no EPCM o administrador é contratado pelo dono da obra para elaborar os projetos arquitetônicos e de engenharia, realizar todas as atividades de aquisição (*procurement*) de materiais, insumos, equipamentos, maquinário etc., bem como administrar e gerenciar o construtor e todos os demais fornecedores e promover a interlocução e interface adequada entre eles. Diferentemente do EPC, no EPCM a construção é feita por um terceiro.

Destaque-se que, diversamente do EPC, no EPCM o dono da obra contrata diretamente com cada um dos especialistas e fornecedores, cabendo ao administrador apenas administrar e gerenciar tais contratados, para que cada um deles cumpra o acordado com o dono da obra e a obra, assim, seja finalizada de forma segura, com qualidade, ao tempo e com os custos estimados.

Não cabe ao administrador, salvo se contratado de forma diferente, responsabilidade de garantia, pelos resultados de cada um dos especialistas[258]. Sua responsabilidade está balizada pela conduta profissional, ativa, com a devida diligência na prestação dos serviços que a ele foram confiados.

Percebe-se, neste ponto outro grande contraste com o EPC, modelo contratual no qual o epcista carrega a maior parte dos riscos. No EPCM, problemas oriundos de materiais ou prestações defeituosas, redução de prazo de garantia, aumentos de prazo e de custo final de obra, ordens de variação decorrentes de atraso (i.e. desmobilização, problemas de interface etc.) são riscos suportados pelo dono da obra. Cabe ao dono da obra,

---

[257] CLOUGH et al. **Construction contracting: a practical guide to company management**, cit., p. 17.

[258] No mesmo sentido, BUENO, Júlio Cesar. Melhores práticas em empreendimentos de infraestrutura: sistemas contratuais complexos e tendências num ambiente de negócios globalizado. In: SILVA, Leonardo Toledo. **Direito e Infraestrutura**. São Paulo: Saraiva, 2012, p. 69.

neste contrato, uma proatividade e dedicação intensas para supervisionar e se assegurar, inclusive das atividades do administrador, vez que a maior parte dos riscos recaem sobre o dono da obra.

Entende-se que os contratos que tenham a configuração suprarreferida neste item 2.3.1 (ressalva feita a um dos modelos de contratação de CMAR, na qual o administrador é também contratado como construtor) nada mais são do que contratos típicos de prestação de serviços[259]. A pretensão de enquadrá-los como socialmente típicos ou de aproximá-los daqueles de empreitada, no direito brasileiro, seria inapropriada.

A sofisticação do objeto da atividade de fazer e, eventualmente, também da estrutura de remuneração não são motivos bastante para sugerir o afastamento do EPCM ao tipo de prestação de serviços.

Se há de fato identidade de índices do tipo suficientes para aproximá-lo, sob a forma de conceito classificatório, em contratos de *engineering* ou de construção, há bons motivos, da mesma forma, para mantê-los dentro da tipicidade legal.

2.3.2 Empreitada

Os contratos de construção podem revestir-se da roupagem jurídica típica da empreitada.

O contrato de empreitada pode ser definido como um negócio jurídico no qual uma parte, o empreiteiro, obriga-se a realizar determinada obra ou a prestar certo serviço à outra parte, o dono da obra ou proprietário, que, em contrapartida, se obriga a pagar o preço previamente convencionado.

Em monografia clássica acerca do contrato de empreitada, Alfredo de Almeida Paiva conceituou-o como o "contrato pelo qual alguém se obriga a fazer certa e determinada obra a outrem, mediante remuneração previamente determinada ou proporcional ao trabalho executado"[260].

---

[259] Idêntica é a opinião do mestre Luiz Olavo Baptista, em obra sobre a indústria da construção e o direito. BAPTISTA, Luiz Olavo. Contratos de engenharia e construção. In: BAPTISTA, Luiz Olavo; PRADO, Maurício Almeida (Orgs.). **Construção civil e direito**. São Paulo: Lex Magister, 2011, p. 25-26.

[260] PAIVA, Alfredo de Almeida. **Aspectos do contrato de empreitada**, cit., p. 5. Vale citar outra definição, mais detalhada: "o contrato pelo qual uma das partes, o *empreiteiro*, se obriga a realizar uma obra específica e certa para a outra parte, o *proprietário*, com material próprio ou por este fornecido, mediante remuneração global ou proporcional ao trabalho realizado, sem

Ao celebrar um contrato de empreitada, o empreiteiro obriga-se a entregar a obra no prazo e com as qualidades avençadas, sem vícios ou defeitos. Cabe ao empreiteiro seguir as instruções dadas pelo dono da obra e observar as regras técnicas de engenharia. O dono da obra, por sua vez, tem a obrigação de pagar o preço e de receber a obra.

A obra, como objeto do contrato, como resultado do trabalho do empreiteiro e finalidade última do contrato, é característica fundamental do contrato de empreitada[261]. Obra, na acepção jurídica de Pontes de Miranda, pode ser a atuação humana voltada a "criar, modificar, aumentar, diminuir ou destruir algum bem, ou parte do bem"[262]. Consoante Ennecerus, obra na empreitada seria "todo resultado a ser produzido pela atividade ou pelo trabalho"[263].

As raízes da empreitada encontram-se no direito romano, na figura da locação. A locação (*locatio conductio*), após destacar-se da compra e venda (*emptio venditio*), dividiu-se em três modalidades: *locatio conductio rei, locatio conductio operarum* e *locatio conductio operis*[264].

A *locatio conductio rei* consistia na locação de coisas; dela deriva a *locatio conductio operarum*, que representava a locação de mão de obra, de traba-

---

que haja relação de subordinação ou vínculo trabalhista entre ambos". TEPEDINO, Gustavo; BARBOZA, Heloisa Helena; BODIN DE MORAES, Maria Celina. **Código Civil interpretado conforme a Constituição da República**, cit., p. 342. Grifos dos autores.

[261] "O preço a pagar e o acordo de vontades das partes contratantes são comuns a várias espécies de contrato oneroso, o que não acontece com a obra a ser feita, que constitui elemento específico e caracterizador do contrato de empreitada". PAIVA, Alfredo de Almeida. **Aspectos do contrato de empreitada**, cit., p. 8. "Na empreitada, o objeto é a prestação de uma determinada obra, sem vínculo de subordinação, e os riscos correm por conta do empreiteiro". FRANCO, Vera Helena de Mello. **Contratos – direito civil e empresarial**. 5. ed. São Paulo: Revista dos Tribunais, 2014, p. 131. Ainda, PEREIRA, Caio Mário da Silva. Contrato de empreitada. **Revista de Direito Tributário**. São Paulo, v. 13, n. 50, Out/Dez., 1989, p. 46.

[262] PONTES DE MIRANDA, Francisco C. **Tratado de direito privado**. 3. ed. São Paulo: Revista dos Tribunais, 1972, Tomo XLIV, p. 375.

[263] ENNECERUS, Ludwig. Derecho de Obligaciones. In: ENNECERUS, Ludwig, KIPP, Theodor e WOLFF, Martín (Orgs.), e LEHMANN, Henrich (Rev.). **Tratado de derecho civil**. 3. ed. Barcelona: Bosch, v. II, primeira parte, 1966, p. 508. Para CARVALHO DE MENDONÇA, J. X. **Tratado de direito comercial brasileiro**. 6. ed. 2ª parte, v. VI, São Paulo: Freitas Bastos, 1960.

[264] MOREIRA ALVES, José Carlos. **Direito romano**. 6. ed. Rio de Janeiro: Forense, 2002, v. II, p. 177; KASER, Max. **Direito privado romano**. Lisboa: Fundação Calouste Gulbenkian, 1992, p. 250.

lho[265]. Já por meio da *locatio conductio operis* ou *locatio conductio operis faciendi*, também derivada da *locatio conductio rei*[266], alguém se obrigava, mediante remuneração (*merces*) acordada quando da contratação, a fazer certa obra (*opus*) para outrem[267]. Configurava a *locatio conductio operis* a figura que conhecemos como locação de obra.

No direito brasileiro, a primeira sistematização da legislação sobre a locação[268], incluindo a empreitada, foi feita pelo Código Comercial de 1850 (Lei nº 556, de 1850) , nos seus artigos 231 a 246. O Código Civil de 1916 (Lei nº 3.071, de 1916), por sua vez, subdividiu a locação, seguindo a tripartição romana, dedicando uma seção específica para a empreitada, nos artigos 1.237 a 1.247. No Código Civil de 2002 (Lei nº 10.406, de 2002), as regras sobre a empreitada, com poucas modificações em relação ao Código anterior, foram alocadas nos artigos 610 a 626.

No direito italiano, a empreitada (*l'appalto*) é considerada um dos contratos de empresa[269]. O artigo 1.655 do Código Civil italiano define-a como o contrato "pelo qual uma parte assume, com a organização dos meios necessários e com a gestão a seu próprio risco, a realização de uma obra ou de serviço tendo por contrapartida um montante em dinheiro"[270].

O Código Civil alemão, no seu §631, define o contrato de empreitada como aquele no qual "uma das partes (o empresário) se obriga a produzir o resultado de um trabalho (obra) e a outra parte (o comitente), a pagar uma remuneração"[271].

---

[265] BIONDI, Biondo. **Istituzioni di diritto romano**. 4. ed. Milano: Giuffrè, 1972, p. 497; TALAMANCA, Mario. **Istituzioni di diritto romano**. Milano: Giuffrè, 1990, p. 593 e 595.

[266] BIONDI, Biondo. **Istituzioni di diritto romano**, cit., p. 498.

[267] Conforme TALAMANCA, Mario. **Istituzioni di diritto romano**. Milano: Giuffrè, 1990, p. 596 e KASER, Max. **Direito privado romano**, cit., p. 254. Conforme ensina Alexandre Correia e Gaetano Sciacia: "A *locatio operis* é o contrato de empreitada, em que o empreiteiro (*conductor operis*) se obriga a proporcionar à outra parte não um trabalho, como na *locatio operarum*, mas o resultado (*opus*) de trabalho seu ou alheio". **Manual de direito romano**. São Paulo: Saraiva, 1949, v. I, p. 260.

[268] PAIVA, Alfredo de Almeida. **Aspectos do contrato de empreitada**, cit., p. 15.

[269] MAZZAMUTO, Salvatore. Contratti di Produzione di Beni e Servizl. Appalto. In: BESSONE, Mario (cura). **Istituzioni di Diritto Privato**. 8. ed. Torino: Giappichelli, 2001, p. 838.

[270] "Articolo 1655. L'appalto (2222 e seguenti) il contratto col quale una parte assume, con organizzazione dei mezzi necessari e con gestione a proprio rischio, il compimento di un'opera o di un servizio verso un corrispettivo in danaro". Tradução nossa.

[271] "Por el contrato de obra se obliga una de las partes (el empresario) a producir un resultado de trabajo (obra), y la otra parte (el comitente) a pagar una remuneración". Tradução nossa.

ANATOMIA DOS CONTRATOS DE CONSTRUÇÃO

A empreitada pode ser classificada como um contrato bilateral ou sinalagmático, oneroso, comutativo, consensual e não solene. São características secundárias do contrato de empreitada a divisibilidade da obrigação e a pessoalidade da execução.

O caráter bilateral ou sinalagmático ilustra-se pela obrigação de executar a obra, pelo empreiteiro, à qual corresponde a obrigação de pagar o preço, pelo dono da obra. A criação de obrigações e deveres mútuos para as duas partes revela a onerosidade. Há o conhecimento, pelas partes, das prestações que cabem a cada uma delas, e a remuneração devida ao empreiteiro espera-se que seja equivalente, comutativa, correspondente à obra realizada. A consensualidade e a ausência de solenidade indicam que basta a externalização positiva da vontade das partes para formar o contrato de empreitada.

Secundariamente, caracteriza o contrato de empreitada a possibilidade de dividir a obrigação de executar a obra, podendo o executante obrigar-se pela totalidade ou por parte da obra[272]. Pode, por exemplo, apenas realizar o projeto, sendo outro o encarregado da construção. É característica secundária, ainda, a pessoalidade da execução[273], uma vez que, em certos contratos de empreitada, as relações são celebradas em caráter personalíssimo, importando à pessoa contratada, por exemplo, que o projeto seja feito pessoalmente por determinado arquitcto ou engenheiro[274].

A empreitada pode ser total ou parcial em relação a determinada obra. Se for total, deve-se considerar como resultado o produto final, acabado[275],

---

apud ENNECERUS, Ludwig. Derecho de Obligaciones, cit., p. 508.

[272] Diz Orlando Gomes: "A empreitada é normalmente contrato de execução única, não se desnaturando todavia se tem como objeto prestações periódicas, como quando o empreiteiro se obriga a produzir, repetidamente, a obra, executando-a em série, por unidades autônomas". **Contratos**, cit., p. 366.

[273] PAIVA, Alfredo de Almeida. **Aspectos do contrato de empreitada**, cit., p. 12.

[274] Caio Mário da Silva Pereira aduz que "não importa se o empreiteiro efetua o serviço pessoalmente ou por via de outrem; não importa se através de intermediários, a não ser no caso de contrato personalíssimo". Contrato de empreitada, cit., p. 48. Ainda, "na empreitada, o serviço nada mais é do que o meio para se obter o resultado desejado, a obra. Por este motivo, o fato de o serviço ser executado pelo próprio devedor ou por terceiro somente irá interferir na verificação do adimplemento da obrigação caso esta tenha sido estabelecida em razão dos atributos do próprio devedor (*intuito personae*)", TEPEDINO, Gustavo; BARBOZA, Heloisa Helena; BODIN DE MORAES, Maria Celina. **Código Civil interpretado conforme a Constituição da República**, cit., p. 344.

[275] PEREIRA, Caio Mário da Silva. Contrato de empreitada, p. 48.

e não as partes ou fases de execução da obra. A subempreitada ou a associação de empreiteiros e fornecedores para realizar determinada obra, por exemplo, e a atribuição de tarefas entre eles não desnaturam o contrato de empreitada nem segmenta ou individualiza as obrigações, continuando o empreiteiro responsável pela entrega completa do resultado acordado[276].

A empreitada pode ter natureza civil ou comercial. Consoante a distinção feita por Miranda Carvalho e seguida por outros doutrinadores[277], a empreitada civil se refere a bem imóvel ou coisa móvel entre não empresários; caso o objeto da empreitada venha a ser coisa móvel ou caso o empreiteiro seja empresário, a empreitada será comercial[278].

Uma questão bastante disputada reportava-se às afinidades entre a empreitada e a locação de serviços. Embora próximas, a empreitada não se confunde com a locação de serviços. O exame dessa questão é proveitoso à medida que destaca características do contrato de empreitada.

Clóvis Bevilacqua conceituou o contrato de empreitada como "locação de serviço, em que o locador se obriga a fazer ou mandar fazer certa obra, mediante retribuição determinada ou proporcional ao trabalho executado. É a *locatio operis*"[279]. A definição dada por Clóvis Bevilacqua, embora

---

[276] Ensina Pontes de Miranda: "O *intuito personae* não ocorre sempre a ponto de se exigir a execução pelo empreiteiro pessoalmente e, pois, haver necessidade de assentimento do empreitante para que o empreiteiro subempreite [...] Saber-se se a obra tem que ser feita pelo empreiteiro, pessoalmente, é questão de interpretação do contrato". PONTES DE MIRANDA, Francisco C. **Tratado de direito privado**, cit., p. 380 e 388. Caio Mário, na mesma linha, afirma: "O contrato de empreitada não se presume *intuito personae*. Em princípio, no silêncio do contrato pode o empreiteiro transferir a outrem as suas obrigações, sendo muito comum a subempreitada parcial". PEREIRA, Caio Mário da Silva. **Instituições de direito civil**, cit., p. 267.

[277] MIRANDA CARVALHO, E. V. **Contrato de empreitada**. i.e.. Rio de Janeiro: Freitas Bastos, 1953, p. 15, BESSONE, Darcy. Da comercialidade da empreitada de construção. In: **Revista dos Tribunais**, v. 79, n. 652, Fev 1990, p. 7 et seq e GOMES, Orlando. Empreitada. Atraso no pagamento das contas. Acerto final. In: _____. **Questões mais recentes de direito privado**. São Paulo: Saraiva, 1987, p. 182 e 183.

[278] Renato Ventura Ribeiro indica que, via de regra, no direito comparado, se há fornecimento de materiais, a empreitada adquire caráter comercial, assim sendo na França, Alemanha, França e Portugal; na Itália, ainda que sem o fornecimento de materiais, a empreitada é comercial. RIBEIRO, Renato Ventura. Direito de retenção no contrato de empreitada. In: **Revista de Direito Mercantil, Industrial, Econômico e Financeiro**. São Paulo, v. 45, n. 141, Jan/Mar., 2006, p. 63.

[279] BEVILACQUA, Clóvis. **Código Civil**. 11. ed. Rio de Janeiro: Francisco Alves, 1958, vol. IV, p. 420.

mencionasse expressamente a *locatio operis*, remetia à noção de locação de serviços e, por isso, foi objeto de crítica[280].

Aqueles que objetam a definição observam que categorizar a empreitada dentro da locação de serviços deixou de fazer sentido "em face da evolução do contrato de locação, como também de dispositivos expressos do nosso Código Civil"[281].

Ainda, após o advento da Consolidação das Leis do Trabalho, que abarcou virtualmente toda a matéria sobre locação de serviço, tornou-se mais evidente a distinção dessa modalidade de locação daquela sobre obra, esta sim caracterizando a empreitada. De toda sorte, não se deve descuidar de que a empreitada é considerada por muitos como espécie do gênero locação de serviços[282].

Em teoria, são marcantes as diferenças entre a empreitada e a locação de serviços. Mas, *in concreto*, as distinções são de difícil apreciação[283]. Assim, interessa conhecer as distinções.

Em primeiro lugar, há que se destacar as distintas finalidades ou objetos. A obrigação, na empreitada, é de resultado, enquanto na locação de serviços é de meio[284]. Na empreitada, o que se busca é o resultado final,

---

[280] Um dos críticos foi Orlando Gomes, em Empreitada e subempreitada. In: _____. **Novas questões de direito civil**. 2. ed. São Paulo: Saraiva, p. 39-528, 1988 e GOMES, Orlando. **Contratos**, cit., p. 362.

[281] PAIVA, Alfredo de Almeida. **Aspectos do contrato de empreitada**, cit., p. 16-17.

[282] Neste sentido, era a opinião de Augusto Teixeira de Freitas, **Esboço do Código Civil**. Brasília: Departamento da Imprensa Nacional do Ministério da Justiça e Fundação Universidade de Brasília, 1983. v. 2, p. 445, de Clóvis Bevilacqua, **Código Civil**, cit., p. 424 e de J. X. Carvalho de Mendonça. **Tratado de direito comercial brasileiro**. 6. ed. 2ª parte, v. VI, São Paulo: Freitas Bastos, 1960, p. 397 e 418 e é a de Silvio Rodrigues. **Direito Civil. Dos contratos e das declarações unilaterais da vontade**. 27. ed. São Paulo: Saraiva, 2000, v. 3, p. 231. Contra, LOPEZ, Teresa Ancona. **Comentários ao Código Civil: parte especial - das várias espécies de contratos**, cit., p. 256 e PEREIRA, Caio Mário da Silva. **Instituições de direito civil**, cit., p. 267.

[283] Na prática, a doutrina reconhece que as distinções não são tão facilmente perceptíveis, sendo imprescindível um esforço interpretativo. Examinando situações concretas de dificuldade de distinção entre a locação de serviços e a empreitada, v. PEREIRA, Caio Mário da Silva. Contrato de empreitada, cit., e LEÃES, Luiz Gastão Paes de Barros. Um problema de interpretação contratual: os contratos de empreitada. In: LEÃES, Luiz Gastão Paes de Barros. **Direito comercial: textos e pretextos**. São Paulo: José Bushatsky, p. 101-120, 1976.

[284] Consoante a definição de Massimo Bianca: "Obrigações de meio são as obrigações nas quais o devedor deve desenvolver uma atividade que dispensa a obtenção de uma determinada finalidade; obrigações de resultado são ao contrário as obrigações nas quais o devedor

a realização de determinada obra. Já na locação de serviços, o objeto é a atuação, a prestação do serviço contratado. Enquanto na empreitada a atividade/o serviço é meio para alcançar determinado resultado (a obra), na locação de serviços este é o fim em si mesmo[285].

Outra diferença relevante diz respeito à maneira de execução. Na locação de serviços, o locador está subordinado às instruções e orientações do locatário, devendo aquele, com sua *expertise*, executar a obra sob a direção deste[286]. Na empreitada, todavia, determinadas as bases contratuais, a execução da obra ocorre consoante as instruções do dono da obra, mas sem subordinação a ele.

A materialidade do objeto pode servir para distinguir a empreitada da locação. Na empreitada, o objeto é necessariamente uma obra material, enquanto na prestação de serviços o objeto pode ser material ou imaterial[287].

Diferenciam-se, ainda, no que tange à remuneração. Na empreitada, a remuneração é auferida em contrapartida à obra realizada; ela é global ou proporcional ao trabalho realizado, já que se trata de obrigação de resultado[288]. Na locação de serviços, a remuneração baseia-se no tempo despendido pelo prestador ou no tempo em que esteve à disposição do contratante, pois é obrigação de meio[289].

é obrigado a alcançar uma determinada finalidade que prescinde de uma atividade instrumental específica" ("Obbligazioni di mezzi sono le obbligazioni in cui il debitore è tenuto a svolgere un'attività a prescindere della conseguimento di una determinata finalità; obbligazioni di risultato sono invece le obbligazioni in cui il debitore è tenuto a realizzare una determinata finalità a prescindere della una specifica attività strumentale"). L'obbligazione. In: _____. **Diritto civile**. 2. ed. Milano: Giuffrè, 2004, p. 71.

[285] Nas palavras de Clóvis V. do Couto e Silva, "aquele (a empreitada) é típico, de resultado, enquanto que o contrato de prestação de serviços gera obrigações simplesmente de meios". Contrato de engineering, cit., p. 31. Ensina Pontes de Miranda: "Os serviços, na empreitada, apenas são meios para se obter aquilo que se prometeu. De modo que o que se prometeu e o que se deve é o resultado e não os serviços". PONTES DE MIRANDA, Francisco C. **Tratado de direito privado**, cit., p. 375.

[286] RIZZARDO, Arnaldo. **Contratos – Lei no. 10.406, de 10.01.2002**. 3. ed. Rio de Janeiro: Forense, 2004, p. 629.

[287] LOPEZ, Teresa Ancona. **Comentários ao Código Civil: parte especial - das várias espécies de contratos**, cit., p. 242. Mas note-se que esse não é um ponto pacífico, conforme a mesma autora, à p. 247.

[288] "A empreitada realmente configura uma obrigação de resultado e não uma obrigação de meio, donde se conclui constituir a obra a ser feita o seu objetivo precípuo, específico e imediato". PAIVA, Alfredo de Almeida. **Aspectos do contrato de empreitada**, cit., p. 8.

[289] BEVILACQUA, Clóvis. **Código Civil**, cit., p. 424.

ANATOMIA DOS CONTRATOS DE CONSTRUÇÃO

O preço da empreitada costuma ser fixado em duas modalidades: preço fixo (ou *marché a forfait*) ou por medida ou medição (ou *marche sur dévis*)[290]. Na primeira modalidade, a remuneração do empreiteiro é contrapartida pela execução da obra em sua integralidade, ainda que o pagamento seja parcelado. Na segunda, por medida ou medição, a obra costuma ser fracionada e o pagamento correspondente é fixado pela fração concluída ou por outra medida avençada entre as partes. A doutrina reconhece, ainda, cláusulas escalares e cláusulas de preço que expressamente o ajustem consoante variações de elementos da obra[291, 292].

O artigo 610 do Código Civil pátrio identifica a possibilidade de duas espécies de empreitada, a de lavor ou mão de obra e a chamada material ou mista[293]. Na empreitada de lavor, cabe ao empreiteiro apenas dedicar seu trabalho, sendo incumbência do dono da obra adquirir os materiais e colocá-los à disposição do empreiteiro no tempo apropriado. Na empreitada material ou mista, além do trabalho (um fazer), cabe ao empreiteiro o fornecimento dos materiais (um dar). A conjugação das obrigações de fazer e

---

[290] PAIVA, Alfredo de Almeida. **Aspectos do contrato de empreitada**, cit., p. 19 e PEREIRA, Caio Mário da Silva. **Instituições de direito civil**, cit., p. 268.

[291] A respeito, ver PEREIRA, Caio Mário da Silva. **Instituições de direito civil**, cit., p. 269 e PONTES DE MIRANDA, Francisco C. Parecer sobre contrato de empreitada, cumprido pelos figurantes, sem reclamações dentro do prazo fixado no contrato e sem atendimento de outras exigências, e inexistência de cláusula rebus sic stantibus. 11 dez. 1972. In: _____. **Dez anos de pareceres**. v. 10. Rio de Janeiro: Francisco Alves, 1977, p. 200.

[292] Um contrato de empreitada com preços determináveis conforme fórmulas matemáticas de apuração e atualização, se cumprida a prestação do devedor, com base em atestados de medições a serem expedidos pelo devedor, constitui título executivo judicial: "Um contrato de empreitada, como o ora analisado, é perfeitamente igual, em natureza jurídica, a um financiamento bancário ajustado por cédula de crédito rural ou industrial, reconhecidamente títulos executivos extrajudiciais. O título original não é suficiente para provar a dívida, porque terá que ser completado por documento posterior que evidencie o adimplemento da prestação a cargo do credor, isto é o levantamento do crédito pelo devedor. Os atestados de medições, portanto, somam-se ao contrato de empreitada, assinado por duas testemunhas, e o resultado é um título incontestavelmente líquido e certo, para o fim da execução forçada. Conforme THEODORO JÚNIOR, Humberto. Título executivo extrajudicial. Contrato de empreitada acompanhado de atestados de medição In: THEODORO JÚNIOR, Humberto. **Série grandes pareceristas: pareceres de processo civil**, v. 2. Rio de Janeiro: América Jurídica, 2003, p. 219.

[293] CC: "Art. 610. O empreiteiro de uma obra pode contribuir para ela só com seu trabalho ou com ele e os materiais.

§ 1. A obrigação de fornecer os materiais não se presume; resulta da lei ou da vontade das partes".

CONTRATOS DE CONSTRUÇÃO DE GRANDES OBRAS

de dar, na empreitada mista, não desnaturam a finalidade da empreitada, que continua a ser a realização da obra, sendo apenas o fornecimento um meio para a consecução do fim[294].

O tratamento legal dos riscos é diverso nas duas espécies de empreitada.

Na empreitada mista, até a entrega da obra, responsabiliza-se o empreiteiro pelos riscos. A tradição da obra (e não dos materiais) é o marco original da transferência da responsabilidade do empreiteiro para o dono da obra. Como obrigação de resultado que é, a tradição é da obra devidamente concluída, da *opus perfectum*[295]. Todavia, caso haja mora do credor (ou recusa injustificada em receber a obra[296]), o momento da transferência passa a ser a data inicial da mora do proprietário, firmando-se lá a transferência dos riscos, saindo da esfera do empreiteiro eventuais custos oriundos da manutenção e conservação ou aqueles decorrentes de perecimento, deterioração, furto ou roubo dos materiais. Essa parece ser a correta interpretação do artigo 611 do Código Civil[297], seguida majoritariamente pela doutrina[298].

Na empreitada de lavor, como o fornecimento e a colocação dos materiais compete ao dono da obra, aplica-se a *res perit domino*. No âmbito da responsabilidade do empreiteiro pela boa e competente execução da obra inclui-se o manuseio, a disposição e utilização cuidadosa dos materiais, aplicando-os com diligência e perícia para os fins a que se destinam. Consoante a inteligência do artigo 612 combinada com o artigo 617 do Código[299], a atuação culposa do empreiteiro, com imprudência, imperícia ou negligência, atrairia para sua esfera de responsabilidade eventuais

---

[294] "Na empreitada, promete-se um resultado *opus*, prevalecendo, pois, como elemento juridicamente relevante, a *execução* da obra". Orlando Gomes, **Contratos**, cit., p. 365.

[295] PAIVA, Alfredo de Almeida. **Aspectos do contrato de empreitada**, cit., p. 33.

[296] A recusa justificada pode ocorrer caso o empreiteiro não siga as instruções do dono da obra ou as regras técnicas. Nesta hipótes, na dicção dos artigos 615 e 616 do Código, o proprietário pode recusar o recebimento ou receber com abatimento do preço.

[297] CC: "Art. 611. Quando o empreiteiro fornece os materiais, correm por sua conta os riscos até o momento da entrega da obra, a contento de quem a encomendou, se este não estiver em mora de receber. Mas se estiver, por sua conta correrão os riscos".

[298] Por todos, ver Orlando Gomes, **Contratos**, cit., p. 370.

[299] CC: "Art. 612. Se o empreiteiro só forneceu mão-de-obra, todos os riscos em que não tiver culpa correrão por conta do dono.

Art. 617. O empreiteiro é obrigado a pagar os materiais que recebeu, se por imperícia ou negligência os inutilizar".

prejuízos sofrido pelo dono da obra resultantes da inutilização ou má utilização dos materiais[300].

O empreiteiro de lavor tem também a obrigação de informar ao dono da obra sua opinião a respeito da inadequação dos materiais fornecidos, no tocante à quantidade ou qualidade daqueles, como exercício do dever de lealdade e honestidade decorrentes da boa-fé objetiva prevista no artigo 422 do Código Civil. Consoante o artigo 613 do Código Civil[301], a especialização do empreiteiro gera a expectativa de que ele a utilize, tempestivamente, para alertar o proprietário acerca da impropriedade dos materiais. A regra do código é que, caso a coisa pereça antes de entregue, sem que tenha havido mora do dono ou culpa do empreiteiro, o empreiteiro perderá a retribuição, salvo se demonstrado que o perecimento ocorreu por defeito dos materiais e que o empreiteiro tenha dado ciência, em tempo, do defeito ao dono da obra[302].

À luz do teor do artigo 614, a doutrina não hesita em afirmar que o pagamento do preço presume a verificação e o recebimento por parte do proprietário[303]. Ocorre que, salvo se afastada contratualmente, a verificação e o recebimento constituem o gatilho para a transferência de riscos e inicia a contagem dos prazos de garantia contratuais e legais, fato que, para obras de maior monta, pode gerar especiais dificuldades, especialmente dada a indivisibilidade que caracteriza certos projetos.

---

[300] Sobre a interpretação do artigo 617: "A interpretação do dispositivo não deve ser restritiva. Inutilizar deve alcançar também a perda ou desaparecimento culposo dos materiais, tenham ou não sido empregados na obra [...]. Razoável também não se limitar a indenização ao pagamento dos materiais, estendendo-a a todos os prejuízos que daí decorrerem [...]". TEPEDINO, Gustavo; BARBOZA, Heloisa Helena; BODIN DE MORAES, Maria Celina. **Código Civil interpretado conforme a Constituição da República**, cit., p. 359. Em sentido contrário, Orlando Gomes: "o dever de indenizar cifra-se ao pagamento dos materiais inutilizados", **Contratos**, cit., p. 369.

[301] CC: "Art. 613. Sendo a empreitada unicamente de lavor (art. 610), se a coisa perecer antes de entregue, sem mora do dono nem culpa do empreiteiro, este perderá a retribuição, se não provar que a perda resultou de defeito dos materiais e que em tempo reclamara contra a sua quantidade ou qualidade".

[302] Clóvis Bevilacqua entendia que esta regra era injusta. BEVILACQUA, Clóvis. **Código Civil**, cit., p. 432.

[303] "Entregas parciais obrigam ao pagamento de cada parte recebida. Preço pago parceladamente contra entrega de parte singular faz presumir verificação". GOMES, Orlando. **Contratos**. cit., p. 368.

Outra questão muito relevante da empreitada trata da responsabilidade quinquenal do empreiteiro. O artigo 618 prevê, na empreitada mista, a responsabilidade do empreiteiro pela solidez e segurança do trabalho, pelo prazo de cinco anos, relativa a materiais e ao solo[304]. A regra é entendida como cogente[305], podendo ser ampliada, mas não reduzida nem afastada pelas partes.

No regime do Código de 1916, o artigo 1.245 tinha dicção equivalente ao atual 618. Discutiu-se na doutrina se o prazo do artigo 1.245 tratava de prazo de garantia, de prazo prescricional especial da empreitada (que suplantaria o prazo prescricional vintenário do artigo 177), ou se havia uma interpretação mista, na qual o vício deveria aparecer em cinco anos, mas a prescrição seria a vintenária.

Clóvis Bevilacqua assim explicava a razão de ser do artigo 1.245:

> Os edifícios e outras construções consideráveis, como pontes, reservatorios d'agua, estradas de ferro não revelam os seus vicios, desde logo. Abriu para elles o Codigo uma excepção à regra de que cessa, com a acceitação da obra, a responsabilidade do empreiteiro[306].

O entendimento predominante, aplicável ao artigo 618, é que, para ensejar a responsabilidade, o defeito de solidez e segurança deve aparecer dentro de cinco anos contados da aceitação da obra. Trata-se, portanto, de prazo de garantia legal. O prazo para propositura da ação condenatória de reparação de danos é, consoante o artigo 206, § 3, V, de três anos[307]. O prazo previsto no parágrafo único, de cento e oitenta dias, por sua vez, seria

---

[304] CC: "Art. 618. Nos contratos de empreitada de edifícios ou outras construções consideráveis, o empreiteiro de materiais e execução responderá, durante o prazo irredutível de cinco anos, pela solidez e segurança do trabalho, assim em razão dos materiais, como do solo. Parágrafo único. Decairá do direito assegurado neste artigo o dono da obra que não propuser a ação contra o empreiteiro, nos cento e oitenta dias seguintes ao aparecimento do vício ou defeito."

[305] PINTO, José Emilio Nunes. O contrato de EPC para construção de grandes obras de engenharia e o novo Código Civil. Disponível em: <https://www.jusvl.com/artigos/68>. Acesso em 20 dez. 2010, 2002, p. 5.

[306] BEVILACQUA, Clóvis. **Código Civil**, cit., p. 432.

[307] Por todos, ver LOPEZ, Teresa Ancona. **Comentários ao Código Civil: parte especial - das várias espécies de contratos**, cit., p. 294, 297, 299-300.

ANATOMIA DOS CONTRATOS DE CONSTRUÇÃO

decadencial, para propositura de ação constitutiva ou desconstitutiva, não se confundindo com o prazo prescricional de três anos[308].

Há que se observar, todavia, que o prazo quinquenal de garantia reveste-se de diversas limitações. Para que haja o enquadramento na *fattispecie* e para se apurar o surgimento da responsabilidade do empreiteiro, a doutrina entende que os seguintes requisitos devem ser atendidos, cumulativamente: a empreitada deve ser mista; os vícios a comprometer a solidez e segurança devem ser ocultos, ou seja, se eram aparentes, presumem-se identificados e recebidos no momento da aceitação da obra; a obra deve ser de porte "considerável"[309].

Em nossa doutrina, é assente que cabe ao empreiteiro o direito de retenção, como forma de assegurar e de compelir ao pagamento o dono da obra em mora[310]. Esse entendimento prevalece e foi construído em face de um vazio legislativo sobre o direito de retenção, sob o argumento de que o sinalagma precisa ser observado, vez que "há um crédito entre as partes, derivado de uma relação diretamente relacionada à coisa"[311].

Outra importante novidade trazida pelo Código Civil de 2002 sobre a empreitada refere-se ao direito autoral sobre o projeto. De acordo com o

---

[308] LOPEZ, Teresa Ancona. **Comentários ao Código Civil: parte especial - das várias espécies de contratos**, cit., p. 300.

[309] Ver LOPEZ, Teresa Ancona. **Comentários ao Código Civil: parte especial - das várias espécies de contratos**, cit., p. 294-297.

[310] Dentre outros, ver RIBEIRO, Renato Ventura. Direito de retenção no contrato de empreitada, cit.. Há que se lembrar que, entre nós, Alvino Lima, em 1936, advogou com brilhantismo uma tese então polêmica, o direito de retenção do possuidor de má fé, com base na conexidade entre o princípio da boa fé e o próprio fundamento jurídico do direito de retenção, evitando-se o enriquecimento ilícito: "A *ratio legis* da concessão do direito de credito, e, consequente direito de retenção ao possuidor de boa fé, está em defender e proteger as situações juridicas licitas e condemnar as illicitas. No caso [...] ha duas situações juridicas illicitas que se defrontam, compensando-se e neutralizando-se nos seus efeitos, para se considerarem ambos, proprietario e possuidor, como se estivessem de boa fé. [...] O novo título, que surge - o direito de crédito - é absoluto, produzindo todos os seus effeitos juridicos. Não está contaminado do vicio da posse; é um direito e não há direitos illicitos. Conceder o direito de crédito e negar-lhe a garantia ampla e efficaz da retenção, é burlar o proprio direito, collocando o proprietário de má fé, que se procurou ferir, em situação juridica superior, finalidade jamais desejada pela lei". Conforme LIMA, Alvino. **O direito de retenção e o possuidor de má fé**. 2 ed., São Paulo: Editora Lejus, 1995, p. 79-81.

[311] Rodrigues, Silvio. **Direito civil. Dos contratos e das declarações unilaterais da vontade**, cit., p. 241.

artigo 621[312], o proprietário da obra somente pode realizar modificações no projeto com autorização do autor, salvo em poucas exceções legalmente previstas. O artigo citado harmoniza-se com o ditame constitucional, previsto no artigo 5°, XXVII, de proteção da utilização de obras pelos próprios autores, e que reservou a estes o direito exclusivo de modificar as próprias criações. É consonante, ainda, com Lei nº 5.194, de 1966, que rege a profissão de arquiteto e engenheiro e assegura a não alteração do projeto salvo se pelo próprio autor, bem como com a Lei nº 9.610, de 1998, que, no seu artigo 7°, X, considera as obras de engenharia e arquitetura como obras intelectuais dotadas de proteção.

No que tange à suspensão da obra, tanto o proprietário quanto o empreiteiro têm o direito de requerê-la.

Se a solicitação for feita pelo proprietário, deve ele pagar ao empreiteiro "todos os gastos realizados (e comprovados) até a dissolução do vínculo contratual, assim entendida a remuneração vencida e não paga do empreiteiro, corrigida monetariamente e acrescida de juros moratórios"[313]. Deve ele ainda pagar uma indenização baseada no que o empreiteiro teria ganho, se a obra tivesse sido integralmente executada. É a dicção do artigo 623 do Código Civil[314].

A suspensão da obra pode ser promovida pelo empreiteiro, com ou sem justa causa, conforme estabelecido nos artigos 624 e 625 do código[315]. Sem justa causa, responde o empreiteiro por perdas e danos; com justa causa,

---

[312] CC: "Art. 621. Sem anuência de seu autor, não pode o proprietário da obra introduzir modificações no projeto por ele aprovado, ainda que a execução seja confiada a terceiros, a não ser que, por motivos supervenientes ou razões de ordem técnica, fique comprovada a inconveniência ou a excessiva onerosidade de execução do projeto em sua forma originária. Parágrafo único. A proibição deste artigo não abrange alterações de pouca monta, ressalvada sempre a unidade estética da obra projetada."

[313] TEPEDINO, Gustavo; BARBOZA, Heloisa Helena; BODIN DE MORAES, Maria Celina. **Código Civil interpretado conforme a Constituição da República**, cit., p. 377-378.

[314] CC: "Art. 623. Mesmo após iniciada a construção, pode o dono da obra suspendê-la, desde que pague ao empreiteiro as despesas e lucros relativos aos serviços já feitos, mais indenização razoável, calculada em função do que ele teria ganho, se concluída a obra."

[315] CC: "Art. 624. Suspensa a execução da empreitada sem justa causa, responde o empreiteiro por perdas e danos.
Art. 625. Poderá o empreiteiro suspender a obra:
I - por culpa do dono, ou por motivo de força maior;
II - quando, no decorrer dos serviços, se manifestarem dificuldades imprevisíveis de execução, resultantes de causas geológicas ou hídricas, ou outras semelhantes, de modo que torne a

não[316]. O código elenca hipóteses variadas, de culpa do proprietário, força maior, dificuldades não previstas, onerosidade excessiva, modificações exorbitantes mas que, de todo modo, não são taxativas.

Embora o código refira-se a suspensão, tratam-se, na realidade, de hipóteses de resilição unilateral[317]. O Código de 2002 trouxe um tratamento diferente para a extinção do vínculo pelo proprietário e pelo empreiteiro, como segue:

> [...] o sistema adotado pelo CC parte da premissa que o dono da obra tem o direito potestativo de resilir o contrato, sem necessidade de declinar sua justificativa para tanto, ao passo que o empreiteiro tem, em contraste, o ônus de comprovar justa causa para suspender a execução do negócio: se o fizer, nada deve; caso contrário, incide em ilicitude contratual, com as consequências normativas que daí advêm.[318]
>
> Essa suspensão revela-se um direito potestativo extintivo, pois porá fim à relação jurídica existente entre as partes, ou seja, porá fim à empreitada contratada. Trata-se de modalidade de extinção da obrigação antes de seu completo adimplemento pelas partes.[319]

---

empreitada excessivamente onerosa, e o dono da obra se opuser ao reajuste do preço inerente ao projeto por ele elaborado, observados os preços;
III - se as modificações exigidas pelo dono da obra, por seu vulto e natureza, forem desproporcionais ao projeto aprovado, ainda que o dono se disponha a arcar com o acréscimo de preço."
[316] Teresa Ancona Lopez com razão critica o uso da expressão "justa causa". Diz ela: "Não há incorreção na sua utilização para as relações civis, mas sim inadequação em virtude da consagração da locução pela Justiça do Trabalho e toda a doutrina e jurisprudência que cuidam da Consolidação das Leis do Trabalho. Seria mais adequada a utilização da expressão 'sem culpa' ou 'com culpa', pois a culpa é o elemento fundante da indenização no direito civil brasileiro". LOPEZ, Teresa Ancona. **Comentários ao Código Civil: parte especial - das várias espécies de contratos**, cit., p. 326.
[317] TEPEDINO, Gustavo; BARBOZA, Heloisa Helena; BODIN DE MORAES, Maria Celina. **Código Civil interpretado conforme a Constituição da República**, cit., p. 377 e LOPEZ, Teresa Ancona. **Comentários ao Código Civil: parte especial - das várias espécies de contratos**, cit., p. 320.
[318] TEPEDINO, Gustavo; BARBOZA, Heloisa Helena; BODIN DE MORAES, Maria Celina. **Código Civil interpretado conforme a Constituição da República**, cit., p. 378-379.
[319] LOPEZ, Teresa Ancona. **Comentários ao Código Civil: parte especial - das várias espécies de contratos**, cit., p. 319.

A cessão do contrato de empreitada é permitida com a concordância das partes. Salvo se diversamente contratado, há desoneração das obrigações daquele que cede a posição contratual, diferentemente do que ocorre na subempreitada, na qual ficam as obrigações integralmente mantidas entre o empreiteiro e o dono da obra[320].

Seja pela necessidade de um conhecimento especializado, seja porque a obra representa uma demanda de trabalho pontualmente não suportável por seu próprio corpo de empregados, é bastante comum que o empreiteiro subcontrate parcelas das obrigações originalmente a seu encargo[321].

Uma das questões que se coloca a respeito da subempreitada é quanto a natureza e a extensão da responsabilidade do empreiteiro perante os empregados do subempreiteiro. A Consolidação das Leis do Trabalho, no seu artigo 455, assim dispõe:

> Art. 455. Nos contratos de subempreitada responderá o subempreiteiro pelas obrigações derivadas do contrato de trabalho que celebrar, cabendo, todavia, aos empregados o direito de reclamação contra o empreiteiro principal pelo inadimplemento daquelas obrigações por parte do primeiro.
>
> Parágrafo único – Ao empreiteiro principal fica ressalvada, nos termos da lei civil, ação regressiva contra o subempreiteiro e a retenção de importâncias a este devidas, para a garantia das obrigações previstas neste artigo.

É corriqueiro encontrar previsões contratuais que condicionem o pagamento a ser feito à comprovação do adimplemento de todos os deveres e obrigações trabalhistas e previdenciárias dos empregados alocados à obra. Esta cláusula, constante tanto em contratos de construção em geral como naqueles de subempreitada, representam medida de precaução em face da potencial responsabilidade prevista no artigo 455 da CLT. Assim, para o empreiteiro diligente, não basta que o subempreiteiro entregue o que prometeu; este precisa também estar quite com seus próprios empregados.

---

[320] PAIVA, Alfredo de Almeida. **Aspectos do contrato de empreitada**, cit., p. 140.

[321] No silêncio do contrato, entende-se que é possível a subcontratação, salvo se a empreitada for *intuito personae*, cf. PAIVA, Alfredo de Almeida. **Aspectos do contrato de empreitada**, cit., p. 137, TEPEDINO, Gustavo; BARBOZA, Heloisa Helena; BODIN DE MORAES, Maria Celina. **Código Civil interpretado conforme a Constituição da República**, cit., p. 342.

Discutiu-se na doutrina se a responsabilidade prevista no artigo 455 seria de natureza solidária ou subsidiária. Prevaleceu, durante bom tempo, o entendimento de tratar-se de responsabilidade de natureza solidária[322]. O Enunciado 331, IV, do Tribunal Superior do Trabalho[323], deu uniformidade às decisões sobre o tema e passou a tratar as hipóteses previstas no artigo 455 da CLT como terceirização. Desde então, ficou estabilizada a interpretação de a responsabilidade do empreiteiro ser subsidiária.

Como existe um contrato de trabalho entre subempreiteiro e seu empregado, a responsabilidade do empreiteiro principal somente surge caso o subempreiteiro não tenha pago as verbas decorrentes da relação empregatícia. O empregado pode alegar que não as recebeu e cobrar do empreiteiro ou pode levar subempreiteiro e empreiteiro conjuntamente a juízo. Na primeira situação, o subempreiteiro deve ser chamado a integrar o pólo passivo, inclusive para permitir ao empreiteiro, se necessário, exercer o direito de regresso previsto no parágrafo único do artigo 455. O subempreiteiro deve fazer prova em juízo do pagamento das verbas. Caso o subempreiteiro não seja capaz de comprovar o pagamento (legitimidade essa que também tem o empreiteiro, com as dificuldades práticas óbvias), fica então o empreiteiro obrigado a liquidar as obrigações devidas ao reclamante-empregado do subempreiteiro.

---

[322] No direito português, existe responsabilidade solidária mas apenas se observadas certas condições, como a realização dos trabalhos do subempreiteiro no local da obra ou, independentemente do local, sob a responsabilidade do empreiteiro, que tenha havido violação de disposições das leis trabalhistas ou de segurança e saúde, e que o empreiteiro não tenha utilizado a diligência devida na contratação do subempreiteiro. Apenas em tais condições é que se poderia falar em responsabilidade solidária, e apenas quanto aos pagamentos pecuniários, cabendo a responsabilidade pela violação normativa ao subempreiteiro. Conforme SOARES RIBEIRO, J. **Responsabilidade pela segurança na construção civil e obras públicas**. Coimbra: Almedina, 2009, p. 83.

[323] "TST Enunciado nº 331 - Revisão da *Súmula nº 256* - Res. 23/1993, DJ 21, 28.12.1993 e 04.01.1994 - Alterada (Inciso IV) - Res. 96/2000, DJ 18, 19 e 20.09.2000 - *Mantida* - Res. 121/2003, DJ 19, 20 e 21.11.2003.

Contrato *de Prestação de Serviços - Legalidade*

IV - O inadimplemento das obrigações trabalhistas, por parte do empregador, implica a responsabilidade subsidiária do tomador dos serviços, quanto àquelas obrigações, inclusive quanto aos órgãos da administração direta, das autarquias, das fundações públicas, das empresas públicas e das sociedades de economia mista, desde que hajam participado da relação processual e constem também do título executivo judicial (art. 71 da Lei nº 8.666, de 21.06.1993). (Alterado pela Res. 96/2000, DJ 18.09.2000)".

Quanto à extensão, entende a doutrina que nem todo e qualquer empregado do subempreiteiro seria titular de tal direito, mas apenas aqueles diretamente alocados à obra, independentemente do local físico da realização do trabalho, e se ligados à atividade-fim da empreiteira e da subempreiteira. Assim, o direito caberia, exemplificativamente, tanto àquele pedreiro alocado para o sítio da obra, quanto para aquele que, trabalhando na planta do subempreiteiro, desenvolve um trabalho especialmente destinado à obra. Mas não seriam titulares do direito empregados do subempreiteiros que atuaram apenas indiretamente (i.e. em serviços de suporte, como telefonia, faxina) ou que não atuaram em absoluto na obra do empreiteiro[324].

As tentativas de ampliação da interpretação do artigo 455 da CLT têm, infelizmente, frutificado para gerar responsabilidade para o proprietário ou dono da obra. Até há pouco, a orientação predominante era que o artigo 455 da CLT não se aplicava ao dono da obra[325], salvo se a obra fosse "um desdobramento de sua atividade econômica"[326], ou seja, se o proprietário da obra fosse uma construtora ou incorporadora ou de outra forma atuar no ramo da construção como atividade-fim.

---

[324] "É contrário à razão, e portanto injusto, além de ilegal, pois este não é o objetivo do art. 455 da CLT, que uma empreiteira se responsabilize, por exemplo, por 200 funcionários de uma subempreiteira se na obra subempreitada foram utilizados, *exempli gratia*, apenas 10 dos seus funcionários. Em relação a estes, por força do art. 455 da CLT, a empreiteira até pode ser considerada *subsidiariamente* responsável pelas verbas decorrentes do contrato de trabalho, como adiante veremos, mas não dos outros 190. *Concessa maxima venia*, mas seria absolutamente irracional e antijurídico um empreiteiro sofrer uma condenação para pagar verbas decorrentes de contratos de trabalho de funcionários de uma empresa que com ele subempreitou uma obra, os quais não trabalhavam diretamente *na* obra subempreitada, como exercentes de funções inerentes à atividade-fim da subempreiteira e empreiteira". BRAGA, Jorge Luiz. Dos limites da responsabilidade do empreiteiro em face do contrato de subempreitada de obra civil. LTr: **Revista Legislação do Trabalho**. São Paulo, v. 63, n. 4, Abr., 1999, p. 501. Grifos do autor. Ver, ainda, SIQUEIRA, Bruno Luiz Weiler; SIQUEIRA, Maria Aparecida da Silva. Empreitada e subempreitada: responsabilidades e limites. **Revista Legislação do Trabalho**, v. 64, n. 11, p. 1388-1401, 2000.

[325] É o teor do Precedente n. 191 da Seção de Dissídio Individual I do Tribunal Superior do Trabalho: "Dono da obra. Responsabilidade. Diante da inexistência de previsão legal, o contrato de empreitada entre o dono da obra e o empreiteiro não enseja responsabilidade solidária ou subsidiária nas obrigações trabalhistas contraídas pelo empreiteiro, salvo sendo o dono da obra uma empresa construtora ou incorporadora".

[326] JORGE NETO, Francisco Ferreira; CAVALCANTE, Joubert de Quadros P. O empreiteiro, o dono da obra e a responsabilidade pelos direitos trabalhistas. LTr: **Revista Legislação do Trabalho**, Suplemento Trabalhista. São Paulo, v. 37, n. 62, 2001, p. 310.

ANATOMIA DOS CONTRATOS DE CONSTRUÇÃO

Essa orientação foi alterada. Em virtude da longa permanência dos trabalhadores no local da obra, do caráter lucrativo da empreitada, e por analogia à responsabilidade solidária do dono da obra por contribuições previdenciárias não recolhidas pelo empreiteiro e subempreiteiro, doutrina e jurisprudência estenderam a responsabilidade do dono da obra, que passou a ser responsabilizado subsidiariamente por verbas trabalhistas não adimplidas[327].

Cabe observar que os referidos dispositivos da legislação trabalhista, ao mesmo tempo em que servem de reforço aos direitos dos empregados, servem também de estímulo à verificação da idoneidade e ao constante monitoramento pelo dono da obra e pelo empreiteiro principal do cumprimento das obrigações trabalhistas e previdenciárias e da solvência dos subempreiteiros, gerando externalidades positivas.

Parece-nos que as soluções da doutrina e da jurisprudência, dentro dos limites fixados, são inteligentes e razoáveis. Atribuir a responsabilidade ao dono da obra em qualquer hipótese, tornar a responsabilidade do empreiteiro solidária ou ampliar o rol de protegidos pelo *caput* do artigo

---

[327] A respeito, ver DELGADO, Mauricio Godinho. **Curso de Direito do Trabalho**. 9. ed. São Paulo: LTr, 2010, p. 458-464 e CARRION, Valentin. **Comentários à Consolidação das Leis do Trabalho**. 11. ed. São Paulo: Revista dos Tribunais, 1989, p. 20. Devem ser destacados os seguintes acórdãos, que seguem o entendimento ampliativo do artigo 455 da CLT: TRIBUNAL SUPERIOR DO TRABALHO. Recurso de revista n. 80200-15.2008.5.17.0131. 8ª Turma. Recorrente: Instituto de Obras Públicas do Estado do Espírito Santo. Recorridos: Sebastião Carlos Ferreira e Compaq Construtora Ltda. Relatora: Ministra Dora Maria da Costa. Brasília-DF, 17 de novembro de 2010; TRIBUNAL SUPERIOR DO TRABALHO. Agravo de instrumento em recurso de revista n. 103940-65.2007.5.01.0039. 5ª Turma. Agravante: Klabin Segall S.A. Agravados: Reginaldo Ferreira e Empreiteira Elizeu Pessoa Ltda. Relator: Ministro João Batista Brito Pereira. Brasília-DF, 07 de dezembro de 2010; TRIBUNAL SUPERIOR DO TRABALHO. Agravo de instrumento em recurso de revista n. 58340-36.2005.5.02.0371. 5ª Turma. Agravante: Companhia de Saneamento Básico do Estado de São Paulo. Agravados: Ângelo Augusto Rodrigues, Horizonte Serviços Gerais S/C Ltda. e Guedes Engenharia Ltda. Relator: Ministro João Batista Brito Pereira. Brasília-DF, 07 de dezembro de 2010; TRIBUNAL SUPERIOR DO TRABALHO. Agravo de instrumento em recurso de revista n. 124540-25.2003.5.04.0020. 4ª Turma. Agravante: Brasil Telecom S.A. Agravados: Márcio dos Santos, massa falida de Retebrás Redes e Telecomunicações Ltda. e Telemic – Instalações Técnicas Ltda. Relator: Ministro Fernando Eizo Ono. Brasília-DF, 28 de abril de 2010; TRIBUNAL SUPERIOR DO TRABALHO. Recurso de revista n. 73700-33.2007.5.17.0012. 8ª Turma. Recorrente: Petrobrás Distribuidora S.A. Recorridos: Roberto Carlos Santos Gonçalves e Eletromon Manutenção e Instalações Ltda.Sebastião Carlos Ferreira e Compaq Construtora Ltda. Relator: Ministro Renato de Lacerda Paiva. Brasília-DF, 28 de abril de 2010.

455 da CLT equivaleriam a, em nome da tutela dos empregados, meramente ampliar os ônus do dono da obra ou do empreiteiro subtraindo-os impropriamente daquele a quem efetivamente cabe, que é o subempreiteiro e quem, a propósito, recebe para tanto. Se predominassem as linhas de interpretação mais ampliadas, haveria o desestímulo de se realizar a subempreitada, com efeitos deletérios para todos os integrantes da cadeia de contratação.

2.3.2.1 Empreitada por Administração

Alfredo de Almeida Viana sintetiza a "empreitada por administração" como segue:

> Por ela o empreiteiro se encarrega apenas de dirigir e de administrar a construção, recebendo pelo seu trabalho uma percentagem calculada sobre o custo final apurado, tendo em vista não só o preço da mão-de-obra, como, também, o dos materiais e demais despesas da construção, inclusive encargos de natureza fiscal.
>
> A direção dos trabalhos caberá ao dono da obra, ou a quem a encomendou, não obstante a responsabilidade pela execução caiba ao empreiteiro-construtor, que responderá pela sua segurança e perfeição.
>
> A compra dos materiais será feita diretamente pelo empreitador, ou dela poderá encarregar-se o próprio empreiteiro, que os adquirirá por conta e ordem daquele[328].

Ou seja, em regra, na empreitada por administração cabe ao proprietário a obrigação de fornecer os materiais, sendo a contraprestação do empreiteiro um percentual do custo da obra.

A empreitada por administração guarda proximidade estrutural, ainda, com o chamado contrato de construção por administração, por meio do qual "o construtor se obriga a construir a obra, respondendo pela administração geral"[329].

---

[328] PAIVA, Alfredo de Almeida. **Aspectos do contrato de empreitada**, cit., p. 22-23.

[329] VIANA, Marco Aurélio da Silva. **Contrato de construção e responsabilidade civil (teoria e prática)**, cit., p. 13. Viana chama a atenção para a distinção entre o contrato de construção

ANATOMIA DOS CONTRATOS DE CONSTRUÇÃO

Note-se que, no modelo de empreitada por administração e no contrato de construção por administração, o risco de variações nos preços não recai sobre o empreiteiro, mas fica com o dono da obra, já que a ele cabe a responsabilidade de fornecer os materiais[330]. A responsabilidade pelo fornecimento implica também a responsabilidade por colocar tempestivamente os materiais à disposição do empreiteiro, fato que impacta, na prática, nos prazos previstos da obra.

2.3.2.2 Empreitada de Obra Pública

A administração pública poderá executar diretamente as obras ou, como é mais comum, executá-las indiretamente, por meio de contratados.

O contrato de construção de obra pública, na lição de Hely Lopes Meirelles, é um contrato administrativo que se reveste "dos mesmos caracteres da empreitada civil, salvo quanto à formalização do ajuste, que há de ser sempre escrito e normalmente precedido de licitação"[331].

Para Floriano de Azevedo Marques, o contrato de contrução de obra pública é:

> [...] o contrato administrativo que tem por objeto a execução de uma obra consistente na reforma, ampliação ou edificação de um bem público, contratada por qualquer ente da Administração Direta ou Indireta, nos termos de um projeto básico regularmente aprovado pela autoridade competente, a ser executada por uma das modalidades de empreitada previstas na legislação.[332]

---

por administração e a empreitada: "Na administração o construtor recebe um percentual sobre o valor da obra ou uma importância fixa, não assumindo qualquer risco econômico; (...) o administrador trabalha em regime de dependência relativa, pois está submetido às deliberações do dono da obra; (...) o administrador se obriga apenas a concluir a obra à medida que o dono da obra oferece recursos e meios, segundo suas possibilidades".

[330] VIANA, Marco Aurélio da Silva. **Contrato de construção e responsabilidade civil (teoria e prática)**, cit., p. 13.

[331] MEIRELLES, Hely Lopes. **Direito de construir**, cit., p. 265. No mesmo sentido é a lição de Alfredo de Almeida Paiva, **Aspectos do contrato de empreitada**, cit., p. 131.

[332] MARQUES NETO, Floriano de Azevedo. Contratos de construção pelo Poder Público. In: BAPTISTA, Luiz Olavo; PRADO, Maurício Almeida (Orgs.). **Construção civil e direito**. São Paulo: Lex Magister, 2011, p. 57.

Hely Lopes Meirelles ensina que há quatro grandes modalidades de obras públicas, para fins de construção:

> [...] equipamento urbano (ruas, praças, estádios, monumentos; calçamento e canalizações; redes de energia elétrica e de comunicações; viadutos, túneis, metrôs e demais melhoramentos próprios da cidade); equipamento administrativo (instalações e aparelhamento para serviços administrativos ou técnicos); empreendimento de utilidade pública (ferrovias, rodovias, pontes, portos, aeroportos, canais, obras de saneamento, represas, usinas hidrelétricas ou atômicas e demais construções de interesse coletivo); edifícios públicos (sedes de governo, repartições públicas, escolas, hospitais, presídios, etc.)[333].

Existe um plexo de normas que regulamentam a empreitada de obras públicas. A principal delas, a Lei nº 8.666, de 1993, disciplina a licitação e a contratação pela União Federal. As entidades contratantes que atuem nas esferas estaduais e municipais, por sua vez, devem observar as normas a elas aplicáveis no que diz respeito a licitação e contratação. A sequência da contratação, por incluir a licitação, é distinta das contratações privadas.

---

[333] MEIRELLES, Hely Lopes. **Direito de construir**, cit., p. 264.

ANATOMIA DOS CONTRATOS DE CONSTRUÇÃO

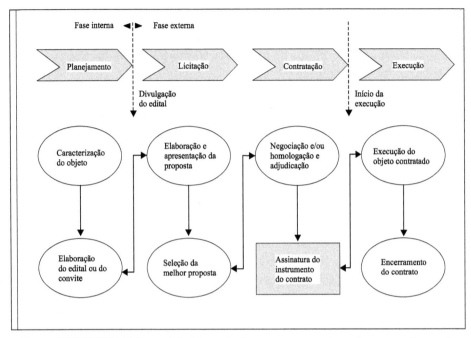

Fonte: RICARDINO, Roberto. Administração de contrato em projetos de construção pesada no Brasil: um estudo da interface com o processo de análise do risco, 2007.

Figura 2 - Sequência de contratação em obras públicas

Consoante a Lei nº 8.666, de 1993, o regime de empreitada regula as contratações de obras administrativas pela necessidade de proteção do interesse público:

> Neste regime, a condição de a Administração ser dona da obra é reforçada por uma série de prerrogativas especiais, que se justificam pela presunção de que a obra objeto do contrato é uma utilidade pública, um cometimento justificado pelo interesse público. O pressuposto é que, neste caso, a obra há de ser serviente à satisfação de necessidades coletivas as quais, se cambiantes ou de necessário aperfeiçoamento, justificarão a adequação do contrato de obra pública, indepentende da vontade ou aquiescência do construtor.[334]

---

[334] MARQUES NETO, Floriano de Azevedo. Contratos de construção pelo Poder Público, cit., p. 53.

Da mesma forma que na empreitada em obras particulares, admite-se para obras públicas como regimes de execução a tarefa, símile à empreitada de lavor e a empreitada de material, nas modalidades de preço global e preço unitário e integral[335].

O conteúdo básico dos contratos com a administração está previsto no artigo 55 da Lei nº 8.666, de 1993. Para obras públicas, a referida lei reconhece as seguintes estruturas de preço: global (artigo 10, II, "a"), preço por unidade (artigo 10, II, "b") e regime de tarefa.

Uma modalidade tipificada pela Lei nº 8.666, de 1993 (com redação alterada pela Lei nº 8.883, de 1994), e usada em grandes projetos é a chamada empreitada integral:

> Art. 6º Para os fins desta Lei, considera-se:
> VIII - Execução indireta - a que o órgão ou entidade contrata com terceiros sob qualquer dos seguintes regimes:
>
> e) empreitada integral - quando se contrata um empreendimento em sua integralidade, compreendendo todas as etapas das obras, serviços e instalações necessárias, sob inteira responsabilidade da contratada até a sua entrega ao contratante em condições de entrada em operação, atendidos os requisitos técnicos e legais para sua utilização em condições de segurança estrutural e operacional e com as características adequadas às finalidades para que foi contratada.

Observe-se que a empreitada de obra pública, diferentemente da empreitada de obra particular, é entendida como *intuitus personae*[336]. Admite-se a subcontratação apenas de serviços complementares ou de partes secundárias da obra, sendo certo que a responsabilidade perante a administração permanece atribuída integralmente à figura do contratante principal.

O preço pode, excepcionalmente, admitir revisão, se previsto no contrato ou no edital ou se ferido o equilíbrio econômico-financeiro do contrato. Tratando da empreitada a preço global, Floriano de Azevedo Marques rejeita a impossibilidade de variação do preço, asseverando que

---

[335] MARQUES NETO, Floriano de Azevedo. Contratos de construção pelo Poder Público, cit., p. 47.
[336] MEIRELLES, Hely Lopes. **Direito de construir**, cit., p. 268.

poderá ocorrer a necessidade de modificação do preço caso haja determinação de alteração de projeto pela Administração, ou caso sobrevenham fatores imprevistos, impactantes nas quantidades estimadas no projeto e que correspondem a risco não assumido pelo construtor[337].

Observe-se que o escopo da empreitada integral é necessariamente limitado, não se permitindo que dele conste a elaboração do projeto básico, nos termos do artigo 9º da Lei nº 8.666, de 1993, *in verbis*:

Art. 9º Não poderá participar, direta ou indiretamente, da licitação ou da execução de obra ou serviço e do fornecimento de bens a eles necessários:

I - o autor do projeto, básico ou executivo, pessoa física ou jurídica;

II - empresa, isoladamente ou em consórcio, responsável pela elaboração do projeto básico ou executivo ou da qual o autor do projeto seja dirigente, gerente, acionista ou detentor de mais de 5% (cinco por cento) do capital com direito a voto ou controlador, responsável técnico ou subcontratado;

III - servidor ou dirigente de órgão ou entidade contratante ou responsável pela licitação.

§ 1º É permitida a participação do autor do projeto ou da empresa a que se refere o inciso II deste artigo, na licitação de obra ou serviço, ou na execução, como consultor ou técnico, nas funções de fiscalização, supervisão ou gerenciamento, exclusivamente a serviço da Administração interessada.

§ 2º O disposto neste artigo não impede a licitação ou contratação de obra ou serviço que inclua a elaboração de projeto execu-

---

[337] MARQUES NETO, Floriano de Azevedo. Contratos de construção pelo Poder Público, cit., p. 56.

tivo como encargo do contratado ou pelo preço previamente fixado pela Administração.

§ 3º Considera-se participação indireta, para fins do disposto neste artigo, a existência de qualquer vínculo de natureza técnica, comercial, econômica, financeira ou trabalhista entre o autor do projeto, pessoa física ou jurídica, e o licitante ou responsável pelos serviços, fornecimentos e obras, incluindo-se os fornecimentos de bens e serviços a estes necessários.

§ 4º O disposto no parágrafo anterior aplica-se aos membros da comissão de licitação.

O contrato de empreitada de obras públicas, como todo contrato administrativo, possui cláusulas exorbitantes, vale dizer, aquelas que conferem prerrogativas especiais à Administração, como as de resilição unilateral e alteração para atendimento do interesse público, conforme prevê o artigo 58 da citada norma[338].

A título de exemplo, nos termos do artigo 65[339], a administração pode unilateralmente solicitar alterações ao objeto do contrato, até o limite de

---

[338] "Art. 58. O regime jurídico dos contratos administrativos instituído por esta Lei confere à Administração, em relação a eles, a prerrogativa de:
I - modificá-los, unilateralmente, para melhor adequação às finalidades de interesse público, respeitados os direitos do contratado;
II - rescindi-los, unilateralmente, nos casos especificados no inciso I do art. 79 desta Lei;".

[339] "Art. 65. Os contratos regidos por esta Lei poderão ser alterados, com as devidas justificativas, nos seguintes casos:
I - unilateralmente pela Administração:
a) quando houver modificação do projeto ou das especificações, para melhor adequação técnica aos seus objetivos;
b) quando necessária a modificação do valor contratual em decorrência de acréscimo ou diminuição quantitativa de seu objeto, nos limites permitidos por esta Lei;
II - por acordo das partes:
a) quando conveniente a substituição da garantia de execução;
b) quando necessária a modificação do regime de execução da obra ou serviço, bem como do modo de fornecimento, em face de verificação técnica da inaplicabilidade dos termos contratuais originários;
c) quando necessária a modificação da forma de pagamento, por imposição de circunstâncias supervenientes, mantido o valor inicial atualizado, vedada a antecipação do pagamento, com

ANATOMIA DOS CONTRATOS DE CONSTRUÇÃO

25% do valor atualizado do contrato, em se tratando de obras novas, ou até 50%, se se tratar de reforma. Estas hipóteses dispensam a concordância do construtor, evidenciando a superioridade da posição da administração.

Por fim, vale destacar que os contratos administrativos de construção, vez que mandatoriamente separam os encarregados da execução e da elaboração do projeto, fazem com que a administração possa atribuir a responsabilidade pela elaboração do projeto e respectivas especificações técnicas a um contratatado, e a de solidez e segurança da construção, do solo e do terreno a outro contratado, deixando-a em posição mais confortável quanto aos riscos pós-construção.

2.3.3 *Engineering, Procurement and Construction*

Uma espécie de *design-build* é o contrato de *engineering, procurement and construction*, conhecido por sua sigla EPC, tido como o mais padigmático representante dos contratos de construção de grandes obras. Na modalidade *turn key* global, eles são frequentemente utilizados nas contratações estatais e privadas brasileiras para projetos de grandes obras[340].

relação ao cronograma financeiro fixado, sem a correspondente contraprestação de fornecimento de bens ou execução de obra ou serviço;

d) para restabelecer a relação que as partes pactuaram inicialmente entre os encargos do contratado e a retribuição da administração para a justa remuneração da obra, serviço ou fornecimento, objetivando a manutenção do equilíbrio econômico-financeiro inicial do contrato, na hipótese de sobrevirem fatos imprevisíveis, ou previsíveis porém de conseqüências incalculáveis, retardadores ou impeditivos da execução do ajustado, ou, ainda, em caso de força maior, caso fortuito ou fato do príncipe, configurando álea econômica extraordinária e extracontratual.

§ 1o O contratado fica obrigado a aceitar, nas mesmas condições contratuais, os acréscimos ou supressões que se fizerem nas obras, serviços ou compras, até 25% (vinte e cinco por cento) do valor inicial atualizado do contrato, e, no caso particular de reforma de edifício ou de equipamento, até o limite de 50% (cinqüenta por cento) para os seus acréscimos.

§ 5o Quaisquer tributos ou encargos legais criados, alterados ou extintos, bem como a superveniência de disposições legais, quando ocorridas após a data da apresentação da proposta, de comprovada repercussão nos preços contratados, implicarão a revisão destes para mais ou para menos, conforme o caso.

§ 6o Em havendo alteração unilateral do contrato que aumente os encargos do contratado, a Administração deverá restabelecer, por aditamento, o equilíbrio econômico-financeiro inicial.".

[340] "Nos contratos de grandes obras, especialmente em matérias de construções eletromecânicas ou de máquinas em geral, costuma-se utilizar os contratos *turnkey*, ou seja, a entrega final

O EPC surge na indústria da construção de petróleo na década de 1980 como alternativa às contratações *prime* ou principais. Até então, era usual que o proprietário realizasse múltiplas contratações principais. Mas o resultado era uma grande dificuldade de lidar com tantos contratados, cujos interesses frequentemente se contrapunham, causando "ineficiências e estouro de custos"[341].

O EPC, ou EPIC (engineering, procurement, installation and construction), surge como meio de adicionar eficiência às contratações, com a relação contratual fixada entre proprietário e construtor[342].

O contratante do EPC costuma ser uma sociedade de propósito específico, constituída pelos investidores do projeto. O construtor contratado, que recebe a alcunha na indústria de "epcista", pode ser uma única sociedade de engenharia e arquitetura, ou um consórcio dessas sociedades com outras, inclusive com os fornecedores principais. Outro agente econômico muito importante em um EPC é o financiador. Ele acompanha de perto o progresso dos trabalhos, para liberar parceladamente o montante financiado, que será utilizado primordialmente no pagamento do preço do EPC.

O EPC usualmente tem um objeto bastante amplo, que engloba a elaboração dos projetos de engenharia e arquitetura do empreendimento, a aquisição dos materiais e equipamentos necessários, a construção de edifícios e estruturas e a montagem eletromecânica. No modelo *turnkey*, o EPC compreende também a realização de testes e o comissionamento[343].

---

e definitiva com todo o equipamento em pleno funcionamento". SILVA, Clóvis V. do Couto. Contrato de engineering, cit., p. 32. "Atualmente, tanto o Estado como a iniciativa privada licitam projetos de construção pesada, e o fazem geralmente sem desdobrá-los, contratando a totalidade de sua execução a preço global, independentemente da variação de tipos e quantidades de serviços, além de imputar à parte contratada a responsabilidade da entrega do objeto na condição de 'pronto para operar'". RICARDINO, Roberto. **Administração de contrato em projetos de construção pesada no Brasil: um estudo da interface com o processo de análise do risco**, cit., p. 5.

[341] HALMAN, J. 1. M.; BRAKS, B. F. M. **Project alliancing in the offshore industry**, cit., p. 71.
[342] HALMAN, J. 1. M.; BRAKS, B. F. M. **Project alliancing in the offshore industry**, cit., p. 71.
[343] SILVA, Clóvis V. do Couto. Contrato de engineering, cit., p. 32. Sobre a relevância dessa cláusula: "um escopo dos trabalhos bem definido, cuidadosamente detalhado e abrangente, ou uma matriz do escopo dos trabalhos (incluindo os desenhos do escopo), é provavelmente *a parte mais importante do contrato de construção*". ("[...] a well-defined, carefully detailed, and comprehensive scope of work document, or scope of work matriz (including scoping drawings), *is probably the most important part of a construction contract.*") WERREMEYER, Kit. **Understanding & negotiating construction contracts**, cit., p. 35. Grifos da autora. Tradução nossa.

ANATOMIA DOS CONTRATOS DE CONSTRUÇÃO

Muitas discussões em EPCs ocorrem justamente por divergências quanto ao escopo do contrato. Em certos contratos, o escopo costuma ser muito específico e detalhado; em outros, ele é definido em termos gerais, com apenas as características essenciais definidas, o que costuma provocar dúvidas quanto ao que foi ou não incluído no preço[344].

Os contratos de EPC modelo ou standard, como o da ICC, ou aqueles da praxe inspirados nos modelos internacionais costumam ser divididos em capítulos[345]. O capítulo inicial contém artigos gerais e preliminares e, dentre eles, uma cláusula de "definições" ou "termos definidos". Por meio dessa cláusula busca-se fixar o sentido técnico, próprio da terminologia do setor, de palavras e expressões utilizadas ao longo do contrato[346].

Um trecho relevante do programa contratual é dedicado às obrigações das partes. As partes obrigam-se a cooperar e a prestar auxílio mútuo para o adimplemento das obrigações individuais. A obrigação de boa-fé objetiva costuma ser expressa[347] e, em muitas vezes, é detalhada em um rol não exaustivo. A título de exemplo, o ICC model for turnkey contracts for major projects prevê como exercício da boa-fé:

---

[344] "O desenvolvimento do contrato de *engineering* supõe o cumprimento das obrigações assumidas pelas partes, explícitas e implícitas". SILVA, Clóvis V. do Couto. Contrato de engineering, cit., p. 32. Defendendo a redação detalhada sobre o escopo, cite-se: "[...] o escopo de um contrato de EPC deve ser redigido de forma ampla o suficiente para incluir todas as tarefas exigidas ou razoavelmente implícitas para a realização de um projeto de energia elétrica completo e inteiramente operacional que alcance os critérios de desempenho acordados". ("[...] scope of work in the EPC contract should be drafted broadly enough to include all tasks required or reasonably implied to deliver a completed and fully operational electric power Project that meets the designated performance criteria"). BROUSSARD, Buddy; MARTIN, Jay G.; STIBBS Jr., John H. The importance of engineering, procurement and construction contracts in electric power projects. **South Texas Law Review**, v. 44, 2003, p. 765. Tradução nossa.

[345] O **ICC model turnkey contract for major projects**, por exemplo, é dividido em 13 capítulos. International Chamber of Commerce. **ICC model turnkey contract for major projects**. ICC Publication No. 659 E, Paris: ICC Services, p. 1-110, 2007.

[346] "[...] deixando em evidência a tendência de privilegiar expressões derivadas da praxe mais do que do linguajar jurídico tradicional". ("[...] rilevando a riguardo la tendenza a privilegiare espressioni derivate dalla prassi più che dal linguaggio giuridico tradizionale"). CAVALLO BORGIA, Rosella. **Il contratto di engineering**, cit., p. 42. Tradução nossa.

[347] "Em todos os modelos contratuais, as obrigações típicas são enriquecidas com a aplicação do princípio da boa-fé, e o contrato de empreitada não constitui exceção a essa regra". SILVA, Clóvis V. do Couto. Contrato de engineering, cit., p. 32.

o dever de cooperar, de não induzir a erro intencionalmente e de dar andamento ao contrato para o mútuo benefício das partes, aceitando que cada uma tem o direito de alcançar seus objetivos razoáveis e exigindo delas que:

(a) partilhem informações relevantes entre si, estando sujeitas apenas às obrigações de confidencialidade;

(b) co-operem e consultem-se de modo a alcançar a finalização dos trabalhos;

(c) alertem-se das possíveis consequências e respectivos custos das propostas de ações;

(d) evitem interferência desnecessária nas atividades do outro; e

(e) respondam às questões tempestivamente, para que, se possível, não impeçam o progresso dos trabalhos.[348]

Usualmente, os contratos regulam em detalhes as obrigações do epcista e, na sequência, aquelas que cabem ao proprietário. Essa ordem, presente em vários dos modelos contratuais internacionais, constitui um *"prius lógico e substancial"*, como lembra Rosella Cavallo Borgia[349].

Dentre as obrigações do epcista figuram aquelas genéricas de projetar, adquirir, fornecer, executar e construir, comissionar, testar e finalizar os trabalhos dentro do cronograma acordado.

---

[348] "the duty to cooperate, not to intentionally mislead, and to carry out the Contract to the mutual benefit of both Parties, accepting that each is entitled to achieve its reasonable objectives, and requires the Parties to: (a) share information relevant to the other Party, subject only to obligations of confidentiality; (b) cooperate and consult in such a manner as necessary to achieve the completion of the Works; (c) warn of the potential consequences, including costs consequences, of proposed actions; (d) avoid unnecessary intereference in each other's activities; and (e) respond to enquiries in a timely manner, which, if possible, will not impede the progress of the Works." International Chamber of Commerce. **ICC model turnkey contract for major projects.** ICC Publication No. 659 E, Paris: ICC Services, 2007, p. 18, cláusula 3, capítulo 1. Tradução nossa.

[349] CAVALLO BORGIA, Rosella. **Il contratto di engineering**, cit., p. 45.

ANATOMIA DOS CONTRATOS DE CONSTRUÇÃO

De modo mais detalhado, pode competir ao epcista: (a) realizar todas as atividades da fase pré-construtiva, como estudos geológicos, geomecânicos, hidrológicos, topográficos, etc.; (b) elaborar os projetos básico e executivo, bem como todas as plantas, os projetos e as especificações necessárias, e submetê-los à aprovação do proprietário, além de obter todas as licenças, autorizações e permissões pertinentes; (c) identificar todos os insumos, materiais e equipamentos necessários à consecução do empreendimento; (d) responsabilizar-se pelas atividades de construção no local da obra; (e) supervisionar os trabalhos, o pessoal, os subcontratados e a utilização dos equipamentos e materiais da obra; (f) empregar e pagar os salários e encargos de seus empregados e contratar e remunerar seus prestadores de serviços; (g) providenciar acomodação, transporte, alimentação e assistência de saúde de seus empregados e contratados; (h) cumprir com a legislação trabalhista e previdenciária, dentre outras, com relação a horas de trabalho, saúde e segurança e, de um modo geral, realizar o projeto observando e fazendo com que seus subcontratados observem a legislação aplicável; (i) disponibilizar ao proprietário os documentos que comprovem o adimplemento das normas trabalhistas, previdenciárias e de saúde e segurança, entre outras; (j) criar e disponibilizar um sistema de garantia de qualidade dos trabalhos; (k) responsabilizar-se pela guarda e segurança do local da obra, dos materiais e dos equipamentos; (l) responsabilizar-se pela limpeza e organização do local da obra; (m) garantir o fornecimento de peças de reposição.

Cabe ainda ao epcista fornecer relatórios de progresso da obra. Esses relatórios são verificados pelo proprietário e, se este estiver de acordo, enviados ao financiador. É do interesse do financiador mitigar seu risco e proteger seu investimento; assim, este libera as parcelas para o proprietário à medida que a obra vai sendo adimplida ou que seus marcos vão sendo executados e o proprietário, por sua vez, efetua os pagamentos correspondentes.

Além de pagar o preço, na forma e no tempo ajustados, costumam constar no rol das obrigações do proprietário, ilustrativamente: (a) adquirir a propriedade ou posse do imóvel no qual será construído o empreendimento, bem como das adjacências (i.e. servidões, direitos de superfície, etc.), (b) assegurar o acesso desimpedido ao local da obra, (c) obter as licenças, permissões e autorizações que lhe competem, (d) garantir a disponibilidade, no canteiro de obras, de luz elétrica, água e esgoto e de meios de comunicação, bem como de todos os insumos e materiais necessários para a realização dos testes e do comissionamento, (e) fiscalizar e supervisionar a obra, responder prontamente aos encarregados dela e participar de reuniões com estes, e (f) demonstrar capacidade de cumprir suas obrigações pecuniárias[350].

Além de identificar as respectivas atribuições e responsabilidades comissivas, é na cláusula de obrigações que ocorre a alocação do risco para cada uma das partes[351]. Pode-se afirmar que grande parte da responsabilidade e do risco é atribuída ao epcista. Mas a complexidade das obras e os altíssimos valores envolvidos fomentaram a criação concomitante de proteção para o epcista, a fim de mitigar os riscos assumidos, por meio da transferência do risco a terceiros, via contratação de seguros ou por meio de cláusulas limitativas e exonerativas de responsabilidade e de cláusulas de garantia.

O epcista é usualmente instado a contratar e indicar o proprietário como beneficiário de apólices de seguro como o *all risks*, de responsabilidade civil, e seguros-garantia em diversas modalidades, tais como o *performance bond*, o *advanced payment bond*, o *retention payment bond* e o *maintence bond*[352].

O epcista pode ser solicitado, também, a fornecer ao proprietário uma fiança bancária, como a garantia à primeira demanda. Em adição, é cos-

---

[350] Um rol de obrigações das partes pode ser encontrado em CAVALLO BORGIA, Rosella. **Il contratto di engineering**, cit., p. 45-48, e em ALPA, Guido. I contratti di engineering, cit., p. 81-83, e ALPA, Guido. Engineering: problemi di qualificazione e di distribuzione del rischio contrattuale, cit., p. 346-349.

[351] "Uma consideração analítica das obrigações do *engineer* e do comitente, ainda que insuficiente para justificar conclusões muito amplas, parece, todavia, indicar uma tendência firme de alocar prevalentemente a uma das duas partes contratantes o risco contratual". ("La considerazione analitica dele obbligazioni di *engineer* e committente, anche se di per se stessa insuficiente a giustificare deduzioni di più ampia portata, sembra comunque indicare una decisa tendenza a collocare il rischio contrattuale prevalentemente in capo ad una delle due parti contraenti.") CAVALLO BORGIA, Rosella. **Il contratto di engineering**, cit., p. 48. Tradução nossa.

[352] Os seguros-garantia atualmente são regulados pela Circular Susep 477, de 2003, atualizada pela Circular 577, de 2018. Cabe ao epcista oferecer, em licitações de obras públicas, o *bid bond*. Quando há instituições bancárias e de desenvolvimento financiando a obra, elas costumeiramente requerem o seguro-garantia chamado de *completion bond*. Observe-se que o mercado de seguros brasileiro oferece produtos específicos para diversos setores, como o naval, o de petróleo e gás e de energia elétrica.

ANATOMIA DOS CONTRATOS DE CONSTRUÇÃO

tume que o proprietário retenha percentual de parcelas do preço, como forma de "garantia indireta" quanto ao desempenho da obra[353], garantia essa que é liberada quando da aceitação da obra ou que permanece retida até o término do prazo de garantia da obra[354].

O proprietário, por sua vez, também é solicitado a oferecer garantias. Cabe a ele, normalmente, contratar seguros como garantia de pagamento do preço, conhecida como *payment bond*. Outra solicitação comum é de que o construtor (ou as sociedades que compõem o consórcio em conjunto com as sociedades que as controlam) preste fiança[355], usualmente com renúncia ao benefício de ordem previsto no Código Civil.

São muito comuns em EPCs as cláusulas chamadas de *force majeure* e de *hardship*. As primeiras "exoneram uma das partes contratuais do cumprimento das suas obrigações quando a execução destas se tornou impossível devido a determinado evento imprevisível, extraordinário e irresistível"[356]. As segundas "estabelecem a renegociação do contrato quando a execução das obrigações contratuais se tornou excessivamente onerosa para uma das partes devido a uma alteração substancial das circunstâncias susceptível de afectar o equilíbrio global do contrato"[357]. Referidas cláusulas representam um mecanismo de adaptação do contrato às vicissitudes que o futuro reserva às partes.

Nosso ordenamento reconhece a validade das cláusulas de limitação e exoneração de responsabilidade em contratos empresariais, salvo nas hipóteses de dolo, culpa grave e violação à ordem pública[358].

---

[353] LORDI, Antonio. The italian construction contract: a contribution to the study of the european construction law. **Journal of Law and Commerce**, v. 24, 2004, p. 100.

[354] Um comparativo aprofundado sobre os seguros e as garantias bancárias utilizados em megaprojetos é dado por David J. Barru. BARRU, David J. How to guarantee contractor performance on international construction projects: comparing surety bonds with bank guarantees and standy letters of credit. **George Washington International Law Review**, v. 37, 2005, p. 61-108. Tradução nossa. De modo geral, sobre os seguros e garantias utilizados, ver também WERREMEYER, Kit. **Understanding & negotiating construction contracts**, cit., p. 63-124.

[355] GALGANO, Francesco. **Derecho Comercial - El Empresario**. Santa Fé de Bogotá: Temis, 1999. v. 1, p. 392.

[356] ENGRÁCIA ANTUNES, José A. **Direito dos contratos comerciais**. Lisboa: Almedina, 2009, p. 311.

[357] ENGRÁCIA ANTUNES, José A. **Direito dos contratos comerciais**, cit., p. 313.

[358] A respeito, ver o aprofundado trabalho de sistematização feito por FERNANDES, Wanderley. **Cláusulas de exoneração e limitação de responsabilidade**. 2011. 325 f. Tese (Dou-

CONTRATOS DE CONSTRUÇÃO DE GRANDES OBRAS

Em regra, ante a ocorrência de um evento de força maior ou caso fortuito, nem o epcista, nem o proprietário tem responsabilidade perante o outro pelo não cumprimento ou pelo cumprimento imperfeito de uma determinada atividade. Cabe às partes, de todo modo, buscar mitigar os efeitos, para a obra, de eventos de caso fortuito e força maior.

Observe-se que, como os contratos são de longo prazo e há uma carga de experiência acumulada de casos fortuitos e força maior, bem como de disputas sobre o que deveria ou não ser enquadrado em tais hipóteses, é igualmente comum que as partes fixem em detalhes o conteúdo dessa cláusula, excluindo dela expressamente algumas hipóteses ou qualificando outras, "tais como inadimplemento do fornecedor ao entregar equipamentos no prazo ou falta de disponibilidade de mão de obra qualificada"[359].

De todo modo, caso haja prejuízos não cobertos pelas apólices de seguro, em última instância é o proprietário da obra quem arca com as extensões de prazo e o aumento do preço originados por tais eventos inesperados. É usual, em contratos de EPC, a previsão de que eventos de caso fortuito e força maior que subsistam por um determinado período de tempo possam dar ensejo ao término do contrato por justa causa.

É cediço que virtualmente todo contrato de construção experimentará, no seu decurso, mudanças de seu escopo[360]. A cláusula que trata das modi-

---

torado em Direito Comercial) - Faculdade de Direito, Universidade de São Paulo, São Paulo, 2011, p. 69-109 e 155-199.

[359] "[...] failure of a supplier to deliver equipment on time or the unavailability of adequate labor". BROUSSARD, Buddy; MARTIN, Jay G.; STIBBS Jr., John H. The importance of engineering, procurement and construction contracts in electric power projects, cit., p. 778. Tradução nossa.

[360] "Apesar de meses e talvez anos de planejamento, e da melhor das intenções, todo projeto de energia elétrica sofrerá mudanças do plano original. Por exemplo, o desenvolvedor do projeto poderá decidir aumentar ou diminuir a capacidade de produção do empreendimento. A parte compradora da produção do projeto poderá solicitar alguma nova tecnologia que melhorará a eficiência do projeto. O contratado principal poderá requisitar mais tempo para realizar o projeto devido a atrasos inesperados". ("Despite months and maybe years of planning, and the best of intentions, every electric power project will have changes from the original plan. For example, the project developer may decide to increase or decrease the project's output capacity. The party purchasing the output from the project may request some new technology to enhance the project's efficiency. The general contractor may request more time to complete the project due to unforeseen delays"). BROUSSARD, Buddy; MARTIN, Jay G.; STIBBS Jr., John H. The importance of engineering, procurement and construction contracts in electric power projects, cit., p. 773. Tradução nossa.

ANATOMIA DOS CONTRATOS DE CONSTRUÇÃO

ficações é chamada de cláusula de mudança ou de ordens de mudança. Ela costuma ser longa e detalhada e prever tanto as hipóteses em que o proprietário ou os financiadores ou o epcista podem, unilateralmente, solicitar mudanças (tais como alterações do projeto, ocorrência de eventos de caso fortuito ou força maior) quanto as consequências dessas mudanças para as partes (quem será responsável pelos custos adicionais, como será feito o cálculo do aumento do prazo, etc.).

Michael T. Callahan aponta a peculiaridade de haver uma cláusula que permite a modificação unilateral do contrato:

> Esse direito unilateral a fazer alterações, tipicamente contido em cláusulas de mudança no contrato, vai contra a prática de muitos contratos comerciais nos quais a concordância expressa de todas as partes é necessária antes de este ser modificado. O processo de mudanças é uma das características únicas que faz o processo de construção tão diferente de qualquer outro empreendimento comercial.[361]

Normalmente, mesmo nas hipóteses de mudanças unilaterais permitidas, as partes negociam cada ordem de mudança e seus impactos. Mas, em casos de disputa, é comum a previsão de que, por certos motivos, o epcista dará continuidade à obra, ainda que o acordo quanto ao preço ou a extensão de prazo não tenham sido alcançados[362].

Alguns contratos de EPC têm a figura de um fiscal da obra, indicado por ambas as partes. Além da fiscalização técnica, normalmente cabe ao fiscal a aferição do cumprimento da obra como um todo ou de marcos ou fases da obra. Uma vez aferido, nascem o crédito e a correspondente obrigação de pagamento e, eventualmente, a obrigação do proprietário de receber a

---

[361] "This right to make unilateral changes, typically contained in the changes clause of the contract, runs counter to the practice in most business contracts in which express written agreement of all parties to an amendment is required before there can be any change in the contract. The changes process is one of the unique characteristics that make the construction process so different from any other business endeavor". CALLAHAN, Michael T. **Construction change order claims**. 2. ed. New York: Aspen, 2005, p. 3. Tradução nossa.

[362] BROUSSARD, Buddy; MARTIN, Jay G.; STIBBS Jr., John H. The importance of engineering, procurement and construction contracts in electric power projects, cit., p. 774. Tradução nossa.

etapa cumprida, se assim for acordado[363]. Em outras circunstâncias, dá-se ao fiscal o poder de resolver disputas entre as partes; o fiscal funcionaria como uma instância interna de solução de controvérsias, dada a sua especialidade técnica.

Tal qual na empreitada, no EPC a obrigação central do proprietário é receber a obra, se esta foi finalizada consoante o acordado. A aceitação é um marco importante, que indica "o início do prazo de garantia, seja pelas obras de engenharia civil, seja pelos equipamentos fornecidos; e a transferência dos riscos ao dono da obra"[364].

Uma das fontes de disputa entre as partes refere-se ao adimplemento substancial da obra, pois ele gera obrigações de pagamento e de aceitação[365].

---

[363] "Na maioria dos contratos, o recebimento da obra é precedido de uma declaração do fiscal da obra, para isso competente, de que a mesma se encontra totalmente acabada e que foram obedecidas as exigências contratuais relativas aos aspectos técnicos. Nesse ponto, pode ele determinar alterações no que foi feito, impedindo que a obra seja aceita". SILVA, Clóvis V. do Couto. Contrato de engineering, cit., p. 33.

[364] SILVA, Clóvis V. do Couto. Contrato de engineering, cit., p. 34.

[365] Na legislação de Nova Iorque deve-se aceitar a obra em caso de adimplemento substancial: "O adimplemento substancial não é a realização completa, mas, antes, é o adimplemento do contrato, salvo por desvios pequenos e relativamente não importantes, com a devida compensação" ("Substantial performance is not full performance, but, rather, is compliance with the contract except for minor and relatively unimportant deviations, with compensation therefor"). FLEMING, Thomas M.; MASON, Maryrose (Eds.). **New York Jurisprudence 2d**. New York: Thomson-West, 2008, v. 22, § 364, p. 460. Tradução nossa. Mais detalhadamente: "Com relação a contratos de construção, a expressão 'adimplemento substancial' é, talvez necessariamente, um pouco indefinida, salvo no que tange ao construtor ter, de boa-fé, tentado adimplir com o contrato e tê-lo feito substancialmente, no sentido de que os defeitos não sejam pervasivos, não constituam um desvio do plano geral previsto para o trabalho e não sejam tão essenciais a ponto de o objeto das partes ao celebrar o contrato e seus propósitos não poderem, sem dificuldade, ser alcançados ao remediá-los. Se os defeitos da construção forem substanciais, segue-se que não há adimplemento substancial do contrato". ("With respect to building or construction contracts, the term 'substantial performance' is, perhaps necessarily, somewhat indefinite, otherwise than that the builder must have, in good faith, intened to comply with the contract, and should substantially have done so in the sense that the defects are not pervasive, do not constitute a deviation from the general plan contemplated for the work, and are not so essential that the object of the parties in making the contract and its purposes could not, without difficulty, be accomplished by remedying them. If the defects in the construction are substantial, it follows that there is no substantial performance of the contract"). FLEMING, Thomas M.; MASON, Maryrose (Eds.). **New York Jurisprudence 2d**, cit., § 365, p. 462. Tradução nossa. Clóvis V. do Couto e Silva lembra que o adimplemento substancial é uma decorrência do princípio da boa-fé, mas que "cabe ao dono da obra o direito

ANATOMIA DOS CONTRATOS DE CONSTRUÇÃO

Para registrar a finalização de partes centrais da obra, são emitidos certificados de conclusão parciais ou totais, conforme o caso. As conclusões costumam ser divididas em conclusão mecânica – vale dizer, "a planta industrial está finalizada e pronta para ser testada"[366] –, e conclusão final, que ocorre após a realização, com sucesso, dos testes de desempenho.

O processo de emissão dos certificados de conclusão costuma vir detalhado no corpo dos contratos, e usualmente é precedido de uma série de testes[367]. Feitos os testes, que são acompanhados pelas partes e seus representantes, se há sucesso e observância plena do previsto no contrato, ocorre a emissão do certificado pertinente, que não pode ser injustamente recusada pelo proprietário.

Como o Código Civil exige a permissão da outra parte para a cessão, é comum que as partes contratem, desde logo, a possibilidade da cessão de direitos. Normalmente, os financiadores recebem, em caráter fiduciário, os direitos do proprietário da obra. O propósito é permitir aos financiadores que exerçam, se necessário, o direito de *step-in*, ou seja, de assumir a posição do proprietário e demandar diretamente o construtor, de "ingressar no projeto ou no controle operacional deste"[368].

Nos EPCs, usualmente há restrições a fornecedores e a subcontratações, tais como a necessidade de pré-aprovação pelo proprietário[369]. Ainda, é

---

a ser indenizado, em razão de o contrato não ter sido cumprido em sua totalidade". SILVA, Clóvis V. do Couto. Contrato de engineering, p. 36.

[366] "[...] the plant has been completed and is ready for testing". BROUSSARD, Buddy; MARTIN, Jay G.; STIBBS Jr., John H. The importance of engineering, procurement and construction contracts in electric power projects, cit., p. 778. Tradução nossa.

[367] "Não é possível descrever todas as espécies de verificações a que se deverão submeter, pois dependem do tipo de equipamento. Se se tratar de testes com máquinas que transportam cargas, é costume fazê-los com o equipamento funcionando 'em vazio' ou 'carregado'. A sua duração dependerá das regras técnicas específicas, ou do que for determinado no contrato. No silêncio do contrato, o período de testes dependerá do tempo necessário para que se verifique se o funcionamento é normal". SILVA, Clóvis V. do Couto. Contrato de engineering, cit., p. 34. Há muitas modalidades de testes, mas é comum que haja o de desempenho mínimo e o de desempenho garantido, sendo que o último depende de aferições feitas ao longo de dias ou meses. BROUSSARD, Buddy; MARTIN, Jay G.; STIBBS Jr., John H. The importance of engineering, procurement and construction contracts in electric power projects, cit., p. 778.

[368] PINTO, José Emilio Nunes. O contrato de EPC para construção de grandes obras de engenharia e o novo Código Civil, cit., p. 1.

[369] BROUSSARD, Buddy; MARTIN, Jay G.; STIBBS Jr., John H. The importance of engineering, procurement and construction contracts in electric power projects, cit., p. 772.

de praxe nos contratos de EPC a obrigação do construtor de fazer constar, em suas contratações de fornecimento e subcontratações (ao menos nas principais), a possibilidade de o contrato ser cedido ou assumido pelo proprietário. O intuito é evitar atrasos no decorrer dos trabalhos. Assim, caso o construtor não admistre adequadamente tais contratos ou não cumpra com suas obrigações, "o proprietário se reserva o direito de pagar e administrar" diretamente os fornecedores e subcontratados principais[370].

As vicissitudes que podem ocorrer a uma obra são inúmeras. Daí a relevância, reconhecida na praxe contratual, de cláusulas que atribuam ao proprietário a possibilidade de suspender o contrato e, se for o caso, resili-lo unilateralmente[371]. Em caso de suspensão, costuma-se prever o reembolso de custos dos epcistas com a desmobilização e a remobilização, bem como eventualmente um ajuste de preço e de cronograma. Na hipótese de término do contrato, além da remuneração pelos trabalhos realizados, é comum o reembolso de custos por desmobilização[372] e, em alguns casos, o pagamento de multa.

No rol das hipóteses de término de EPCs, além daquelas de praxe em contratos comerciais, é costume haver menção a situações específicas do proprietário ou do financiador, tais como alienação de controle direto ou indireto, recuperação ou falência.

As penalidades são objeto de intensa negociação. Em caso de atraso, de inadimplemento quanto ao desempenho ou de não conformidade, cabe, em regra, a aplicação de cláusulas penais moratórias ou compensatórias. Essas cláusulas são de grande relevância para as partes e também para o financiador:

---

[370] LORDI, Antonio. The italian construction contract: a contribution to the study of the european construction law, cit., p. 101.

[371] "Planos de negócios mudam. As condições do mercado mudam. O desenvolvedor do projeto muito provavelmente irá insistir em ter direito a suspender ou cancelar o projeto como reação a mudanças inesperadas". ("Business plans change. Market conditions change. The project developer will almost always insist on having the right to suspend or cancel the project in order to react to any unexpected changes.") BROUSSARD, Buddy; MARTIN, Jay G.; STIBBS Jr., John H. The importance of engineering, procurement and construction contracts in electric power projects, cit., p. 776. Tradução nossa.

[372] BROUSSARD, Buddy; MARTIN, Jay G.; STIBBS Jr., John H. The importance of engineering, procurement and construction contracts in electric power projects, cit., p. 777.

[...] os financiadores do projeto estão contando com a entrega do projeto, pelo contratado principal em certo período e a taxas previsíveis de eficiência e produção. Caso o contrato não alcance tais condições, o desenvolvedor terá dificuldade de alcançar as projeções econômicas que ele forneceu aos financiadores para induzi-los a financiar o projeto.[373]

Usualmente, há previsão de limites para as cláusulas penais, negociadas particularizadamente a cada contrato, consoante os riscos aceitáveis pelas partes. Como contrapeso às multas, os EPCs costumam conter cláusulas dispondo sobre o pagamento de bônus como incentivos para a finalização do projeto antes do prazo ou para a obtenção de desempenho (ou outras características) superiores ao acordado[374].

Outra cláusula recorrente em EPCs é a garantia contratual por vícios e defeitos. Elas usualmente cobrem todo o rol de serviços e fornecimentos prestados pelo epcista, além de solidez e segurança da construção. A cobertura perdura pelo prazo acordado entre as partes, sendo normal também a pactuação de novo prazo, iniciado após reparos ou consertos havidos durante o prazo original da garantia[375].

Em muitos EPCs, o epcista busca simplesmente transferir as garantias recebidas de terceiros para o proprietário, ao invés de incluí-las na garantia contratual[376]. Isso ocorre, por exemplo, com relação aos equipamentos

---

[373] "[...] the project lenders because they are counting on the general contractor to deliver the project at a certain time and with predictable rates of efficiency and output. If the general contractor fails to meet these conditions, the developer may have difficulty meeting the economic projections that it gave the lenders to induce them to finance the project". BROUSSARD, Buddy; MARTIN, Jay G.; STIBBS Jr., John H. The importance of engineering, procurement and construction contracts in electric power projects, cit., p. 776. Tradução nossa.

[374] BROUSSARD, Buddy; MARTIN, Jay G.; STIBBS Jr., John H. The importance of engineering, procurement and construction contracts in electric power projects, cit., p. 777.

[375] O prazo de garantia usual para projetos de energia elétrica nos Estados Unidos da América é de um ano, mais um ano para reparos, consoante BROUSSARD, Buddy; MARTIN, Jay G.; STIBBS Jr., John H. The importance of engineering, procurement and construction contracts in electric power projects, cit., p. 781. No Brasil, esse prazo varia bastante, conforme a indústria. Clóvis V. do Couto e Silva aponta que, na época (em 1992), o prazo comumente acordado em grandes obras, quando havia fornecimento incluído, era de dois anos. SILVA, Clóvis V. do Couto. Contrato de engineering, cit., p. 37.

[376] PINTO, José Emilio Nunes. O contrato de EPC para construção de grandes obras de engenharia e o novo Código Civil, cit., p. 7.

e máquinas adquiridos de fornecedores. O proprietário, de sua parte, costuma resistir, pois, além da garantia legal oriunda da relação de consumo (da aquisição dos equipamentos e máquinas), quer ele que a garantia contratual dada a ele pelo epcista sirva de incentivo a que o epcista escolha bem os fornecedores e opte por produtos de elevada qualidade. De todo modo, não é incomum que haja a convivência de garantias legais dos produtos e serviços adquiridos pelo ecpista (que se torna solidário na cadeia de fornecimento, nos termos do Código do Consumidor), com a garantia contratual dada pelo epcista.

Nos EPCs celebrados no país, a solução de controvérsias, em regra, é feita pela arbitragem, consoante a Lei nº 9.307, de 1996. Muitos EPCs, todavia, preveem soluções escalonadas: por meio da tentativa de solução por um engenheiro independente para questões puramente técnicas,pela mediação, e/ou por uma das espécies de dispute boards e, finalmente, pela arbitragem.

2.3.4 *Parceria de Projeto ou Project Partnering*

Obras costumam ser sinônimo de atraso e de custos adicionais ao planejado. Outros sinônimos são problemas de qualidade, litígios desgastantes e, em geral, ineficiências.

Essa imagem, pouco positiva, simplisticamente reduzia e atribuía à indústria da construção problemas cuja origem e responsabilidade muitas vezes não lhe cabiam, ou não lhe cabiam de forma isolada[377]. A título de exemplo, o desenho de certas estruturas de remuneração nem sempre é capaz de promover os incentivos adequados, e isso pode fomentar disputas. Ainda, a premissa de que a assimetria informacional favorece o construtor, além de ser de verossimilhança duvidosa, é provavelmente incorreta[378].

---

[377] Em diversos países, discutia-se como causas a fragmentação da indústria, com um número muito grande de atores, a separação entre as atividades de projeto e de construção, a estrutura contratual adversarial, as licitações pelo critério de menor preço, dentre outros. Ver a respeito da indústria do Reino Unido, NAOUM, Shamil. An overview into the concept of partnering. **International Journal of Project Management**, v. 21, 2003, p. 7i.e. seq, e da França, CRESPIN-MAZET, Florence; PORTIER, Philippe. The reluctance of construction purchasers towards project partnering. **Journal of Purchasing & Supply Management**, v. 16, 2010, p. 230 et seq.

[378] "[...] ao falar com participantes da indústria, nós encontramos poucas provas de que o contratado ou o contratante tem informações privilegiadas no lançamento de um projeto de *procurement*. Ambos, todavia, partilham uma grande incerteza sobre muitas mudanças de

ANATOMIA DOS CONTRATOS DE CONSTRUÇÃO

Com o intuito de ganhar eficiência, melhorar a produtividade, mitigar conflitos e aprimorar a qualidade do relacionamento entre todos os envolvidos em uma obra, foi desenvolvido, na década de 1980, nos Estados Unidos, no Japão e na Austrália, um novo desenho de contrato para a indústria de construção, baseado em alianças estratégicas da cadeia de fornecimento: a parceria de projeto[379].

A parceria de projeto tem por princípios:

> objetivos mútuos, integração desde o início de atores que podem adicionar valor ao estágio dos projetos, uso de técnicas de administração de projetos com definições claras de papéis e responsabilidades, princípios de construção de equipes baseados na confiança e desenvolvimento de fluxos de comunicação bem estruturados mas abertos e informais.[380]

projeto relevantes que ocorrem *após* o contrato ter sido assinado e a produção iniciada, como falhas de projeto, condições do local e ambientais não previstas, e mudanças nas exigências regulatórias." ("[...] speaking with industry participants, we have found little evidence that either the contractor or the buyer has private information at the onset of a procurement project. They both, however, share uncertainty about many important design changes that occur *after* the contract is signed and production begins, such as design failures, unanticipated site and environmental conditions, and changes in the regulatory requirements"). BAJARI, Patrick; TADELIS, Steven. Incentives versus transaction costs: a theory of procurement contracts, cit., p. 388. Grifos dos autores. Tradução nossa.

[379] "Ele evoluiu da falha dos métodos tradicionais de aquisição de satisfazer os critérios dos clientes e de alcançar os objetivos dos projetos devido aos sempre crescentes tamanho e complexidade dos projetos". ("It evolved out of the failure of the traditional procurement methods to meet client criteria and to achieve project objectives due to ever increasing project size and complexity.") NAOUM, Shamil. An overview into the concept of partnering, cit., p. 71. Tradução nossa.

[380] "[...] mutual objectives, the early integration of key project actors that can add value in the design stage, the use of project management techniques with clear definitions of roles and responsibilities, team building principles based on trust and the development of well structured but open and informal communication flows". CRESPIN-MAZET, Florence; PORTIER, Philippe. The reluctance of construction purchasers towards project partnering, cit., p. 231. Tradução nossa.

CONTRATOS DE CONSTRUÇÃO DE GRANDES OBRAS

Este modelo de contratação busca promover uma mudança cultural ao "distanciar-se do apoio em modos adversariais de trabalho e voltar-se para o desenvolvimento de relacionamentos baseados na cooperação"[381].

A cooperação deve ser entendida, como proposto por Jacques Ghestin, como um ponto intermédio entre o altruísmo e a maximização de utilidade derivada do autointeresse:

> A cooperação não se limita a honrar a própria parte da barganha, ou a permitir que a outra parte faça o mesmo (ou obter os benefícios do contrato) nem significa simplesmente acomodar cada demanda feita pela outra parte. A cooperação fica entre a busca sem limites do auto interesse e a subordinação não qualificada de tal interesse.[382]

Pretende-se, pela parceria, transformar a qualidade das relações, incentivando "o uso de relacionamentos colaborativos, mais abertos, menos gerenciais e menos hierarquizados entre os atores dos projetos"[383].

A parceria de projetos vem definida como

> um conceito que prevê uma moldura para o estabelecimento de objetivos mútuos para o time de construção, com o propósito de alcançar um procedimento acordado de resolução de controvérsias e de encorajar o princípio do contínuo aprimoramento. Essa moldura fomenta a confiança, a cooperação e o trabalho em equipe em

---

[381] "away from a reliance upon adversarial ways of working and towards the development of relationships based upon co-operation". BRESNEN, Mike; MARSHALL, Nick. The engineering or evolution of co-operation? A tale of two partnering projects. **International Journal of Project Management**, v. 20, 2002, p. 497. Tradução nossa.

[382] "Cooperation is not limited to honoring one's own part of the bargain, or enabling the other party to do likewise (or obtaining the benefits of the contract), nor does it imply accomodating every demand made by the other party. Cooperation falls between the unconstrained pursuit of self-interest and the unqualified subordination of said interest". GHESTIN, Jacques. The contract as economic trade. In: BROUSSEAU, Eric; GLACHANT, Jean-Michel (Eds.) **The economics of contracts – theories and applications**. Cambridge: Cambridge University, 2002, p. 110. Tradução nossa.

[383] "use of collaborative, more open, less managerial and less hierarchical relationships between actors in projects". CRESPIN-MAZET, Florence; PORTIER, Philippe. The reluctance of construction purchasers towards project partnering, cit., p. 231.

ANATOMIA DOS CONTRATOS DE CONSTRUÇÃO

um processo fragmentado que permite a combinação dos esforços dos participantes da indústria para focar nos objetivos do projeto[384].

Há uma variedade de definições de parcerias de projetos. Em regra, elas acentuam aspectos da cultura organizacional dos participantes do projeto[385]. Tamanha é a preponderância das práticas de administração e gerenciamento que alguns afirmam que "não é um contrato jurídico, mas sim relacional/esquema da prática de administração"[386].

Em oposição aos contratos relacionais, que se caracterizam pelos compromissos de longo prazo em transações constantes e repetidas, em parcerias de projeto o foco refere-se usualmente a um único empreendimento, de prazo de duração restrito[387]. Megaprojetos, especialmente aqueles do

---

[384] "is a concept which provides a framework for the establishment of mutual objectives among the building team with an attempt to reach an agreed dispute resolution procedure as well as encouraging the principle of continuous improvement. This framework enthuses trust, co-operation and teamwork into a fragmented process which enables the combined effort of the participants of the industry to focus upon project objectives". NAOUM, Shamil. An overview into the concept of partnering, cit., p. 71.

[385] Por exemplo, na definição de Ronco e Ronco, citada por Crespin-Mazet e Portier: "um processo formal voltado ao aprimoramento da comunicação e à criação de uma cultura de trabalho em equipe, cooperação e desempenho de boa-fé entre as pessoas e as organizações que trabalham em um projeto". ("a formal process designed to improve communication and build a culture of teamwork, cooperation and good faith performance among the people and organisations working on a project"). CRESPIN-MAZET, Florence; PORTIER, Philippe. The reluctance of construction purchasers towards project partnering, cit., p. 231. Tradução nossa. Ainda, "implementar a parceria é essencialmente um problema técnico-administrativo e envolver a aplicação das ferramentas e técnicas apropriadas para trazer mudanças nas motivações, atitudes e expectativas". ("implementing partnering is essentially a tecnhical-managerial problem, involving the application of appropriate tools and techniques to bring about changes in motivations, attitudes and expectations"). BRESNEN, Mike; MARSHALL, Nick. The engineering or evolution of co-operation? A tale of two partnering projects, cit., p. 498. Tradução nossa.

[386] CRESPIN-MAZET, Florence; PORTIER, Philippe. The reluctance of construction purchasers towards project partnering, cit., p. 231.

[387] "Nessa indústria baseada em projetos, as relações temporárias entre as organizações são estabelecidas com um propósito claro: a realização de um projeto por um período bem definido de tempo". ("In this project-based industry, temporary relationships between organizations are established for a clear purpose: the realization of a project within a well-defined period of time"). LAAN, Albertus et al. Building trust in construction partnering projects. **Journal of Purchasing and Supply Management**, v. 17, 2011, p. 98. Tradução nossa.

setor privado, têm por característica a descontinuidade e a baixa frequência de transações entre as partes[388].

A parceria de projetos parte do pressuposto de que a cooperação exigida para o alcance dos objetivos mútuos pode ser "'engenheirada' no curto prazo e sistematicamente construída no longo prazo"[389].

Para tanto, é necessário combinar a atuação de diversos elementos, formais e informais. O sucesso da parceria depende do apoio da alta administração, da vontade real de dar seguimento à parceria mesmo em momentos difíceis, da seleção rigorosa do parceiro e dos incentivos financeiros apropriados, somados a

> Mecanismos de integração formais, como estatutos, procedimentos de solução de controvérsias, workshops de construção de equipes e uso de facilitadores, são vistos como centrais na inculcação de normas e valores colaborativos. Complementando esses mecanismos está o conjunto de práticas de aprimoramento de desempenho, como sistemas de incentivos, programas contínuos de aprimoramento e benchmarking, todos eles com o propósito de apurar os ganhos da colaboração e o reforço de comportamentos cooperativos[390].

---

[388] "Projetos de grandes obras são singulares, de finalidade exclusiva, e usualmente são produtos únicos de grande interação entre os patrocinadores e os contratados." ("LEPs are unique, dedicated, and usually one-off products with intensive interactions between sponsors and contractors.") MILLER, Roger; LESSARD, Donald R.. Introduction. In: _____. (Orgs.). **The strategic management of large engineering projects - shaping institutions, risks and governance.** Hong Kong: MIT, 2000, p. 7. Tradução nossa.

[389] "[...] 'engineered' in the short term and systematically constructed in the long term". BRESNEN, Mike; MARSHALL, Nick. The engineering or evolution of co-operation? A tale of two partnering projects, cit., p. 498. Tradução nossa.

[390] "Formal integrative mechanisms, such as charters, dispute resolution procedures, team-building workshops and the use of facilitators are thus seen as central to the inculcation of collaborative norms and values. Complementing these mechanisms are a raft of performance improvement practices, such as incentive systems, continuous improvement programmes and benchmarking, all of which are intended to realise the gains from collaboration and reinforce co-operative behavior". BRESNEN, Mike; MARSHALL, Nick. The engineering or evolution of co-operation? A tale of two partnering projects, cit., p. 498. Tradução nossa. Outros mecanismos informais reconhecidos são "estilos de organização e administração adotados e dinâmicas da equipe de projetos", cit., p. 498. Logicamente, muitos dos elementos citados são importantes qualquer que seja o tipo de contrato preferido.

ANATOMIA DOS CONTRATOS DE CONSTRUÇÃO

As parcerias de projeto de sucesso incluíram o dono da obra, o construtor ou os construtores principais, o responsável pelos projetos, os consultores das partes, e os fornecedores principais[391]. Com os incentivos adequados[392], entende-se que todos os envolvidos podem ganhar, no tradicional modelo *win-win*.

Os benefícios da parceria consistem, no mínimo, em economia de tempo e de custos, mas podem-se somar outros "mais subjetivos, como satisfação do cliente e economia feita ou situações de disputas evitadas"[393] ou tomada de decisão mais informada pelos participantes[394]. Naoum nos dá notícia de dois projetos de sucesso:

> O Corpo de Engenheiros do Exército Norte-Americano concluiu que usar a "parceria" tanto em contratos grandes quanto em pequenos resultou em redução de 100% de sobrecustos, eliminação virtual de atraso de entrega, 75% menos papelada, melhora significativa na segurança do local da obra e moral elevado.

> Um resultado similar foi vivenciado na extensão do Hospital Nepean (£12 milhões) na parte oeste de Sydney, Austrália, onde o projeto foi completado mais cedo e abaixo do orçamento pelo conceito de parceria. Não houve tempo perdido em disputas industriais,

---

[391] NAOUM, Shamil. An overview into the concept of partnering, cit., p. 75.

[392] Os incentivos são entendidos como meios de alinhamento de interesses: "Existem numerosos tipos de incentivo para motivar desempenho e economia de tempo e de dinheiro, todos com vantagens e desvantagens. Todavia, a verdadeira técnica consiste em combinar os incentivos para refletir adequadamente tanto os objetivos do cliente quanto a distribuição de lucro para o construtor, de maneira tal que este busque alcançar os objetivos do cliente de forma balanceada". ("Numerous types of incentive exist for motivating time, cost and performance, all of which have their advantages and disadvantages. However, the real skill lies in combining these incentives to properly reflect both the clients' objectives for the project and the distribution of profit for the contractor, in such a manner that he pursues the client's objectives in a balanced way"). NAOUM, Shamil. An overview into the concept of partnering, cit., p. 75. Tradução nossa.

[393] "[...] more subjective criteria such as client satisfaction and judgements of savings made or claim situations avoided". BRESNEN, Mike; MARSHALL, Nick. The engineering or evolution of co-operation? A tale of two partnering projects, cit., p. 502. Tradução nossa.

[394] CRESPIN-MAZET, Florence; PORTIER, Philippe. The reluctance of construction purchasers towards project partnering, cit., p. 231.

e o registro de segurança do local da obra foi muito acima a média da indústria. [395]

Em alguns países, como o Reino Unido, a parceria de projetos é bem aceita e é implementada até mesmo em obras públicas[396]. Em outros, como a França, há ainda grande resistência a parcerias[397].

Chama a atenção, no exame de literatura sobre parceria de projeto, o papel quase secundário do programa contratual. A rigidez das regras contratuais é considerada um dos fatores que contribui para a cultura adversarial:

> Com efeito, muitos sistemas de contratação são adversariais por desenho e ainda se apoiam muito mais em procedimentos contratuais explícitos do que em métodos mutuamente acordados para se alcançar objetivos financeiramente sólidos para todos do time.[398]

De todo modo, há um reconhecimento da dificuldade da criação de um ambiente de confiança e cooperação e de que as disputas serão uma constante[399], dada a "natureza adversarial das partes, até que a cultura de

---

[395] "The USA Army Corps of Engineers found that using 'partnering' on both large and small contracts results in an 80–100% reduction in cost overruns, virtual elimination of time overruns, 75% less paperwork, significant improvements in site safety and better morale. A similar outcome was experience with the Nepean's (£12 million) Hospital extension in western Sydney, Australia, where the project was completed early and below budget under the partnering concept. There was no time lost through industrial disputes and the site's safety record was well above the industry average"). NAOUM, Shamil. An overview into the concept of partnering, cit., p. 75. Tradução nossa. Outros casos, bem como os problemas enfrentados durante a relação podem ser encontrados em BRESNEN, Mike; MARSHALL, Nick. The engineering or evolution of co-operation? A tale of two partnering projects, cit., p. 499-502.

[396] NAOUM, Shamil. An overview into the concept of partnering, cit., p. 71.

[397] CRESPIN-MAZET, Florence; PORTIER, Philippe. The reluctance of construction purchasers towards project partnering, cit., p. 231.

[398] "Indeed most procurement systems are adversarial by design and still rely much on contractually explicit procedures rather than on mutually agreed methods to achieve financially sound objectives for all the team". NAOUM, Shamil. An overview into the concept of partnering, cit., p. 73. Tradução nossa.

[399] "Na execução de contratos de construção pesada, é frequente a ocorrência de acontecimentos geradores de disputa, a despeito da vontade das partes e do intuito da proposta". RICARDINO, Roberto. **Administração de contrato em projetos de construção pesada no Brasil um estudo da interface com o processo de análise do risco**, cit., p. 4.

confiança mútua e repartição de ganhos seja estabelecida"[400]. Por isso, em parcerias de projeto ganha relevância o estabelecimento de um sistema de resolução de controvérsias pré-acordado e rápido.

É digna de nota a existência de uma parceria de projeto entre o Rover Group e a SDC Builders aliance, que gerou mais de £80 milhões em obras e que perdurou por mais de uma década sem um contrato por escrito entre as partes. O excepcional caso do Rover Group, todavia, não é a regra.

Os modelos contratuais de parcerias de projeto podem ser simples memorandos, não vinculantes juridicamente. Podem ser arranjos contratuais com remunerações nos modelos *cost-plus* e incluir adicional com metas, nas quais valores acima ou abaixo das metas são partilhados conforme acordado. Podem, ainda, ser no modelo *at-risk*, com a remuneração do consultor ligada a métricas de sucesso do projeto[401].

2.3.5 Aliança de Projeto ou Project Alliancing

A aliança de projeto aproxima-se das chamadas alianças estratégicas, conhecidas na literatura econômica como um híbrido entre mercado e hierarquias[402, 403].

---

[400] "adversarial nature of the partners until a culture of mutual trust and shared gains, is established". NAOUM, Shamil. An overview into the concept of partnering, cit., p. 74. Tradução nossa.

[401] NAOUM, Shamil. An overview into the concept of partnering, cit., p. 74.

[402] As alianças estratégicas ou, indistintamente, alianças, são arranjos cooperativos entre sociedades os quais têm o propósito de alcançar objetivos estratégicos. Elas podem assumir diversas formas: joint ventures, franquias, *outsorcing* e pesquisa e desenvolvimento conjunto. LANGFIELD-SMITH, Kim. The relations between transactional characteristics, trust and risk in the start-up phase of a collaborative alliance. **Management Accounting Research**, v. 19, 2008, p. 344.

[403] Paula A. Forgioni registra que a atuação das empresas se dá, atualmente, via colaboração, via formas híbridas, que se caracterizam pela manutenção da autonomia patrimonial das partes, de "áleas *distintas, embora interdependentes*" e de prazo de duração indeterminado ou longo. FORGIONI, Paula A. **A evolução do direito comercial brasileiro: da mercancia ao mercado**. São Paulo: RT, 2009, p. 165-166. Grifos da autora. A forma híbrida "sacrifica incentivos em favor de uma cooperação maior entre as partes", quando comparada ao mercado e, quando comparada às hierarquias, "sacrifica a cooperatividade em favor de maior intensidade de incentivos". GRASSI, Robson A. Williamson e "formas híbridas": uma proposta de redefinição do debate. **Economia e sociedade**, v. 12, n. 1, 2003, p. 46.

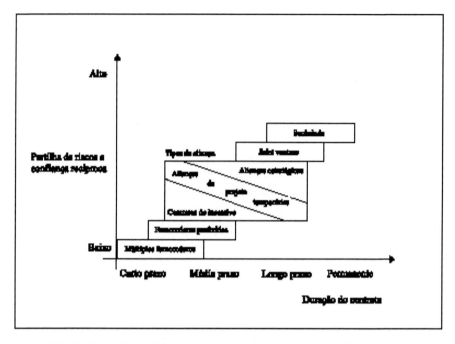

Fonte: HALMAN, J. 1. M.; BRAKS, B. F. M. Project alliancing in the offshore industry, *apud* Shell contracting and procurement, 1999.

Figura 3 Alternativas de contratação considerando a duração do contrato, riscos e confiança

O primeiro caso de utilização de aliança de projeto de que se tem notícia é de 1990. A sociedade British Petroleum (BP) criou esse modelo ao buscar uma alternativa ao desafio comercial que enfretava na exploração das reservas de petróleo do Mar do Norte. Em comparação com outras potenciais oportunidades de negócios que surgiam em diversos países, essas reservas estavam se tornando pouco interessantes, pois, além de pequenas, sua exploração era altamente custosa[404].

O primeiro caminho tentado pela BP foi desenvolver novas tecnologias de exploração, mas a redução de custos revelou-se insuficiente. A segunda alternativa consistia em "distanciar-se de suas estratégias tradicionais de negócios (i.e. leilões competitivos e contratos tradicionais de alocação de

---

[404] SAKAL, Matthew W. Project alliancing: a relational contracting mechanism for dynamics projects. **Lean Construction Journal**, v. 2, n. 1, 2005, p. 68.

ANATOMIA DOS CONTRATOS DE CONSTRUÇÃO

risco), que geralmente resultavam em falta de confiança e conflitos entre as partes contratantes"[405].

A BP selecionou um campo problemático, chamado Andrew, como seu projeto piloto, e começou a elaborar um caminho que "alinhasse os interesses comerciais de cada um dos participantes do projeto com o resultado efetivo do projeto"[406]. A ideia era provocar uma mudança nos comportamentos de todos, que fomentasse um ambiente de trabalho em equipe e confiança, e se afastasse da "prática tradicional dos contratados de fazer decisões subótimas no projeto de modo a otimizar ou proteger seu lucro"[407].

Com base nas tecnologias disponíveis, o projeto do campo Andrew tinha sido orçado inicialmente em £450 milhões. Para demonstrar sua seriedade e seu compromisso com a nova forma de relacionamento, a BP indicou nos documentos do edital a meta de custos do projeto em £270 milhões. Após o processo de seleção do contratado e de seis meses de revisão conjunta dos documentos, a BP e os membros da equipe de integrantes do projeto revisaram a meta para £373 milhões. Três meses após o início dos trabalhos, com o crescimento da confiança e do trabalho em equipe, a meta foi novamente revista para £320 milhões, e a previsão do prazo de realização foi reduzido em três meses. Ao final, com seis meses de antecedência do planejado, o projeto foi finalizado, ao custo final aproximado de £290 milhões[408]. Desde então, a aliança de projetos tem sido o método preferido pela BP e foi adotada com sucesso em outros países, com destaque para a Austrália, que o utiliza até mesmo em contratações governamentais[409].

---

[405] "[...] departure from its standard business strategies (i.e. competitive bidding and traditional risk allocation contracts) that generally resulted in mistrust and conflict between the contracting parties". SAKAL, Matthew W. Project alliancing: a relational contracting mechanism for dynamics projects, cit., p. 69. Tradução nossa.

[406] "[...] align each project's participants commercial interests to the actual project outcome". SAKAL, Matthew W. Project alliancing: a relational contracting mechanism for dynamics projects, cit., p. 69. Tradução nossa.

[407] "[...] traditional practice of contractors making suboptimal project decisions in order to optimze or protect their profit". SAKAL, Matthew W. Project alliancing: a relational contracting mechanism for dynamics projects, cit., p. 69. Tradução nossa.

[408] SAKAL, Matthew W. Project alliancing: a relational contracting mechanism for dynamics projects, cit., p. 69-77.

[409] Jim Ross registra que a utilização da aliança se disseminou por várias indústrias australianas, inclusive de mineração, exploração de petróleo e infraestrutura. ROSS, Jim. **Introduction to project alliancing**. Presentation to Institution of Engineers, p. 4. 17 Aug.

CONTRATOS DE CONSTRUÇÃO DE GRANDES OBRAS

Existem muitas definições para aliança de projeto na indústria de construção. Para alguns, a pluralidade de definições explica-se pelo processo de amadurecimento, ainda em curso[410], deste modelo de contratação.

Kwok e Hampson tratam-na como "um arranjo cooperativo entre duas ou mais organizações que forma parte de suas estratégias gerais e contribui para o alcance das metas e dos objetivos maiores"[411].

Consoante Ross, a aliança de projetos é uma relação na qual "o proprietário forma uma aliança com um ou mais provedores de serviços (projetista, construtor, fornecedor, etc.) com o propósito de entregar resultados superiores em projetos específicos"[412].

Outra definição bastante disseminada, de Abrahams e Cullen, considera a aliança como

> um contrato entre partes que se obrigam a trabalhar cooperativamente tendo por base a partilha dos riscos e das recompensas do projeto, com a finalidade de alcançar propósitos acordados com base nos princípios da boa-fé e em uma abordagem "open-book" para os custos.[413]

2000, Brisbane, Australia. Disponível em: <http://www.alliancingassociation.org/Content/ Attachment/Introduction%20to%20Project%20Alliancing%20-%20Jim%20Ross%202000. pdf>. Acesso em 16 nov. 2010. Há notícia de projetos de sucesso também nos Estados Unidos da América, consoante VAN DEN BERG, Matton; KAMMINGA, Peter. **Optimizing contracting for alliances in infrastructure projects**, p. 3. Disponível em: <http://ssrn.com/ abstract=934569>. Acesso em 26 jun. 2011.

[410] YEUNG, John F. Y.; CHAN, Albert P.C.; CHAN; Daniel W. M. The definition of alliancing in construction as a Wittgestein family-resemblance concept. **International Journal of Project Management**, v. 25, 2007, p. 221.

[411] "a co-operative arrangement between two or more organisations that forms part of their overall strategy, and contributes to achieving their major goals and objectives". KWOK, Tommy; HAMPSON, Keith. Strategic alliances between contractors and subcontractors: a tender evaluation criterion for the public works sector. In: **Construction process re-engineering : proceedings of the International Conference on Construction Process Re-engineering**, p. 1, 14-15 Jul. 1997, Gold Coast, Australia. Disponível em: <http://eprints. qut.edu.au/41065/2/41065.pdf>. Acesso em 10 nov. 2011. Tradução nossa.

[412] "[...] is where an owner forms an alliance with one or more service providers (designer, constructor, supplier, etc.) for the purpose of delivering outstanding results on a specific project". ROSS, Jim. **Introduction to project alliancing**, cit., p. 3. Tradução nossa.

[413] "An agreement between entities which undertake to work cooperatively, on the basis of a sharing of project risk and reward, for the purpose of achieving agreed outcomes based on principles of good faith and trust and an open-book approach towards costs". ABRAHAMS,

ANATOMIA DOS CONTRATOS DE CONSTRUÇÃO

Para Gregory Rooney, trata-se de "um sistema de execução de projeto baseado em relacionamento e desenhado para projetos complexos de infraestrutura"[414].

Sakal define-a como uma metodologia contratual "que envolve uma contabilidade nos moldes *open book* completa, a divisão de todos os riscos 'não-seguráveis' entre os membros do projeto, e a fixação, por todo o time, dos custos-alvo iniciais"[415].

Para Leonardo Toledo da Silva, seria a aliança um "arranjo contratual, pelo qual duas ou mais empresas são contratadas pelo dono do projeto para, com ele, em um time único e integrado, mediante remuneração, implementarem um determinado empreendimento de titularidade do contratante, em regime colaborativo, fundado no compartilhamento coletivo de riscos e benefícios, no dever de boa-fé e no regime de ampla transparência entre as partes"[416].

A aliança é usualmente celebrada entre o proprietário, o construtor, os principais subcontratados e os principais fornecedores, que fixam objetivos e metas comuns, partilhados por todos e interdependentes. Eles são chamados participantes ou integrantes do projeto.

Diversamente da parceria de projetos, na aliança, a literatura identifica como elemento constante a existência de contratos escritos e juridicamente vinculantes.

Contratos e uma estrutura de remuneração verdadeiramente *gain-share/pain-share* são tidos como os elementos centrais "duros" e vitais da aliança de projeto[417]. Os elementos "macios", ou seja, baseados em relacionamen-

---

A.; CULLEN, C.. Project alliances in the construction industry. **Australian construction law newsletter**, v. 62, 1998, p. 31. Tradução nossa.

[414] "is a relationship based project delivery system designed for complex infrastructure projects". ROONEY, Gregory. **Project alliancing – the process architecture of a relationship based project delivery system for complex infrastructure projects**, p. 1. Disponível em: <http://ssrn.com/abstract=1809267>. Acesso em 02 dez. 2011. Tradução nossa.

[415] " [...] involved complete open-book accounting, *sharing* all 'uninsurable' risk between all project members, and setting an initial target cost generated by the whole project team". SAKAL, Matthew W. Project alliancing: a relational contracting mechanism for dynamics projects, cit., p. 69.

[416] SILVA, Leonardo Toledo. **Contrato de aliança: projetos colaborativos em infraestrutura e construção**. São Paulo: Almedina, 2017, p. 181.

[417] YEUNG, John F. Y.; CHAN, Albert P.C.; CHAN; Daniel W. M. The definition of alliancing in construction as a Wittgestein family-resemblance concept, cit., p. 222. Diz Keniger et al: "O contrato da aliança de projeto é juridicamente exequível, mas a intenção é fixar e utilizar

tos, são a "confiança, o compromisso de longo prazo, a cooperação e a comunicação"[418].

O *gain-share/pain-share* consiste em

> as partes acordarem o nível de contribuição e de lucros exigido antes de tudo e depois colocarem ambos em risco. Se uma parte da aliança tiver desempenho abaixo do esperado, então todos os demais parceiros da aliança estarão correndo o risco de perder suas recompensas (lucros e incentivos) e podem até mesmo partilhar prejuízos, de acordo com o modelo *gain-share/pain-share* estabelecido[419].

A seleção prévia dos contratados, com base em fatores outros que não somente o menor preço, é tida como um diferencial da aliança. Além do preço e de pré-requisitos centrais – como experiência e expertise técnico, solidez econômico-financeira, capacidade administrativa e disponibilidade –, são levadas em consideração características diversas, como confiabili-

---

os 'drivers' que estimularão as partes a apoiarem ativamente e a cooperarem umas com as outras – isso não é apenas uma aproximação para 'se sentir bem'. Para encorajar a cooperação em uma aliança de projeto, são usadas as questões 'duras' contratuais que afetam os resultados das partes, tais como alocação de riscos e remuneração". ("The project alliancing 'agreement' is legally enforceable - but the intention is to establish and use 'drivers' that will stimulate parties to actively support and cooperate with one another - it is not just a *feel good* approach. To encourage co-operation in project alliancing, the hard contractual issues that affect the entities' bottom lines, such as risk allocation and remuneration are used"). KENIGER, Michael et al. Case study of the National Museum (Action Peninsula) project. In: **Proceedings of the fifth annual conference – innovation in construction, construction industry institute**, Brisbane, Australia, 2000. Disponível em: <http://eprints.qut.edu.au/41506.pdf>. Acesso em 10 nov. 2011. Tradução nossa.

[418] "[...] trust, long-term commitment, and cooperation and communication". YEUNG, John F. Y.; CHAN, Albert P.C.; CHAN; Daniel W. M. The definition of alliancing in construction as a Wittgestein family-resemblance concept, cit., p. 222-223. Tradução nossa.

[419] "Parties agree on their contribution levels and required profit beforehand and then place these at risk. If one party in the alliance under-performs, then all other alliance partners are at risk of losing their rewards (profit and incentives) and could even share losses according to the agreed project pain-sharing/gain-sharing model." YEUNG, John F. Y.; CHAN, Albert P.C.; CHAN; Daniel W. M. The definition of alliancing in construction as a Wittgestein family-resemblance concept, cit., p. 223-225. Tradução nossa. O *gain-share/pain-share* é uma diferença importante entre a aliança e a parceria; na parceria não haveria partilha de perdas. VAN DEN BERG, Matton; KAMMINGA, Peter. **Optimizing contracting for alliances in infrastructure projects**, cit., p. 2.

ANATOMIA DOS CONTRATOS DE CONSTRUÇÃO

dade, cooperação e flexibilidade do contratado, histórico de cumprimento de prazo, de segurança na obra, de gestão ambiental, de disputas com outros contratantes e com seguradoras e qualidade de relacionamento com fornecedores e subcontratados[420].

Em decorrência da lógica de funcionamento e de remuneração da aliança, ocorre inicialmente a seleção dos parceiros, em um processo de concorrência. Pede-se aos interessados que preparem um documento, de até 30 páginas, no qual eles devem indicar como pretendem se relacionar com todos os demais integrantes do projeto[421].

Embora haja variação entre os projetos, o critério de seleção costuma ser um agregado que, olhando o pool de contratados e respectivos subcontratados e fornecedores, busca selecionar "qual grupo tem maior probabilidade de obter resultados que superem o standard 'business as usual' por meio da adoção de uma abordagem integrada de equipe de alto desempenho"[422]. Como se percebe, o critério é, essencialmente, a qualidade da equipe e seu potencial de integração, de trabalho conjunto[423].

---

[420] YEUNG, John F. Y.; CHAN, Albert P.C.; CHAN; Daniel W. M. The definition of alliancing in construction as a Wittgestein family-resemblance concept, cit., p. 228. ROONEY, Gregory. **Project alliancing – the process architecture of a relationship based project delivery system for complex infrastructure projects**, cit., p. 5.

[421] ROONEY, Gregory. **Project alliancing and relationship contracting – conflict embracing project delivery systems**, p. 3. Disponível em: <http://ssrn.com/abstract=400640>. Acesso em 2 dez. 2011.

[422] "[...] which group is most likely to drive outcomes that exceed business as usual standards through the adoption of a high performance integrated team approach". ROONEY, Gregory. **Project alliancing – the process architecture of a relationship based project delivery system for complex infrastructure projects**, cit., p. 5. Tradução nossa; e ROSS, Jim. **Introduction to project alliancing**, cit., p. 3. Alguns critérios relevantes que não são pecuniários são chamados de *"soft-dollar"*, como a cultura das partes e as ideias. Os critérios *"soft-dollar"* são importantes porque "evitam que o cliente selecione candidatos inclinados a reivindicações e também minimiza o risco de serem fixados preços muito baixos" ("prevent the client from selecting claim-prone candidates and also minimize the risk that prices are set too low"), conforme VAN DEN BERG, Matton; KAMMINGA, Peter. **Optimizing contracting for alliances in infrastructure projects**, cit., p. 7-14. Tradução nossa.

[423] Conforme Gregory Rooney: "Dinheiro e preço são excluídos como critérios de seleção" ("Money and price is excluded as criteria for selection"). ROONEY, Gregory. **Project alliancing and relationship contracting – conflict embracing project delivery systems**, cit., p. 4. Tradução nossa. A exclusão de disputas pecuniárias seria deliberada porque "essas concorrências não refletem os custos reais do projeto e criam uma relação comercial artificial, falsa e instável" ("These bids do no reflect the true costs of the project and set up an artificial

Feita a seleção, as partes costumam celebrar um documento não vinculante juridicamente chamado *interim project alliance agreement*[424]. As partes começam uma fase de intensas discussões e integração, buscando definir as contribuições individuais e margens de lucro esperadas e então, somente aí, já em fase pré-contratual, são definidos e negociados entre todas as partes os custos do projeto[425].

É característica central da aliança a prevalência de um modelo *open book* pleno, integralmente auditável, com a remuneração dos integrantes fixada em três faixas.

Na primeira faixa, está a remuneração garantida, consistente nos custos diretos do projeto (inclusive re-trabalhos) e no *overhead*. Na segunda faixa fica o *overhead* corporativo e os lucros, normalmente fixos como um percentual do custo alvo ou BAU, definido a seguir[426]. Os montantes da segunda faixa são aqueles que poderiam ser comprometidos caso houvesse o estouro das metas de custo. A terceira faixa fixa o acordado no *pain-share/gain-share*, por meio da comparação entre os custos orçados no BAU e o custo final[427].

O *business-as-usual*, conhecido na literatura de aliança pelo seu acrônimo "BAU", nada mais é do que uma estimativa dos custos-alvo do projeto. Ele é "a melhor estimativa do que o time integrado acredita que possa custar (ou que normalmente custaria) o desenvolvimento do escopo do trabalho realizado pela aliança, consoante as boas práticas usuais"[428]. O BAU é um

---

and inherently false and unstable commercial relationship") e, além do mais, isso "remove a pressão financeira dos contratados, que são forçados a cortar seus custos artificialmente para ganhar uma concorrência" ("[...] removes the financial pressure placed on contractors by being forced to artificially undercut their profits in order to win a competitive tender"). ROONEY, Gregory. **Project alliancing – the process architecture of a relationship based project delivery system for complex infrastructure projects**, cit., p. 9 e 11, respectivamente. Tradução nossa.

[424] ROONEY, Gregory. **Project alliancing and relationship contracting – conflict embracing project delivery systems**, cit., p. 4.

[425] Uma explicação detalhada da precificação de um projeto em aliança é dada por ROSS, Jim. **Introduction to project alliancing**, cit., p. 4.

[426] SAKAL, Matthew W. Project alliancing: a relational contracting mechanism for dynamics projects, cit., p. 72.

[427] SAKAL, Matthew W. Project alliancing: a relational contracting mechanism for dynamics projects, cit., p. 71; e ROSS, Jim. **Introduction to project alliancing**, cit., p. 3.

[428] "[...] the best estimate of what the integrated team thinks it will cost (or would normally cost) to deliver the scope of work that is being undertaken by the alliance, using normal

ANATOMIA DOS CONTRATOS DE CONSTRUÇÃO

agregado das estimativas das atividades de cada um dos participantes da aliança. Há, portanto, uma especificação para a estimativa de custos do construtor, do projetista, do fornecedor, etc.

Os participantes da aliança (salvo o proprietário) costumam acordar, entre si, um percentual de remuneração, que costuma ser o retorno usual de cada um ao prestar o serviço ou ao realizar o fornecimento. Esse retorno é aquele fixado na faixa 2 de remuneração da aliança.

O BAU é a métrica que define o arranjo *gain-share/pain-share*. Ele é o benchmark do projeto e pode conter não somente referências pecuniárias, mas todos os itens que são considerados importantes para o proprietário, por exemplo, "causar o mínimo de impacto ambiental, mortes ou ferimentos, criar boas relações com o público, superar dificuldades no local da obra"[429]. Os itens relevantes do BAU são genericamente chamados de KPI, que é a sigla de *key performance indicators* ou indicadores-chave de desempenho[430].

Ele deve ser estruturado de forma tal que venha a refletir ou um cenário *'win-win'* ou *'lose-lose'*, mas não o *'win-lose'*. Assim, um desempenho superior ao BAU deve proporcionar aos participantes da aliança um retorno igualmente superior, a ser partilhado entre os integrantes como acordado. Um desempenho mais modesto resultará em um retorno inferior e, caso o desempenho do projeto seja inferior ao BAU, haverá uma parte do *pain* a ser dividida, que pode inclusive reduzir ou eliminar todo o ganho da faixa 2[431].

Usualmente, há uma divisão 50%/50% entre o proprietário e os demais participantes da aliança em relação ao que superar (perda) ou que for menor (ganho) que o BAU[432]. Ao final das discussões e do acordo entre as

---

good practices". ROSS, Jim. **Introduction to project alliancing**, cit., p. 4. Tradução nossa.

[429] "[...] causing minimal environmental damage, deaths or injury, creating good public relations, overcoming difficult site conditions". ROONEY, Gregory. **Project alliancing – the process architecture of a relationship based project delivery system for complex infrastructure projects**, cit., p. 5. Tradução nossa.

[430] Não se pode ignorar que os indicadores-chave de desempenho adicionam complexidade e subjetividade ao processo de aferição do BAU, como observa MARREWIJK, Alfons Van et al. Managing public-private megaprojects: paradoxes, complexity and project design. **International Journal of Project Management**, v. 26, 2008, p. 595.

[431] ROSS, Jim. **Introduction to project alliancing**, cit., p. 9.

[432] ROSS, Jim. **Introduction to project alliancing**, cit., p. 9; e SAKAL, Matthew W. Project alliancing: a relational contracting mechanism for dynamics projects, cit., p. 74.

partes quanto às faixas de remuneração é que se costuma celebrar o *"project alliance agreement"*, definitivo e vinculante juridicamente[433].

Na aliança de projetos há a partilha de todos os riscos "não-seguráveis" entre os participantes do projeto. Existe, portanto, partilha, e não alocação de riscos, diferentemente do que ocorre nos métodos tradicionais de contratação[434].

Entende-se que nos métodos tradicionais de contratação o construtor recebe uma fatia muito grande dos riscos e, por sua vez, repassa-os aos subcontratados. O problema gerado é que, ao invés de proteger, essa alocação de riscos cria uma reação indesejada, um efeito reverso negativo tanto na relação proprietário-construtor quanto na relação construtor-subcontratados, com a constituição de "relacionamentos adversariais e batalhas litigiosas muito custosas"[435].

Gregory Rooney dá eco a esse sentimento:

> A aliança de projetos é uma aproximação que busca contrapor a ideia tradicional de tentar passar todos os riscos comerciais para outra pessoa. Isso é evitar riscos e leva a um desalinhamento dos interesses comerciais. É esse desalinhamento intrínseco que leva a táticas defensivas, a tomadas de decisão auto interessadas e a uma quebra nas relações humanas e na confiança. As pessoas esquecem-se do projeto e começam a se concentrar em manobras estratégicas

---

[433] ROONEY, Gregory. **Project alliancing and relationship contracting – conflict embracing project delivery systems**, cit., p. 4.

[434] SAKAL, Matthew W. Project alliancing: a relational contracting mechanism for dynamics projects, cit., p. 71.

[435] "[...] leads to adversarial relationships and costly litigious battles". SAKAL, Matthew W. Project alliancing: a relational contracting mechanism for dynamics projects, cit., p. 71. Tradução nossa. No mesmo sentido, diz Jim Ross: "A aproximação tradicional é para os proprietários transferirem o máximo de risco possível para os outros – por exemplo, as seguradoras, projetistas e construtores. Embora essa aproximação de 'transferência de risco' seja sempre apropriada, ela pode dar ensejo a uma cultura adversarial que pode por si ameaçar o sucesso do projeto". ("The traditional approach is for owners to transfer as much of the risk as possible to others – eg. insurance companies, designers and constructors. While this 'risk transfer' approach is often appropriate, it can give rise to an adversarial culture that can itself threaten the success of the project"). ROSS, Jim. **Introduction to project alliancing**, cit., p. 1. Tradução nossa.

(e na letra fria do contrato) elaboradas para preservar suas posições comerciais.[436]

A atribuição de riscos desarrazoada e a consequente cultura adversarial traz consequências perniciosas. Gregory Rooney capturou e expressa bem essa percepção:

> A premissa de transferir totalmente o risco para partes contratantes que não têm qualquer controle sobre o escopo do projeto ou sobre fatores externos prevalentes é ilusória. Isso é atestado pelos altos níveis de estouro de custos, de atrasos, pelo alto volume de litígio e pela criação de relações interpessoais com desconfiança entre os participantes. Há uma crença de que quaisquer problemas podem ser resolvidos por recurso à letra fria do contrato e à ameaça de litígio ou falência.

> A ameaça de ser um perdedor ou um vencedor em um litígio subsequente era visto como a cola que mantinha a relação em pé.

> Todavia, lentamente começa a ficar auto-evidente que os perdedores têm um papel significativo nos efeitos dos resultados tal como os vencedores. Há sempre um surpreendente grau de impotência que advém da vitória, especialmente quando vencer corresponde a uma perda para outros. Os perdedores podem adquirir uma sensação de poder de "nada a perder".[437]

---

[436] "Project alliancing is an approach that seeks to counter the traditional approach of trying to pass the commercial risks onto someone else. This is risk avoidance and leads to a misalignment of commercial interests. It is this inbuilt misalignment that leads to defensive tactics, self-interested decision-making and a breakdown in trust and human relationships. People forget about the project and start concentrating on strategic manoeuvres (and the black letter law contract) designed to preserve their own commercial position". ROONEY, Gregory. **Project alliancing and relationship contracting – conflict embracing project delivery systems**, cit., p. 4. Tradução nossa.

[437] "The presumption of totally transferring the risk onto contracting parties who lack any control over the scope of the project or outside prevailing factors is illusionary. This is attested by the high incidents of costs blow outs, time delays, the high volume of litigation

A alocação de riscos funcionaria bem em projetos nos quais o escopo é bem definido e os riscos bem identificados. Na ausência de possibilidade de boa definição do escopo do trabalho ou em um cenário de grandes riscos, a partilha de riscos e uma abordagem colaborativa como a da aliança de projetos seriam mais recomendadas.

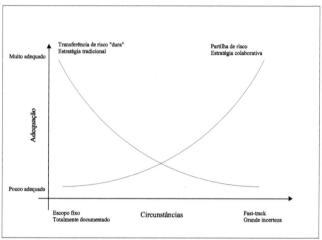

Fonte: Jim Ross. Introduction to Project Alliancing, 2000.

Figura 4 - Adequação do método de alocação ou partilha de riscos vis-à-vis o contexto

A alteração no tratamento dos riscos e a mudança de uma cultura adversarial para uma cultura cooperativa alteram também o padrão comportamental e de expectativas das partes. Ao se partilhar riscos, ao invés de alocar riscos, cria-se uma responsabilidade conjunta pelos resultados. Por isso é importante na aliança a cultura e a formalização do *no-blame*, de não

---

and the creation of untrusting interpersonal relationships between the participants. There is a belief that any problems that arise can be resolved by simply relying on the terms of the black letter contract and the threat of litigation or bankruptcy. The threat of being a loser or a winner in any subsequent litigation was seen as the glue to hold the relationship together. However it is slowly beginning to become self evident that losers play as significant a role in the effects of outcomes as do winners. There is often a surprising degree of impotence that comes with winning especially when the win has come with a corresponding loss to others. Losers can develop a sense of "nothing to lose" power". ROONEY, Gregory. **Project alliancing – the process architecture of a relationship based project delivery system for complex infrastructure projects**, cit., p. 2-3. Tradução nossa.

ANATOMIA DOS CONTRATOS DE CONSTRUÇÃO

se atribuir culpa ou se buscar culpados[438]. Presume-se que, pela escolha de parceiros sérios e comprometidos, pelo desenvolvimento de uma cultura de equipe, a cooperação e a colaboração passam a ser pré-requisitos para que haja um saldo a ser partilhado.

Por meio da partilha de riscos, retira-se o acento do individualismo na busca da maximização dos lucros, já que se condiciona o sucesso do indivíduo ao sucesso do projeto e da equipe como um todo. As decisões não são tomadas, portanto, apenas em vista do que é "melhor para si próprio", mas sim do que é "melhor para o projeto"[439].

Como complemento à estrutura de remuneração e tratamento dos riscos, na aliança há também uma particular estrutura de governança: usualmente um time de administração do projeto e um conselho ou comitê da aliança.

O time de administração do projeto é formado pelo proprietário da obra e "pelos especialistas funcionais" de cada participante da aliança[440].

O conselho ou comitê da aliança é composto por membros indicados cada um por uma das partes. As decisões são tomadas por unanimidade e vinculam todos os participantes da aliança[441]. A principal função do conselho ou comitê da aliança é "garantir o desempenho superior do projeto ao guiar e apoiar o time de administração deste, assegurando o compromisso das partes com o projeto e entre si"[442].

---

[438] Leonardo Toledo da Silva defende a validade de cláusulas de *no blame* em contratos de aliança regidos pelo direito brasileiro e sugere que o pertinente enquadramento dogmático-jurídico seria o de cláusula de exoneração de responsabilidade. A respeito, v. SILVA, Leonardo Toledo. **Contrato de aliança: projetos colaborativos em infraestrutura e construção**, cit., p. 223-226.

[439] SAKAL, Matthew W. Project alliancing: a relational contracting mechanism for dynamics projects, cit., p. 70-72; e ROSS, Jim. **Introduction to project alliancing**, cit., p. 3.

[440] HALMAN, J. I. M.; BRAKS, B. F. M. **Project alliancing in the offshore industry**, cit., p. 73.

[441] SAKAL, Matthew W. Project alliancing: a relational contracting mechanism for dynamics projects, cit., p. 71; e ROSS, Jim. **Introduction to project alliancing**, cit., p. 3 e 9.

[442] HALMAN, J. I. M.; BRAKS, B. F. M. **Project alliancing in the offshore industry**, cit., p. 73.

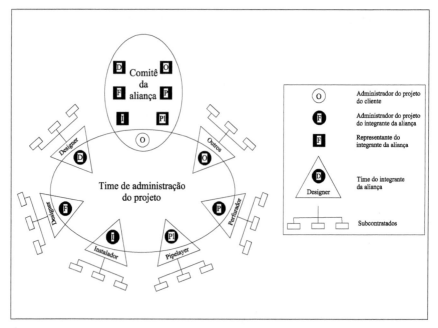

Fonte: HALMAN, J. 1. M.; BRAKS, B. F. M. Project alliancing in the offshore industry, 1999.

Figura 5 - Estrutura organizacional de aliança de projeto

A busca da melhoria contínua marca a aliança de projetos. Os participantes são convidados a continuamente reverem seu desempenho, para que o processo de melhoria seja permanente durante a execução da obra.

A confiança é outro elemento fundamental baseado no relacionamento entre as partes da aliança. Sem a confiança, não haveria esteio para a criação do comprometimento no longo prazo. A confiança é entendida como um fenômeno intensamente emocional e subjetivo, dependente "das experiências pretéritas tanto diretamente relacionadas com o outro como indiretamente, por meio de experiências projetadas ou previstas"[443].

Na literatura, reconhecem-se dois tipos principais de confiança: a confiança de competências (*competence trust*) –, vale dizer, aquela "que se refere à confiança no desempenho do papel técnico" do outro –, e a confiança

---

[443] "[...] past experience both directly with the person(s) concerned and indirectly, through projected or anticipated experiences" YEUNG, John F. Y.; CHAN, Albert P.C.; CHAN; Daniel W. M. The definition of alliancing in construction as a Wittgestein family-resemblance concept, cit., p. 225. Tradução nossa.

na boa-fé (*goodwill trust*) –, vale dizer, "a percepção de uma intenção de desempenhar conforme acordado"[444]. A confiança seria uma precondição para uma visão de longo prazo e para o exercício da reciprocidade e do apoio mútuo.

O compromisso de longo prazo seria outra característica da aliança, pois permitiria que as partes colocassem seus objetivos dentro de uma perspectiva mais ampla, com as vicissitudes que marcam projetos alongados no tempo[445].

A boa comunicação seria o elemento pragmático fundamental que permitiria a implementação da cooperação entre as partes. A cooperação, por sua vez, não seria aquela altruísta, mas sim aquele que tem por "[...] reconhecimento de que, em razão de os objetivos serem positivamente relacionados, o auto interesse exige colaboração; e o trabalho cooperativo integra auto interesses para alcançar objetivos mútuos"[446].

Tal qual na parceria de projetos, a existência de método de solução de controvérsias mais expedito é central na aliança. Mas nesta há um traço distintivo: as partes obrigam-se a resolver seus conflitos internamente, sem recurso ao judiciário, à arbitragem ou à mediação ou limitar, em muito, o conjunto de temas que podem ser resolvidos por tais meios [447]. Note-se que o compromisso de não recorrer (ou de em muito limitar as controvérsias objeto de solução) seria questionável à luz do ordenamento brasileiro, por poder ser entendido como uma violação à garantia constitucional de acesso à jurisdição, prevista no artigo 5º, XXV, da Constituição Federal[448].

---

[444] A confiança de competências foca-se em habilidades e expertise, enquanto a confiança na boa-fé é ligada a integridade, responsabilidade e confiabilidade. LANGFIELD-SMITH, Kim. The relations between transactional characteristics, trust and risk in the start-up phase of a collaborative aliance, cit., p. 348.

[445] KWOK, Tommy; HAMPSON, Keith D. Strategic alliances in building construction: a tender evaluation tool for the public sector. In: **Proceedings of the International Conference on Concurrent Engineering**, University of Toronto, Ontario, 1996. Disponível em: <http://eprints.qut.edu.au/41065/>. Acesso em 10 nov. 2011.

[446] "[...] the recognition that, with positively related goals, self-interests require collaboration; and cooperative work integrates self-interests to achieve mutual goals". KWOK, Tommy; HAMPSON, Keith D. Strategic alliances in building construction: a tender evaluation tool for the public sector, cit., p. 8. Tradução nossa.

[447] ROONEY, Gregory. **Project alliancing – the process architecture of a relationship based project delivery system for complex infrastructure projects**, cit., p. 1.

[448] Leonardo Toledo da Silva sustenta que a cláusula com referido conteúdo "representa, no máximo um compromisso moral de resolução interna dos conflitos". SILVA, Leonardo Toledo.

O propósito de contratualmente retirar a possibilidade de as partes utilizarem um método de solução de controvérsias (externo a elas próprias) é forçar "que não seja possível lidar com o conflito de outra forma que não o encarando e o resolvendo imediatamente"[449].

É, na essência, uma forma de concretizar o *gain-share/pain-share*. E isso somente é factível retirando-se a possibilidade de haver uma situação do tipo *'win-lose'*, restando ou o *'win-win'* ou o *'lose-lose'*. Ele "força todas as partes a adotar uma aproximação coletiva a resolver problemas causados por erros, negligência e *acts of God*" porque "todas as perdas são partilhadas, sem oportunidade de recobrar os prejuízos por meio de litígio"[450]. Mas, além disso, há uma percepção consolidada sobre os prejuízos relacionais causados por disputas:

> As organizações não podem mais se dar ao luxo de usar o sistema adversarial judicial para resolver conflitos. Não somente porque os custos do litígio são proibitivos; é o rompimento da relação comercial que causa os maiores prejuízos comerciais para as organizações. É o risco de perda de oportunidades comerciais que está forçando as organizações a reavaliar como elas lidam com conflitos.[451]

Na aliança, o meio de acelerar a solução de controvérsias costuma ser pela presença de uma pessoa: o chamado facilitador. O papel desse profissional não é atuar como um mediador tradicional, resolvendo controvér-

---

Contrato de aliança: projetos colaborativos em infraestrutura e construção, cit., p. 228.

[449] "[...] not possible to deal with conflict in any way other than by facing it and resolving it immediately". ROONEY, Gregory. **Project alliancing – the process architecture of a relationship based project delivery system for complex infrastructure projects**, cit., p. 11. Tradução nossa.

[450] "It forces all parties to adopt a collective approach to resolving problems caused by mistakes, negligence and acts of God. Any losses are shared with no opportunity for recovery through litigation". ROONEY, Gregory. **Project alliancing – the process architecture of a relationship based project delivery system for complex infrastructure projects**, cit., p. 11. Tradução nossa.

[451] "Organisations can no longer afford to use the adversarial court system to resolve conflict. It is not just that the litigation costs are prohibitive; it is the disruption to the commercial relationship that causes the greatest commercial damage to organisations. It is the risk of the loss of commercial opportunity that is forcing organisations to reappraise how they deal with conflict". ROONEY, Gregory. **Project alliancing and relationship contracting – conflict embracing project delivery systems**, cit., p. 3. Tradução nossa.

ANATOMIA DOS CONTRATOS DE CONSTRUÇÃO

sias, mas sim promover o realinhamento das partes à filosofia da aliança de projetos[452].

Pode-se dizer que a função do contrato (aqui entendido como instrumento escrito que contém as regras acordadas entre as partes) é mais restrita nessa modalidade de contratação do que nas demais. Mas não é menos importante[453].

O contrato da aliança de projetos é usualmente menos extenso do que os de outras modalidades de contratação, refletindo um "abordagem minimalista, não prescritiva, em que muitos dos assuntos que seriam detalhados são deixados para a aliança resolver e administrar"[454]. Algumas cláusulas são dignas de nota. Em primeiro lugar, a maioria das obrigações das partes, especialmente aquelas relacionadas ao desempenho, são redigidas como obrigações comuns de todos (i.e. "as partes obrigam-se a"), sendo em menor número aquelas individuais[455].

Após a elaboração do BAU, a estrutura de pagamento é fixada de modo a se obter um regime de "neutralidade de caixa"[456], ou seja, o proprietário da obra faz os pagamentos à medida que um participante da aliança incorre nos respectivos custos e despesas, sem janelas temporais e sem que

---

[452] "O facilitador está lá para manter todas as partes trabalhando colaborativamente, resolvendo os conflitos entre elas, focando no aprimoramento dos seus índices-chave de desempenho e pressionando as partes para buscarem economia e inovações". ("The facilitator is there to keep all parties working collaboratively, resolving all conflict between themselves, focusing on bettering their key performance indicators and pushing the parties to look for savings and innovations"). ROONEY, Gregory. **Project alliancing – the process architecture of a relationship based project delivery system for complex infrastructure projects**, cit., p. 8. Tradução nossa.

[453] Van Den Berg e Kamminga são relativamente céticos quanto à aliança de projetos. Eles argumentam que há um descompasso entre "a ideia e a estrutura do formato de aliança e a forma como os contratos de construção e o pensamento jurídico estão em geral estruturados", daí que "os contratos de aliança constituem uma ameaça ao invés de um apoio para a aliança" ("there is a mismatch between the idea and the structure of the alliance form and the way in which legal (construction) contracts and legal thinking in general are structured. [...] As a consequence, alliance contracts constitute a threat to an alliance rather than support"). VAN DEN BERG, Matton Van; KAMMINGA, Peter. **Optimizing contracting for alliances in infrastructure projects**, cit., p. 1. Tradução nossa.

[454] "[...] a 'minimalist' non-prescriptive approach where many of the issues that would normally be spelled out in detail are left up to the alliance to administer and resolve" ROSS, Jim. **Introduction to project alliancing**, cit., p. 9. Tradução nossa.

[455] ROSS, Jim. **Introduction to project alliancing**, cit., p. 9.

[456] ROSS, Jim. **Introduction to project alliancing**, cit., p. 9.

uma parte "financie" a outra. Ainda, na aliança de projetos não são pedidas garantias de parte a parte.

As regras de responsabilização por inadimplemento, por sua vez, são apenas aquelas contidas nos limites do *gain-share/pain-share*[457]. Não há outras. Parte-se do pressuposto de que todo o processo de seleção dos integrantes da aliança, a experiência anterior, a reputação e a seriedade de cada um, somados aos elementos essenciais da aliança (confiança, boa comunicação, busca de melhoria contínua, compromisso de longo prazo e método interno de solução de controvérsias) são os requisitos e os elementos suficientes para, em sendo bem articulada a aliança, levar ao sucesso do projeto, sem necessidade de multas e penalidades.

Os contratos de aliança de projetos preveem a obrigação das partes de resolver internamente seus conflitos e de não recorrerem ao Judiciário e à arbitragem, salvo em caso de *wilful default* ou *wilful misconduct*, que costumam vir assim definidos:

> Um ato ou omissão intencional de um participante da aliança realizado em clara desconsideração das consequências danosas causadas a outro participante da aliança, mas não inclui qualquer erro de julgamento, falha, ato ou omissão, negligente ou não, feita de boa-fé por um participante da aliança.[458]

Em contratos de alianças de projeto são pouco comuns cláusulas referentes a extensão de prazo, pois os ajustes são feitos com a concordância de todos, no processo decisório do comitê da aliança. Da mesma forma, são raras as cláusulas de ordem de mudança, já que os pedidos desse tipo são discutidos no âmbito do comitê[459].

Por fim, os contratos das alianças de projetos dispõem que os livros contábeis de todos os participantes da aliança ficarão à disposição de todos, durante todo o desenvolvimento do projeto. É costume ainda ele-

---

[457] ROSS, Jim. **Introduction to project alliancing**, cit., p. 9.

[458] Conforme citado por Jim Ross: "An intentional act or omission by an Alliance Participant carried out with utter disregard for the harmful consequences for another Alliance Participant, but does not include any error of judgement, mistake, act or omission, whether negligent or not, made in good faith by an Alliance Participant". ROSS, Jim. **Introduction to project alliancing**, cit., p. 9. Tradução nossa.

[459] ROSS, Jim. **Introduction to project alliancing**, cit., p. 9.

ger um auditor da aliança, que pode ser externo ou um membro da própria aliança[460].

Vale indicar que persiste uma visão dos financiadores de que as alianças de projetos apresentariam mais riscos ao financiador, se comparadas com outros modelos de contratação, como aqueles de preço fixo ou preço máximo garantido ou com prazo determinado. Recentemente, começou-se a questionar tal visão, com alguns defensores da "bankability" das alianças de projeto[461].

A partilha coletiva dos riscos e o caráter colaborativo da aliança fomentariam a realização mais eficiente do projeto, beneficiando também os financiadores e *sponsors*. A estrutura de painshare/gainshare contribuiria para a mitigação de riscos, vez que todos estariam com margens potencialmente comprometidas caso os resultados da aliança não se materializassem como esperado pela ação cooperativa dos envolvidos.

Note-se que a transparência do *open book*, caraterística da aliança, nem sempre está presente em outras modalidades de contratação. A transparência, por sua vez, permitiria uma gestão de riscos mais próxima pelos envolvidos, riscos esses não somente das fases de projeto e construção mas também da de operação futura (i.e. manutenção e reparos), com benefícios potenciais também percebidos pelos financiadores e *sponsors*[462]. A *bankability* dos projetos, portanto, pode se revelar tão sólida quanto em outros modelos de contratação.

---

[460] ROSS, Jim. **Introduction to project alliancing**, cit., p. 9.

[461] A título de exemplo, ver EDWARDS, Troy; JORDAN, Michael; van WASSENAER, Arent; WILKIE, David. Project financing of alliance-based projects. **Construction Law International**, v. 6, p-1-14, March 2011.

[462] EDWARDS, Troy; JORDAN, Michael; van WASSENAER, Arent; WILKIE, David. Project financing of alliance-based projects, cit, p. 7-9.

2.4 Perfil Organizativo dos Contratos de Construção

O saudoso mestre Waldirio Bulgarelli, em elegante síntese, ensinava a importância da classificação dos contratos:

> Os contratos têm sido alvo da vários tipos de classificações, de acordo com critérios lógicos os mais diversos. O que se procura com a classificação é agrupá-los, tendo em vista elementos comuns que apresentam, na sua conformação tipológica isolada. [...] Para o Direito Comercial interessa sobremaneira o estudo dos contratos no seu aspecto funcional (ou substancial), ou seja, em relação à função econômica que desempenham, agrupando-os, pois, sob tal critério, em tipos e categorias para a sua melhor e mais correta compreensão.[463]

Foram reunidos e brevemente descritos no item 2.3 alguns dos tipos contratuais mais recorrentes na indústria de construção industrial e de engenharia. Na busca de uma compreensão mais sistemática de tais contratos, sobressaem os principais elementos e caracteres jurídicos dos contratos de construção de grandes obras, o que permite a sua taxonomia[464], empreendida a seguir.

Na sequência, serão examinadas as características econômico-financeiras predominantes, e, ao final, o pertencimento dos contratos de construção a uma rede de contratos.

---

[463] BULGARELLI, Waldirio. **Contratos mercantis**. 14. ed. São Paulo: Atlas, 2001, p. 80.

[464] Como bem observou Tavares Paes, "O que há de interessante na taxonomia é a verificação das qualidades de cada contrato". TAVARES PAES, Paulo Roberto. **Obrigações e contratos mercantis**. 1. ed. Rio de Janeiro: Forense, 1999, p. 43. "O interesse dessa categorização é ressaltar as qualidades de cada contrato. Devidamente classificados, conhecem-se as peculiaridades desses acordos para, com esse conhecimento, saber-se dos seus efeitos. Assim, basta que se tenha a classificação de um contrato para que se saiba como se formou, as obrigações que gerou, as vantagens atribuídas às partes, a certeza quanto à contraprestação, os requisitos exigidos para a sua validade, a sua posição na relação jurídica criada, a modalidade de sua execução, o papel que tem, em relação ao outro, um dos participantes do contrato e, finalmente, se a existência do contrato tem princípios legais a regulá-la ou não." MARTINS, Fran. **Contratos e obrigações comerciais**. 16. ed. Rio de Janeiro: Forense, 2010, p. 82.

2.4.1 Elementos e Caracteres Jurídicos

Antônio Junqueira de Azevedo recorda-nos de que para o exercício correto da classificação do negócio jurídico necessitamos, antes de tudo, identificar a pertença da categoria em exame, "se à categoria abstrata final, se a alguma categoria intermediária, ou se ao negócio em particular"[465].

Na classificação tradicional, considerando o contrato de construção de grandes obras como uma categoria intermediária, pode-se defini-lo como um contrato comercial[466], de empresa[467], atípico ou inominado[468], principal, complexo, de duração, bilateral, sinalagmático, comutativo, oneroso, consensual e não solene[469].

Sem demora, passe-se à síntese dos principais elementos e características dos contratos de construção.

---

[465] AZEVEDO, Antonio Junqueira de. **Negócio jurídico – existência, validade e eficácia.** 3. ed. São Paulo: Saraiva, 2000, p. 31.

[466] Segue-se a definição de Engrácia Antunes: "[...] por contratos comerciais entenderemos assim aqui *os contratos que são celebrados pelo empresário no âmbito de sua actividade empresarial*: a intervenção de um empresário no contrato (designadamente, como uma das partes contratantes) e a pertinência desse contrato à constituição, organização ou exercício da respectiva actividade empresarial, são assim os elementos caracterizadores ou qualificadores da comercialidade de um contrato". ANTUNES, Engrácia. Contratos comerciais - noções fundamentais. **Direito e Justiça,** Revista da Universidade Católica Portuguesa, Lisboa: Universidade Católica Editora, v. especial, 2007, p. 23. Grifos do autor. No direito brasileiro, são contratos empresariais aqueles celebrados por empresários consoante a previsão dos artigos 966 e 982 do Código Civil.

[467] "Na ampla categoria de contratos 'comerciais' encontram-se aqueles que pressupõem, ao menos em uma das partes, a presença, como estipulante de um empreendedor ou de alguém que realiza uma função instrumental no exercício da atividade da empresa. [...] O *engineering* é por sua natureza um contrato de empresa, normalmente celebrado para a realização de projeto ou execução de obra de grande alcance tecnológico e financeiro." ("Nell'ampia categoria di contratti 'commerciali' trovano collocazione quei contratti che o pressupongono, almeno ex una parte, la presenza quale stipulante di un empreditore, o comunque adempiono ad una funzione strumentale all'esercizio dell'attività di impresa. [...] L'engineering è per sua natura un contratto di impresa, normalmente concluso per la progettazione o esecuzione di opere di largo respiro tecnologico e finanziario.") CAGNASSO, Oreste; COTTINO, Gastone. Contratti commercialli, cit., p. i.e.345. Tradução nossa.

[468] "Os contratos inominados são assim chamados não porque não tenham nome (que geralmente recebem da própria prática mercantil), mas porque não tem um *nome legislado*, ou seja, não são previstos (ou *tipificados*) pelo ordenamento jurídico". VERÇOSA, Haroldo M. D. **Contratos mercantis e a teoria geral dos contratos - o código civil e a crise do contrato.** São Paulo: Quartier Latin, 2010, p. 193. Grifos do autor.

[469] BESSONE, Darcy. **Do contrato: teoria geral.** 4. ed. São Paulo: Saraiva, 1997, p. 69-86.

2.4.1.1 Regulamentação Profissional e Sociedade de Engenharia como Contratada

Os contratos de construção de grandes obras pressupõem que uma das partes seja um empresário atuando no exercício de seu objeto social. Em específico, em grandes obras, uma das partes será uma sociedade de engenharia ou arquitetura, devidamente inscrita no CREA.

No Brasil, há regulamentação para a profissão de engenheiro ou arquiteto. A Lei nº 5.194, de 24 de dezembro de 1966, que trata do exercício das profissões de engenheiro, de arquiteto e de engenheiro agrônomo, foi parcialmente derrogada pela Lei nº 12.378, de 31 de dezembro de 2010. Houve segregação normativa e de competências. O exercício da profissão de engenheiro e de agrônomo permanece sob a égide da Lei nº 5.194/66 e do Conselho Federal de Engenharia e Agronomia (Confea). O da profissão de arquiteto e urbanista, por sua vez, passou a ser regrado pela Lei nº 12.378/10 e pelo Conselho de Arquitetura e Urbanismo do Brasil (CAU/BR).

Nosso ordenamento estabelece que somente podem exercer a profissão de engenheiro ou de arquitetos as pessoas diplomadas em curso superior e devidamente inscritas nos conselhos regionais competentes[470].

---

[470] A Lei nº 5.194/66 assim prevê:
"Art. 2º- O exercício, no País, da profissão de engenheiro, arquiteto ou engenheiro agrônomo, observadas as condições de capacidade e demais exigências legais, é assegurado:
a) aos que possuam, devidamente registrado, diploma de faculdade ou escola superior de Engenharia, Arquitetura ou Agronomia, oficiais ou reconhecidas, existentes no País;
b) aos que possuam, devidamente revalidado e registrado no País, diploma de faculdade ou escola estrangeira de ensino superior de Engenharia, Arquitetura ou Agronomia, bem como os que tenham esse exercício amparado por convênios internacionais de intercâmbio;
c) aos estrangeiros contratados que, a critério dos Conselhos Federal e Regionais de Engenharia, Arquitetura e Agronomia, considerados a escassez de profissionais de determinada especialidade e o interesse nacional, tenham seus títulos registrados temporariamente.
Parágrafo único - O exercício das atividades de engenheiro, arquiteto e engenheiro-agrônomo é garantido, obedecidos os limites das respectivas licenças e excluídas as expedidas, a título precário, até a publicação desta Lei, aos que, nesta data, estejam registrados nos Conselhos Regionais. [...]
Art. 55 - Os profissionais habilitados na forma estabelecida nesta Lei só poderão exercer a profissão após o registro no Conselho Regional sob cuja jurisdição se achar o local de sua atividade."
Nos termos da Lei n. 12.378/10:

A organização da atividade de engenharia e arquitetura em sociedades também vem disciplinada pelas citadas normas, como segue:

Lei n. 5.194/66

Art. 4º - As qualificações de engenheiro, arquiteto ou engenheiro-agrônomo só podem ser acrescidas à denominação de pessoa jurídica composta exclusivamente de profissionais que possuam tais títulos.

Art. 5º - Só poderá ter em sua denominação as palavras engenharia, arquitetura ou agronomia a firma comercial ou industrial cuja diretoria for composta, em sua maioria, de profissionais registrados nos Conselhos Regionais. [...]

Art. 59 – As firmas, sociedades, associações, companhias, cooperativas e empresas em geral, que se organizem para executar obras ou serviços relacionados na forma estabelecida nesta Lei, só poderão iniciar suas atividades depois de promoverem o competente registro nos Conselhos Regionais, bem como o dos profissionais do seu quadro técnico.

Lei n. 12.378/10

Art. 10. Os arquitetos e urbanistas, juntamente com outros profissionais, poder-se-ão reunir em sociedade de prestação de serviços de arquitetura e urbanismo, nos termos das normas de direito privado, desta Lei e do Regimento Geral do CAU/BR. Parágrafo único. Sem prejuízo do registro e aprovação pelo órgão

---

"Art. 5º - Para uso do título de arquiteto e urbanista e para o exercício das atividades profissionais privativas correspondentes, é obrigatório o registro do profissional no CAU do Estado ou do Distrito Federal.
Parágrafo único. O registro habilita o profissional a atuar em todo o território nacional.
Art. 6º - São requisitos para o registro:
I - capacidade civil; e
II - diploma de graduação em arquitetura e urbanismo, obtido em instituição de ensino superior oficialmente reconhecida pelo poder público."

competente, a sociedade que preste serviços de arquitetura e urbanismo dever-se-á cadastrar no CAU da sua sede, o qual enviará as informações ao CAU/BR para fins de composição de cadastro unificado nacionalmente.

Art. 11. É vedado o uso das expressões "arquitetura" ou "urbanismo" ou designação similar na razão social ou no nome fantasia de sociedade que não possuir arquiteto e urbanista entre os sócios com poder de gestão ou entre os empregados permanentes.

Entende-se que uma das características essenciais dos contratos de construção é a presença de uma sociedade de engenharia ou de arquitetura como contratada. Afere-se essa característica como elemento de tipificação do gênero à luz de sua presença reiterada nas relações que se apresentam na realidade socioeconômica concreta.

Com efeito, o Código Civil de 2002 inovou em sua exigência de legitimação da contraparte na empreitada. O novo diploma trouxe modificações em diversos dispositivos, tendo havido a substituição da figura do "arquiteto, ou construtor", prevista no artigo 1.246 do Código de 1916[471], por uma mais genérica, de "empreiteiro".

Com base nessa expansão conceitual, entendem alguns que na empreitada, consoante o código, seriam admitidos como legítimas contrapartes não apenas engenheiros ou arquitetos, mas também profissionais do ramo não diplomados nem registrados nos órgãos competentes[472]. O contratante correria um risco quanto à qualidade, mas, em contrapartida, se beneficiaria ao pagar um preço menor ao profissional sem diploma em curso supe-

---

[471] Dizia o Código Civil de 1916: "**Art. 1.246. O arquiteto, ou construtor, que, por empreitada, se incumbir de executar uma obra segundo plano aceito por quem a encomenda, não terá direito a exigir acréscimo no preço, ainda que o dos salários, ou o do material, encareça, nem ainda que se altere ou aumente, em relação à planta, a obra ajustada, salvo se se aumentou, ou alterou, por instruções escritas do outro contratante e exibidas pelo empreiteiro.**"

[472] A título de exemplo, LOPEZ, Teresa Ancona. **Comentários ao Código Civil: parte especial - das várias espécies de contratos**, cit., p. 256-257, GIL, Fabio Coutinho de Alcântara. **A onerosidade excessiva em contratos de engineering**, cit., p. 47. Em linguajar mais técnico, poderiam ser contratados quaisquer profissionais da construção civil, seja os diplomados em curso superior, seja aqueles com curso técnica, ou, ainda os "artífices leigos que se empenham na construção." MEIRELLES, Hely Lopes. **Direito de construir**, cit., p. 441.

ANATOMIA DOS CONTRATOS DE CONSTRUÇÃO

rior. Partilha-se desse entendimento do código (a respeito de um conceito inclusivo sobre a atuação do empreiteiro) se e somente se para obras de pequeno porte e baixa complexidade, como pequenas reformas.

Não é concebível imaginar a realização de uma obra de médio porte ou de mediana complexidade, menos ainda uma grande obra, sem a contribuição fundamental do conhecimento de engenheiros e arquitetos especialistas. A habilitação dos profissionais e o registro das sociedades nos conselhos pertinentes servem como indicativos da formação profissional; servem como garantia de atuação responsável quanto à solidez e segurança da obra, bens que não podem, em absoluto, ser menos relevados por contratantes de obras de certos portes ou impactos tanto é que em obras públicas a exigência de habilitação é inafastável[473].

A par da habilitação, a presença de uma sociedade de engenharia ou arquitetura como construtora em uma grande obra advém de exigências outras que não as legais. Afinal, em regra são obras de difícil implementação, complexas, do ponto de vista técnico e tecnológico, e que, portanto, não admitem contratantes não profissionais e não organizados, inclusive financeira e administrativamente.

Assim, qualquer que seja a modalidade de contratação ou o tipo contratual escolhido, a constituição sob a forma de uma sociedade é decorrência natural da necessidade de organizar atividades e meios de produção[474] e da segregação e individuação de patrimônio que assegure a realização da obra.

---

[473] "Lei n. 5.194/66

Art. 15 - São nulos de pleno direito os contratos referentes a qualquer ramo da Engenharia, Arquitetura ou da Agronomia, inclusive a elaboração de projeto, direção ou execução de obras, quando firmados por entidade pública ou particular com pessoa física ou jurídica não legalmente habilitada a praticar a atividade nos termos desta Lei.". Apesar de a Lei n. 5.194/66 prever a nulidade de pleno direito, a doutrina inclina-se, majoritariamente, a admitir o pagamento, para não possibilitar o enriquecimento sem causa do dono da obra, ainda que seja a própria Administração. MEIRELLES, Hely Lopes. **Direito de construir**, cit., p. 264.

[474] Nesse sentido é a opinião de Rosella Cavallo Borgia: "É precisamente na já tantas vezes sublinhada diversidade de meios utilizados, no relevo diverso das organizações, sobretudo no caráter de recíproca integração de cada uma das atividades profissionais existentes e confluentes na obra final, que são buscados os elementos úteis ao escopo de individuação do tipo legal afim." ("È piuttosto nella più volte sottolineata diversa entità dei mezzi utilizzati, nel diverso rilievo assunto dall'organizzazione, soprattuto nel carattere di reciproca integrazione delle singole attività professionali poste in essere e confluenti nell'opus finale, che vanno ricercati gli elementi utili allo scopo dell'individuazione del tipo legale affine.") CAVALLO BORGIA, Rosella. **Il contratto di engineering**, cit., p. 113. Tradução nossa.

CONTRATOS DE CONSTRUÇÃO DE GRANDES OBRAS

Em alguns casos a complexidade técnica e os montantes envolvidos são tão elevados que não basta a atuação e a garantia de uma sociedade; torna-se um imperativo negocial a conjugação dos esforços empresariais em um consórcio construtor[475], como é o caso do Consórcio Construtor de Belo Monte (CCBM), organizado para dar conta da obra de uma das três maiores hidrelétricas do mundo.

Em processos licitatórios e nos modelos de financiamento de projetos são exigidos do construtor garantias e seguros diversos, muitos dos quais pedem ainda o fornecimento de contragarantias. A construtora deve, ainda, dar garantias ao dono da obra por vícios e defeitos ocultos por anos após a aceitação. Pelos imperativos organizativos e pelas exigências econômico-financeiras decorrentes dos altos montantes envolvidos, a realização de uma grande obra é necessariamente realizada por pessoas jurídicas[476, 477].

Os tribunais italianos que já tiveram a oportunidade de examinar contratos de *engineering* identificaram a presença da sociedade de engenheria como uma característica de referidos contratos[478].

No magistério de Oreste Cagnasso e Gastone Cottino extrai-se a relevância da organização empresarial e da obra como resultado da operação econômica estruturada pelo contrato de construção:

> Se se devesse buscar, desossando-a dos seus aditivos, uma noção base comum, não se iria muito além de deixar à disposição de uma organização técnico-engenheirística, voltada a permitir e a propi-

---

[475] "[...] os consórcios resultam de contratos destinados a multiplicar as forças econômicas ou técnicas das empresas para realizar determinado empreendimento." SILVA, Clóvis V. do Couto. Contrato de engineering, cit., p. 31.

[476] "O engineering organiza-se muito comumente sob a forma de sociedades." ("L'engineering agisce perciò comumente in forma societária.") CAGNASSO, Oreste; COTTINO, Gastone. Contratti Commercialli, cit., p. 345. Tradução nossa.

[477] Na lição de Guido Alpa: "[...] somente empresas de grandes dimensões, que tenham máquinas e plantas tecnologicamente avançadas, constituídas com capitais enormes, podem executar contratos de *engineering*" ("[...] solo imprese di grandi dimensioni, provviste di macchinari e impianti tecnologicamente avanzati, costituite con ingenti capitali, possono eseguire contratti di *engineering*"). ALPA, Guido. Engineering: problemi di qualificazione e di distribuzione del rischio contrattuale, cit., p. 335. Tradução nossa.

[478] Ainda que de modo um pouco impreciso, no dizer de Guido Alpa. ALPA, Guido. I contratti di engineering, cit., p. 72.

ciar, com contribuições diferenciadas e pluralidade de aportes, a realização de uma obra. [479]

À guisa de síntese, pode-se afirmar que a atuação de sociedades de engenharia ou arquitetura como contrapartes é uma característica essencial do gênero contratos de construção de grandes obras. Em obras públicas é exigência legal; em obras privadas, é não somente legalmente permitida[480], mas também um pressuposto da relação jurídica, oriundo da praxe contratual da indústria de construção de obras industriais e de engenharia.

2.4.1.2 Obra Complexa

Orlando Gomes define obra, em sentido lato, como o produto de atividade ou de trabalho, por exemplo "a produção ou modificação de coisas, o transporte de pessoas ou de mercadorias, a realização de trabalho científico ou a criação de obra artística, material ou imaterial"[481].

---

[479] "Se si dovesse rintracciarne, disossandolo dei suoi additivi, un nocciolo base comune, non si andrebbe molto oltre la messa a disposizione di un'organizzazione tecnico-ingegneristica, volta a consentire e propriziare, con contributi differenziati e pluralità di apporti, la realizzazione di un opera." CAGNASSO, Oreste; COTTINO, Gastone. Contratti commercialli, cit., p. 348. Tradução nossa.

[480] Discutiu-se na doutrina e nos tribunais italianos se o exercício das atividades profissionais de engenheiros e arquitetos poderia ser exercido por uma pessoa jurídica. Hoje essa dúvida foi superada, aceitando-se a atuação por sociedades. A respeito, v. ALPA, Guido. Engineering: problemi di qualificazione e di distribuzione del rischio contrattuale, cit., p. 337-339, DI PEPE, Giorgio Schiano. Contratto di *engineering* e società di progettazione: considerazioni preliminarl. In: VERRUCOLI, Piero (Cura). **Nuovi tipi contrattuali e tecniche di redazione nella pratica commerciale – profili comparatisticl.** Milano: Giuffrè, 1978, p. 354-360, ALPA, Guido. I contratti di engineering, cit., p. 76-8i.e.83-84 e o histórico feito por Rosella Cavallo Borgia, CAVALLO BORGIA, Rosella. **Il contratto di engineering**, cit., p. 5-22.

[481] GOMES, Orlando. **Contratos**, cit., p. 363. Observe-se que o conceito ampliado de obra é aceito no direito português para empreitada, como leciona PEREIRA, Jorge de Brito. Do conceito de obra no contrato de empreitada. **Revista da Ordem dos Advogados**. Lisboa, v. 54, n. 2, p. 569-622, 1994. João Calvão da Silva sustenta entendimento contrário, defendendo ser aceitável como obra na empreitada apenas aquelas de natureza material. SILVA, João Calvão. Empreitada e responsabilidade civil. In: SILVA, João Calvão. **Estudos de direito civil e processo civil (pareceres)**. Coimbra: Almedina, p. 9-40, 1999.

Para Ricardo Luis Lorenzetti, obra é "uma elaboração intelectual ou material realizada em forma autônoma que se concretiza em uma coisa imóvel".[482]

Hely Lopes Meirelles, ao definir construção, chama nossa atenção para seu dúplice significado, como atividade e como obra:

> *Construção*, em sentido técnico, oferece-nos o duplo significado de atividade e de obra. Como *atividade*, indica o conjunto de operações empregadas na execução do projeto; como *obra*, significa toda realização material e intencional do homem, visando adaptar a natureza às suas conveniências. Nesse sentido, até mesmo a demolição se enquadra no conceito de construção, porque objetiva, em última análise, a preparação do terreno para melhor aproveitamento.[483]

Na legislação portuguesa sobre construção civil e obras públicas (Decreto-lei nº 12/2004), obra é "todo o trabalho de construção, reconstrução, ampliação, alteração, reparação, conservação, reabilitação, limpeza, restauro e demolição de bens imóveis, bem como qualquer outro trabalho que envolva processo construtivo"[484].

Em nosso direito, a Lei nº 8.666/93, que rege a contratação de obras públicas, distingue obra e serviço. Obra seria "toda construção, reforma, fabricação, recuperação ou ampliação, realizada por execução direta ou indireta" (artigo 6º, I). Serviço compreenderia "toda atividade destinada a obter determinada utilidade de interesse para a Administração" (artigo 6º, II). Na lista exemplificativa de serviços estão atividades diversas, tais como "demolição, conserto, instalação, montagem, operação, conservação, reparação, adaptação, manutenção, transporte, locação de bens, publicidade, seguro ou trabalhos técnico-profissionais" (artigo 6º, II).

A distinção entre uma obras simples do ponto de vista técnico, tecnológico ou financeiro é relevante. A própria Lei nº 8.666/93 determina tratamento distinto para obras e serviços de menor monta daqueles de grande vulto (artigo 6º, V).

---

[482] "[...] una elaboración intelectual y material realizada en forma autónoma que se concreta en una cosa inmueble". LORENZETTI, Ricardo Luis. **Tratado de los contratos**, cit., p. 689. Tradução nossa.

[483] MEIRELLES, Hely Lopes. **Direito de construir**, cit., p. 411. Grifos do autor.

[484] BUSTO, Maria Manuel. **Manual Jurídico da Construção**. Coimbra: Almedina, 2004, p. 16.

ANATOMIA DOS CONTRATOS DE CONSTRUÇÃO

Em várias legislações são feitas distinções com base em algum critério objetivo, segregando obras de porte distinto. Na legislação do estado de Nova Iorque, nos Estados Unidos da América, são considerados contratos de construção apenas aqueles que tenham por escopo

> [...] a construção, reconstrução, alteração, manutenção, desloca-mento ou demolição de qualquer prédio, estrutura ou melhoramento, ou que se relacionem a escavação ou qualquer outro melhoramento ou desenvolvimento da terra e em que o custo agregado de cons-trução do projeto, incluindo trabalho, serviços, materiais e equipa-mentos a serem fornecidos seja igual ou supere US$250.000,00.[485]

Na empreitada, a realização de uma obra, perfeita e acabada, um *opus perfectum*, é o seu objeto, o resultado desejado. O mesmo pode ser dito a respeito do fim último dos contratos de construção. Nas palavras de Guido Alpa:

> Na realidade, se deduz na obrigação não uma atividade, mas uma prestação, um opus (assim ocorre na maior parte dos casos, incluindo aqueles casos de assistência técnica, em que, de fato, se executam atividades continuadas) que pode consistir seja na elaboração de projeto, seja na execução de um empreendimento ou outros traba-lhos símiles. [486]

---

[485] "[...] construction, reconstruction, alteration, maintenance, moving or demolition of any building, structure or improvement, or relating to the excavation of or other development or improvement to land, and where the aggregate cost of the construction project including all labor, services, materials and equipment to be furnished, equals or exceeds $250,000". Assim, diferentemente da legislação da Inglaterra e de Wales, não são considerados contratos de construção aqueles celebrados com o estado ou que tenham por objeto obras de pequena monta. Conforme a New York General Business Law § 756 (1), *apud* FLEMING, Thomas M.; MASON, Maryrose (Eds.). **New York Jurisprudence 2d**, cit., § 370. Tradução nossa.

[486] "In realtà, si deduce in obbligazione non una attività, ma una prestazione, un opus (così accade nella maggior parte dei casi, tranne nei casi di assistenza tecnica, ove, in effetti, si eseguono attività continuative) che puó consistere sia nella progettazione, sia nella esecuzione di un impianto, o di altri lavori assimilabili". ALPA, Guido. I contratti di engineering, cit., p. 72. Tradução nossa.

Na esteira do entendimento de tais autores, em contratos de construção, na acepção utilizada neste trabalho, admite-se a obra como produto tanto imaterial quanto material. Naqueles contratos limitados à execução de projetos de engenharia ou arquitetura, por exemplo, o resultado seria uma obra imaterial. Nos contratos de construção com objetos mais amplos, compreendendo projetos e execução, o resultado seria uma obra física.

2.4.1.3 Prestações Complexas e Articuladas

Rosella Cavallo Borgia ensina-nos que uma das características do contrato de *engineering* é a complexidade e a articulação entre as prestações:

> [...] conotações especificamente caracterizantes do novo modelo contratual vão individuadas na complexidade de atividade desenvolvida, tanto da parte dos sujeitos dotados de formação profissional correspondente àquela de engenheiro ou de arquiteto quanto na integração recíproca da mesma atividade em existência e confluente no resultado final articulado.[487]

Na mesma linha é a lição de Ricardo Luis Lorenzetti, que afirma que "objeto deste contrato é sumamente complexo tanto no plano das múltiplas obrigações como em sua complexidade técnica"[488].

Roberto Rosapepe, por sua vez, diz, sem hesitar, que "por reconhecimento unânime, o contrato de engineering se caracteriza pela complexidade das prestações assumidas pelo engenheiro"[489].

Um dos contratos mais emblemáticos de construção, que é o EPC, agrega, para ambas as partes, uma pluralidade de prestações, intimamente interconectadas que necessitam ser articuladas para permitir a consecu-

---

[487] "[...] i connotati specificamente caratterizzanti il nuovo modello contrattuale vanno individuati nella complessità dell'atività svolta, anche da parte di soggetti dotati di formazione professionale corrispondente a quella dell'ingegnere e dell'architetto e nella integrazione reciproca delle stesse attività poste in essere e confluenti nell'articolato risultato finale". CAVALLO BORGIA, Rosella. **Il contratto di engineering**, cit., p. 135. Tradução nossa.

[488] "El objeto de este contrato es sumamente complejo tanto en el plano de las múltiples obligaciones como en su complejidad técnica". LORENZETTI, Ricardo Luis. **Tratado de los contratos**, cit., p. 652. Tradução nossa.

[489] ROSAPEPE, Roberto. Engineering, cit., p. 401.

ANATOMIA DOS CONTRATOS DE CONSTRUÇÃO

ção da obra[490]. As prestações serão tanto mais complexas e exigirão tanto mais articulação quanto maior for o nível de complexidade técnica, tecnológica e financeiro do projeto. Ainda, quanto mais abrangente for o escopo do programa contratual, ou quanto mais especialidades envolvidas, mais interações serão exigidas pela dinâmica da relação das partes.

A articulação das prestações também pode ser característica da atuação da contratada ou do fato de haver mais de uma contratada. Nos modelos de parceria e aliança de projetos há um alto nível de inter-relação entre as prestações de todos os envolvidos, com uma organização sequencial de atividades e com impactos recíprocos que exigem uma intensa interação.

Mesmo em arranjos contratuais tradicionais, como a empreitada ou o EPC, no Brasil é bastante comum que o contrato de construção seja celebrado por um consórcio, seja pelo desafio financeiro, seja pelo desafio técnico ou tecnológico. Assim, a articulação das prestações pode ocorrer também da perspectiva dos vários sujeitos contratados, e essa articulação eleva a complexidade das relações:

> Em grandes obras, o número de pessoas e entidades que são envolvidas cria ainda outra camada de complexidade. A força de trabalho em um grande projeto internacional pode exceder dez mil pessoas durante o pico da construção. Centenas de companhias precisam ser coordenadas para o projeto ter sucesso; elas incluem engenheiros, arquitetos, contratados, subcontratados, fabricantes

---

[490] Exemplificando a complexidade das tarefas e dos muitos envolvidos: "A construção de um projeto de energia elétrica é uma tarefa complicada envolvendo numerosos interesses, contratados e subcontratados. De modo a realizar o projeto com sucesso e dentro do prazo, a cooperação de todas as partes é crítica. Para esse fim, o principal contratado deve ser contratualmente obrigado a cooperar, durante o projeto, com o desenvolvedor deste, os financiadores, outros subcontratados, o engenheiro independente e talvez a parte que tenha contratado a compra da produção do projeto." ("The construction of an electric power project is a complicated task involving numerous interests, contractors, and subcontractors. In order for the project to be completed successfully and on time, the cooperation of all parties is critical. To this end, the general contractor will be contractually required to cooperate throughout the project with the project developer, the lenders, other subcontractors, an independent engineer, and perhaps the party that has contracted to purchase the output from the project.") BROUSSARD, Buddy; MARTIN, Jay G.; STIBBS Jr., John H. The importance of engineering, procurement and construction contracts in electric power projects, cit., p. 768. Tradução nossa.

de equipamento, fornecedores de materiais, transportadores, instituições financeiras e companhias de seguro.[491]

Outro ponto relevante é a integração da dinâmica de fatores externos ao contrato de construção, fatores esses que contribuem para a complexidade das prestações e do objeto e para a necessidade de articular as prestações dos envolvidos:

> [...] a sempre maior especialização das prestações requeridas, a crescente interdisciplinariedade subsequente e a necessidade de desenvolvimento tecnológico constante provocam uma ininterrupta e progressiva variação do conteúdo contratual sempre muito articulado e integrado.[492]

2.4.2 Características Econômico-Financeiras

Os projetos de grandes obras possuem algumas características bastante disseminadas na literatura. Eles requerem capital intensivo, são indivisíveis, irreversíveis, de longa duração e apresentam ativos e investimentos específicos.

Como parte do arranjo econômico-financeiro subjacente a um megaprojeto, há uma multiplicidade de riscos interagindo de forma dinâmica. A alocação e partilha de riscos são usualmente tratadas via o próprio contrato de construção e de seguros, mas também via estrutura de financiamento da obra. Cabe pincelarmos tais pontos.

---

[491] "On large projects, the sheer number of people and entities that are involved creates yet another layer of complexity. The work force on a major international project can exceed ten thousand during the peak of construction. Hundreds of companies must be coordinated for the project to succeed; these include engineers, architects, contractors, subcontractors, equipment manufacturers, material suppliers, carriers, freight forwarders, financial institutions, and insurance companies". BARRU, David J. How to guarantee contractor performance on international construction projects: comparing surety bonds with bank guarantees and standy letters of credit, cit., p. 51-52. Tradução nossa.

[492] "[...] la sempre maggiore specializzazione delle prestazioni richieste, la crescente interdisciplinarietà che ne consegue, la necessità di tecnologie costantemente evolute, provocano ininterrote e progressive variazioni dei contenuti contrattuali sempre più articolati ed integrati". CAVALLO BORGIA, Rosella. **Il contratto di engineering**, cit., p. 29. Tradução nossa.

ANATOMIA DOS CONTRATOS DE CONSTRUÇÃO

2.4.2.1 Capital Intensivo, Indivisibilidade e Irreversibilidade

Os projetos de grandes obras exigem um investimento inicial gigantesco. Roger Miller e Donald R. Lessard afirmam que "o preço de entrada – os gastos iniciais exigidos para dar forma a um projeto e ter a oportunidade de investir alguns bilhões de dólares na construção – é perto de 35 por cento do custo total, dependendo do projeto"[493].

E os altos valores investidos inicialmente nem sempre são recompensados. É alta a probabilidade de não se seguir adiante, de nem se iniciar a construção de um empreendimento no qual foram investidos altos volumes na fase de estudos[494].

Outra característica dos megaprojetos é a indivisibilidade. Em pequenos projetos, é factível que o proprietário divida a obra em etapas e administre cada uma das fases com cada um dos contratados. Mas em grandes projetos a coordenação das etapas, atribuição de grande dificuldade, costuma fazer parte das atribuições do contratado principal[495].

A indivisibilidade tem também outro sentido. Em obras de infraestrutura, fala-se em indivisibilidade com o significado de o projeto "não poder ser quebrado em partes para reduzir a exposição"[496]. Um projeto pode ser segregado em grandes fases, como de desenvolvimento estratégico e de construção. Mas cada uma dessas fases, por sua vez, dificilmente é segregável em etapas ou fases menores, pois a natureza do ativo raramente permite sua utilização em partes. Os ativos dessa natureza tornam-se utilizáveis, via de regra, quando integralmente prontos:

---

[493] "The price of entry – the up-front expenditure required to shape a project and have the opportunity to commit a further billion dollars in construction – is as much as 35 percent of the overall cost, depending on the project". MILLER, Roger; LESSARD, Donald R. Introduction, cit., p. 12. Tradução nossa.

[494] "Muitos patrocionadores gastaram dezenas de milhares, ou às vezes centenas de milhares, de dólares em projetos que são abortados antes da construção". ("Many sponsors have spent tens of millions, or sometimes hundreds of millions, of dollars on projects that are killed before construction"). MILLER, Roger; LESSARD, Donald R. Introduction, cit., p. 12. Tradução nossa.

[495] HELDT, Cordula. Internal relations and semi-spontaneous order: the case of franchising and construction contracts. In: AMSTUTZ, Marc; TEUBNER, Gunther (Eds.). **Networks – Legal issues of multilateral co-operation**. Oxford and Portland: Hart, 2009, p. 139.

[496] "[...] cannot be broken into parts to reduce exposure". MILLER, Roger; LESSARD, Donald R.. Introduction, cit., p. 12. Tradução nossa.

Uma vez que a opção de construir em estágios é geralmente fechada, os patrocinadores comprometem altos volumes de recursos para construir estradas, represas, metrôs, ou plataformas de petróleo muito antes que eles gerem receita. Os patrocinadores não podem usualmente testar o mercado usando soluções parciais porque não existe mercado para elas.[497]

A irreversibilidade que marca os investimentos em grandes obras significa a impossibilidade de utilização diversa dos ativos, que são considerados *sunk assets*[498].

2.4.2.2 Longa Duração e Especificidade do Ativo e do Investimento

Em regra, alguém que deseje adquirir determinados bens, especialmente os "comoditizados", pode adquiri-los à vista no mercado. Nestas circunstâncias, as trocas costumam ser instantâneas e, por consequência, os contratos costumam conter termos e condições relativamente simples.

Em certas indústrias, a aquisição de insumos, por exemplo, pode se dar tanto no mercado *spot* quanto tendo por base contratos de fornecimento de longo prazo. Todavia, em dadas contratações, pela natureza do objeto (por exemplo, a construção de uma obra de grande porte, como uma hidrelétrica ou uma plataforma de extração de petróleo), não existe a possibilidade de o adquirente se utilizar do mercado *spot*. É o que ocorre em grandes obras e na indústria de construção de um modo geral.

As características de megaprojetos costumam ser bastante particulares e, pela natureza dos empreendimentos e do mercado, eles são realizados mediante ordens específicas, realizando obras muitas vezes únicas[499].

---

[497] "Since the option to build in stages is often closed, sponsors must commit large sums to build roads, dams, subways, or oil wells before they can generate revenues. Sponsors cannot usually test markets by building partial solutions simply because there is no market for them". MILLER, Roger; LESSARD, Donald R. Introduction, cit., p. 12. Tradução nossa.

[498] "Equipamentos de mineração podem ser revendidos em mercados secundários, mas pontes, rodovias, túneis e plantas de energia são *sunk assets*". ("Mining equipment may be resold in secondary markets, but bridges, roads, tunnels, and power plants are sunk assets"). MILLER, Roger; LESSARD, Donald R. Introduction, cit., p. 12. Tradução nossa.

[499] CLOUGH et al. **Construction contracting: a practical guide to company management**, cit., p. 5.

ANATOMIA DOS CONTRATOS DE CONSTRUÇÃO

Nesse cenário, em oposição aos contratos de execução instantânea, os contratos tornam-se mais complexos, por causa da postergação do momento da troca: a partir da contratação, as partes fazem investimentos com vistas ao cumprimento diferido das obrigações assumidas para a entrega de bens de caráter idiossincráticos.

Consoante a ECT, os contratos de longo prazo têm por função primordial "facilitar as trocas entre as partes que realizam investimentos específicos na relação"[500].

As partes, ao terem realizado investimentos específicos para determinadas relações contratuais e determinados ativos, ficam em situação de "*lock-in*", "amarradas" uma à outra. Nessa situação, dada a especificidade do investimento e dos ativos, a opção de ir ao mercado que, por exemplo, existia no momento imediatamente anterior à contratação, torna-se limitada, se e quando existente[501].

Celebrado o contrato e feitos esses investimentos específicos, especiais, surge o chamado problema de "*hold-up*"[502]: ciente de que é titular de uma posição jurídica e/ou de um ativo importante, uma das partes agarra-se a tal posição ou ativo e barganha com a outra de modo oportunístico, fazendo demandas que, em circunstâncias diferentes, não houvesse a dependência da outra parte, talvez o barganhante não exigisse[503, 504].

Os contratos de construção de grandes obras enquadram-se precisamente nessa categoria: contratos de longa duração nos quais há especifi-

---

[500] HART, Oliver; MOORE, John. Incomplete contracts and renegotiation. **Econometrica**, v. 56, n. 4, 1988, p. 755. Tradução nossa.

[501] HART, Oliver; MOORE, John. Incomplete contracts and renegotiation, cit., p. 755.

[502] Esse problema foi inicialmente articulado por Victor P. Goldberg em seu artigo Regulation and administered contracts. **The Bell Journal of Economics**, v. 7, n. 2, p. 426-448, 1976.

[503] "Consequência direta do egoísmo do agente econômico é o seu oportunismo, que o mantém à espreita, visando a identificar e usar em seu favor todas as oportunidades que surgirão, ainda que em detrimento dos outros" FORGIONI, Paula A. **Teoria geral dos contratos empresariais**, cit., p. 113.

[504] MacLeod dá uma definição diferente de "*hold-up*" ou *ex post hold-up*. Ele se manifesta quando um evento não previsto pelas partes se concretiza; uma das partes, por preemências diversas, tem de agir, mesmo incorrendo em custos adicionais e sem poder renegociar o contrato com a outra parte. MACLEOD, W. Bentley. Complexity and contract. In: BROUSSEAU, Eric; GLACHANT, Jean-Michel (Eds.). **The economics of contracts – theories and applications**. Cambridge: Cambridge University, 2002, p. 214.

cidade do investimento voltada especialmente a uma relação contratual[505]. Com efeito, os escopos dos megaprojetos requerem muitos anos para serem completados. Há um decurso de prazo razoável a partir da formação do contrato até o adimplemento pleno do seu objeto[506].

Em grandes projetos, o problema do *"hold-up"* é o pano de fundo especialmente propício para a ação oportunista. Comparando-o com a seleção adversa e o risco moral, Williamson observa a importância da preocupação com o oportunismo nas tratativas comerciais:

> Não apenas as falhas em auto declarar os atributos verdadeiros ex ante (seleção adversa) e o desempenho verdadeiro ex post (risco moral) estão ambas subsumidas no oportunismo, mas também a falha em dizer a verdade, a inteira verdade e nada mais que a verdade está implicada no oportunismo. Admite-se a possibilidade de os agentes econômicos mentirem, trapacearem e roubarem. Admite-se a possibilidade de que o agente econômico irá observar a letra mas violar o espírito do contrato. Admitem-se as possibilidades de que os agentes econômicos irão deliberadamente induzir à quebra do contrato e demonstrar outras formas de comportamento estratégico. De modo mais geral, a referência não apologética ao oportunismo clama por atenção e ajuda a desconstruir um conjunto mais amplo de fenômenos que normalmente aparecem quando a referência é feita à seleção adversa e ao risco moral.[507]

---

[505] Klein, Crawford e Alchian, em sua obra de 1978, foram os primeiros a investigar o impacto de investimentos específicos nas relações contratuais. A respeito, v. KLEIN, B.; CRAWFORD, R.; ALCHIAN, A.. Vertical integration, appropriate rents and the competitive contracting process. **Journal of Law and Economics**, v. 21, n. 1, p. 297-326, 1978.

[506] "The journey from initial conception to ramp-up and revenue generation takes 10 years on average". MILLER, Roger; LESSARD, Donald. Introduction, cit., p. 7. Tradução nossa.

[507] "Not only are the failures to self-disclose true attributes *ex ante* (adverse selection) and true performance *ex post* (moral hazard) both subsumed under opportunism, but the failure to tell the truth, the whole truth and nothing but the truth is implicated by opportunism. The possibilities that economic agents will lie, cheat and steal are admitted. The possibility that an economic agent will conform to the letter but violate the spirit of an agreement is admitted. The possibilities that economic agents will deliberately induce breach of contract and will engage in other forms of strategic behavior are admitted. More generally, the unapologetic reference to opportunism invites attention to and helps to unpack a much wider set of phenomena than normally arise when reference is made to adverse selection and moral hazard". WILLIAMSON, Oliver E. Opportunism and its critics. **Managerial and Decision**

ANATOMIA DOS CONTRATOS DE CONSTRUÇÃO

É inevitável o surgimento de contingências que exigem que as partes retornem à mesa de negociação. Ante o elevado nível de dependência e vulnerabilidade, é nesse momento que o autointeresse manifesta-se de modo egoístico e não-cooperativo: "as partes sabem que comportamentos oportunísticos costumam compensar; acordos, comunidade de interesses, e reputação são deixados de lado"[508].

Em circunstâncias semelhantes, o contrato ganha relevo especial. Necessita ele regular os termos e as condições da troca e o adimplemento que é diferido no tempo mas exige investimentos no momento da celebração. Cabe ao contrato o papel dúplice de, concomitantemente, incentivar que as partes realizem os investimentos específicos necessários *ex ante* e desincentivar, após a celebração, um eventual comportamento oportunístico[509, 510].

Economics, v. 14, n. 2, 1993, p. 101. Tradução nossa. Sobre seleção adversa, ver o clássico artigo de AKERLOF, George A. The market for 'lemons': quality uncertainty and the market mechanism. **Quarterly Journal of Economics**, v. 84, p. 488-500, 1970.

[508] "Parties know that opportunistic actions pay off; agreements, community of interests, and reputation are then pushed aside". MILLER, Roger; LESSARD, Donald R.. Public goods and private strategies. In: _____. (Orgs.). **The strategic management of large engineering projects: - shaping institutions, risks and governance**. Hong Kong: MIT, 2000, p. 22-23.

[509] A partir da visão do homo economicus tal como concebido pela ECT, a síntese sobre a contratação pode ser a seguinte: "A economia dos custos de transação enfatiza duas mensagens [...]. Em primeiro lugar, não contrate de modo ingênuo. Em segundo lugar, tente mitigar o oportunismo de modo eficiente do ponto de vista de custos. Ambos estão bastante relacionados. [...] As transações que estão sujeitas ao oportunismo ex post irão se beneficiar se proteções eficientes do ponto de vista de custos puderem ser elaboradas ex ante. Em vez de retribuir o oportunismo na mesma moeda, o príncipe sábio é aquele que busca dar e receber compromissos críveis. Essa é uma resposta contratual muito mais profunda e importante, mas exige que os obstáculos do oportunismo sejam encarados, em lugar de suprimidos". ("Transaction cost economics emphasizes two other messages instead. First, do not contract in a naive way. Second, attempt to mitigate opportunism in cost-effective ways. These two are closely related. [...] Transactions that are subject to *ex post* opportunism will benefit if cost-effective safeguards can be devised *ex ante*. Rather than reply to opportunism in kind, the wise prince is one who seeks to both give and receive credible commitments. That is a much deeper and more important contractual response, but it requires that the hazards of opportunism be faced candidly rather than suppressed."). WILLIAMSON, Oliver E. Opportunism and its critics, cit., p. 105. Tradução nossa.

[510] Sobre a relevância da escolha da contraparte: "O que se deve inibir é o real poder, diante da necessidade de ativos específicos (idiossincráticos) para que o adimplemento da prestação se dê a tempo e de forma exata, que, na economia de custos de transação, é fator relevante para a tomada de decisão, pois esses ativos não se prestam a outra utilidade ou função salvo

CONTRATOS DE CONSTRUÇÃO DE GRANDES OBRAS

Não é de se estranhar, portanto, que estudos empíricos a respeito de contratos de longo prazo confirmem que, quando há especificidade de investimentos e de ativos, os contratos tendem a ser mais complexos[511].

No momento em que optam por celebrar um contrato com extenso prazo de duração, as partes buscam a segurança e os benefícios de um planejamento de longo prazo. Mas há uma troca quase necessária entre segurança e flexibilidade para ajustes[512]. Na dicção de Terence Daintith:

> As partes podem reduzir a incerteza por meio de contratos de longo prazo ao prever um espectro de possibilidades e determinar antecipadamente o comportamento de troca em tais circunstâncias. Um problema com essa técnica é a capacidade limitada de contratos de se adaptarem a mudanças futuras nas circunstâncias de um tipo ou intensidade que as partes não previram. Se os contratos forem rígidos demais para eliminar as incertezas não previstas eles podem ruir sob a pressão dos eventos imprevistos.[513]

aquela que leva à sua aquisição. A escolha da contraparte torna-se elemento relevante para o sucesso da operação, pois de seu comportamento decorrerão os resultados visados". VERÇOSA, Haroldo M. D.; SZTAJN, Rachel. **Curso de direito comercial**. São Paulo: Malheiros, v. 4, tomo 1, 2011, p. 87-88.

[511] A respeito, ver JOSKOW, Paul L. Contract duration and relationship-specific investments: empirical evidence from coal markets. **The American Economic Review**, v. 77, n. 1, p. 168-185, 1987. Ver ainda, do mesmo autor, Price adjustment in long-term contracts: the case of coal. **Journal of Law and Economics**, v. 31, n. 1, p. 47-83, 1988, Vertical integration and long-term contracts: the case of coal-burning electric generating plants. **Journal of Law, Economics, & Organization**, v. 1, n. 1, p. 33-80, 1985, e The performance of long-term contracts: further evidence from coal markets. **The RAND Journal of Economics**, v. 21, n. 2, p. 251-274, 1990.

[512] Diz Baird: "A tensão entre a necessidade de se fixar responsabilidades no início e a necessidade de reajustá-las ao longo do tempo permeia as relações contratuais de longo prazo". ("This tension between the need to fix responsibilities at the outset and the need to readjust them over time permeates the long-term contractual relationship.") BAIRD, Douglas G. Self-interest and cooperation in long-term contracts. **Journal of Legal Studies** v. 19, n. 2, 1990, p. 586. Tradução nossa.

[513] "Parties may reduce uncertainty through long-term contracts by foreseeing a range of future possibilities and determining in advance their trading behaviour in such circumstances. One problem with this technique is the limited capacity of contracts to cope with future changes of circumstances of a kind or intensity which the parties did not foresee. If contracts are rigid enough to eliminate unforeseen uncertainties they may break under the strain of unforeseen events." DAINTITH, Terence. The design and performance of long-term contracts. In: DAINTITH, Terence; TEUBNER, Gunther (Eds.). **Contract and organization:**

ANATOMIA DOS CONTRATOS DE CONSTRUÇÃO

Para alguns autores, como Victor P. Goldberg, partes comercialmente sofisticadas celebram contratos de longo prazo justamente com o intuito de administrar, gerenciar riscos[514]. As partes pretenderiam, via contrato, encontrar formas ou mecanismos de lidar com riscos e com o oportunismo, para buscar aumentar o valor do relacionamento[515]. O contrato conteria um conjunto de mecanismos de adaptação, os quais permitiriam às partes reajustar o pactuado caso um fato ou um evento novo surgisse[516]. Portanto, o contrato aumentaria o valor do relacionamento, na medida em que possibilitaria o "reajuste na busca do interesse comum"[517].

2.4.2.3 Riscos

Peter L. Bernstein aponta que risco vem do latim *risicare*, que significa ousar. O risco seria "mais uma escolha do que um destino"[518]. Quem escolhe realizar ou participar de uma obra, escolhe assumir riscos. E muitos são os riscos em um megaprojeto.

---

legal analysis in the light of economic and social theory. New York: De Gruyer, 1986, p. 171. Tradução nossa.

[514] GOLDBERG, Victor P. Risk management in long-term contracts. **Columbia Law and Economics Working Paper n. 282**, p. 2, 2005. Disponível em: <http://ssrn.com/abstract=805184>. Acesso em 22 set. 2010.

[515] Em obra famosa anterior, Goldberg e Erickson afirmavam que "as partes em um contrato de longo prazo têm um interesse mútuo de desenhar um contrato que maximize o valor para ambas. Mas têm também, todavia, um interesse egoístico de obter uma parcela individual maior, mesmo que, ao fazer isso, elas reduzam o valor total. [...] Muito da estrutura dos contratos reflete tentativas das partes de limitar o comportamento não cooperativo de modo a aumentar o tamanho da torta". ("The parties to a long-term contract have a mutual interest in designing a contract that maximizes its value to both parties. They also, however, have a selfish interest in achieving a large individual share, even if doing so results in a reduced overall value. [...]. Much of the structure of contracts reflects the attempts of parties to constrain their noncooperative behavior in order to increase the total pie"). GOLDBERG, Victor P.; ERICKSON, John R. Quantity and price adjustment in long-term contracts: a case study of petroleum coke. **Journal of Law and Economics**, v. 30, n. 2, p. 369-398, 1987. Tradução nossa.

[516] Exemplos de cláusulas de adaptação seriam as de renegociação de preço ou a da "most-favored-nation" (preços em determinada região geográfica). MULHERIN, J. Harold. Complexity in long-term contracts: an analysis of natural gas contractual provisions. **Journal of Law, Economics & Organizaition**, v. 2, n. 1, 1986, p. 111.

[517] GOLDBERG, Victor P. Risk management in long-term contracts, cit., p. 4.

[518] "[...] risk is a choice rather than a fate". BERNSTEIN, Peter L. **Against the gods: the remarkable story of risk**. New York: Wiley & Sons, 1996, p. 8. Tradução nossa.

CONTRATOS DE CONSTRUÇÃO DE GRANDES OBRAS

Na distinção já clássica de Frank Knight entre risco e incerteza, o risco pode ser medido, previsto em termos estatísticos, enquanto a incerteza não é passível de mensuração. Diz Knight:

> O termo "risco", como usado de forma lassa na linguagem vulgar e na discussão econômica, de fato abarca duas coisas que, do ponto de vista funcional, nas suas relações causais com os fenômenos da organização empresarial, são categoricamente distintas. [...] O fato essencial é que "risco" significa, em alguns casos, uma quantidade suscetível de mensuração, enquanto em outras situações é algo distinto [...]. Afigura-se que uma incerteza *mensurável*, ou "risco" propriamente dito, como nós usamos o termo, é muito diferente de algo não *mensurável* [...]. Restringiremos o uso do termo "incerteza" para os casos do tipo não quantitativo.[519]

Para a administração, risco, em termos gerais, "é a possibilidade de que eventos, os impactos resultantes, as ações associadas, e a interação dinâmica entre os três possam resultar diferente do previsto"[520]. A incerteza, por sua vez, "caracteriza situações em que os possíveis resultados não são inteiramente compreendidos"[521]. Há incerteza na forma fraca e na forma forte. Na primeira, os administradores "têm informação suficiente

---

[519] "The term 'risk', as loosely used in everyday speech and in economic discussion, really covers two things which, functionally at least, in their causal relations to the phenomena of economic organization, are categorically different. [...] The essential fact is that 'risk' means in some cases a quantity susceptible of measurement, while at other times it is something distinctly [...] It will appear that a *measurable* uncertainty, or 'risk' proper, as we shall use the term, is so far different from an *unmeasurable* one that it is not in effect an uncertainty at all. We shall accordingly restrict the term 'uncertainty' to cases of the non-quantitative type". KNIGHT, Frank. **Risk, uncertainty and profit**. Kissimmee: Signalman, 2009, p. 19-20. Grifos do autor. Tradução nossa.

[520] "[...] is the possibility that events, the resulting impacts, the associated actions, and the dynamics interactions among the three may turn out differently than anticipated". MILLER, Roger; LESSARD, Donald R. Mapping and facing the landscape of risks. In: _____. (Orgs.). **The strategic management of large engineering projects - shaping institutions, risks and governance**. Hong Kong: MIT, 2000, p. 76. Tradução nossa.

[521] "[...] characterizes situations in which potential outcomes are not fully understood". MILLER, Roger; LESSARD, Donald R. Mapping and facing the landscape of risks, cit., p. 76. Tradução nossa. Os autores apontam que, da perspectiva de administração, a incerteza é "a ignorância sobre certos estados da natureza e as estruturas causais dos problemas decisórios"

ANATOMIA DOS CONTRATOS DE CONSTRUÇÃO

para estruturar problemas, estimar a distribuição e construir modelos de decisão"[522]. Na segunda, "há tal ausência de conhecimento e informação que as questões do processo de tomada de decisão se tornam ambíguos"[523, 524].

Dentre os diversos tipos de risco, abaixo seguem identificados, de modo breve, apenas alguns julgados principais. Note-se que, na literatura, há certa variação na taxonomia dos riscos e sobreposição de situações que são enquadradas em riscos diversos, conforme a taxonomia adotada[525].

("[...] is ignorance of the true states of nature and the causal structures of decision issues"), cit., p. 76. Tradução nossa.

[522] "[...] have enough information to structure problems, estimate distribution, and build decision models". MILLER, Roger; LESSARD, Donald R. Mapping and facing the landscape of risks, cit., p. 76. Tradução nossa.

[523] "[...] there is such an absence of knowledge and information that decision-making issues are ambiguous". MILLER, Roger; LESSARD, Donald R. Mapping and facing the landscape of risks, cit., p. 76. Tradução nossa.

[524] Extrapolam os limites desta tese as diversas abordagens de tratamento de riscos em megaprojetos. A respeito, ver FLORICEL, Serghei; MILLER, Roger. Strategic systems and templates. In: MILLER, Roger; LESSARD, Donald R. (Orgs.). **The strategic management of large engineering projects - shaping institutions, risks and governance**. Hong Kong: MIT, 2000, p. 113-130, MILLER, Roger; LESSARD, Donald R. Mapping and facing the landscape of risks, cit., p. 82-92, FLYVBJERG, Bent; BRUZELIUS, Nils; ROTHENGATTER, Werner. **Megaprojects and risks - an anatomy of ambition**. Cambridge: Cambridge, 2003, EZEL-DIN, A. Samer; ORABI, Wallied. Risk identification and response methods: views of large scale contractors working in developing countries. In: PANDEY, M. et al (Eds.). **Advances in engineering structures, mechanics & construction**. Dordrecht: Springer, 2006, p. 781-792, HAN, Seung Heon. A risk-based entry decision model for international projects. **KSCE Journal of Civil Engineering**, v. 5, n. 1, p. 87-96, 2001, KLEINDORFER, Paul. Risk management for energy efficiency projects in developing countries. **INSEAD Faculty & research working paper**, 2010/18/TOM/ISIC. Disponível em: <http:ssrn.com/abstract=1579938>. Acesso em 10 nov. 2010, MILLER, Roger; LESSARD, Donald. Evolving strategy: risk management and the shaping of large engineering projects. **MIT Sloan Working Paper 4639-07**, 2007, p. 1-38. Disponível em: <http://ssrn.com/abstract=962460>. Acesso em 2 jun. 2010, e BRANDÃO, Luiz E. T.; SARAIVA, Eduardo C. G. Risco privado em infraestrutura pública: uma análise quantitativa de risco como ferramenta de modelagem de contratos. **Revista de Administração Pública**, v. 41, n. 6, p. 1035-1067, 2007.

[525] Exame aprofundado sobre riscos em PPS foi realizado por Kleber Luiz Zanchim. ZAN-CHIM, Kleber Luiz. **Risco e incerteza nos contratos de parceria público-privada (PPP)**. 2010. 218 f. Tese (Doutorado em Direito) – Departamento de Direito Civil, Faculdade de Direito, Universidade de São Paulo, São Paulo, 2010 e BORGES, Luiz Ferreira Xavier; NEVES, Cesar das. Parceria público-privada: riscos e mitigação de riscos em operações estruturadas em infra-estrutura. **Revista do BNDES**, Rio de Janeiro, v. 12, n. 23, p. 73-118, 2005, e NÓ-

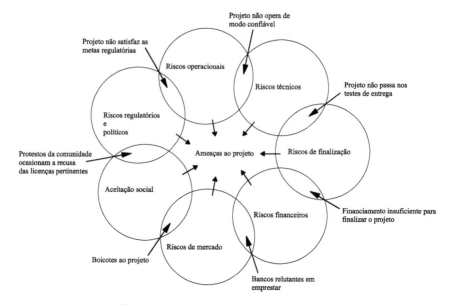

Fonte: FLORICEL, Serghei; MILLER, Roger. Strategic systems and templates, 2000.

Figura 6 - Categorias de riscos

Os riscos técnicos ou tecnológicos são aqueles relacionados aos desafios de engenharia, logística ou tecnologia envolvidos no projeto. Em certas situações, o risco é inerente à tecnologia utilizada ou ao projeto. Em outras, existe domínio da tecnologia, mas a sua aplicação no local da obra pode ter consequências inesperadas, como é o caso da construção de túneis[526].

Os riscos de construção referem-se, de um modo geral, às competências e habilidades do construtor em realizar o projeto tal como contratado[527], ou seja, pelo preço ajustado, no tempo previsto e com o desempenho esperado. Ele engloba eventos que provoquem sobrecustos, atraso no início das operações, problemas de operação ou mesmo não entrega do projeto. São exemplos de riscos de construção as condições geológicas, geomecânicas,

---

BREGA, Marcos. **Direito da infraestrutura**. São Paulo: Quartier Latin, 2011. Sobre outras tipologias de risco, ver ENEI, José Virgílio Lopes. **Project finance: financiamento com foco em empreendimentos**. São Paulo: Saraiva, 2007, p. 196-213.

[526] MILLER, Roger; LESSARD, Donald R. Mapping and facing the landscape of risks, cit., p. 80-81.

[527] MILLER, Roger; LESSARD, Donald R. Mapping and facing the landscape of risks, cit., p. 81.

pluviométricas e hidrológicas no local da obra ou no acesso a ela, a identificação de sítios arqueológicos ou patrimônios culturais, terras indígenas ou quilombolas na área de construção e eventual contaminação ambiental. Outros exemplos consistem na incapacidade do projeto de desempenhar consoante as especificações técnicas, ou de realizar o comissionamento físico ou operacional tempestivamente. Incluem-se nos riscos de construção os infelizes e elevados números de acidentes e mortes.

Os riscos de mercado consistem em não haver a demanda esperada, em erros na previsão da demanda ou mesmo em um crescimento econômico menor que o esperado[528]. Eles podem ser ilustrados pela redução da atividade econômica afetando a demanda, pela competição e pela erosão dos retornos provocada pela inflação.

Os riscos financeiros são representados pela dificuldade de atrair financiadores ou investidores para o projeto, e, ainda, pela "[...] inabilidade de reestruturar os arranjos financeiros caso haja mudanças inesperadas no fluxo de caixa"[529]. Exemplos de riscos financeiros são a escalada da taxa de juros resultando no acréscimo do custo do projeto, o aumento da carga tributária sobre os investidores e financiadores, a alteração no controle societário do investidor com redução da solidez financeira em detrimento do projeto, a incapacidade de realização de aportes adicionais pelos investidores ou o risco de quebra do investidor c do financiador. Quando o projeto é alavancado em moeda estrangeira, costuma-se considerar risco financeiro também os riscos cambiais.

Os riscos de fornecimento reportam-se a incertezas quanto ao preço e ao acesso a insumos. A dimensão de tais riscos costuma ser mais elevada "quando a economia de um determinado projeto está baseada no fornecimento de um insumo chave em termos que são mais favoráveis do que aqueles alcançáveis no mercado"[530]. Há materialização do risco de fornecimento em projetos de hidrelétricas quando há ausência de chuva nos

---

[528] MILLER, Roger; LESSARD, Donald R. Mapping and facing the landscape of risks, cit., p. 78-79.

[529] "[...] the inability to restructure financial arrangements in the event of unexpected changes in cash flows". MILLER, Roger; LESSARD, Donald R. Mapping and facing the landscape of risks, cit., p. 79. Tradução nossa.

[530] "[...] the economics of a particular project are premised on supply of a key input on terms that are more favorable than those obtainable in markets at large". MILLER, Roger; LESSARD, Donald R. Mapping and facing the landscape of risks, cit., p. 80. Tradução nossa.

níveis esperados, tal como ocorre, atualmente com as eclusas de Tucuruí. Após trinta anos de obras e gastos de R$1,6 bilhões, as eclusas somente funcionam em capacidade plena durante a cheia do rio[531]. Outro caso é o da termoelétrica Uruguaiana, que não opera desde 2015 em decorrência da interrupção do fornecimento de gás natural[532]. Ocorre o risco de fornecimento, ainda, quando a sociedade "não é capaz de obter os insumos necessários para as operações ou quando os insumos fornecidos não possuem a qualidade e a quantidade para que as operações aconteçam como programadas"[533].

Os riscos operacionais tratam, de um modo geral, do não funcionamento adequado dos equipamentos instalados no projeto[534] ou de obsolescência técnica acelerada. Há riscos operacionais "quando a planta funciona, mas não é capaz de produzir segundo os parâmetros estabelecidos para as operações"[535]. Exemplos de riscos operacionais seriam uma demanda de insumos superior ao esperado, causando aumento nos custos ou, em função dos equipamentos e materiais escolhidos, aumento nos custos de manutenção e operação. Fazem parte dos riscos operacionais a desatualização tecnológica dos equipamentos e dos serviços, modificações ao produto, ou ainda falhas do operador do empreendimento.

Os riscos públicos ou regulatórios envolvem, de um modo geral, instabilidade e insegurança quanto ao comportamento das instituições governamentais, representados por mudanças normativas, falta de segurança jurídica, ativismo judicial e atrasos na outorga de licenças, permissões e autorizações[536]. Concretamente, são exemplos de riscos regulatórios a mudança de uma norma que provoca diretamente o aumento nos custos de capital ou nos custos operacionais do empreendimento.

---

[531] PEREIRA, Renée. Atrasos limitam capacidade de projetos. **O Estado de São Paulo**, São Paulo, Caderno Economia, p. B7, 9 jan. 2012.

[532] PEREIRA, Renée. Atrasos limitam capacidade de projetos, cit., p. B.7.

[533] PILEGGI, Fulvio Carlos. **Identificação e análise dos riscos de um projeto de project finance, sob a ótica do financiador, para uma usina de açúcar e álcool**. 2010. 86 f. Dissertação (Mestrado em Economia) – Escola de Economia, Fundação Getulio Vargas, São Paulo, p. 36.

[534] MILLER, Roger; LESSARD, Donald R. Mapping and facing the landscape of risks, cit., p. 81.

[535] PILEGGI, Fulvio Carlos. **Identificação e análise dos riscos de um projeto de project finance, sob a ótica do financiador, para uma usina de açúcar e álcool**, cit., p. 37.

[536] MILLER, Roger; LESSARD, Donald R. Mapping and facing the landscape of risks, cit., p. 81-82.

ANATOMIA DOS CONTRATOS DE CONSTRUÇÃO

A oposição de comunidades, organizações não governamentais, agências de desenvolvimento, dentre outros, são considerados riscos sociais[537].

Os riscos soberanos correspondem a decisões governamentais de renegociar contratos e concessões ou de promover atos como expropriação, nacionalização, encampação e outros atos do príncipe[538].

Cada tipo de risco apresenta um peso relativo conforme a finalidade do projeto e o seu estágio de desenvolvimento. Seguem alguns exemplos.

Plataformas de petróleo representam grandes desafios tecnológicos. A exploração da camada de pré-sal é um exemplo conhecido da dificuldade técnica. Mas os riscos sociais, por exemplo, são menores, dada a distância entre o local da realização das obras e aglomerados populacionais e dado o favorecimento a tais projetos pelas receitas e royalties atribuídos aos governos. O risco de mercado, por exemplo, restringe-se ao preço do barril, mas não necessariamente ao volume vendido, já que existe um mercado mundial[539].

Projetos de usinas hidrelétricas são menos difíceis, do ponto de vista técnico. Os riscos de mercado costumam ser matizados via celebração de contratos como o *power purchase agreement*, que até servem como meio de financiamento do próprio projeto. Mas os riscos sociais são muito elevados, pois as áreas de alagamento das represas costumam ser gigantescas. Belo Monte, por exemplo, tem previsão de criar um lago de mais de 500 km². E isso sem mencionar os litígios por questões ambientais.

Túneis, rodovias e projetos de transporte urbano apresentam riscos técnicos e de construção elevados, dadas as surpresas recorrentes durante as obras. Os riscos de mercado também são elevados, já que muitos, no país, estão sob regime ou de concessão ou de parcerias público-privadas.

Veja-se um resumo gráfico dos riscos conforme os projetos:

---

[537] MILLER, Roger; LESSARD, Donald R. Mapping and facing the landscape of risks, cit., p. 81-82.

[538] MILLER, Roger; LESSARD, Donald R. Mapping and facing the landscape of risks, cit., p. 82-83.

[539] MILLER, Roger; LESSARD, Donald R. Mapping and facing the landscape of risks, cit., p. 77.

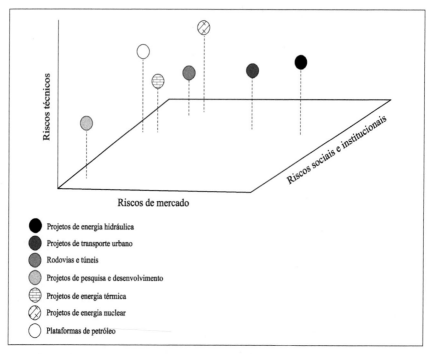

Fonte: LESSARD, Donald; MILLER, Roger. Mapping and facing the landscape of risks, 2000.

Figura 7 - Riscos associados a diferentes projetos

Por fim, cabe mencionar que há uma constante interação entre os riscos em megaprojetos:

> O espectro de riscos está ele próprio imbricado em uma camada de riscos de mercados globais que estão fora do controle de qualquer agente. Caso haja flutuações nas moedas importantes, nas taxas de juros mundiais ou nos preços de commodities chave, os projetos podem ser prejudicados. Os países estão, por sua vez, imersos em uma nova camada de riscos institucionais associados com a ordem financeira, econômica e política.[540]

---

[540] "The range of risks is itself embedded in a layer of global markets risks that are outside the control of virtually all players. Should there be fluctuations in major currencies, world interest rates, or key commodity prices, projects may be thrown in jeopardy. Countries are thus embedded in yet another layer of institutional risks associated with the world financial,

2.4.3 Pertencimento a uma Rede ou Coligação Contratos e Financiamento

2.4.3.1 Rede ou Coligação Contratual

Um tema que tem ganhado espaço na literatura sociológica, econômica e jurídica é o de redes contratuais[541].

Rede, na definição de Hugh Collins, é "o grupamento de arranjos contratuais entre duas ou mais partes com uma finalidade produtiva que requer interação e cooperação entre as partes"[542] ou "uma combinação de contratos relacionais próximos ao extremo híbrido do espectro, juntamente com elementos cooperativos encontrados em associações multilaterais ligadas por meio de contratos bilaterais"[543].

Pode-se elencar como características da rede: a. multiplicidade de partes e de arranjos bilaterais ou multilaterais, b. manutenção das personalidades jurídicas individuais, c. autonomia patrimonial e decisória, d. alocação de riscos individuada; e. cooperação intensiva e flexibilidade de adaptação via mecanismos de governança, f. relações de longo prazo, g. partilha

---

economic and political order". MILLER, Roger; LESSARD, Donald R. Mapping and facing the landscape of risks, cit., p. 85. Tradução nossa.

[541] Pela brevidade exigida, o assunto será apenas pincelado dentro dos limites do tema. Exames aprofundados são encontrados, exemplificativamente, em LORENZETTI, Ricardo Luiz. **Tratado de los contratos**, cit., p. 39-98, TEUBNER, Gunther; COLLINS, Hugh (Eds.) **Networks as connected contracts**. Oxford: Hart, 2011, JACKSON, Matthew O. **Social and economic networks**. Princeton: Princeton, 2008, BRITTO, Jorge N. P. Cooperação industrial e redes de empresas. In: KUPFER, David; HASENCLEVER, Lia (Orgs.). **Economia industrial: fundamentos teóricos e práticas no Brasil**. 7. reimp. Rio de Janeiro: Elsevier, p. 345-388, 2002, e MIZRUCHI, Mark S. Análise de redes sociais: avanços recentes e controvérsias atuais. In: MARTES, Ana Cristina Braga (Org.). **Redes e sociologia econômica**. São Carlos: EdUFSCar, p. 131-159, 2009.

[542] "[...] a grouping of contractual arrangements between more than two parties with a productive aim that requires the interaction and co-operation of all the parties". COLLINS, Hugh. Introduction: the research agenda for implicit dimension of contracts. In: CAMPBELL, David; COLLINS, Hugh; WIGHTMAN, John (Eds.). **Implicit dimensions of contract: discrete, relational and network contracts**. Oxford and Portland: Hart, 2003, p. 19. Tradução nossa.

[543] "[...] a combination of relational contracts close to the hybrid end of the spectrum together with co-operative elements found in multilateral associations linked through bilateral contracts". COLLINS, Hugh. Introduction. In: TEUBNER, Gunther; COLLINS, Hugh (Eds.) **Networks as connected contracts**. Oxford: Hart, 2011, p. 10. Tradução nossa.

de uma finalidade comum, h. interdependência econômica e aprendizado recíproco[544].

Um exemplo clássico de rede é aquela criada entre a construtora, seus subcontratados, fornecedores e empregados destes[545].

Em grandes projetos, o contrato de construção cria uma rede composta tal qual o exemplo citado. Ao mesmo tempo, ele integra uma rede: é um dos diversos contratos necessários para a implementação do empreendimento.

Em linhas gerais, pode-se afirmar que coexistem quatro grandes blocos de contratos na plêiade de um megaprojeto: o contrato de construção, o de financiamento (nos moldes de um *project finance*, ou debêntures, etc.), o de organização ou colaboração empresarial (sob a forma de uma sociedade de propósito específico, uma *joint venture* ou um consórcio) [546, 547] e o securitário.

---

[544] COLLINS, Hugh. Introduction, cit., p. 11.

[545] HELDT, Cordula. Internal relations and semi-spontaneous order: the case of franchising and construction contracts, p. 138-139.

[546] Em oposição à classificação técnico-jurídica, uma categorização dos contratos comerciais segundo critérios de natureza econômica feita por Antunes, ENGRÁCIA. Contratos comerciais: noções fundamentais, cit., p. 29. Faz-se a observação por não haver harmonia entre os doutrinadores quanto às classificações, como ensina AZEVEDO, Antônio Junqueira de. Natureza jurídica do contrato de consórcio (sinalagma indireto), onerosidade excessiva em contrato de consórcio, resolução parcial do contrato. In: _____. **Novos estudos e pareceres de direito privado**. São Paulo: Saraiva, 2009, p. 353-354.

[547] "[...] o contrato de obra se apresenta de forma conexa com um de financiamento e outro de serviços, constituindo-se em um negócio promovido por várias empresas que estão unidas por um vínculo negocial prévio de natureza associativa". ("[...] el contrato de obra se presenta en forma conexa con uno de financiamiento y otro de servicios, constituyéndose en un negocio promovido por varias empresas que están unidas por un vínculo negocial previo de naturaleza asociativa"). LORENZETTI, Ricardo Luis. **Tratado de los contratos**, cit., p. 660. Tradução nossa.

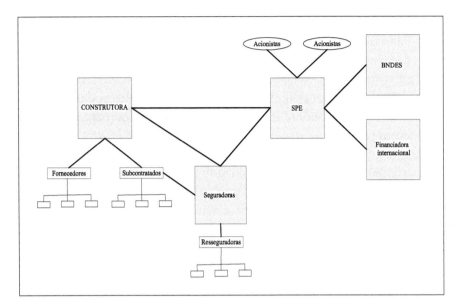

Fonte: elaborada para este estudo.

Figura 8 - Rede contratual de um megaprojeto

Na doutrina jurídica, o exame de redes costuma ser tratado no âmbito da coligação contratual[548], embora alguns sustentem existir uma diferença conceitual entre redes e coligação contratual[549].

Os contratos coligados podem ser definidos como aqueles que "por força de disposição legal, da natureza acessória de um deles ou do conteúdo contratual (expresso ou implícito), encontram-se em relação de dependência unilateral ou recíproca"[550].

---

[548] É a opção feita, por exemplo, por GODOY, Claudio Luiz Bueno de. **A função social do contrato: os novos princípios contratuais**. 2. ed. São Paulo: Saraiva, 2007 e LEONARDO, Rodrigo Xavier. **Redes contratuais no mercado habitacional**. São Paulo: Revista dos Tribunais, 2003.

[549] "[...] entendemos que as redes contratuais não devem ser tratadas no âmbito da teoria da coligação contratual. A afirmação de que se trata de uma subespécie de coligação parece discutível, afigurando-se correta somente se se atribui à coligação contratual um sentido amplíssimo [...]" MARINO, Francisco P. C. **Contratos coligados no direito brasileiro**. São Paulo: Saraiva, 2009, p. 97.

[550] MARINO, Francisco P. C. **Contratos coligados no direito brasileiro**, cit, p. 99.

Luiz Claudio Bueno de Godoy, ao examinar os contratos coligados ou redes, defende que a eficácia social de tais contratos, que extrapola os interesses das partes, demanda uma nova compreensão do princípio da relatividade dos efeitos dos contratos. Assim, os contratos pertencentes à rede são "ajustes interdependentes e inter-relacionados que, podendo vincular pessoas diversas, podem bem fazer-lhes oponível um contrato de que não fizeram parte"[551].

Entre o contrato de construção e os subcontratos existe uma coligação funcional, ou seja, "o destino de ambos os contratos está ligado, não só na sua formação, como também no desenvolvimento e funcionamento das respectivas relações"[552]. A coligação é necessária pois existe entre eles uma subordinação econômica, bem como é uma coligação unilateral, pois as vicissitudes do contrato repercutem nos subcontratos[553].

Já entre o contrato de construção e os demais contratos da rede por ele integrada (financiamento, societário e securitário), a coligação seria funcional e necessária. Em relação ao contrato de financiamento, a coligação seria bilateral em relação ao de financiamento e unilateral em relação ao societário e ao securitário.

Um dos efeitos jurídicos da rede contratual é o surgimento de deveres de lealdade, de apoio ao sistema criado e de deveres de cooperação em geral, bem como deveres de informação e de sigilo[554]. Ainda, as implicações da rede podem englobar situações bastante difíceis de se enquadrar dentro dos limites rígidos da relatividade dos contratos, tais como a possi-

---

[551] GODOY, Claudio Luiz Bueno de. **A função social do contrato: os novos princípios contratuais**. 2. ed. São Paulo: Saraiva, 2007, p. 150.

[552] MARTINEZ, Pedro Romano. **O subcontrato**. Coimbra: Almedina, 2006, p. 194 e 195.

[553] Conforme COSTA, Mário Júlio de Almeida. **Direito das obrigações**. 7. ed. Coimbra: Almedina, 1999, p. 323-324. "A relação de dependência (bilateral ou unilateral) assim criada entre os dois ou mais contratos pode revestir as mais variadas formas. Pode um dos contratos funcionar como *condição*, *contraprestação* ou *motivo* do outro; pode a opção por um ou outro estar dependente da verificação ou não verificação da mesma condição; muitas vezes constituirá um deles a *base negocial* do outro." VARELA, João de Matos Antunes. **Das obrigações em geral**. 10. ed. Coimbra: Almedina, 2000. v. 1. Grifos do autor.

[554] WELLENHOFER, Marina. Third party effects of bilateral contracts within the network. In: AMSTUTZ, Marc; TEUBNER, Gunther (Eds.). **Networks: legal issues of multilateral co-operation**. Oxford: Hart, p. 119-136, 2009.

bilidade de a sociedade proprietária da obra ter de lidar diretamente com um subcontratado ou fornecedor do EPCista, se necessário for[555].

2.4.3.2 Financiamento e Estruturação de Projetos

Por trás de megaprojetos, há necessariamente uma inteligência financeira e jurídica à altura dos representativos volumes de investimentos.

O *project finance*, vale dizer, "a operação de financiamento de um projecto de investimento individual e auto-financiado"[556], é um dos meios mais tradicionais de financiamento de grandes obras no Brasil. Ele é considerado o método de financiamento próprio para viabilizar grandes empreendimentos com "boa qualidade e previsibilidade de fluxo de caixa, com bons resultados econômicos, não só analisados com base na TIR ou no VPL, mas, principalmente, por sua capacidade de criar valor ao *acionista*"[557, 558].

Ele apresenta-se como "uma operação complexa de financiamento, de natureza inominada e atípica, que se desdobra em uma multiplicidade de contratos, relações jurídicas e sujeitos"[559].

Muitas são as modalidades de financiamento como ilustra Farina:

> O financiamento pode se constituir de empréstimos bancários sindicalizados de médio prazo (geralmente a serem refinanciados uma vez terminada a construção da infra-estrutura"); emissão de

---

[555] Os efeitos da formação da rede são muitíssimo interessantes e árduos, porém estão fora dos limites deste trabalho. A respeito, ver os diversos artigos nas obras de AMSTUTZ, Marc; TEUBNER, Gunther (Eds.). **Networks: legal issues of multilateral co-operation**, cit. e TEUBNER, Gunther; COLLINS, Hugh (Eds.) **Networks as connected contracts**, cit., bem como LORENZETTI, Ricardo Luiz. **Tratado de los contratos**, cit..

[556] ENGRÁCIA ANTUNES, José A. **Direito dos contratos comerciais**, cit., p. 529.

[557] BONOMI, Claudio Augusto; MALVESSI, Oscar. **Project finance no Brasil: fundamentos e estudo de casos**. 2. ed. São Paulo: Atlas, 2004, p. 30. Grifos do autor.

[558] Em benefício da síntese, não se ingressará em temas próximos ao financiamento de obras que já foram objeto de estudos importantes, como as parcerias-público privadas. A respeito, ver os artigos contidos nas obras de SUNDFELD, Carlos Ari (Coord.). **Parcerias público-privadas**. São Paulo: Malheiros, 2002, TALAMINI, Eduardo; JUSTEN, Monica Spezia (Coords). **Parcerias público-privadas: um enfoque multidisciplinar**. São Paulo: Revista dos Tribunais, 2005, e CARNEIRO, Maria Christina Fontainha. Investimentos em projetos de infra-estrutura: desafios permanentes. **Revista do BNDES**, Rio de Janeiro, v. 13, n. 26, p. 15-34, 2006.

[559] ENGRÁCIA ANTUNES, José A. **Direito dos contratos comerciais**, cit., p. 530.

títulos no mercado de capitais; dívidas mediante leasing de certos ativos; empréstimo suaves de agências internacionais de crédito; financiamento do governo, etc.[560]

O financiamento de projetos costuma ser embasado em uma combinação de investimentos em capital, emissão de dívida e garantias[561, 562]. Dizem Brealey, Cooper e Habib que a arquitetura financeira de um projeto compreende:

> não somente o objetivo tradicional de obter os fundos mais baratos possíveis, mas também objetivos estratégicos como estruturar a propriedade e o controle e a organização da governança para alocar riscos e tornar a renegociação possível.[563]

Um exemplo desses objetivos mais latos da arquitetura financeira é o empréstimo volumoso feito por uma instituição financeira para o projeto. Na teoria de *project finance*, afirma-se que "a titularidade concentrada de uma dívida bancária facilita e encoraja os bancos emprestadores a devotarem recursos consideráveis à avaliação do projeto e ao monitoramento

---

[560] "La financiación puede consistir de préstamos bancarios sindicados de mediano plazo (generalmente a ser refinanciados una vez completada la construcción de la infraestructura); emisiones de bonos en el mercado de capitales; deuda mediante leasing de determinados activos; préstamos blandos de agencias internacionales de crédito; financiamento del gobierno, etcétera". FARINA, Juan M. **Contratos comerciales modernos: Modalidades de contratación empresaria**. 3. ed. Buenos Aires: Astrea, 2005, v2, p. 139. Tradução nossa.

[561] BREALEY, Richard; COOPER, Ian. HABIB, Michel. The financing of large engineering projects. In: MILLER, Roger; LESSARD, Donald R. (Orgs.). **The strategic management of large engineering projects: shaping institutions, risks and governance**. Hong Kong: MIT, 2000, p. 166.

[562] A literatura reconhece que a participação do governo em megaprojetos pode se dar também via benefícios fiscais. É o que ocorre com as chamadas "debêntures da infraestrutura", objeto da Lei n. 12.431, de 2011, que reduz a alíquota de imposto sobre a renda para debêntures de longo prazo emitidas por SPEs.

[563] "[...] not only the traditional goal of obtaining the cheapest funds possible but also strategic goals such as structuring the of ownership and control and the organization of governance to allocate risk and make effective renegotiation possible". BREALEY, Richard; COOPER, Ian. HABIB, Michel. The financing of large engineering projects, p. 165. Tradução nossa.

ANATOMIA DOS CONTRATOS DE CONSTRUÇÃO

do projeto em bases contínuas"[564]. Com o ingresso de uma instituição financeira no rol de empresadores, ganham-se a segurança de um exame aprofundado sobre a qualidade do projeto e a perspectiva de um monitoramento mais próximo e ininterrupto.

Mas cada projeto tem e segue uma racionalidade financeira diferente[565], consoante a lógica preferida por aqueles que são os "proprietários" do projeto (os "patrocinadores"). Alguns preferem mais dívida a capital. Outros capital a dívida.

A modalidade mais tradicional de transferência de risco é via constituição de uma sociedade especialmente constituída para ser a proprietária do projeto. É a chamada *special purpose company* ou *special purpose entity*, conhecida pela sigla SPE. Ensina Farina:

> A sociedade veículo constitui-se com a finalidade exclusiva de assumir a titularidade de todos os ativos do projeto e levar a cabo sua execução e exploração. Para tal fim, a sociedade deverá obter financiamento e gerar os fluxos de caixa do projeto que sirvam para o repagamento da dívida.[566]

Na modelagem dos arranjos societários para realização de grandes obras, a figura das SPEs predomina, tendo a participação relevante, como investidores, dos fundos de pensão governamentais[567].

---

[564] "[...] the concentrated ownership of bank debt facilitates and encourages lending banks to devote considerable resources to evaluating the project, and to monitoring its progress on a continuing basis". SOUSA NETO, José Antônio; OLIVEIRA, Virgínia Izabel. Project finance theory and project control. **Caderno de Idéias** CI0406, Fundação Dom Cabral, jul. 2004, p. 1. Tradução nossa.

[565] FINNERTY, John D. **Project finance: engenharia financeira baseada em ativos**. Rio de Janeiro: Qualitymark, 1996, p. 15.

[566] "Esta sociedad vehículo se constituye con la finalidad exclusiva de que asuma la titularidad de todos los activos del proyecto y lleve a cabu su ejecución y explotación. A este fin, la sociedad vehículo deberá obter financiamiento y generar los flujos de fondos del proyecto que sirvan para el repago". FARINA, Juan M. **Contratos comerciales modernos: modalidades de contratación empresaria**, cit., p. 139. Tradução nossa.

[567] "Enfim, o ciclo recente de expansão da infraestrutura no Brasil guarda relação com um novo padrão de arranjo societário, com forte participação privada em setores como telecomunicações, ferrovias, rodovias e uma parceria de empresas públicas e privadas no setor de energia. Observa-se que são concessões públicas a maioria das atividades desenvolvidas, nas quais, em alguns segmentos, como linhas de transmissão, geração de energia e rodovias, um

Por meio de participação societária na SPE, os acionistas dividem entre si o risco do negócio[568]. Mas eles podem mitigar o risco assumido usando outros mecanismos, – por exemplo, emitindo a dívida pela SPE.

A emissão de dívida promove a transferência de parte do risco do projeto para os tomadores. A dívida chamada de *"non-recourse"* limita o pagamento do principal e do serviço da dívida apenas ao fluxo de caixa e aos ativos do projeto. Os credores, nesse modelo, não alcançam outros ativos eventualmente de titularidade da emissora, nem dos seus acionistas ou dos demais patrocinadores[569]. É um tipo raro de financiamento, inclusive no Brasil.

Tradicionalmente, a emissão de dívida faz-se nos moldes *"limited recourse"* ou *"full recourse"*. Na primeira, além do fluxo do próprio projeto,

---

novo padrão de concorrência em infraestrutura (concessões) vem se estabelecendo, não apenas no Brasil, mas em diversos outros países. No novo modelo, algumas das principais empresas de construção pesada atuam como operadoras de infraestrutura, promovendo uma diversificação com forte componente sinérgico. Em ferrovias, a visão logística passa a predominar na captura de novas cargas." SIFFERT Filho, Nelson. A expansão da infraestrutura no Brasil e o project finance. In: ALÉM, Ana Cláudia; GIAMBIAGI, Fabio (Orgs.). **O BNDES em um Brasil em transição**. Rio de Janeiro: BNDES, 2010, p. 218.

[568] A estrutura societária costuma revestir também a forma de consórcio. Em parecer sobre consórcio, Antônio Junqueira de Azevedo descreve a estrutura contratual utilizada em uma operação de infraestrutura relativa a três usinas termoelétricas (Macaé Merchant, Eletrobolt e TermoCeará) celebrados entre Petrobrás, El Paso, Enron e MPX: "Consistiu, basicamente, na celebração de contratos de consórcio e de acordos regulando as relações **entre as consorciadas**. Assim, Petrobrás e El Paso celebraram contrato de consórcio e *participation agreement* em 20 de abril de 2000, tendo por objeto o financiamento, a construção e posterior manutenção em funcionamento da termoelétrica Macaé Merchant. Petrobrás e Enron celebraram contrato de consórcio em 13 de agosto de 200i.e.acordo denominado *consortium internal directives* em 17 de setembro de 2001, a respeito da termoelétrica Eletrobolt. Por fim, Petrobrás e MPX celebraram contrato de consórcio e *participation agreement* em 18 de março de 2002, sobre a termoelétrica TermoCeará. Por força destes contratos, El Paso, Enron e MPX obrigaram-se, pois, a financiar, construir, operar e manter as citadas usinas; obrigaram-se ainda a comercializar a energia por elas produzida, controlar os recebimentos e distribuir os resultados entre as consorciadas. Por seu turno, a Petrobrás obrigou-se a garantir o fornecimento de gás para a operação das usinas e, paralelamente, a realizar a chamada *contribuição de contingência*". AZEVEDO, Antônio Junqueira de. Natureza jurídica do contrato de consórcio (sinalagma indireto), onerosidade excessiva em contrato de consórcio, resolução parcial do contrato, cit., p. 346-347. Grifos do autor.

[569] BREALEY, Richard; COOPER, Ian. HABIB, Michel. The financing of large engineering projects, cit., p. 169 e BONOMI, Claudio Augusto; MALVESSI, Oscar. **Project finance no Brasil: fundamentos e estudo de casos**. 2. ed. São Paulo: Atlas, 2004, p. 64.

ANATOMIA DOS CONTRATOS DE CONSTRUÇÃO

ocorre a outorga de outras garantias pelos patrocinadores e pelos acionistas, reais e fidejussórias[570]. Na segunda modalidade, o fluxo das garantias outorgadas cobre a totalidade do montante emprestado[571, 572]. Cabe notar que, em certos projetos, as receitas do próprio projeto são utilizadas como garantia do pagamento dos financiamentos.

Por exemplo, em projetos no setor de energia elétrica, o contrato de construção nasce normalmente conectado a um contrato atípico, de compra de energia, conhecido no Brasil pela sua nomenclatura em inglês: o *"power purchase agreement"* ou PPA. O PPA é o instrumento celebrado entre o produtor de energia (por si ou via sociedade por ele constituída e que será a titular do projeto) e o comprador.

O objeto é o compromisso do produtor, de alienar a energia a ser produzida pelo projeto, e do comprador, de adquirir a energia pelo preço definido ou consoante os parâmetros de preço prefixados. É a venda antecipada da energia a ser gerada.

Em projetos de energia, normalmente celebra-se um ou alguns PPAs. O preço dos PPAs representará o faturamento do projeto. O fluxo de caixa estimado é aquele formalizado via PPAs. O produtor pode obter o financiamento necessário para a consecução do projeto, dando em garantia os recebíveis futuros oriundos do PPA[573]. Por meio da securitização, o "patro-

---

[570] Em regra, aplica-se em financiamento de projetos, a consequência de afetação: "Nos contratos a afetação do patrimônio das partes é um efeito diretamente desejado [...] e é inafastável". VERÇOSA, Haroldo M. D. **Contratos mercantis e a teoria geral dos contratos - o Código Civil e a crise do contrato**, cit, p. 64.

[571] BREALEY, Richard; COOPER, Ian. HABIB, Michel. The financing of large engineering projects, p. 169 e BONOMI, Claudio Augusto; MALVESSI, Oscar. **Project finance no Brasil: fundamentos e estudo de casos**. 2. ed. São Paulo: Atlas, 2004, p. 65.

[572] "Sobre as garantias mais utilizadas, diz Nelson Siffert: No caso das usinas hidrelétricas e linhas de transmissão, há cessão das ações da SPE, os recebíveis são vinculados por meio da constituição de contas-movimento com cessão fiduciária, fianças corporativas e bancárias são utilizadas na fase de implantação, bem como seguros de performance e completion. Durante a fase de operação, são constituídas contas-reserva, contas-movimento e contas centralizadoras dos recebíveis, entre outras." SIFFERT Filho, Nelson. A expansão da infraestrutura no Brasil e o project finance, cit., p. 217.

[573] O pool de garantias costuma ser amplo, incluindo a própria planta a ser construída e o imóvel no qual a planta se localizará, os equipamentos, etc., além de ativos do próprio produtor.

cinador recebe o valor presente das receitas no início, portanto diminuindo suas exigências iniciais de financiamento"[574].

Em regra, os riscos devem ser alocados à parte que melhor o suporta ou controla, para que isso sirva de estímulo ao adequado controle do risco. Por isso, em grandes projetos, os riscos de construção devem ser suportados pelo construtor[575]. Pelo mesmo raciocínio, a alocação de parte do risco do projeto via dívida para um ente governamental ou um banco de desenvolvimento, em tese, reduz os riscos políticos e incentiva a renegociação, se necessário for[576].

Por tal motivo e por questões macroeconômicas, no Brasil, um papel muito relevante no financiamento é ocupado pelo BNDES. Ele é "o maior financiador de longo prazo do desenvolvimento brasileiro"[577] e tinha por prioridade, no período 2009-2014, o investimento em infraestrutura[578, 579].

---

[574] "[...] enabling the sponsor to receive the present value of these revenues at the outset, thereby decreasing its initial financing requirements". BREALEY, Richard; COOPER, Ian. HABIB, Michel. The financing of large engineering projects, p. 170. Tradução nossa.

[575] BREALEY, Richard; COOPER, Ian. HABIB, Michel. The financing of large engineering projects, p. 171.

[576] BREALEY, Richard; COOPER, Ian. HABIB, Michel. The financing of large engineering projects, p. 171.

[577] RAMALHO, Yolanda; CAFÉ, Sônia Lebre; COSTA, Gisele. Planejamento Corporativo 2009-2014. In: ALÉM, Ana Cláudia; GIAMBIAGI, Fabio (Orgs.). **O BNDES em um Brasil em transição**. Rio de Janeiro: BNDES, 2010, p. 97.

[578] RAMALHO, Yolanda; CAFÉ, Sônia Lebre; COSTA, Gisele. Planejamento corporativo 2009-2014, cit., 98.

[579] Nelson Siffert examina o ciclo de investimentos em infraestrutura: "Nessa nova configuração – pública e privada –, um novo ciclo de investimentos em infraestrutura tem ocorrido, com características próprias e diferenciadas em relação aos ciclos anteriores. O principal elemento diferenciador é a adoção, em larga escala, do project finance como instrumento de financiabilidade, abrindo novos horizontes de expansão da infraestrutura no Brasil, sem as restrições fiscais que tanto marcaram o ciclo anterior. A difusão desse padrão de financiamento depende, em boa medida, da maior ou menor maturidade institucional e regulatória de cada subsegmento da infraestrutura, assim como da manutenção de níveis adequados de funding e capital para o BNDES." SIFFERT Filho, Nelson. A expansão da infraestrutura no Brasil e o project finance, cit., p. 212-213.

ANATOMIA DOS CONTRATOS DE CONSTRUÇÃO

Origem dos recursos para o financiamento do investimento na indústria e na infraestrutura (2005-2009)					
Ano	2005	2006	2007	2008	2009
Lucros retidos	57	42	51	45,3	43,6
BNDES	21	21	26	29,9	39,6
Captações externas	10	17	9	6,1	8,9
Debêntures	10	15	7	3,1	4,2
Ações	2	5	7	15,6	3,7

Fonte: PUGA, Fernando Pimentel; BORÇA JR., Gilberto Rodrigues; NASCIMENTO, Marcelo Machado. O Brasil diante de um novo ciclo de investimento e crescimento econômico.

Tabela 3- Origem dos recursos investidos na indústria e na infraestrutura (2005-2009)

Enquanto para obras privadas os patrocinadores contam com experts devidamente remunerados, um dos entraves da realização de obras públicas no país é justamente o déficit de profissionais focados em tais projetos e o tempo de estudo. Dizem Torres e Aroeira:

> É fácil constatar a complexidade da estruturação de projetos no Brasil. Com os melhores esforços de todos os atores envolvidos, o ciclo dura cerca de dois anos, da identificação do projeto até a assinatura do contrato de concessão. No entanto, tem-se observado que o prazo para a contratação dos estudos, as necessidades de definições intermediárias, a obtenção de aprovações e os ajustes aos estudos já concluídos podem até duplicar essa estimativa[580].

O BNDES passou a buscar resolver tal problema e tem auxiliado o difícil processo de estruturação de projetos de grandes obras públicas. Confira-se:

> [...] além de prover financiamento aos principais empreendimentos, o BNDES tem contribuído na estruturação de projetos. Para isso, o Banco constituiu o Fundo de Estruturação de Projetos (FEP) e par-

---

[580] TORRES, Rodolfo; AROEIRA, Cleverson. O BNDES e a estruturação de projetos de infraestrutura. In: ALÉM, Ana Cláudia; GIAMBIAGI, Fabio (Orgs.). **O BNDES em um Brasil em transição**. Rio de Janeiro: BNDES, 2010. p. 202.

ticipa em dois outros instrumentos: uma empresa em sociedade com bancos comerciais, a Estruturadora Brasileira de Projetos (EBP); e outro fundo em parceria com a International Finance Corporation (IFC) e o Banco Interamericano de Desenvolvimento (BID). Esses instrumentos visam auxiliar entes públicos na estruturação de concessões e PPPs, viabilizando a contratação e o acompanhamento de estudos confiáveis de viabilidade técnica, ambiental e econômico--financeira e a elaboração de contratos de concessão e de editais de leilão mais complexos.[581]

Mas um importante desafio a ser enfrentado pelas patrocinadoras brasileiras refere-se ao "peso" no balanço que as operações de financiamento de grandes obras representam:

> O segundo desafio, relacionado especialmente ao financiamento de projetos em infraestrutura, corresponde à utilização em maior escala de engenharias financeiras que tornem possível ampliar a capacidade de alavancagem de tomadores de grandes volumes de recursos, reduzindo a necessidade de contrapartidas que onerem excessivamente seus balanços e que restrinjam, em consequência, seu potencial de endividamento e de investimento. Trata-se de desafio crucial, quando se considera a quantidade de empreendimentos de grande porte a serem viabilizados nos próximos anos, dada a agenda de investimentos associados ao próprio PAC, à exploração do pré-sal, à Copa do Mundo, em 2014, e à Olimpíada, em 2016.[582]

2.4.4 Proposta de Sistematização dos Contratos de Construção no Ordenamento Brasileiro

Ao tratar de tipos jurídicos, Francesco Carnelutti deixou-nos um precioso legado. Registrou que os tipos "são modelos e, portanto, não fatos ou atos

---

[581] OLIVA, Rafael; ZENDRON, Patricia. Políticas governamentais pró-investimento e o papel do BNDES, cit., p. 80.
[582] OLIVA, Rafael; ZENDRON, Patricia. Políticas governamentais pró-investimento e o papel do BNDES, cit., p. 87.

reais, mas sim, ouso dizer, fatos empalhados, expostos como que numa vitrina para servirem de confronto a que afinal a avaliação se reduz"[583], e que é fundamental que:

> o avaliador os conheça não só analítica como sinteticamente, e, portanto, não só nos seus pesos, a que a análise os reduz, mas também na sua unidade, a que a síntese os reconduz, pois que, se por uma lado a análise fornece a precisão do diagnóstico, por outro a síntese proporciona a rapidez do exame. [584]

Examinados os pressupostos e elementos jurídicos, as características econômico-financeiras e alguns dos contratos mais relevantes pode-se, neste passo, propor uma sistematização, com o intuito de se permitir um enquadramento sintético dos tipos de contratos de construção.

Uma sistematização mais apropriada, à luz de nosso ordenamento, parece ser necessária inclusive para se evitar a contaminação decorrente da importação de definições redutoras ou excessivamente abstratas, como aquelas vistas em 1.2, acima. Somente assim pode-se enfrentar de forma adequada os desafios da nada fácil tarefa de qualificação, interpretação e integração contratual dos contratos de construção.

Ao invés de utilizar a divisão clássica, porém problemática, de *essentialia negotii* e *naturalia negotii*, no percurso da tipicidade[585] prefere-se a identificação dos chamados índices relevantes do tipo, vale dizer,

> aquelas qualidades ou características que têm capacidade para o individualizar, para o distinguir dos outros tipos e para o comparar, quer com os outros tipos, na formação de séries ou de planos, quer com o caso, na qualificação e na concretização.[586]

---

[583] CARNELUTTI, Francesco. **Teoria geral do direito**. São Paulo: Lejus, 2000, p. 515.

[584] CARNELUTTI, Francesco. **Teoria geral do direito**, cit., p. 515.

[585] "Tipicidade tanto designa taxatividade como conformidade com um tipo" e tipo como "uma das modalidades que as espécies de um gênero podem assumir". DUARTE, Rui Pinto. **Tipicidade e atipicidade dos contratos**, p. 34.

[586] VASCONCELOS, Pedro Pais. **Contratos atípicos**, cit., p. 118. A crítica à doutrina dos elementos do contrato é feita na obra citada, p. 113-165 e em DUARTE, Rui Pinto. **Tipicidade e atipicidade dos contratos**, p. 79-90.

Secundando parte da doutrina[587], elege-se como índices relevantes do tipo: (a) o objeto, qual seja, uma obra de porte, complexa do ponto de vista técnico, tecnológico ou financeiro; (b) a qualidade de uma das partes, especificamente, a presença de sociedade de engenharia ou arquitetura como contratada, e (c) a qualidade das prestações, altamente articuladas e complexas. Acresce-se, de seara de reflexões próprias, também como índice do tipo a pertença a (e centralidade em) uma rede de contratos.

À luz do rol de contratos normalmente citados como de construção, considerando-se os índices do tipo acima, propõem-se a sua sistematização em quatro tipos:

Prestação de Serviços – Assessoria e consultoria, com subtipos consultoria na fase pré-construção e elaboração de projeto;

Prestação de Serviços – Administração e gestão, com subtipos administração de projetos, representante do proprietário e EPCM;

Empreitada, ordenado em subtipos de empreitada de lavor, empreitada mista e empreitada integral;

Outras modalidades, como EPC, CMAR, aliança de projetos e aliança de parceria.

Viu-se, em 1.2 acima, que existe gradação nos índices do tipo, que certos atributos apareçam de forma mais ou menos marcada ou ainda que nem apareçam. No mesmo item tratou-se também da existência de sentido e coerência entre os índices, que organizam o seu modo de relacionamento.

A presente proposta de sistematização identifica a presença dos índices nos contratos de construção, graduando-os como fortes (sempre presentes) ou fracos (com presença eventual). Nos contratos de construção, há a articulação dos conhecimentos e recursos de uma sociedade de engenharia ou arquitetura, contratada pelo proprietário, que articula uma série de prestações com vistas a realizar uma obra complexa. O contrato de construção – qualquer que seja sua modalidade – constitui um dos nós centrais de uma rede de contratos, usualmente estruturada em paralelo a outros dois nós centrais, o de financiamento e o de organização societária.

Os contratos de prestação de serviços, tanto de assessoria e consultoria na fase pré-construtiva quanto aqueles de elaboração de projeto podem ser voltados tanto a obras complexas quanto simples. Por essa razão, o índice

---

[587] Como CAVALLO BORGIA, Rosella. **Il contratto di engineering**, cit., p. 133 et seq., dentre outros, já mencionados.

ANATOMIA DOS CONTRATOS DE CONSTRUÇÃO

"obra complexa" é considerado "fraco" (v. 1.a. e 1.b. na Tabela 4, abaixo). Da mesma forma, a prestação do serviço pode ser feita tanto por pessoa física ou pessoa jurídica habilitada. Daí, novamente, a atribuição de "fraco". A depender da complexidade da obra, as prestações podem ser tanto mais ou menos articuladas e complexas. Novamente, preferiu-se a caracterização de "fraco". O último índice do tipo, pertença e centralidade em rede de contratos foi definido como "fraco" pois embora tais contratos façam parte de uma rede, não se pode atribuir a eles o papel de nós centrais.

O segundo grupo de contratos de prestação de serviços, em todos os subtipos (administração de projetos, representante do proprietário e EPCM, e exceção feita ao CMAR), por serem corriqueiramente utilizados em grandes obras, tiveram a atribuição de "forte" tanto no índice "obra complexa" quanto no de "prestações articuladas e complexas". A presença necessária de uma sociedade de engenharia ou arquitetura também se afigurou como "forte". Da mesma forma que o primeiro grupo, embora estes contratos façam parte da rede, não ocupam o papel de nós centrais, daí serem considerados "fracos" em tal índice, ressalva feita ao EPCM.

Assume-se que a opção pela empreitada pode ser feita tanto em obras complexas quanto simples. Como a presença da sociedade de engenharia ou arquitetura nem sempre é constatada em empreitadas, restou neste índice a caracterização de "fraco". Como as prestações são complexas e articuladas (seja recaindo preponderamente sobre o proprietário na empreitada de lavor, seja sobre o empreiteiro naquela mista), este índice foi descrito como "forte". A empreitada, seja ela de lavor ou mista, pertence a uma rede de contratos, sendo sim um elemento central, daí a atribuição de "forte".

Como se viu, na empreitada integral, de obras públicas, é exigência legal a presença de sociedade de engenharia ou arquitetura. Em contratos de *design-build*, a contratada é corriqueiramente uma sociedade. Tanto na empreitada integral quanto no EPC, na aliança e na parceria de projetos as obras são costumeiramente complexas, as prestações exigidas das partes necessitam ser bastante articuladas e é padrão o pertencimento a uma rede de contratos, sendo tais contratos nós da rede. Assim, em todos os índices do tipo o enquadramento é feito como "forte" (v. 3 e 4 na Tabela 4, abaixo).

Relevância do índice do tipo / Contrato	Obra complexa	Sociedade de engenharia ou arquitetura	Prestações complexas e articuladas	Pertença e centralidade em rede de contratos
1. Prestação de serviços				
1.a. Consultoria pré-construção	fraco	fraco	fraco	fraco
1.b. Elaboração de projeto	fraco	fraco	fraco	fraco
2. Prestação de serviços				
2.a. Administração de projetos	forte	forte	forte	fraco
2.b. Representante do proprietário	forte	forte	forte	fraco
2.c. EPCM	forte	forte	forte	forte
3. Empreitada				
3.a. Lavor	fraco	fraco	forte	forte
3.b. Mista	fraco	fraco	forte	forte
3.c. Integral	forte	forte	forte	forte
4. Outras modalidades				
4.a. EPC	forte	forte	forte	forte
4.b. CMAR	forte	forte	forte	forte
4.c Parceria de projeto	forte	forte	forte	forte
4.d. Aliança de projeto	forte	forte	forte	forte

Fonte: autora.

Tabela 4 - Classificação dos contratos de construção no ordenamento jurídico brasileiro

O exame das opiniões de Alpa, de Cavallo Borgia e de Gil feitas em 1.2, acima, foram objeto de respeitosa crítica especialmente por serem generalizantes ou inclusivos demais. À luz do nosso ordenamento, nem todos os contratos de construção podem ser tidos como atípicos mistos, como sugere Alpa e, da mesma forma, nem todos podem ser tidos como socialmente atípicos, como defendem Cavallo Borgia e Gil.

Para fins de qualificação há que se analisar, sempre, o conteúdo em concreto dos programas contratuais, como nos ensina Bianca:

> O conteúdo em sentido substancial é o conjunto das disposições contratuais, ou seja o conjunto de disposições mediante as quais os

contraentes determinam seu relacionamento contratual. O conteúdo do contrato indica, precisamente, aquilo que as partes estabeleceram. [...] O conteúdo, ainda, deve ser examinado para qualificar o contrato, e isso para buscar identificar o interesse econômico e a natureza jurídica da operação colocada em existência pelas partes.[588]

Em princípio, os contratos de prestações de serviços da primeira categoria, voltados aos trabalhos da fase pré-construtiva ou da elaboração de projetos, seriam contratos típicos, regidos pelo Código Civil nos seus artigos 593 a 609. Não nos parece haver razão para não os categorizar como típicos, ainda que tenham por objeto uma obra complexa. Vale lembrar, nesse ponto, quase uma obviedade, mas daquelas muito importantes, sobre o papel da tipicidade legal:

> A função da tipificação é pois de simplificar o processo da contratação, de equilibrar o conteúdo dos contratos através do tipo e de acordo com os critérios de justiça do sistema, e de integrar as estipulações das partes do modo como o contrato é usual e tipicamente celebrado.[589]

Já os da segunda categoria precisariam ser examinados com mais cuidado. Eles podem ter um conjunto de elementos (i.e. os índices do tipo ora referidos) que os particularizariam. Qual o impacto de tal particularização? A inadequação e o afastamento do tipo legal.

A exemplo de inadequação, pense-se no artigo 598 do Código Civil, que fixa em quatro anos o prazo máximo de duração da prestação de serviços[590]. Esse dispositivo seria claramente disfuncional em um contrato

---

[588] "Il contenuto in senso sostanziale è l'insieme delle disposizioni contrattuali, ossia l'insieme delle disposizioni mediante le quali i contraenti determinano il rapporto contrattuale. Il contenuto del contratto indica, precisamente, ciò che le parti stabiliscono. [...] Al contenuto, ancora, ocorre fare riferimento per qualificare il contratto, e ciòe per accertare l'interesse economico e la natura giuridica dell'operazione posta in essere dale parti". BIANCA, C. Massimo. Il contrato, cit., p. 316.

[589] VASCONCELOS, Pedro Pais. **Contratos atípicos**, cit., p. 93.

[590] CC: "Art. 598. A prestação de serviço não se poderá convencionar por mais de quatro anos, embora o contrato tenha por causa o pagamento de dívida de quem o presta, ou se destine à execução de certa e determinada obra. Neste caso, decorridos quatro anos, dar-se-á por findo o contrato, ainda que não concluída a obra".

de administração de projetos e de representante do proprietário de uma obra de longo prazo de implementação.

Ainda, a alocação de um contrato desta segunda categoria e seu desenho como parte de um dos modelos de contratação *gain-share/pain-share* poderia, da mesma forma distanciá-lo por demais do tipo legal, levando-o para o campo da atipicidade. Caso esse fosse o cenário, estar-se-ia diante de um contrato atípico misto. De todo modo, novamente se refuta aqui uma categorização muito ampla e apriorística e se remete, sempre, ao caso concreto.

A empreitada de lavor, mista e aquela integral são indiscutivelmente típicas. O regime da empreitada integral, tipificado pela Lei nº 8.666/93, é um caso de uma configuração contratual particular, uma adaptação da empreitada conjugando-a às práticas internacionais de contratação nos moldes EPC, que veio a ser tipificada legalmente, tal como aconteceu, entre nós e alhures, com muitos contratos. O exame dos modelos de remuneração do contratado, feito em 2.2.2, e dos novos modelos de contratação de governos de outros países, usando os modelos de aliança de projetos e parceria de projetos sugere a necessidade de se repensar a estruturação dos incentivos, riscos e da governança dos grandes projetos do governo brasileiro, tema esse que, infelizmente, extrapola os limites deste trabalho.

No tocante a um dos modelos de *design-build*, do EPC, há um amplo reconhecimento, alhures e entre nós, da proximidade com a empreitada.

Por todos, assim se posiciona Gastone Cottino e Oreste Cagnasso:

> Colocando-se no âmbito dos contratos que têm por objeto a realização de uma obra, apresenta conexão visível com a empreitada[591].

Mas, embora concordem com a proximidade com o tipo legal de empreitada, grande parte dos juristas pátrios levanta óbices à qualificação pura e direta do regime jurídico da empreitada aos EPCs, reconhecendo a evolução de um modelo socialmente reconhecível, distanciado da empreitada.

José Emilio Pinto Nunes, autor de um dos poucos artigos sobre o contrato de EPC, assim conclui:

---

[591] "Collocandosi nell'ambito dei contratti aventi ad oggetto la realizzazione di un'opera, presenta visibili connessioni con l'appalto". CAGNASSO, Oreste; COTTINO, Gastone. Contratti commercialli, cit., p. 345. Tradução nossa.

O epcista é empreiteiro na medida em que se obriga a construir uma obra de grande porte, o epcista será montador sempre e quando deva proceder à montagem e comissionamento da obra em si, o epcista será tratado como fornecedor de equipamentos em razão de ter o contrato como objeto o desenho, projeto, construção, fornecimento e montagem de equipamentos, comissionamento da obra e teste de desempenho, sendo que o contratante a receberá na modalidade chave na mão, ou seja, pronta para operá-la. O enquadramento dessa série complexa de papéis desempenhados pelo epcista no marco da empreitada é amesquinhar o escopo da relação jurídica existente entre este e o contratante. Equivaleria enquadrar o contrato num tipo legal com base na atividade mais preponderante no complexo de todas as atividades, criando-se uma distinção internamente ao contrato que não corresponde ao que existe na prática.

[...] reiteramos que os EPCs sempre foram e continuarão sendo contratos atípicos com traços similares aos do contrato de empreitada, mas dele se afastando por constituírem uma relação una e monolítica, não podendo qualquer das obrigações ser segregada do contexto em que tais contratos são firmados.[592]

Confira-se a opinião de Gustavo Tepedino, Heloisa Helena Barboza e Maria Celina Bodin de Moraes:

Trata-se, no entanto, de contratos extremamente complexos em relação aos quais é questionável a aplicação, mediante simples subsunção e sem os devidos temperamentos, dos dispositivos de lei referentes à empreitada. Independentemente, contudo, da qualificação desses contratos como empreitada *tout court* ou como contrato atípico, o certo é que as suas principais características em muito se assemelham, permanecendo como prestação principal a entrega da obra em termo certo.[593]

---

[592] PINTO, José Emilio Nunes. O contrato de EPC para construção de grandes obras de engenharia e o novo Código Civil, cit., p. 12-13.

[593] TEPEDINO, Gustavo; BARBOZA, Heloisa Helena; BODIN DE MORAES, Maria Celina. **Código Civil interpretado conforme a Constituição da República**, cit., p. 347.

Ainda, a lição de Clóvis V. do Couto e Silva:

No plano internacional, foram muitas as instituições, especialmente a Organização das Nações Unidas, que colaboraram na formação de modelos contratuais a ser utilizados pelos países em desenvolvimento e que parecem ter inspirado as cláusulas utilizadas na construção de obras de engenharia da União, ou de suas empresas públicas. [...]

Esses contratos tomaram uma configuração própria, embora tenham o seu fundamento no contrato de empreitada, a eles se acresceram as aludidas disposições administrativas que o regulam, ao mesmo tempo em que se operou uma ampla padronização nas cláusulas contratuais.[594]

Configura-se, como um contrato atípico, que se desprendeu do modelo de empreitada e que, conforme a complexidade da obras, poderia ter como partes, diversos figurantes, e não somente um empreiteiro e o dono da obra, como sucedia, em regra, no modelo de empreitada previsto no Código Civil.[595]

O contrato de empreitada, previsto no Código Civil, possui regras difusas, insuficientes para regular o contrato de *engineering*.[596]

Seguindo parte da doutrina, acredita-se que o EPC situa no plano dos contratos (atípicos mas) socialmente típicos[597].

---

[594] SILVA, Clóvis V. do Couto. Contrato de engineering, cit., p. 30-31.

[595] SILVA, Clóvis V. do Couto. Contrato de engineering, cit., p. 33.

[596] SILVA, Clóvis V. do Couto. Contrato de engineering, cit., p. 38.

[597] Após a defesa da tese que deu origem ao presente livro, em 2012, o tema EPC recebeu estudos aprofundados na academia nacional. Sustentando que o EPC é socialmente típico, é digno de nota a excelente dissertação de mestrado de Adriana Regina Sarra de Deus, ora no prelo pela Almedina. SARRA DE DEUS, Adriana R. **Contrato de EPC (Engineering, Procurement e Construction): determinação do regime jurídico**. 2018. 280 p. Dissertação (Mestrado em Direito) - Departamento de Direito Civil, Faculdade de Direito, Universidade de São Paulo, São Paulo. 2018.

ANATOMIA DOS CONTRATOS DE CONSTRUÇÃO

Com efeito, os contratos de EPC, no país, "passaram a ter cláusulas com uma uniformidade acentuada, referentes, no geral, aos prazos de garantia, à obrigação de segurar a obra, ao cálculo de reajustamento dos valores e à forma de aceitação da obra"[598]. Mas, como dito, há ainda na literatura e na jurisprudência brasileira uma grande dificuldade de identificar sua normatização. Reconhece-se a sua raiz no contrato de empreitada, mas com as contribuições fundamentais dos modelos internacionais e do desenvolvimento da praxe.

A parceria de projetos e a aliança de projetos, pela relativa maleabilidade e variabilidade de suas conformações na prática, não parecem ser passíveis de uma tipificação apriorística segura e precisa. De todo modo, tal como descritas genericamente na doutrina, elas parecem pertencer ao rol dos contratos atípicos mistos[599].

---

[598] SILVA, Clóvis V. do Couto. Contrato de engineering, cit., p. 38.

[599] O mestre português destaca a relativa redundância do conceito de contrato atípico misto e a dificuldade de interpretação e integração: "De facto, o contrato misto é, por definição, atípico ou não previsto em lei. Procurar, nesta, normas que se lhe apliquem conduz a fatais perturbações ou desvios; a lei, pura e simplesmente, não previu o caso em causa. [...] As partes têm, como se viu, a possibilidade de juntar num único contrato cláusulas provenientes de diversos tipos contratuais ou [...] típicas e cláusulas novas. Os híbridos daí resultantes podem, de resto, configurar-se como tipos comerciais sociais: basta que apresentem uma certa estabilidade ditada pela prática mercantil. Em qualquer dos casos, há que lidar com as regras sobre contratos mistos". MENEZES CORDEIRO, António. **Manual de Direito Comercial**. Coimbra: Almedina, 2007, p. 461-462. Na síntese de Orlando Gomes: "Os contratos mistos compõem-se de prestações típicas de outros contratos, ou de elementos mais simples, combinados pelas partes. A conexão econômica entre as diversas prestações forma, por subordinação ou coordenação, nova unidade. Os elementos que podem ser combinados são: contratos completos, prestações típicas inteiras ou elementos mais *simples*. [...] Caracteriza-os a unidade de causa. Não se confudem, pois, com os *contratos coligados*. Da coligação de contratos não resulta *contrato unitário*, como no *contrato misto*. [...] Em *resumo*, distinguem-se na estruturação e na eficácia as figuras dos *contratos coligados* e dos *contratos mistos*. Naqueles há combinação de *contratos completos*. Nestes, de *elementos contratuais*, embora possível a fusão de um contrato completo com simples elemento de outro. Pluralidade de contratos, num caso; unidade, no outro." GOMES, Orlando. **Contratos**, cit., p. 121-122. Destaques do autor.

Parte 2 – Complexidade

O que é a complexidade? Do que é formada? Como ela se manifesta nas relações contratuais?

Na tentativa de responder a tais questões, realiza-se, nesta parte II, uma revisitação do conhecimento produzido por pensadores que assumiram o desafio de examinar a complexidade em suas investigações.

A parte inicial deste capítulo está dedicada às origens intelectuais da complexidade, notadamente ao pensamento de Warren Weaver e de Herbert A. Simon. Os conceitos, formulações e raciocínios desenvolvidos por estes autores serviram de ponto de partida para uma grande variedade de teorias relativas a complexidade, em várias áreas.

Passa-se, na sequência, a autores da seara jurídica e econômica que reconheceram a utilidade da complexidade na análise de questões jurídicas versando sobre contratos.

Ao final, examina-se a complexidade em contratos de construção de grandes obras.

Capítulo 1 – As Bases da Complexidade

> "These new problems, and the future of the world depends on many of them, requires science to make a third great advance, an advance that must be even greater than the nineteenth-century conquest of problems of simplicity or the twentieth-century victory over the problems of disorganized complexity. Science must, over the next 50 years, learn to deal with these problems of organized complexity".
> Warren Weaver, "Science and Complexity"

1.1 Weaver e a Noção de Complexidade Organizada

A citação do início deste capítulo foi extraída de um dos estudos precursores sobre complexidade, publicado em 1948 por Warren Weaver e intitulado "Science and Complexity"[600]. Esse trabalho trouxe um conceito-chave para os estudos sobre complexidade: o conceito de complexidade organizada.

---

[600] WEAVER, Warren. Science and complexity. **E:CO**, New York, v. 6, n. 3, p. 65-74, 2004, p. 70, originalmente publicado em American Scientist n. 36, p. 536-544, 1948. Warren Weaver chefiou o Painel de Matemática Aplicada durante a Segunda Guerra Mundial e, nesse cargo, teve a oportunidade de conhecer os maiores cientistas da época. O trabalho de Weaver ora citado foi publicado no pós-guerra e teve a influência dos primeiros computadores desenvolvidos e utilizados na guerra. Weaver é considerado um dos pais da teoria da informação.

CONTRATOS DE CONSTRUÇÃO DE GRANDES OBRAS

Nos séculos XVI, XVII e XVIII, dizia Weaver, as ciências basicamente encarregaram-se de compreender a influência das variáveis. Ao relacionar as causas e os efeitos e as correlações entre duas, três ou até quatro variáveis, o homem foi capaz de criar máquinas e realizar grandes feitos científicos, do que são exemplo o telefone, o motor a diesel e a usina hidrelétrica. Os cientistas da época tratavam do que Weaver cunhou de "problemas de simplicidade". Mas o mundo não se resumia a problemas dessa magnitude.

Havia cientistas que queriam investigar o outro extremo e que lançaram a si próprios o desafio de "criar métodos analíticos que pudessem lidar com dois bilhões de variáveis"[601]. Surgiram, então, no século XX, a teoria da probabilidade e a estatística que, com suas técnicas, são capazes de lidar com o que Weaver designa de "complexidade desorganizada". Por essa expressão, Weaver designa problemas com um número de variáveis muito elevado e que apresentam comportamento instável, errático, ou mesmo desconhecido mas que, apesar de tais características, possuem propriedades agregadas médias que sejam ordenadas e analisáveis[602].

Porém, entre os problemas de simplicidade e aqueles do outro extremo, da complexidade desorganizada, havia outros. Havia problemas com um número elevado, porém moderado, de variáveis, e que tinham uma característica distintiva: a organização. Eram problemas que lidariam "simultaneamente com um *número considerável de fatores que se encontram inter-relacionados*

---

[601] "Let us develop analytical methods which can deal with two billion variables". WEAVER, Warren. Science and complexity, cit., p. 67. Tradução nossa.

[602] Para facilitar o entendimento do que seria a complexidade desorganizada: "Um grande número de experiências pode ser rotulado como de complexidade desorganizada. O método aplica-se com crescente precisão conforme aumenta o número de variáveis. Ele aplica-se com precisão inteiramente útil para a experiência de uma grande central telefônica, ao prever a frequência média de chamadas, a probabilidade de chamadas simultâneas para o mesmo número, etc. Ele torna possível a estabilidade financeira de uma sociedade de seguros. Muito embora a companhia não tenha nenhum conhecimento sobre a proximidade da morte de um indivíduo, ela tem um conhecimento confiável sobre a frequência média em que mortes ocorrem." ("A wide range of experience comes under the label of disorganized complexity. The method applies with increasing precision when the number of variables increases. It applies with entirely useful precision to the experience of a large telephone exchange, in predicting the average frequency of calls, the probability of overlapping calls of the same number, etc. It makes possible the financial stability of a life insurance company. Although the company can have no knowledge whatsoever concerning the approaching death of any individual, it has dependable knowledge of the average frequency with which deaths will occur"). WEAVER, Warren. Science and complexity, cit., p. 68. Tradução nossa.

em um todo orgânico"[603]. Eram os problemas que Weaver identificava como representativos de "complexidade organizada"[604].

1.2 Aspectos Estruturais da Complexidade Segundo Simon

Com base na noção de complexidade organizada, Herbert A. Simon elaborou um trabalho seminal para o estudo da complexidade, o qual serviu de pedra angular para a compreensão de sistemas complexos em diversas áreas do conhecimento.

Ao pretender desenvolver uma teoria geral dos sistemas, ao buscar elementos abstratos de identificação de propriedades comuns partilhadas por sistemas sociais, biológicos ou físicos, em 1962, na palestra proferida aos membros da Philosophical Society intitulada "The Architecture of Complexity", Simon elaborou uma síntese de lições sobre sistemas complexos nas ciências comportamentais.

Embora sem a pretensão de elaborar uma definição formal, Simon assim definiu "sistema complexo":

> De modo grosseiro, eu designo por sistema complexo aquele constituído por um amplo número de partes que interagem de uma maneira não simples. Em tais sistemas, o todo é maior do que a soma das partes, não em um sentido último, metafísico, mas no sentido pragmático relevante de que, dadas as propriedades das partes e as leis de sua interação, não é tarefa trivial inferir as propriedades do todo. Em face da complexidade, uma pessoa em princípio reducionista pode ser, ao mesmo tempo, uma holista pragmática.[605]

---

[603] "They are all problems which involve dealing simultaneously with a *sizable number of factors which are interrelated into an organic whole*". WEAVER, Warren. Science and complexity, cit., p. 69. Grifos do autor. Tradução nossa.

[604] Um exemplo: "Do que depende o preço do trigo? Esse também é um problema de complexidade organizada. Um número muito substancial de variáveis relevantes está envolvido aqui, e eles estão todos entrelaçados em um modo complicado, muito embora não caótico" ("On what does the price of wheat depend? This too is a problem of organized complexity. A very substantial number of variables is involved here, and they are all interrelated in a complicated, but nevertheless not in helter-skelter, fashion") .WEAVER, Warren. Science and complexity, cit., p. 69. Tradução nossa.

[605] "Roughly, by a complex system I mean one made up of a large number of parts that interact in a nonsimple way. In such systems, the whole is more than the sum of the parts, not in an

Ele identificou quatro aspectos relevantes da complexidade, que serão abordados a seguir: a formação hierárquica, a relação entre a estrutura de um sistema complexo e o tempo necessário à sua evolução, as propriedades dinâmicas dos sistemas complexos, e a relação entre os sistemas complexos e suas descrições.

1.2.1 Hierarquia

Para Simon, a complexidade reveste-se, com frequência, de uma estruturação hierárquica. Em uma hierarquia há vários níveis, vários subsistemas interligados, que seguem escalonada e sucessivamente estruturados até o nível mais basilar, elementar[606]. A hierarquia compreende os níveis hierárquicos ou subsistemas, porém sem deixar de lado a atenção conjugada para as relações entre tais níveis ou subsistemas[607]. Exemplos de hierarquia são, no plano social, as famílias e as sociedades empresariais; de interesse para a astronomia, as galáxias e constelações; para a biologia, as espécies.

No exame de hierarquias, devem-se compreender as estruturas organizacionais no sentido próprio, clássico, de "chefes" e respectivos subordinados, "chefes" que, por sua vez, respondem a outros "chefes", todos submetidos a um "chefe" último. Mas a atenção para as estruturas deve

---

ultimate, metaphysical sense, but in the important pragmatic sense that, given the properties of the parts and the laws of their interaction, it is not a trivial matter to infer the properties of the whole. In the face of complexity, an in-principle reductionist may be at the same time a pragmatic holist." SIMON, Herbert A. The architecture of complexity. **Proceedings of the American Philosophical Society**, v. 106, n. 6, p. 467-482, Dec., 1962, p. 468. Tradução nossa.

[606] SIMON, Herbert A. The architecture of complexity, cit., p. 468. Ao longo do texto, o autor trabalha com vários exemplos tirados da física, da química, da biologia, etc. Para ilustrar a hierarquia e as partículas elementares, ele traz a imagem de um livro, com uma primeira divisão entre os capítulos, que por sua vez se dividem em seções, divididas em parágrafos, formados por frases e estas por palavras, sendo a palavra o elemento essencial. Todavia, lembra ele, para o linguista, a unidade elementar da palavra pode ser ainda subdividida, cit., p. 469-470. Há uma nota de arbitrariedade na escolha da unidade elementar, da partícula fundamental ou do elemento basilar; escolhe-se o que se pretende estudar e a partir dele se enfoca a complexidade. Simon lembra que o átomo já foi tratado como a partícula elementar da física mas, para a física nuclear atual, o átomo é hoje um sistema complexo, cit., p. 468.

[607] SIMON, Herbert A. The architecture of complexity, cit., p. 469.

AS BASES DA COMPLEXIDADE

existir também em sistemas nos quais as relações de subordinação entre os subsistemas não existam ou não sejam tão claramente demarcadas[608].

Costumeiramente, pensamos e referimo-nos a hierarquias quando identificamos um número pequeno ou médio de níveis ou subsistemas presentes[609]. Mas Simon observa que há hierarquias "planas", que possuem uma concentração demasiado grande de elementos em um único nível. Exemplo dessas hierarquias são os diamantes, cuja estrutura de cristais de primeira ordem é bastante ampla. Quando há predominância de um subsistema, se sugere uma horizontalidade na hierarquia, levando-nos, muitas vezes, a nem considerar tais estruturas como hierárquicas. Mas elas são hierarquias e podem ser estudadas como tais.

1.2.2 Estrutura do Sistema Complexo e Tempo de Evolução

Por que alguns sistemas evoluem de sistemas simples para complexos mais rapidamente? Simon concluiu que o tempo de evolução de um sistema seria uma função dos "números e da distribuição das formas intermediárias estáveis"[610]. Ele sustenta que, em sistemas complexos com vários subsistemas intermediários estáveis, o encaminhamento ou a solução sequenciada, ainda que parcial e temporária, de um dos vários subsistemas intermediários seria capaz de contribuir para a evolução mais acelerada do sistema.

Simon conta a parábola de dois fabricantes de relógio, Tempus e Hora. Cada relógio fabricado continha mil peças. Como eram relojoeiros famosos, recebiam muitas encomendas, feitas por telefone. A cada telefonema, Tempus e Hora paravam para atender as ligações, o que interrompia a montagem dos relógios. Tempus montava seus relógios estruturando as mil peças sequencialmente o que significava que, a cada ligação, o que havia sido montado se perdia e precisava ser recomeçado. Hora segregava

---

[608] Diz Simon que, na vida social, embora haja muitos sistemas hierárquicos formais, em muitas circunstâncias a hierarquia existe apenas no papel, pois "a organização real, de carne e osso, tem muito mais relações interpartes além das linhas da autoridade formal" ("the real flesh-and-blood organization has many inter-part relations other than the lines of formal authority"). SIMON, Herbert A. The architecture of complexity, cit., p. 468. Tradução nossa.

[609] SIMON, Herbert A. The architecture of complexity, cit., p. 468-469.

[610] Simon afirma que "sistemas complexos evoluirão de sistemas simples muito mais rapidamente se houver formas estáveis intermediárias" ("complex systems will evolve from simple systems much more rapidly if there are stable intermediate forms"). SIMON, Herbert A. The architecture of complexity, cit., p. 473. Tradução nossa.

a montagem das peças em lotes de dez, que por sua vez eram divididos em sublotes de dez que eram subdivididos em novos lotes de dez. Assim, a cada ligação, Hora perdia uma fração pequena do que estava em montagem. Ao final, Hora prospera, enquanto Tempus empobrece e fecha sua fábrica[611].

Por meio da simplicidade da parábola, se percebe que a divisão da montagem em níveis ou subsistemas auxiliam Hora a não perder o trabalho feito, a não ter que regredir ao ser interrompido. A existência de uma hierarquia, com subsistemas produzindo de modo estável, funciona como fator de economia de tempo.

No enfrentamento de problemas complexos, como as provas de um teorema difícil, encontra-se outro exemplo que ilumina a relação entre tempo de evolução e estabilidade de subsistemas.

Para se resolver um teorema, parte-se de axiomas e de teoremas anteriormente provados, em um processo contínuo de tentativa e erro. Se o caminho indica um progresso na solução do teorema, segue-se em frente; se inexiste indicação de progresso, o caminho então é abandonado[612].

A escolha dos caminhos a serem tentados não seria aleatória, mas sim racional e seletiva. As soluções parciais via axiomas e teoremas anteriores seriam o equivalente às "formas intermediárias estáveis", possibilitando o encaminhamento mais expedito à solução do teorema difícil.

Chama atenção aqui o fato de a seletividade ser baseada em experiências anteriores[613]. Conhecendo caminhos ou formas de resolver um problema, usamos preferencialmente tais caminhos ou formas, economizando etapas no processo de solução.

Simon concluiu que a solução de problemas intrincados passa por processos de tentativa e erro, caracterizados pela seletividade na escolha das trajetórias de solução. A seletividade baseia-se na experiência anterior e em heurísticos, em atalhos mentais que recomendam as melhores dentre as trajetórias, bem como aquelas que devem ser tentadas primeiramente.

---

[611] SIMON, Herbert A. The architecture of complexity, cit., p. 470.

[612] SIMON, Herbert A. The architecture of complexity, cit., p. 472. Na mesma linha, em outra passagem: "Um caminho para se resolver um problema complexo é reduzi-lo a um problema previamente resolvido - para mostrar quais etapas levaram da solução anterior para a solução do novo problema". ("One way to solve a complex problem is to reduce it to a problem previously solved - to show what steps lead from the earlier solution to a solution of the new problem."), cit., p. 480. Tradução nossa.

[613] SIMON, Herbert A. The architecture of complexity, cit., p. 473.

AS BASES DA COMPLEXIDADE

Dessa forma, problemas intrincados, altamente complexos, poderiam ser solucionados de forma relativamente simplificada e razoável em termos quantitativos[614].

Assim seria a evolução de sistemas complexos: mais rápida quanto maior a quantidade de níveis intermediários estáveis. O desenvolvimento estável dos níveis ou subsistemas – baseado em tentativa e erro, com seletividade – teria o condão de acelerar a evolução do sistema.

1.2.3. Propriedades Dinâmicas de Sistemas Complexos

Com relação às propriedades dinâmicas dos sistemas complexos, Simon observa que há diferenças de frequência ou magnitude nas relações *entre* os subsistemas ou níveis e aquelas estabelecidas *dentro* dos subsistemas ou níveis.

Na média, haveria uma frequência maior de relações dentro dos subsistemas (i.e. entre empregados de uma mesma unidade de negócios) do que entre subsistemas (i.e. entre os chefes das diversas unidades de negócios)[615]. Fala-se, aqui, em decomponibilidade do subsistema, como um limite, uma métrica analítica.

Não obstante as relações dentro dos subsistemas tenderem a ser mais frequentes e mais fortes (i.e. relações moleculares), as relações entre subsistemas, embora mais fracas, não podem ser negligenciadas (i.e. relações intermoleculares). Trata-se, nas palavras de Simon, de outra aproximação analítica, da chamada quase-decomponibilidade do sistema[616].

Muitos sistemas hierárquicos, nos quais o social se inclui, têm essa característica de quase-decomponibilidade[617]. E há propriedades particulares em tais sistemas.

---

[614] SIMON, Herbert A. The architecture of complexity, cit., p. 472-473.

[615] SIMON, Herbert A. The architecture of complexity, cit., p. 473-474.

[616] SIMON, Herbert A. The architecture of complexity, cit., p. 474-477.

[617] Assevera Simon: "Nas dinâmicas dos sistemas sociais, nos quais os membros do sistema se comunicam e influenciam os outros membros, a quase-decomponibilidade é uma característica geralmente muito proeminente" ("In the dynamics of social systems, where members of a system communicate with and influence other members, near decomposability is generally very prominent.") SIMON, Herbert A. The architecture of complexity, cit., p. 475. Tradução nossa.

Simon cita o exemplo de um edifício dividido em salas, as quais se subdividem em cubículos. As paredes externas do edifício (que equivalem às fronteiras do sistema) são sólidas, funcionando como perfeitos isolantes térmicos. As paredes entre os quartos, contudo, são isolantes semiperfeitos. Já as divisórias entre os cubículos funcionam como isolantes de baixa qualidade. Cada cubículo possui um termostato. Na primeira medição, há um grande desequilíbrio térmico, com variação entre os cubículos e entre os quartos. Horas mais tarde, em nova medição, afere-se uma pequena variação entre os cubículos de cada quarto, mas uma variação ainda razoável entre os quartos. A medição feita dias depois constata que existe uma temperatura bastante uniforme entre os cubículos e quartos[618].

O exemplo ajuda a evidenciar duas características que o autor atribui aos sistemas hierárquicos quase-decomponíveis. Em primeiro lugar, a capacidade dos componentes dos subsistemas de, no curto prazo, comportarem-se de forma quase independente dos demais componentes. Em segundo lugar, a capacidade de, no longo prazo, o comportamento de qualquer dos componentes dos subsistemas depender do comportamento médio dos demais componentes[619].

1.2.4. Descrições de Sistemas Complexos

Por que percebemos a complexidade? Como descrevê-la? O fato de detectarmos, de sermos capazes de perceber e descrever a existência de um sistema complexo deriva, diz Simon, justamente da quase-decomponibilidade e da estruturação hierárquica dos sistemas[620]. Ele ilustra a assertiva:

> Se você pedir a uma pessoa que desenhe um objeto complexo – por exemplo, um rosto humano – ele muito provavelmente o realizará de modo hierárquico. Ele primeiro desenhará o rosto. Então ele adicionará ou incluirá elementos: olhos, nariz, boca, orelhas, cabelo. Se for solicitado a ele que elabore mais o desenho, ele começará a desenvolver detalhes de cada um dos elementos – pupilas, cílios, sobrancelhas, etc. – até que ele chegue ao limite de seu conheci-

---

[618] SIMON, Herbert A. The architecture of complexity, cit., p. 474.
[619] SIMON, Herbert A. The architecture of complexity, cit., p. 474.
[620] SIMON, Herbert A. The architecture of complexity, cit., p. 477.

AS BASES DA COMPLEXIDADE

mento anatômico. A sua informação sobre o objeto é organizada de forma hierarquizada em sua memória, como um resumo tópico. Quando a informação é colocada de forma topicamente resumida, é fácil incluir informação acerca das relações entre as partes principais e informação sobre as relações internas entre as partes em cada um dos subtópicos.[621]

Para Simon, muito pouco se perde se descrevermos as estruturas considerando as hierarquias, os níveis: a essência será registrada e isso basta para a compreensão do objeto descrito. Para descrever sistemas complexos, é possível uma generalização na descrição que ignore os detalhes dos níveis inferiores, das partículas elementares, resguardando apenas as características e as relações médias, agregadas, entre os níveis e subníveis relevantes.

E justamente por haver muitas repetições ou redundâncias em sistemas complexos, se permite que elas possam ser agregadas e recodificadas, transformando uma descrição complexa em uma descrição simples do sistema[622].

---

[621] "If you ask a person to draw a complex object – e.g. a human face – he will almost always proceed in a hierarchical fashion. First he will outline the face. Then he will add or insert features: eyes, nose, mouth, ears, hair. If asked to elaborate, he will begin to develop details for each of the features – pupils, eyelids, lashes for the eyes, and so on – until he reaches the limits of his anatomical knowledge. His information about the object is arranged hierarchicly in memory, like a topical outline. When information is put in outline form, it is easy to include information among the relations among the major parts and information about the internal relations of parts in each of the suboutlines." SIMON, Herbert A. The architecture of complexity, cit., p. 477. Tradução nossa.

[622] "É uma proposição conhecida a de que a tarefa da ciência é utilizar as redundâncias do mundo para descrevê-lo de forma simples". ("It is a familiar proposition that the task of science is to make use of the world›s redundancy to describe the world simply"). SIMON, Herbert A. The architecture of complexity, cit., p. 479 e 481. Tradução nossa. Vide, no excerto das páginas 478-479 e 481 da obra de Simon, exemplos de descrições simples de sistemas complexos.

Capítulo 2 – Complexidade e Direito

O tema da complexidade é objeto de estudo no Direito já há pelo menos duas décadas. O foco do estudo centra-se geralmente na complexidade de normas ou na complexidade do sistema jurídico[623]. Recentemente, juristas voltaram sua atenção para a complexidade em áreas específicas, como o sistema financeiro, de crédito e do mercado de capitais[624].

Como se notará, não há uniformidade para o conceito de complexidade. Ela é talhada conforme o campo ou objeto de pesquisa. Apesar da plurivocidade, os conceitos abaixo apresentados trazem contribuições importantes às reflexões que se pretende para a complexidade de contratos de construção de grandes obras.

---

[623] São exemplos as obras de SCHUCK, Peter H.. Legal complexity: some causes, consequences and cures. **Duke Law Journal**, v. 42, n. 1, 1992, p. 1-52, KAPLOW, Louis. A model of the optimal complexity of legal rules. **Journal of Law, Economics & Organization**, v. 11, n. 1, p. 150-163, 1995 e as propostas de EPSTEIN, Richard A. **Simple rules for a complex world**. Cambridge: Harvard, 1995, para a simplificação do sistema normativo. Outro trabalho relevante é o de KADES, Eric. The laws of complexity and the complexity of laws: the implications of computational complexity theory for the law. **Rutgers Law Review**, v. 49, 1997, p. 403-484, que aplica a teoria computacional de complexidade para o sistema jurídico.
[624] A título de exemplo, ver SCHWARCZ, Steven L. Regulating complexity in financial markets. **Washington University Law Review**, v. 87, n. 2, 2009, p. 211-268.

2.1 Complexidade das Regras Jurídicas segundo Kaplow

Em 1995, o norte-americano Louis Kaplow publicou um importante trabalho sobre complexidade normativa, especificamente sobre a complexidade ótima das regras jurídicas[625].

Kaplow desenvolve o texto definindo a complexidade das regras jurídicas como uma função da quantidade de distinções, de particularizações feitas pela regra. Quanto maior o número de exceções, qualificações, etc., mais complexa seria a regra[626].

Em tese, regras complexas, por serem mais detalhadas, trariam o benefício de instigar, de incentivar com maior precisão as ações e comportamentos esperados dos indivíduos. Por trazerem variados elementos de diferenciação de situações, comportamentos e sanções, regras complexas poderiam ser socialmente benéficas por preverem com precisão um número maior de ações e respectivas consequências[627].

Ao modelar o efeito da complexidade na decisão dos indivíduos de adquirir informação e de escolher o curso de ação vis-à-vis à sanção, Kaplow nota que, justamente pelo excesso de complexidade, a regra pode não vir a fomentar os comportamentos desejados.

Regras complexas trazem custos *ex ante* para os indivíduos que devem observá-las e *ex post* para a autoridade encarregada de torná-las eficazes.

O custo de observância, de cumprimento das regras pelos indivíduos, seria proporcionalmente correlacionado ao nível de detalhamento. Quanto maior a complexidade, maiores seriam os custos de obtenção, exame e processamento da informação. Em outras palavras, maior é o chamado "custo privado da informação" ou "custo da informação".

---

[625] KAPLOW, Louis. A model of the optimal complexity of legal rules, cit., p. 150-163.

[626] KAPLOW, Louis. A model of the optimal complexity of legal rules, cit., p. 151.

[627] Em direito tributário, diz-se que regras mais complexas podem ser mais eficientes: "Uma regra simples pode ser mais facilmente burlável por meio de transações complexas que em si mesmas são custosas, enquanto que regras mais complexas podem incentivar os indivíduos a deixar de lado as atividades evasivas e portanto dispenderem menos ao se pautarem pelas regras do sistema". ("A simples rule might be easy to circumvent through complex transactional forms that themselves are costly, while a more complex rule may induce individuals to forgo such avoidance activity and thus expend less on working through the governing rules".) KAPLOW, Louis. A model of the optimal complexity of legal rules, cit., p. 152, nota de rodapé 5. Tradução nossa.

Se o custo da informação for alto, alguns indivíduos simplesmente optarão por não conhecer a norma. Ante uma regra complexa, outros indivíduos, mesmo tendo acesso pouco custoso à informação, prefeririam não aprender, não compreender a regra, seja porque a norma em si é de difícil entendimento, seja porque é difícil aplicá-la à própria situação.

A autoridade encarregada da aplicação de regras complexas tem também mais custos de informação para compreender uma regra com maior quantidade de distinções. Maiores são também os seus custos administrativos para fiscalizar os indivíduos, verificar a aplicabilidade da regra ao caso concreto, identificar a sanção aplicável e para buscar garantir a eficicácia da regra[628].

Em quais circunstâncias, então, valeria a pena ter regras complexas?

Em primeiro lugar, a complexidade da regra será eficiente se for grande a diferença entre os danos causados por cada comportamento previsto na regra e baixos os custos de informação para os indivíduos e para a autoridade[629].

Em segundo lugar, uma regra complexa será eficiente se o custo privado da informação for baixo para a autoridade e alto para os indivíduos (mas não proibitivamente alto), pois neste cenário os indivíduos que, em tese, mais necessitam obedecer a regra irão fazê-lo, pois para eles o benefício de observar a regra supera os custos de informação e a eventual sanção[630]. Kaplow cita o exemplo de transporte de produtos perigosos. Os

---

[628] Sobre a relação entre normas, observância e evasão: "Um ótimo exemplo disso é o código tributário, que é extenso e complexo em si mesmo e suplementado por normas de ordens de magnitude mais complexa e detalhada que o próprio código. Ainda, cada nova lei ou regra, ou seu desenvolvimento nas normas, gera não somente mais observância mas também mecanismos adicionais de evasão que por sua vez têm que ser tratados, e a corrida entre os reguladores e os regulados continua ad infinitum." ("A wonderful example of this is the tax code, which is lengthy and complex in its own right and supplemented by regulations orders of magnitude more complex and detailed than the code itself. Yet every new statutory or provision, or its elaboration in the regulations, generates not just compliance but further avoidance mechanisms that then have to be addressed in turn, and the race between the regulators and the regulated goes on ad infinitum"). ALLEN, Ronald J. Rationality and the taming of complexity. **Northwestern Public Law and Legal Theory Series**, n. 11-51, 2011, p. 10. Tradução nossa.

[629] KAPLOW, Louis. A model of the optimal complexity of legal rules, cit., p. 15i.e.155.

[630] Diz Kaplow: "Os custos privados de observância são incorridos apenas pelos atores interessados, e os benefícios do comportamento aprimorado são realizados apenas na medida em que os atores informam-se das distinções feitas por regras mais complexas". ("Private

motoristas que não transportam tais produtos e aqueles que os transportam apenas pontualmente e em baixa quantidade podem não se interessar em observar a regra. Todavia, os motoristas profissionais de transporte de produtos perigosos terão interesse em conhecer e seguir a regra, ainda que seja complexa, para evitar a sanção. O benefício social da regra complexa seria alcançado[631].

Kaplow cria um outro modelo, acrescentando um elemento: o *self-reporting*, que se aproximaria ao que designamos de modelo declaratório. Neste cenário, o indivíduo informa, declara para a autoridade o seu enquadramento normativo. Nota-se que a aquisição de informação pelo indivíduo, neste contexto, torna-se mandatória, como condição precedente para que ele possa aferir seu enquadramento[632]. Regras complexas com *self-reporting* somente seriam eficientes se o custo privado da informação fosse menor que o custo incorrido pela autoridade para verificar a aplicabilidade da regra, à luz das distinções, das diferenciações trazidas pela regra complexa[633].

É fácil compreender o raciocínio de Kaplow tendo-se em mente as normas tributárias. No Brasil, as sociedades brasileiras de faturamento mais expressivo podem optar por dois regimes tributários, lucro real e lucro presumido[634].

O primeiro deles traz uma série de exceções, qualificações e distinções. Por exemplo, diversas são as regras para os valores que podem ser considerados dedutíveis e as condições de dedutibilidade. Para as sociedades que obrigatoriamente se enquadram no lucro real ou que fizeram a opção por ele, há um custo privado de informação elevado, além de outros custos administrativos decorrentes, como, por exemplo, os de coleta, organização e arquivo de documentos comprobatórios das despesas dedutíveis.

Já o regime do lucro presumido é cognitiva e operacionalmente mais simples. O custo privado de informação é menor que no de lucro real. A

---

compliance costs are incurred only by actors who find it in their interest to do so, and the benefits of improved behavior are realized only to the extent that actors become informed about the distinctions made by more complex rules"). KAPLOW, Louis. A model of the optimal complexity of legal rules, cit., p. 161. Tradução nossa.

[631] KAPLOW, Louis. A model of the optimal complexity of legal rules, cit., p. 151-155.

[632] KAPLOW, Louis. A model of the optimal complexity of legal rules, cit., p. 151-152 e 157.

[633] KAPLOW, Louis. A model of the optimal complexity of legal rules, cit., p. 157.

[634] Atualmente há casos de obrigatoriedade, como para as instituições financeiras e assemelhadas, e para as sociedades com faturamento superior a R$48 milhões, dentre outros.

opção por este regime e a forma de atendimento às obrigações principais e acessórias é ainda bastante menos burocrático que no lucro real.

A opção pelo regime tributário poderia ser enquadrada no modelo de *self-reporting* de Kaplow. O auto enquadramento feito pelo indivíduo requer que ele inicialmente conheça as diferenças entre os dois regimes. O custo privado é necessariamente incorrido. Em tese, optarão pelo regime de lucro real (caso não sejam obrigados a fazê-lo) apenas aqueles indivíduos para quem os benefícios da dedutibilidade superem os custos administrativos do regime escolhido. Os demais optarão pela simplicidade trazida pelo lucro presumido.

A eficiência da estruturação dos regimes de tributação em modelos de *self-reporting* reside no fato de ser menos custoso para o indivíduo do que para o Fisco fazer a diferenciação. A existência de dois regimes e o modelo declaratório beneficiam tanto o contribuinte, que recolherá seus tributos pelo sistema menos oneroso, quanto o próprio Fisco, que incorrerá em menores custos de fiscalização com a seleção (*"screening"*) induzida pelo modelo[635].

2.2 Completude e Incompletude Contratual

Antes de iniciar o exame da complexidade contratual, é importante diferenciá-la da completude e da incompletude contratual. Embora haja pontos de contato, elas representam modelos teóricos distintos na economia e no direito.

Para os economistas, o contrato completo "considera todas as variáveis que são ou que podem ser relevantes durante o prazo de sua execução"[636]. O contrato completo tudo prevê. Assim, "nenhuma contingência não prevista ocorreria no desenrolar da relação: qualquer mudança no ambiente

---

[635] Sem dúvida, a probabilidade da aplicação da sanção modificaria a análise. No modelo de Kaplow, assume-se uma probabilidade de aplicação igualmente ótima. Ver KAPLOW, Louis. A model of the optimal complexity of legal rules, cit., p. 159.

[636] "[...] if it takes into account all variables that are or may become relevant over the time period it is to be executed". SALANIÉ, Bernard. **The economics of contracts: a primer.** 2nd. ed. Cambridge: MIT, 2005, p. 161. Tradução nossa.

econômico apenas ativaria as cláusulas *ad hoc* previstas no contrato"[637]. Nada ficaria aberto à renegociação.

Sobre contratos completos, assim resume Jean Tirole:

> [...] os únicos impedimentos para a contratação perfeitamente completa são a informação privada dos agentes na data da contratação (seleção adversa), o recebimento de informações futuras que não podem ser diretamente verificadas pelas autoridades encarregadas do *enforcement*, a possibilidade de essa informação ser privada (conhecimento não disponibilizado) e a possibilidade de os agentes realizarem ações que não podem ser verificadas (risco moral). Não há limitação na habilidade das partes de prever contingências, redigir contratos ou executá-los.[638]

Os economistas sustentam que os "contratos ótimos deveriam especificar precisamente o resultado condicional a todas as informações relevantes observáveis por uma corte (i.e. verificáveis)"[639]. Caso uma informação relevante, eventualmente, não pudesse ser verificada pela corte, mas pudesse ser verificada por uma das partes, o contrato ótimo faria com que as partes abrissem, divulgassem tal informação[640].

Cabe registrar a distinção entre verificabilidade e observabilidade na teoria econômica. A raiz da distinção é o custo da comprovação. Uma informação é observável "quando vale a pena para as partes conhecerem-na,

---

[637] "No unforeseen contingency may arise as the relationship evolves: any change in the economic environment just activates the *ad hoc* provisions of the contract". SALANIÉ, Bernard. **The economics of contracts: a primer**, cit., p. 161. Grifos do autor. Tradução nossa.

[638] "[...] the only impediments to perfectly contingent contracting are that the agents may have private information at the date of contracting (adverse selection), receive future information that cannot be directly verified by contract enforcement authorities, that this information may be private information (hidden knowledge) and that agents may take actions that cannot be verified (moral hazard). There is no limitation on the parties' ability to foresee contingencies, to write contracts, and to enforce them". TIROLE, Jean. Incomplete contracts: where do we stand? **Econometrica**, v. 67, n. 4, 1999, p. 754. Tradução nossa.

[639] "[...] optimal contracts should precisely specify an outcome conditional on all relevant information that is observable by a court (i.e. verifiable)." SEGAL, Ilya. Complexity and renegotiation: a foundation for incomplete contracts. **The Review of Economic Studies**, v. 66, n. 1, special issue: contracts, 1999, p. 57. Tradução nossa.

[640] SEGAL, Ilya. Complexity and renegotiation: a foundation for incomplete contracts, cit., p. 57.

mas os custos de prová-la a um terceiro excedem os ganhos"[641]. A informação é verificável quando "ela é, ao mesmo tempo, observável e vale a pena prová-la a terceiros"[642].

Embora existam contratos completos na acepção econômica[643], muitos contratos são incompletos na vida real, como há muito tempo asseverava Stewart Macaulay:

> Enquanto os homens de negócio podem e geralmente planejam de modo cuidadoso e completo, resta claro que nem todas as trocas são claramente racionalizadas. Embora muitos homens de negócio creiam que uma descrição clara do desempenho tanto do comprador quanto do vendedor é o senso comum óbvio, eles nem sempre costumam viver conforme esse ideal.[644]

Contratos incompletos na literatura jurídica são aqueles nos quais "surge um evento ou uma contingência não antecipada no contrato; assim, o contrato é silente quanto ao que aconteceria ante tal evento ou contingência"[645]. Na literatura econômica, um contrato é incompleto "se

---

[641] "[...] when it is worthwhile for the parties to know it, but the costs of proving it to a third party exceed the gains". SCHWARTZ, Alan. Relational contracts in the courts: an analysis of incomplete agreements and judicial strategies. **Journal of Legal Studies**, v. 21, n. 2, 1992, p. 279. Tradução nossa.

[642] "[...] when it is both observable and worth proving to outsiders". SCHWARTZ, Alan. Relational contracts in the courts: an analysis of incomplete agreements and judicial strategies, cit., p. 279. Tradução nossa.

[643] "Este 'contrato completo' é um que nós nunca veremos nesse mundo e é um paradigma que nós advogados usamos para nosso próprio risco". ("This 'complete contract' is one that we shall never see in our world, and it is a paradigm that we as lawyers use at our peril"). BAIRD, Douglas G. Self-interest and cooperation in long-term contracts, cit., p. 592. Tradução nossa.

[644] "While businessmen can and often do carefully and completely plan, it is clear that not all exchanges are neatly rationalized. Although most businessmen think that a clear description of both the seller's and buyer's performances is obvious common sense, they do not always live up to this ideal." MACAULAY, Stewart. Non-contractual relations in business: a preliminary study. **American Sociological Review**, v. 28, 1963, p. 58. Tradução nossa.

[645] "[...] incomplete if an event or contingency can arise that is not anticipated by the contract; hence, the contract is silent with respect to what should happen given this event or contingency". HERMALIN, Benjamin E.; KATZ, Avery W.; CRASWELL, Richard. Contract law. In: POLINSKY, A. Mitchell; SHAVELL, Steven (Eds.). **The handbook of law and economics**. Amsterdam: Elsevier, 2007. v. 1. p. 70. Tradução nossa. Entre nós, um dos primeiros estudos examinando a incompletude contratual foi feito por Rachel Sztajn e Haroldo Ma-

ele falha em prever um conjunto *eficiente* de obrigações para *cada* estado provável"[646].

Vários são os motivos para a incompletude contratual: ambiguidade da linguagem, custos de transação, racionalidade limitada, assimetria informacional, incerteza e complexidade do ambiente de contratação, dentre outros.

A ambiguidade da linguagem provoca a incompletude contratual, seja porque simplesmente algumas palavras são ambíguas ou vagas[647], seja porque as "partes disseram pouco ou muito"[648]. Além da existência de um campo semântico cinzento[649], as partes apenas precisam as palavras e expressões utilizadas em contratos dentro de certos limites negociais[650].

lheiros Duclerc Verçosa, especificamente sobre o tema do contrato de sociedade. SZTAJN, Rachel; VERÇOSA, Haroldo Malheiros Duclerc. A incompletude do contrato de sociedade. **Revista de Direito Mercantil, Industrial, Econômico e Financeiro**, n. 131, nova série, jul./set. 2003, p. 7-20.

[646] "[...] if it fails to provide for the *efficient* set of obligations in *each* possible state of the world". SCOTT, Robert E.; TRIANTIS, George G. Incomplete contracts and the theory of contract design. **Case Western Reserve Law Review**, v. 56, n. 1, 2005, p. 190. Grifos dos autores. Tradução nossa.

[647] SCHWARTZ, Alan. Legal contract theories and incomplete contracts. In: WERIN, Lars; WIJKANDER, Hans. **Contract economics**. Cambridge: Blackwell, 1992, p. 77-80.

[648] "[...] they have said too little or too much". HERMALIN, Benjamin E.; KATZ, Avery W.; CRASWELL, Richard. Contract law, cit., p. 71. Tradução nossa.

[649] A ambiguidade ou vagueza das palavras não se confunde com a chamada ambiguidade estratégica. Esta consiste na ação deliberada de um contratante que, dada a não verificabilidade de um evento, opta por deixar outros aspectos da relação contratual em aberto. Essa seria uma solução ótima do ponto de vista econômico, como demonstra BERNHEIM, B. Douglas; WHINSTON, Michael D. Incomplete contracts and strategic ambiguity. **American Economic Review**, v. 88, n. 4, 1998, p. 902-932. Aplicando a mesma racionalidade para a ambiguidade das cláusulas de alterações materiais relevantes em contratos de compra e venda de participação societária, ver CHOI, Albert; TRIANTIS, George. Strategic vagueness in contract design: the case of corporate acquisitions. **Yale Law Journal**, v. 119, 2010, p. 848-924. Sobre a ambiguidade como característica da incerteza subjetiva, ou seja, a dificuldade subjetiva de julgamento acerca das probabilidades de ocorrência de um evento, ver MUKERJI, Sujoy. Ambiguity aversion and incompleteness of contractual form. **American Economic Review**, v. 88, n. 5, 1998, p. 1207-1231.

[650] Stewart Macaulay observou esse limite negocial, dizendo que "contratos detalhados podem atrapalhar boas trocas entre empresas" ("detailed negotiated contracts can get in the way of creating good exchange relationships between business units"), pois justamente na discussão dos detalhes sobre eventos improváveis talvez o negócio não saia quando o evento, em si, poderia nunca ocorrer. MACAULAY, Stewart. Non-contractual relations in business: a preliminary study, cit., p. 64. Tradução nossa.

COMPLEXIDADE E DIREITO

Em todo caso, como ensina Paula A. Forgioni, "sempre haverá mais de uma interpretação possível para o texto do instrumento contratual"[651].

Os custos de transação impediriam que as partes conseguissem obter a eficiência *ex ante*, vale dizer, o nível ótimo de investimento em um ativo específico[652]. Em decorrência dos elevados custos de transação[653], as partes não conseguiriam acordar sobre todos os eventos futuros atinentes à relação contratual e sobre os respectivos comportamentos esperados. As partes deixariam pontos, aspectos da relação contratual a serem decididos no futuro, mas, pelo risco de comportamento oportunístico da outra parte, não investiriam de modo eficiente *ex ante*[654].

Mesmo que a eficiência *ex ante* fosse alcançada, ela própria poderia representar um empecilho para trocas eficientes (a eficiência *ex post*), na medida em que "obrigasse as partes a efetivarem a troca mesmo quando não houvesse sobrevalor a ser partilhado"[655].

A racionalidade limitada também obstaculizaria a completude contratual, como sintetizam Scott e Kraus:

> Dados os limites da cognição humana, as partes podem simplesmente ser incapazes de identificar e antever todas as condições futuras incertas ou podem ser incapazes de adequadamente caracterizar as adaptações complexas exigidas para acomodar todas as possibilidades que *podem* se materializar.[656]

---

[651] FORGIONI, Paula A. **Teoria geral dos contratos empresariais**. 2. ed. rev. São Paulo: Revista dos Tribunais, 2010, p. 72.

[652] SCOTT, Robert E.; TRIANTIS, George G. Incomplete contracts and the theory of contract design, cit., p. 189.

[653] Os custos de transação que provocam a incompletude são aqueles *front-end*, vale dizer, os custos de negociação e redação, bem como os *back-end*, como os de monitoramento e enforcement. SCOTT, Robert E.; TRIANTIS, George G. Incomplete contracts and the theory of contract design, cit., p. 190.

[654] Oliver Hart e John Moore examinaram a dificuldade de se alcançar a melhor solução, a *first best*, em cenários de investimentos específicos. A solução *second best*, por sua vez, provocaria investimentos insuficientes *ex ante*. HART, Oliver; MOORE, John. Incomplete contracts and renegotiation, cit., p. 755-757.

[655] "[...] by compelling exchange when there is no surplus to be gained". SCOTT, Robert E.; TRIANTIS, George G. Incomplete contracts and the theory of contract design. Case Western Reserve Law Review, v. 56, 2006, p. 189. Tradução nossa.

[656] "Given the limits of human cognition, parties may simply be unable to identify and foresee all of the uncertain future conditions or may be incapable of characterizing adequately

A limitação natural do conhecimento humano não só impediria as partes de imaginarem o rol de eventos que podem acontecer[657], mas também dificultaria "a atribuição de probabilidade de ocorrência de eventos relevantes e o condicionamento de cláusulas contratuais a tais eventos"[658].

A assimetria de informações também contribui para a incompletude. Considerando a heterogeneidade das partes e a existência de custos de transação *ex ante* e *ex post*, uma parte pode preferir a incompletude, em vez de sinalizar sua preferência. Ao solicitar uma determinada cláusula, a parte receia criar uma preocupação infundada na outra. Ela prefere ficar silente, e o contrato resta incompleto[659].

---

the complex adaptations required to accomodate all the possibilities that *might* materialize". SCOTT, Robert E.; KRAUS, Jody S. **Contract law and theory**. 4. e., Newark: LexisNexis, 2007, p. 82. Grifos dos autores. Tradução nossa.

[657] Em princípio, só se poderia tratar de riscos que se pode prever: "muitos acadêmicos da law and economics tratam o risco de contingências imprevisíveis como o limite dos riscos remotos: por definição, o custo de se especificar ex ante as obrigações contratuais em estados imprevisíveis do mundo superam os benefícios esperados". ("Most law and economics scholars treat the risk of unforeseeable contingencies as the limiting instance of remote risks: by definition, the cost of specifying *ex ante* the contractual obligations in the unforeseeable state of the world exceeds the expected benefit."). TRIANTIS, George G. Unforeseen contingencies. Risk allocation in contracts. **Encyclopedia of Law and Economics**, p. 101, grifos do autor. Disponível em: <http://encyclo.findlaw.com/4500book.pdf>. Acesso em 15 maio 2009. Tradução nossa. George G. Triantis argumenta que mesmo riscos que não podem ser previstos e, portanto, não podem ser precificados e alocados entre as partes – podem, todavia, ser precificados e alocados dentro de riscos maiores. Haveria a alocação implícita de riscos imprevisíveis dentro de riscos mais gerais, previsíveis. Ele dá como exemplo, em uma compra e venda com execução diferida, a impossibilidade de as partes preverem o impacto de um acidente nuclear que causaria aumento do preço do petróleo. Embora o acidente não possa ser previsto, o risco de aumento do preço do petróleo poderia, sim, ser previsto, precificado e alocado. TRIANTIS, George G. Contractual allocations of unknown risks: a critique of the doctrine of commercial impracticability. **University of Toronto Law Journal**, v. 42, n. 4, 1992, p. 452.

[658] "[...] to assign probability to relevant events and to condition the clauses of the contract on these events". SALANIÉ, Bernard. **The economics of contracts: a primer**, cit., p. 193. Tradução nossa.

[659] Kathryn E. Spier é considerada a criadora dessa tese. Ela exemplifica o impacto da assimetria informacional na incompletude citando a hesitação de noivos de tratarem do assunto pacto pré-nupcial, já que o documento poderia sinalizar ao outro o aumento da probabilidade de divórcio. SPIER, Kathryn E. Incomplete contracts and signalling. **The RAND Journal of Economics**, v. 23, n. 3, 1992, p. 433.

COMPLEXIDADE E DIREITO

A incerteza do ambiente de contratação e a complexidade de se indicar, para cada evento futuro uma ação correspondente[660], fomentariam a incompletude. Isso pois as partes, ao contratarem em ambientes de incerteza, não seriam capazes de predeterminar o custo e o valor do contrato e das respectivas prestações[661]. O contrato então deveria resguardar a possibilidade de não haver troca, caso o custo da performance, em um dado momento ou situação, viesse a ser superior ao valor atribuído por aquele que recebe a performance.

Mas essa flexibilidade é obstaculizada pela complexidade de se redigir cursos de ação para cada evento, nesse nível de detalhe, complexidade aqui entendida na acepção dada por W. Bentley McLeod, como uma "medida dos custos de desenhar, redigir e implementar o contrato como uma função dos dados que descrevem a relação"[662].

Em um raciocínio quase circular, diz-se que a solução para os problemas oriundos da complexidade seria a celebração de um contrato completo que:

> alcançaria perfeitamente dois objetivos conflitantes: ele eliminaria a liberdade das partes contratantes de se comportarem oportunisticamente e, ao mesmo tempo as deixaria com o grau máximo de flexibilidade para responder eficientemente aos detalhes finos das contingências que surgem no curso da transação. Note que já que o contrato completo exige o ajuste fino das ações das partes, a complexidade de tal contrato crescerá com a complexidade da transação.[663]

[660] Charles J. Goetz e Robert E. Scott apontam que "a complexidade e a incerteza têm papéis conceitualmente distintos, mas frequentemente operam de forma conjunta". ("Complexity and uncertainty each play conceptually distinct roles, although they frequently operate in combination"). GOETZ, Charles J.; SCOTT; Robert E. Principles of relational contracts. **Virginia Law Review**, v. 67, 1981, p. 1092. Tradução nossa.

[661] Dizem Scott e Triantis: "Um contrato pode obrigar uma parte em uma troca que pode mais tarde se tornar um desperdício porque o custo para o promitente excede o valor para o promissário". ("A contract can commit a party to an exchange that might later become wasteful in that the cost to the promissor of performance exceeds the value to the promisee"). SCOTT, Robert E.; TRIANTIS, George G. Incomplete contracts and the theory of contract design, cit., p. 189. Tradução nossa.

[662] "The complexity of the contract is a measure of the cost of designing, writing and implementing the contract as a function of the data describing the relationship". MACLEOD, W. Bentley. Complexity and contract, cit., p. 226. Tradução nossa.

[663] "[...] perfectly accomplishes two conflicting goals: it eliminates the freedom of the contracting parties to behave opportunistically, while at the same time leaving them with the

CONTRATOS DE CONSTRUÇÃO DE GRANDES OBRAS

Mas o contrato completo não é factível.

Nabil 1. Al-Najjar afirma que "mesmo a transação econômica mais simples pode ser tão complexa que é praticamente impossível listar todo o espectro de resultados e contingências que podem afetar o desempenho contratual"[664].

Com efeito, se para cada estado ou contingência x as partes prevessem uma ação ou determinado curso de ação, mesmo com um número pequeno de contingências e com um custo baixo de redação contratual, o custo total seria proibitivo e, portanto, o contrato resultaria incompleto[665].

Veja-se o exemplo dado por MacLeod[666]: imagine-se uma relação contratual simples, na qual o contratante deve negociar com o contratado as atividades a serem desenvolvidas relativas ao escopo do contrato, que pode ser mais ou menos extenso. A inclusão de cada contingência (w) custa y, e y é igual a \$1 centavo. Cada contingência pode corresponder a um certo número de tarefas do contratado, representadas por k. O nível de produtividade é representado por m e o custo por n. Assim, em um modelo simples, o custo de transação de um contrato completo (custo de negociar, redigir e monitorar) seria representado por $n^k m^k y$. O custo do contrato completo seria uma função da quantidade de tarefas e dos níveis de desempenho, esquematicamente demonstrados como segue:

---

maximum degree of flexibility to respond efficiently to the finer details of the contingencies that arise in the course of the transaction. Note that since a complete contract requires fine adjustments of the parties' actions, the complexity of such a contract will increase with the complexity of the transaction". AL-NAJJAR, Nabil 1. Incomplete contracts and the governance of complex contractual relationships. **The American Economic Review**, v. 85, n. 2, 1995, p. 434. Tradução nossa. No mesmo sentido, Scott e Triantis: "A solução tradicional para o objetivo dual de eficiência ex ante e ex post é o contrato completo, contingente, aquele que especifica as obrigações em cada estado possível do mundo". ("A benchmark solution to the dual objective of ex ante and ex post efficiency is the complete, contingent contract, one that specifies obligations in each possible state of the world"). SCOTT, Robert E.; TRIANTIS, George G. Incomplete contracts and the theory of contract design, cit., p. 189. Tradução nossa.

[664] "Even the simplest of economic transactions can be so complex that it is practically impossible to list the entire range of outcomes and contingencies that might affect contractual performance", AL-NAJJAR, Nabil 1. Incomplete contracts and the governance of complex contractual relationships, cit., p. 432. Tradução nossa.

[665] AL-NAJJAR, Nabil 1. Incomplete contracts and the governance of complex contractual relationships, cit., p. 434-435.

[666] MACLEOD, W. Bentley. Complexity and contract, cit., p. 225-226.

Níveis de desempenho	Número de tarefas			
	2	5	10	15
2	$0,16	$10	$10,000	$10 milhões
3	$0,81	$600	$35 milhões	$2 trilhões
4	$2,56	$10.000	$11 bilhões	$11.000 trilhões
5	$6,25	$100.000	$1000 bilhões	$10 milhões de trilhões

Fonte: Adaptado de MacLeod, Bentley W. Complexity and contract.

Tabela 5. Custo de um contrato completo

Para a teoria econômica, em vista da impossibilidade de celebração de um contrato completo, a decorrência de ter a relação pautada por um contrato incompleto é a ineficiência *ex post*, ou seja, materializada a contingência, as partes serão induzidas a "tomar ações diferentes das que poderiam ser eficientes, dado o conhecimento *ex post* do estado x"[667].

O contrato incompleto traria a perda da "flexibilidade contratual", ou seja, a perda desse ajuste fino do comportamento das partes após materializada a contingência[668].

Para recuperar a flexibilidade, um caminho investigado pela literatura econômica seria a introdução de ambiguidades estratégicas no contrato, como o uso de expressões como "melhores esforços" ou de standards. Padrões pouco precisos e expressões vagas, ambíguas têm a valiosa capacidade de "restringir o espectro da ações possíveis sem restringir as ações das partes dentro do espectro"[669]. Outro caminho seria complementar o contrato incompleto com outros mecanismos de governança, como a reputação, os usos e costumes, e as regras supletivas do ordenamento jurídico[670].

---

[667] "[...] in which they might have to take actions diferente from what would be eficiente given their ex post knowledge of the true state x". AL-NAJJAR, Nabil 1. Incomplete contracts and the governance of complex contractual relationships, cit., p. 435. Tradução nossa.

[668] AL-NAJJAR, Nabil 1. Incomplete contracts and the governance of complex contractual relationships, cit., p. 435.

[669] "[...] restrict a range of possible actions without restricting the parties to specific actions within that range". AL-NAJJAR, Nabil 1. Incomplete contracts and the governance of complex contractual relationships, cit., p. 435. Tradução nossa.

[670] AL-NAJJAR, Nabil 1. Incomplete contracts and the governance of complex contractual relationships, cit., p. 435. O ponto da efetividade de sanções fora do sistema jurídico foi feito

CONTRATOS DE CONSTRUÇÃO DE GRANDES OBRAS

Uma vez vistas a completude e a incompletude contratual, cabe examinar a complexidade contratual. Como se verá, complexidade e incompletude "medem dimensões distintas do contrato; uma não é redutível à outra"[671].

2.3 Complexidade Contratual

Como dito, afirmar que o contrato de construção de grandes obras é um contrato complexo soa como um truísmo. Dificilmente pessoas experientes em tais contratos questionariam essa assertiva. Da mesma forma, poucos envolvidos em contratos de franquia, de compra e venda de ações, ou de joint venture, por exemplo, diriam que eles são simples.

Mas por que alguns contratos são complexos e outros simples? O que explica o fato de relações importantes serem regidas por contratos simples? Que fatores induzem a complexidade ou a simplicidade contratual? Essas questões serão examinadas neste item 2.3.

Mas antes, importa fixar o que se entende por complexidade contratual. Na doutrina, existem várias definições.

Williamson definiu-a com base em três dimensões essenciais ou críticas: a incerteza, a frequência de ocorrência da transação e o grau de ocorrência de uma transação que envolva investimento em ativos específicos duráveis[672].

Para McLeod, "a complexidade do contrato seria uma medida dos custos de desenhar, redigir e implementar o contrato como uma função dos dados que descrevem a relação"[673].

---

por Stewart Macaulay em MACAULAY, Stewart. Non-contractual relations in business: a preliminary study, cit., p. 63, e bastante desenvolvido posteriormente, merecendo destaque especial os trabalhos de Lisa Bernstein, referidos adiante, e de Robert E. Scott, SCOTT, Robert E. A theory of self-enforcing indefinite agreements. **Columbia Law Review**, v. 103, n. 7, 2003, p. 1641-1699.

[671] "[...] measure separate dimensions of a contract; one is not reducible to the other", EGGLESTON, Karen; POSNER, Eric A.; ZECKHAUSER, Richard J. The design and interpretation of contracts: why complexity matters, cit., p. 103. Tradução nossa.

[672] WILLIAMSON, Oliver E.. Transaction-cost economics: the governance of contractual relations. **Journal of Law and Economics**, v. 22, n. 2, 1979, p. 239.

[673] "The complexity of a contract is a measure of the cost of designing, writing and implementing the contract as a function of the data describing the relationship". MACLEOD, W. Bentley. Complexity and contract, cit., p. 226. Tradução nossa.

COMPLEXIDADE E DIREITO

Condensando as características de estudos em administração que investigaram a complexidade, Hendrikse e Windsperger assim sintetizam as características principais da complexidade contratual: "especificação detalhada de promessas, obrigações e responsabilidades a serem desempenhadas, procedimentos para o monitoramento e a resolução de disputas e fixação em detalhes de resultados e produtos a serem entregues"[674].

Para Eggleston, Posner e Zeckhauser, a complexidade contratual é definida como um conceito multidimensional, cujo conteúdo não é fixo, mas relativo, aferível apenas se contrastado dentro do ambiente da contratação e se comparado em graus dentro de uma linha contínua[675].

A complexidade do contrato seria medida em três dimensões: a. a quantidade contratualmente prevista de contingências relevantes de probabilidade média e alta, b. a variabilidade das contrapartidas ou resultados possíveis para as partes ante a ocorrência de contingências, e c. o nível de demanda cognitiva exigido pelo contrato[676].

Na primeira dimensão citada, a métrica da complexidade residiria na riqueza com que as partes previram no contrato as contingências, os eventos futuros que, uma vez materializados, seriam capazes de gerar obrigações e direitos, igualmente previstos. Parte-se do pressuposto de que as contingências são relevantes, de que existe uma probabilidade considerável de tais contingências se materializarem. Assim, quanto maior a quantidade de contingências relevantes de média e alta probabilidade previstas, e respectivos cursos de ação para as partes, maior seria a complexidade do contrato[677].

Na segunda dimensão, os contratos são complexos caso os resultados, os pagamentos que uma parte deva fazer a outra, tenham um alto grau de

---

[674] "[...] complex contracts have detailed specification of promises, obligations, responsibilities to be performed, procedures for monitoring and dispute resolution and determine in detail outcomes or outputs to be delivered". HENDRIKSE, George; WINDSPERGER, Josef. Determinants of contractual completeness in franchising. In: TUUNANEN, M. et al (Eds.). **New developments in the theory of networks**. Heidelberg: Springer, 2011, p. 16. Tradução nossa.

[675] EGGLESTON, Karen; POSNER, Eric A.; ZECKHAUSER, Richard J. The design and interpretation of contracts: why complexity matters, cit., p. 97.

[676] EGGLESTON, Karen; POSNER, Eric A.; ZECKHAUSER, Richard J. The design and interpretation of contracts: why complexity matters, cit., p. 97-98.

[677] EGGLESTON, Karen; POSNER, Eric A.; ZECKHAUSER, Richard J. The design and interpretation of contracts: why complexity matters, cit., p. 98.

variabilidade em função das contingências previstas, ainda que de modo independente da quantidade total de contingências[678].

Exemplificativamente, imaginem-se dois contratos prevendo modalidades de remuneração diversas para administradores. Em um deles, o peso maior está na remuneração fixa (digamos, 80%), com uma parcela pequena da remuneração estabelecida com base em metas. No outro modelo de contrato, a remuneração é preponderantemente variável (imagine-se, aqui, que 80% seja variável). Nessas situações, os contratos podem prever idênticas quantidades de condições, de eventos futuros: aumento do faturamento, ampliação dos pontos de vendas, redução de custos operacionais e administrativos, etc. A depender da estrutura contratual, a remuneração do executivo pode variar pouco (no primeiro caso) ou muito (no segundo modelo de contrato).

O segundo modelo de contrato é, comparativamente, mais complexo que o primeiro (ainda que o número de contingências previstas seja idêntico), justamente pela variabilidade de resultados possíveis para o administrador. Ele é mais complexo porque a variabilidade de resultados é capaz de induzir a uma variação comportamental maior do administrador[679].

Na terceira dimensão, os contratos são complexos se as demandas cognitivas forem altas, ou seja, se houver dificuldade de compreensão de seu conteúdo[680]. Um contrato que contenha muitas contingências relevantes (e, em regra, as correspondentes ações exigidas das partes) traz mais demanda cognitiva que um contrato com poucas contingências. Quanto

---

[678] EGGLESTON, Karen; POSNER, Eric A.; ZECKHAUSER, Richard J. The design and interpretation of contracts: why complexity matters, cit., p. 98.

[679] "A variação no pagamento terá um grande impacto na complexidade contratual quando as partes contratantes tiveram maior discricionariedade para mudar ou adaptar seu comportamento em resposta a tal variação. Se a aversão a risco for uma preocupação, a variação deveria ser mensurada em uma escala relativa à riqueza das partes, como uma métrica de seu interesse". ("Payment variability will have a greater impact on contract complexity when contracting parties have more discretion to change or tailor behavior in response to that variability. If risk aversion is a concern, variability should be measured on some scale relative to the parties' wealth, as a gauge of their concern with it"). EGGLESTON, Karen; POSNER, Eric A.; ZECKHAUSER, Richard J. The design and interpretation of contracts: why complexity matters, cit., p. 98-99, nota de rodapé 23. Tradução nossa.

[680] EGGLESTON, Karen; POSNER, Eric A.; ZECKHAUSER, Richard J. The design and interpretation of contracts: why complexity matters, cit., p. 99.

mais ricas, extensas e sofisticadas forem as formulações dos termos e das condições contratuais, mais complexo nessa dimensão será o contrato.

Adota-se, neste trabalho, a definição de complexidade contratual proposta por Eggleston, Posner e Zeckhauser, que se revela mais operacional, mais funcional que as demais, salvo se expressamente indicado.

2.3.1 Fontes ou Indutores da Simplicidade e da Complexidade Contratual

Imagine-se uma relação contratual muito importante no campo pessoal: a contratação de uma babá, encarregada de cuidar de um recém-nascido. O cuidado e a preocupação dos pais são, naturalmente, imensos. Eles entrevistam a babá e, após a contratação, transmitem sua percepção de como gostariam que a babá os auxiliasse a tratar e educar a criança.

Pense-se agora em outra situação, de contratação de um médico. O paciente apresenta ao médico seus sintomas e, feitos os exames, o médico fornece o diagnóstico e sugere o tratamento.

Por que os contratos mencionados nos parágrafos anteriores – e muitos contratos a eles semelhantes – são simples? Por que razão alguns nem chegam a ser reduzidos por escrito? O que leva as partes a optarem por não registrar por escrito os eventos e correspondentes comportamentos que elas consideram importantes?

Como explicar o fato de que relações comercialmente importantes e de grande monta, como a construção de megaprojetos, tenham começado a adotar desenhos de programas contratuais muito sintéticos, com pouquíssimas obrigações, em que as partes obrigam-se a não recorrer ao Judiciário ou a meios privados de solução de controvérsias?

E como, por outro lado, justificar que muitos contratos regidos por leis nacionais, em contextos globalizados, tenham "crescido de tamanho", tornando-se mais longos e detalhados?

Neste ponto do trabalho, serão abordadas algumas causas ou fontes tanto da simplicidade quanto da complexidade contratual. Não há intenção de exauri-las. O propósito é bastante restrito: apenas mapear o rol das fontes ou causas mais relevantes, com o fim de iluminar a reflexão que se segue.

Observe-se que qualquer das causas, isoladamente, poderia ser objeto de estudo monográfico, graças à riqueza da problematização a elas inerente. Meta-abordagens ou abordagens enciclopédicas, todavia, fogem do escopo deste trabalho, razão pela qual a indicação das fontes e as possíveis explicações para sua existência são restritas. Note-se, ainda, que os limites entre algumas das fontes não são rígidos: há uma certa sobreposição entre certas fontes.

Outra ressalva relevante: o conceito de complexidade contratual (e, necessariamente, seu conceito antitético, de simplicidade) possui gradações, não sendo, portanto, absoluto. As referências às causas ou fontes querem significar, apenas, que essa causa atua e pode aumentar o grau de complexidade, ou, conforme o caso, induzir à simplicidade do instrumento contratual.

Ainda, não é possível afirmar, em abstrato, que uma ou outra causa seja a fonte exclusiva ou necessária da complexidade. Assume-se que as fontes são concorrentes e que atuam concomitantemente.

Como se verá, algumas fontes podem atuar como um indutor tanto de complexidade quanto de simplicidade. Nem todas as fontes parecem ter uma única e necessária direcionalidade.

Pelo caráter de complexidade do sistema representado pelo contrato, entende-se que as fontes coexistem em ambientes dinâmicos, são interdependentes, imbricadas e influenciam-se reciprocamente.

2.3.1.1 Ambiente Institucional

Douglass C. North define as instituições como "as regras do jogo da sociedade" ou "qualquer forma de restrição que os seres humanos desenvolvem para modelar a interação humana"[681]. Para Oliver Williamson, devem ser incluídas tanto as regras formais quanto as informais[682]. Já as organizações são os atores que jogam o jogo[683], qualquer corpo político, social, econômico ou de outra natureza unido "por algum motivo comum para alcançar objetivos"[684]. Há uma relação interativa e simbiótica entre as instituições

---

[681] NORTH, Douglass C. **Institutions, institutional change and economic performance**. Cambridge: Cambridge, 1990, p. 1-2.

[682] WILLIAMSON, Oliver E.. Contract and economic organization. In: BROUSSEAU, Eric; GLACHANT, Jean-Michel (Eds.). **The economics of contracts – theories and applications**. Cambridge: Cambridge, 2002, p. 49.

[683] WILLIAMSON, Oliver E.. Contract and economic organization, cit., p. 49.

[684] NORTH, Douglass C. **Institutions, institutional change and economic performance**, cit., p. 5.

COMPLEXIDADE E DIREITO

e as organizações: enquanto as primeiras "determinam as oportunidades da sociedade", as segundas "tiram vantagem de tais oportunidades"[685].

A reflexão sobre contratos é indissociável do ambiente institucional. Alerta-nos Paula A. Forgioni que:

> os contratos devem ser considerados no ambiente que os circunda, condicionando-os. Não é possível desgarrar o negócio da realidade em que está inserto (chamada, pelos economistas, de "ambiente institucional"), tornando-o peça estéril de atribuição de obrigações desconexas da realidade. [...] Ao privilegiar a visão objetiva do negócio, o direito comercial torna-o reflexo das circunstâncias que levaram as partes à vinculação e que o contrato continua a embeber[686].

O ambiente institucional, vale dizer, o conjunto de instituições e organizações, pode ser, concomitantemente, uma fonte de complexidade e um redutor da complexidade contratual.

A incerteza do ambiente institucional faz com que as partes prevejam um número maior de situações no contrato. Ao contingenciar mais as obrigações, as partes ampliam o número de cláusulas, de eventos prováveis e de respostas a tais eventos. Na literatura econômica, as partes assim agiriam com a pretensão de criar saídas ou soluções eficientes para as contingências que poderiam afetar a relação. Por isso, o ambiente institucional incerto contribuiria para a complexidade contratual[687].

---

[685] NORTH, Douglass C. **Institutions, institutional change and economic performance**, cit., p. 7.

[686] FORGIONI, Paula A. **Teoria geral dos contratos empresariais**, cit., p. 73-74.

[687] "À medida que mais estados são considerados, o contrato ótimo se torna mais complexo. Por exemplo, se uma ou ambas as partes podem aumentar o valor do contrato ao fazer certos investimentos ou ao tomar certas precauções, o contrato ótimo estipularia que as partes devam fazer tais investimentos ou tomar tais precauções em diferentes estados do mundo. Nenhuma de tais complexidades seria necessária se se pudesse prever o futuro com certeza". ("As more possible futures states get taken into account, the optimal contract becomes even more complex. For example, if one or both parties can increase the value of the contract by making certain investments or taking certain precautions, the optimal contract would stipulate that the parties must make those investments or take those precautions in different states of the world. None of these complexities would be necessary if the parties could predict the future with certainty"). EGGLESTON, Karen; POSNER, Eric A.; ZECKHAUSER, Richard J. The design and interpretation of contracts: why complexity matters, cit., p. 104-105. Tradução nossa.

Ele é fonte de complexidade se mal desenhado e falho[688]. Imagine-se o contexto de contratos de grandes obras. Como visto, os retornos dos investimentos em grandes obras são instáveis e altamente sensíveis, especialmente em vista do longo prazo de maturação. Um ambiente institucional precário ou instável adiciona complexidade pois "torna um contrato completo impossível e, portanto, os incentivos de desempenho dependem de uma avaliação *ex post* e da recompensa pelo principal"[689]. O problema é que o momento da avaliação *ex post*, em algumas relações contratuais, pode ser realmente longo, demorar décadas.

Outra grave consequência do ambiente institucional incerto e complexo é que ele provoca a elevação dos custos de negociação e redação. Confira-se:

> [...] os custos de identificar contingências e elaborar respostas crescem rapidamente em ambientes complexos ou incertos, colocando limites econômicos na habilidade dos agentes de minutar e implementar arranjos contratuais elaborados. Ao desenhar um contrato, as partes podem mitigar o oportunismo ex post e distorções de investimentos ao utilizarem contratos mais completos, mas à custa de um aumento de recursos dedicados à elaboração do documento a priori. Como consequência, as características do ambiente que geram o aumento dos custos de contratação resultam em contratos eficientes tornando-se menos completos, enquanto as condições que exarcebam o potencial de ineficiências ex post levam a contratos mais abrangentes.[690]

---

[688] "A menos que eles estejam solidamente ancorados, os projetos ficarão a mercê de interesses mutantes, caprichos e movimentos oportunísticos". ("Unless they are solidly anchored, projects will be at the mercy of shifting interests, caprices, and opportunistic moves"). MILLER, Roger; LESSARD, Donald R.. Public goods and private strategies, cit., p. 24. Tradução nossa.

[689] "[...] makes a complete contingent contract impossible, and hence performance incentives depend upon ex post evaluation and reward by the principal". MACLEOD, W. Bentley. Complexity and contract, cit., p. 238. Tradução nossa.

[690] "[...] the costs of identifying contingencies and devising responses increase rapidly in complex or uncertain environments, placing economic limits on the ability of agents to draft and implement elaborate contractual agreements. When designing a contract, the parties may mitigate ex post opportunism and investment distortions by the use of more complete agreements, but at the cost of increased resources dedicated to crafting the document a priorl. As a consequence, environmental characteristics that generate increased contracting costs should result in efficient contracts being less complete, whereas conditions that exacerbate the potential for ex post inefficiencies should lead to more exhaustive agreements."

COMPLEXIDADE E DIREITO

Em um cenário oposto, em que os arranjos institucionais são conhecidos e estáveis, principal e agente desenham seus contratos com os incentivos apropriados *ex ante*, sem que uma parte fique na dependência de outra.

Sabe-se que o ambiente institucional bem desenhado contribui positivamente para o desempenho de megaprojetos[691]. O ambiente institucional "ajuda a reduzir o risco ao minimizar oportunidades de clientes, comunidades ou governos capturarem as receitas depois que o investimento tiver sido feito"[692].

O ambiente institucional pode ser de tal forma construído que se torne um *locus* de legitimidade. Na discussão de seu arcabouço normativo e regulatório, os diversos grupos de interesse podem ser convidados a externar suas visões via, por exemplo, audiências públicas e a tentar obter compromissos dentro do processo democrático. Entende-se que tais mecanimos reduzem as pressões e eventuais protestos posteriores[693], aumentando a estabilidade do ambiente institucional e reduzindo, portanto, a complexidade deste.

Finalmente, a flexibilidade de um bom ambiente institucional permite que as partes, ante turbulências não previstas no decurso do projeto, busquem saídas e mecanismos em arranjos institucionais, tais como "refazimento do cronograma, reestruturação e reorganização e falência"[694].

CROCKER, Keith J; REYNOLDS, Kenneth J. The efficiency of incomplete contracts: an empirical analysis of air force engine procurement. **The RAND Journal of Economics**, v. 24, n. 1, 1993, p. 127. Tradução nossa.

[691] "Projetos desenhados em ambientes incompletos e mutantes demoram para decolar: eles exigem acordos e arranjos que não duram por muito tempo. Em contraste, normas, regulação e práticas bem desenvolvidas contribuem significativamente para o aprimoramento do desempenho de um projeto". ("Projects shaped in incomplete and shifting arrangements have a hard time taking off: they require deals and agreements that may not stand for long. In contrast, well-developed laws, regulations and practices contribute significantly to enhancing project performance"). MILLER, Roger; LESSARD, Donald R.. Public goods and private strategies, cit., p. 23. Tradução nossa.

[692] "[...] help to reduce risks by minimizing opportunities for clients, communities, or governments to attempt to capture revenues after the investment is sunk". MILLER, Roger; LESSARD, Donald R.. Public goods and private strategies, cit., p. 24. Tradução nossa.

[693] MILLER, Roger; LESSARD, Donald R.. Public goods and private strategies, cit., p. 25.

[694] "rescheduling, restructuring, or bankruptcy". MILLER, Roger; LESSARD, Donald R.. Public goods and private strategies, cit., p. 25. Tradução nossa.

2.3.1.2 Elementos ou Características da Transação

Alguns elementos ou características da transação podem ser um fator de adição de complexidade contratual, tais como objeto, prestações, prazo de execução, interrelação entre cláusulas e entre contratos e incorporação de documentos ao contrato.

O objeto da transação pode ser complexo e demandar obrigações e deveres igualmente complexos no seu desenvolvimento, na sua realização, como ocorre em contratos de megaconstruções. Como se viu no exemplo do EPC, muitas são as cláusulas contemplando direitos, obrigações, deveres e responsabilidades das partes. A combinação entre complexidade do objeto e das prestações, por si, tem o potencial de elevar as três dimensões da complexidade contratual: a quantidade de contingências previstas, a variabilidade das contrapartidas e a demanda cognitiva[695].

Em alguns contratos, a complexidade do objeto e das prestações se somam à intertemporalidade da execução. Como a ocorrência de eventos futuros pode afetar o valor do contrato ou o custo das prestações para as partes, contratos com execução diferida costumam exigir a previsão de um maior número de disposições contratuais:

> Os custos primários associados com a redação de contratos mais completos são as dificuldades em identificar contingências razoáveis e negociar respostas mutuamente aceitáveis. Enquanto isso pode ser bastante direto em ambientes simples com datas próximas de execução do contrato, a tarefa torna-se mais desafiadora quando as probabilidades são numerosas e o tempo da execução remoto.
>
> [...] Contratos com horizontes de realização remotos tendem a ser menos estruturados inicialmente, antecipando a renegociação em uma forma mais completa em alguma data futura, enquanto

---

[695] Battigalli e Maggi identificaram que contratos com tarefas heterogêneas tendem a ter quantidade de cláusulas com contingências ampliada ao longo do tempo. BATTIGALLI, Pierpaolo; MAGGI, Giovanni. Costly contracting in a long-term relationship. November, 2003. **IGIER Working Paper no. 249**, p. 2. Disponível em: <http://ssrn.com/abstract_id=48064>. Acesso em 20.10.2008.

COMPLEXIDADE E DIREITO

aqueles com termos de realização mais próximos são inicialmente mais completos[696].

Outros contratos são estruturados tendo por premissas a verificação (ou a não verificação) de diversas situações, status e condições, como é o caso de contratos de compra e venda de ações e de financiamentos. Daí decorre um grande número de cláusulas contratuais contendo obrigações, responsabilidades, garantias e declarações.

Contratos dessa natureza contêm cláusulas intensamente inter-relacionadas, que fazem referências cruzadas entre as declarações e as obrigações e responsabilidades reiteradas vezes ao longo do instrumento contratual. O impacto da interrelação de cláusulas recai diretamente na demanda cognitiva: "um alto grau de interdependência entre as cláusulas em um contrato aumenta os custos de processamento da informação, causados pelos limites da cognição humana"[697].

Ainda, decorre da natureza de certas transações a necessária incorporação ao programa contratual de múltiplos documentos, alguns finalizados na época da contratação e outros a serem desenvolvidos (como projetos) ou obtidos no futuro (como apólices de seguros). A título de exemplo, em contratos de construção há um grande número de anexos como "os documentos do processo de concorrência, as condições gerais do contrato, as especificações, os desenhos e os relatórios de investigação das condições do local"[698], que são considerados parte do contrato.

---

[696] "The primary costs associated with the drafting of more complete agreements are the difficulties of identifying feasible contingencies and negotiating mutually acceptable responses. While this may be fairly straightforward in simple environments with proximate dates of contract execution, the task becomes more daunting when the possibilities are more numerous and the time of performance remote. [...] contracts with remote performance horizons tend to be less structured initially, anticipating renegoation to a more complete form at some future date, while those with more proximate performance deadlines are initially more complete". CROCKER, Keith J; REYNOLDS, Kenneth J. The efficiency of incomplete contracts: an empirical analysis of air force engine procurement, cit., p. 128 e 123. Tradução nossa.

[697] "A higher degree of interdependency between provisions in a contract increases the information-processing costs, caused by the limits of human cognition". HAGEDOORN, John; HESEN, Geerte. Contractual complexity and the cognitive load of R&D alliance contracts, cit., p. 822. Tradução nossa.

[698] "[...] bidding documents, general conditions of the contract, specifications, drawings, and reports of investigations of physical site conditions". BAJARI, Patrick; TADELIS, Steven.

Contratos de compra e venda de ações, por exemplo, têm um vasto número de anexos, compostos, às vezes, de todos os documentos e informações objeto da auditoria jurídica, contábil, financeira e ambiental, dentre outros. Da mesma forma, os anexos passam a integrar o conteúdo das disposições do contrato. A compreensão da articulação entre o conteúdo de tais documentos e o teor do próprio contrato é tarefa árdua, pois "a alta interatividade dos elementos impõe uma carga pesada na memória ativa, o que se traduz em um alto nível de complexidade percebida"[699].

Semelhante efeito ocorre com a coligação de contratos. Muitos contratos precisam ser articulados e ter seu funcionamento encadeado, especialmente aqueles que guardam um vínculo genético ou funcional entre si; a desarmonia entre eles causa efeitos em todos. A título de exemplo, os contratos de grandes obras, como visto anteriormente, fazem parte de uma rede contratual. Eventual descompasso entre o financiamento e o contrato de construção pode provocar desequilíbrios na cadeia de subcontratados ou de fornecedores, ou ainda na de seguros[700]. Por isso a relevância da harmonização entre todos os instrumentos contratuais, relevância essa a ponto de alguns classificarem-na como um dos riscos do contrato[701].

Essa indiscutível necessidade de harmonização oriunda, na prática, da coligação contratual aumenta a complexidade contratual, pois exige dos envolvidos uma etapa adicional, que ultrapassa os limites do próprio contrato, requerendo sua harmonização e seu alinhamento com os demais contratos da coligação. A complexidade, em todos os três níveis é, portanto, ampliada.

Incentives versus transaction costs: a theory of procurement contracts, cit., p. 390. Tradução nossa.

[699] "High element interactivity imposes a heavy load on working memory, which translates into a high level of perceived complexity". HAGEDOORN, John; HESEN, Geerte. Contractual complexity and the cognitive load of R&D alliance contracts, cit., p. 832. Tradução nossa.

[700] Observe-se que, além da coligação, a inter-relação grande contratos dessa natureza é enorme, quanto a referências cruzadas e obrigações omissivas e comissivas relativas aos diversos contratantes.

[701] Exemplificativamente, José Virgílio Lopes Enei designa o risco de divergência e desalinhamento entre os contratos de um *project finance* como riscos de integração dos contratos, conforme ENEI, José Virgílio Lopes. **Project finance: financiamento com foco em empreendimentos**, cit., p. 212.

2.3.1.3 Racionalidade Limitada

No modelo de contratação da teoria clássica, as partes contratantes são idealizadas como possuidoras de uma racionalidade suprema. Na teoria contratual neoclássica e na relacional, essa visão do contratante é matizada[702].

A ECT, ao modelar o comportamento humano, considera as limitações da capacidade cognitiva do homem, as restrições à capacidade humana de se prever o futuro e a ação movida pelo autointeresse[703]. Três seriam os níveis de racionalidade: forte ou maximizadora, semi-forte ou limitada e fraca ou orgânica.

Na economia neoclássica, o homem é um maximizador de seus interesses e é capaz de assim agir pois nesse mundo estilizado as informações e o processamento delas não têm custos. O homem, no seu comportamento econômico, aproxima-se de um semideus: onisciente e onipresente.

A ECT relaxa a premissa da racionalidade plena e adota a da limitada, inspirada em Herbert Simon, o qual reconhecia a pretensão de racionalidade humana mas a considerava atingível apenas de forma restrita[704, 705].

A racionalidade limitada tem por premissa o fato de que a mente humana tem "limites cognitivos e temporais em nossa habilidade de processar informações"[706].

---

[702] As teorias contratuais clássica, neoclássica e relacional são examinadas de forma abrangente e profunda na valiosa obra de MACEDO JR., Ronaldo Porto. Contratos relacionais e defesa do consumidor. São Paulo: Max Limonad, 1998, p. 97-256.

[703] WILLIAMSON, Oliver E. **The economic institutions of capitalism – firms, market, relational contracting.** New York: Free, 1985, p. 44-47.

[704] É a famosa frase de Simon de que o comportamento dos agentes econômicos é "[...] intencionalmente racional, mas apenas de forma limitada". ("[...] intendedly rational, but only limitedly so.") WILLIAMSON, Oliver E. **The economic institutions of capitalism – firms, market, relational contracting,** cit., p. 45, citando SIMON, Herbert. Administrative behavior. 2. ed. New York: Macmillan, 1961, p. xxiv. Tradução nossa.

[705] Paula A. Forgioni explica elegantemente o conceito: "Percebe-se que a concepção da racionalidade limitada não nega o pressuposto de que os agentes econômicos são *racionais*, porém afirma que exercem essa racionalidade dentro das inapeláveis fronteiras impostas pela condição humana e pelo contexto em que se inserem". FORGIONI, Paula A. **Teoria geral dos contratos empresariais,** cit., p. 69. Grifos da autora.

[706] Referindo-se a racionalidade limitada: "[...] cognitive and temporal constraints on our ability to process this information". AWREY, Dan. Complexity, innovation and the regula-

Na doutrina comercialista brasileira, Paula A. Forgioni contextualiza os conceitos da ECT afirmando que:

> No mundo real, as partes simplesmente não conseguem prever todas as contingências futuras no momento em que se vinculam ao contrato. Sempre faltarão dados sobre a outra contratante, sobre os possíveis desdobramentos do ambiente institucional, sobre o porvir. [...]
>
> O direito mercantil sempre reconheceu a impossibilidade de o empresário deter todas as informações relacionadas à transação e ao futuro; *a racionalidade limitada dos economistas não nos é estranha.*[707]

Nos contratos, a racionalidade limitada provocaria, paradoxalmente, tanto a simplicidade quanto a complexidade contratual. Essa assertiva é mais facilmente compreensível recorrendo-se ao exemplo gráfico de um agente econômico, dotado de racionalidade limitada, buscando conhecer determinada informação, conforme recentemente idealizado por Dan Awrey[708].

---

tion of modern financial markets. **Harvard Business Law Review**, v. 2, n. 2, 2012, p. 241. Disponível em: <http://ssrn.com/abstract=1916649>. Acesso em 15 nov. 2011. Tradução nossa.

[707] FORGIONI, Paula A. **Teoria geral dos contratos empresariais**, cit., p. 66 e 69. Grifos da autora.

[708] AWREY, Dan. Complexity, innovation and the regulation of modern financial markets, cit., p. 243-247.

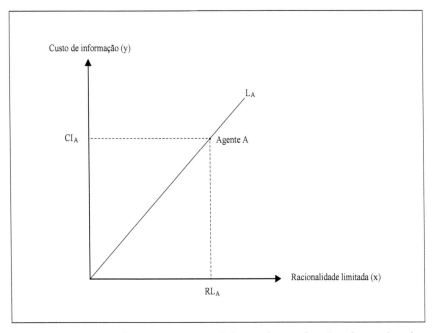

Fonte: Awrey, Dan. Complexity, innovation and the regulation of modern financial markets, 2011.

Figura 9 - Linha da complexidade

O autor concebe a complexidade como um atributo dos indivíduos. Ela seria uma função de duas variáveis: os custos de informação –, vale dizer, "os custos incorridos na procura, aquisição, seleção, manipulação e análise da informação"[709] – e a racionalidade limitada.

A interseção entre os eixos x e y representariam a posição do agente econômico, à luz das suas limitações cognitivas, após ter incorrido nos custos de informação: nesse ponto, o agente estaria plenamente informado.

O gráfico é hábil em sugerir a relatividade da capacidade cognitiva humana, ou, em outras palavras, o fato de que a "tolerância para a complexidade é relativa"[710]. Outro agente, com limitações cognitivas e tempo-

---

[709] "[...] costs incurred in connection with the acquisition, filtering, manipulation and analysis of information". AWREY, Dan. Complexity, innovation and the regulation of modern financial markets, cit., p. 240-243. Tradução nossa.

[710] "[...] an actor's tolerance for complexity is inherently relative". AWREY, Dan. Complexity, innovation and ther regulation of modern financial markets, cit., p. 244. Tradução nossa.

rais distintas, investindo determinado montante em custos de informação, posicionaria-se em ponto diverso, como ilustra a figura seguinte.

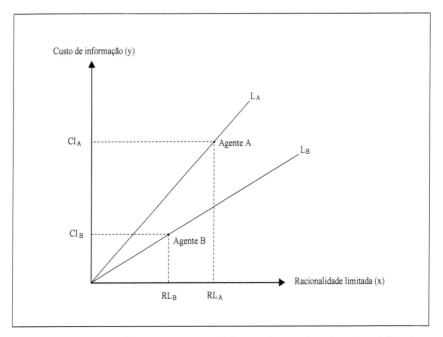

Fonte: Awrey, Dan. Complexity, innovation and the regulation of modern financial markets, 2011.

Figura 10 - Linhas relativas da complexidade

Dan Awrey nos faz perceber que há um limite de tolerância à complexidade, uma fronteira "além da qual a combinação de custos elevados de informação e racionalidade limitada poder tornar a compreensão e o entendimento plenos impossíveis dentro de um determinado período de tempo"[711].

---

[711] "[...] beyond which the combination of high information costs and bounded rationality can be expected to render full comprehension and understanding impossible within a given timeframe". AWREY, Dan. Complexity, innovation and ther regulation of modern financial markets, cit., p. 11. Tradução nossa.

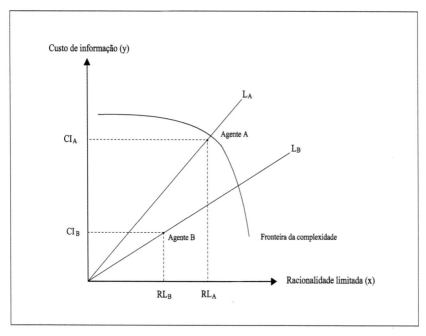

Fonte: Awrey, Dan. Complexity, innovation and the regulation of modern financial markets, **University of Oxford Legal Research Paper Series**, paper n. 49/2011, set. 2011. Disponível em: <http://ssrn.com/abstract=1916649>. Acesso em 15 nov. 2011, p. 13.

Figura 11 - Fronteira da complexidade

Note-se que o que Awrey designa por complexidade (função das variáveis racionalidade limitada e custos de informação) sobrepõe-se a uma das dimensões da complexidade na definição de Eggleston, Posner e Zeckhauser: a carga cognitiva do contrato, o esforço mental exigido para compreender o contrato.

Hagedoorn e Hesen usam a expressão "carga cognitiva" para significar "o grau de dificuldade que as pessoas sentem quando tentam entender contratos"[712], com referência "ao esforço e à atividade mental imposta na habilidade da pessoa de processar informações"[713].

---

[712] "[...] the degree of dificulty that people face when they attempt to understand contracts". HAGEDOORN, John; HESEN, Geerte. Contractual complexity and the cognitive load of R&D alliance contracts. **Journal of Empirical Legal Studies**, v. 6, n. 4., p. 818-847, 2009, p. 822. Tradução nossa.
[713] "[...] to the effort and mental activity imposed on a person's ability to process information". HAGEDOORN, John; HESEN, Geerte. Contractual complexity and the cognitive load of

Do examinado, extrai-se que indivíduos cuja fronteira da complexidade encontra-se em um ponto baixo optariam por celebrar contratos mais simplificados, seja por uma objetiva limitação da racionalidade, seja pela ausência de interesse ou meios de investir em custos de informação. Interessante é refletir sobre os indivíduos cuja fronteira se localizasse em um ponto elevado.

A racionalidade e a ciência da impossibilidade de antever os eventos, estimar probabilidades e alocar ações eficientes a cada evento levariam tais indivíduos a dois possíveis cursos de ação: a. incorrer em custos de transação *ex ante* (custos de negociação e redação), até certo ponto, considerando, dentre outros, a possibilidade de preenchimento de lacunas pelo órgão encarregado de solução de controvérsias; b. optar por investir menos ainda em custos *ex ante* e deixar o contrato simples, com poucas cláusulas e contingências, para renegociar mais adiante, se necessário.

Os resultados dos dois cursos de ação podem se relevar opostos na métrica da complexidade. Na hipótese "b" o contrato poderia ser simples e pouco complexo (poucas contingências previstas, pouca variabilidade de contrapartida e de fácil compreensão).

Na hipótese "a", todavia, o contrato poderia resultar tanto em um contrato simples quanto em um contrato bastante complexo, a depender dos custos de informação e da limitação da racionalidade do agente. Por exemplo, as partes podem adotar um contrato standard ou formulário, negociá-lo de forma restrita, alterando-o pouco, e deixando lacunas intencionais. Esse contrato pode ser simples ou complexo, a depender da minuta que lhe serviu de base complexa ter em maior ou menor grau as características da complexidade contratual.

2.3.1.4 Renegociação e Preenchimento de Lacunas

O benefício de celebrar contratos menos completos, mais simples, e de deixar pontos em aberto para serem preenchidos via renegociação ou atuação das cortes explica-se pela economia nos custos *ex ante*. Na dicção de Eggleston, Posner e Zeckhauser:

R&D alliance contracts, cit., p. 826. Tradução nossa.

COMPLEXIDADE E DIREITO

As partes que são limitadamente racionais reconhecerão que não podem antecipar todas as contingências futuras, ou contratar de forma barata considerando contingências improváveis mas previstas. Por causa dessas duas razões, elas valorizam a liberdade de renegociar contratos no futuro, quando a contingência surgir. Elas também provavelmente valorizam o preenchimento de lacunas pelas cortes, se eficiente e efetivo. Ao antecipar a renegociação ou o preenchimento de lacunas, as partes economizam nos custos iniciais de negociação ao celebrarem contratos mais simples do que poderia ser o ideal.[714]

Um contrato celebrado no qual as partes já anteveem ou pactuam a renegociação (como as cláusulas "nos termos e condições a serem oportunamente acordados", ou outras cláusulas conhecidas como *"agreeing to agree"*) pode conter menos eventos futuros e ser mais facilmente compreensível, sendo, portanto, menos complexo. A expectativa de renegociação, que acontecerá se e quando a contingência se materializar, permite às partes economizar nos custos de negociação e redação.

Ainda, deixar lacunas a preencher no contrato[715] é uma ação vantajosa porque "se espera que as partes contratantes sejam capazes de suprir lacunas a um custo menor que um terceiro, parcialmente porque se pode assu-

---

[714] "Parties who are boundedly rational will recognize that they cannot foresee all future contingencies, or contract cheaply on unlikely contingencies that are foreseen. For these two reasons, they value the freedom to renegotiate contracts in the future as contingencies arise. They are also likely to value legal gap-filling, if efficient and effective. Anticipating such renegotiation or gap-filling, parties can save up-front negotiation costs by entering into contracts that are simpler than would otherwise be optimal." EGGLESTON, Karen; POSNER, Eric A.; ZECKHAUSER, Richard J. The design and interpretation of contracts: why complexity matters, cit., p. 123. Tradução nossa.

[715] Esclarece Baird: "A assertiva de que as partes deixam lacunas apoia-se na premissa de que é mais fácil renegociar em torno do silêncio do que em torno de um risco claramente alocado. Renegociar termos explícitos pode requerer uma transferência mais ampla de riquezas de uma parte para a outra. [...] O silêncio deixa mais pontos na mesa e as partes terão menos segurança de onde se encontram inicialmente". ("The assertion that parties leave gaps rests on the premise that it is easier to renegotiate around silence than around a clearly allocated risk. Renegotiating explicit terms may require a large transfer of wealth from one party to the other. [...] Silence leaves more issues on the table and parties will have less of an idea where they stand at the outset"). BAIRD, Douglas G. Self-interest and cooperation in long-term contracts, cit., p. 592. Tradução nossa.

mir que as partes estão mais bem informadas que aquele"[716]. Com efeito, no momento em que se materializa a contingência e que se torna imperioso renegociar, as partes estão mais bem informadas do que estavam no momento da celebração do contrato[717], sendo capazes de resolver a lacuna ante o fato concreto com maior eficiência.

Hart e Moore, dentre outros, demonstraram que um determinado nível de incompletude contratual é eficiente[718].

Vale lembrar que a renegociação, todavia, apresenta a dificuldade de sujeitar uma parte ao eventual oportunismo de outra. E também é custosa, especialmente se houver assimetria de informações *ex post*[719]. A solução sugerida pela literatura econômica seria elaborar contratos que proibissem a renegociação (cláusula que seria ilegal em nosso ordenamento) ou celebrar contratos complexos.

Quando há especificidade de ativos e a possibilidade de *hold-up*, observa-se que é menos provável que as partes optem pela simplicidade contratual. Quando elas o fazem, como é o caso expecional da aliança de projetos, elas se apoiam, todavia, em outros mecanismos informais (seleção prévia

---

[716] "[...] one would expect the contracting parties to be able to fill the gap at a lower cost than a third party, partly because the contracting parties can be assumed to have better information". HVIID, Morten. Long-term contracts and relational contracts. In: NEWMAN, Peter (Ed.). **The New Palgrave Dictionary of Economics and the Law.** May 1998, p. 50. Disponível em: <http://ssrn.com/abstract_id=52360>. Acesso em 20 out 2008. Tradução nossa.

[717] Ensina Hviid: "Como no caso de informação simétrica mas não verificável, os contratos de longo prazo permitem às partes desenhar ao menos parcialmente o ambiente no qual a renegociação ocorre". ("As in the case of symmetric but unverifiable information, long-term contracts may allow the parties to at least partly design the environment under which the (re)negotiation takes place"). HVIID, Morten. Long-term contracts and relational contracts, cit., p. 50. Tradução nossa.

[718] HART, Oliver; MOORE, John. Foundations of incomplete contracts. **The Review of Economic Studies**, v. 66, n. 1, special issue: contracts, 1999, p. 126 et seq. Ver ainda CROCKER, Keith J; REYNOLDS, Kenneth J. The efficiency of incomplete contracts: an empirical analysis of air force engine procurement, cit., p. 126-146, e CHUNG, Tai-Yeong. Incomplete contracts, specific investments, and risk sharing. **The Review of Economic Studies**, v. 58, n. 5, p. 1031-1042, 1991.

[719] Hart vê duas causas para os custos da renegociação: pelo oportunismo e pela assimetria de informações, a renegociação eficiente pode falhar HART, Oliver. **Firms, contracts and financial structure**. Oxford: Oxford, 1995, p. 25.

do parceiro, reputação, confiança, etc.) que aumentam as probabilidades de a renegociação e o preenchimento de lacunas serem mais eficientes[720].

O preenchimento de lacunas contratuais por terceiros, em caso de litígio, também se revela um mecanismo eficiente mas, para isso, é fundamental que haja verificabilidade do evento[721].

2.3.1.5 Assimetria Informacional

A assimetria de informações entre as partes seria um indutor da simplicidade contratual.

Em primeiro lugar, uma parte mais bem informada que outra pode se recusar a propor uma cláusula que contenha ou reflita tal informação privada justamente porque prefere mantê-la sob sigilo. Um exemplo seria a contratação de um seguro de transporte. O dono da mercadoria prefere não solicitar a contratação de seguro ao transportante com receio de revelar o valor da mercadoria e, assim, sujeitar-se ao pagamento de um valor maior pelo transporte[722].

Outro motivo reporta-se às sinalizações feitas durante a contratação ou via propositura de cláusulas e condições a uma minuta de contrato[723].

---

[720] Observe-se que, no caso da aliança, o mais próprio talvez seja falar em negociação e não renegociação, já que muito é deixado para decisão futura pelo time da aliança.

[721] HERMALIN, Benjamin E.; KATZ, Avery W.; CRASWELL, Richard. Contract law, cit., p. 82-86. Benjamin Hermalin e Michael Katz argumentam que a existência de assimetrias informacionais não necessariamente significa que as cortes devam "completar" os contratos, preenchendo suas lacunas comerciais; dificilmente as cortes poderão aprimorar as condições contratadas pelas partes, pois é provável que aquelas tenham muito menos informação que estas. Nessas circunstâncias, as partes deveriam limitar-se à executar o contrato tal como redigido, sem tentar "completá-lo". A respeito, ver HERMALIN, Benjamin E.; KATZ, Michael L. Judicial modification of contracts between sophisticated parties: a more complete view of incomplete contracts and their breach. **Journal of Law, Economics & Organization**, v. 9, n. 2, 1993, p. 248.

[722] EGGLESTON, Karen; POSNER, Eric A.; ZECKHAUSER, Richard J. The design and interpretation of contracts: why complexity matters, cit., p. 109.

[723] Kathryn E. Spier examina a assimetria informacional e conclui que um "bom" contratante prefere um contrato incompleto, pois sinalizar seu tipo faria com que ele incorresse em custos ex ante; se não houvesse custos de transação ou se eles fossem irrelevantes, o contratante ofereceria um contrato completo. SPIER, Kathryn E. Incomplete contracts and signaling, cit., p. 432-443.

Pense-se na contratação de corretores de imóveis por uma imobiliária. A comissão padrão na região é de 8% para residências de médio padrão e de 5% para residências de alto padrão. Ao discutir os termos da contratação, o dono da imobiliária propõe pagar a um potencial corretor 7% para residências do primeiro tipo e 4,5% para residências do segundo. O corretor suspeitará que o dono da imobiliária sabe que o volume de vendas de residências de médio padrão é elevado e de alto padrão é baixo. Ainda que, na realidade, o dono da imobiliária apenas quisesse incentivar a venda de imóveis de médio padrão e tornar a imobiliária mais competitiva no segmento alto padrão, sua proposta enviará uma mensagem truncada. Diz esse veio da literatura econômica que o corretor preferirá receber uma oferta de comissão nos termos tradicionais do mercado, por receio de ser explorado.

Do exemplo, extrai-se que a assimetria de informações "leva as partes a usarem contratos equivalentes em uma ampla gama de circunstâncias, ainda que a otimização exigisse contratos heterogêneos e específicos ao contexto"[724, 725].

2.3.1.6 Monitoramento

A dificuldade de monitoramento poderia induzir à simplicidade ou à complexidade contratual.

Alguns economistas afirmam que em uma relação principal-agente, na qual o principal solicita mais de uma atividade ao agente mas é capaz de monitorar perfeitamente apenas uma ou poucas, o contrato ótimo é um contrato simples.

Na linguagem econômica:

---

[724] "[...] "may lead parties to use equivalent contracts over a broad range of circumstances, even though optimality would require heterogeneous and context-specific contracts", EGGLESTON, Karen; POSNER, Eric A.; ZECKHAUSER, Richard J. The design and interpretation of contracts: why complexity matters, cit., p. 110. Tradução nossa.

[725] Há meios de se fazer a identificação do tipo, ou *screening*, sem os efeitos perniciosos indicados. A propositura de contratos sequenciados, por exemplo, permitiria a revelação de um atributo não contratável, como a qualidade. Isso é o que ocorre com contratos de trabalho de experiência. Durante a fase da experiência, o empregador consegue aferir a qualidade e o esforço do contratado, itens de observáveis mas não verificáveis. A respeito, ver BAC, Mehmet. Opportunism and the dynamics of incomplete contracts. **International Economic Review**, v. 34, n. 3, p. 663-684, 1993.

Nós mostramos que, se alguns aspectos do desempenho não são contratáveis, então pode ser ótimo deixar outros aspectos verificáveis do desempenho não especificados. Em outras palavras, se os contratos devem ser de algum modo incompletos (devido a custos de transação ou limites na verificabilidade), então é sempre ótimo para as partes escrever contratos que são ainda mais incompletos.[726]

Em contextos de assimetria informacional e complexidade do ambiente, contratos importantes (como a contratação da babá ou do médico) podem não ser detalhados. Vários dos aspectos relevantes da contratação são representados em dimensões de difícil monitoramento, como o nível de diligência e atenção esperado. A observabilidade mas não verificabilidade de determinadas atividades do agente (como a diligência), de um lado, e a potencialidade de, se redigido o contrato com mais detalhes, o contrato poder ser levado à juízo por motivos verificáveis faz com que o contratante prefira a simplicidade[727].

Um motivo semelhante ocorre nas relações de um principal e múltiplos agentes. A uniformização de contratos de trabalho (assumindo-se que não houvesse a determinação legal de isonomia de cargos e salários na CLT) pode ser explicada pela intenção do empregador de sinalizar que ele cumpre sua parte no contrato; se houvesse múltiplos contratos com conteúdos variados, poderia haver suspeita de incumprimento em relação a determinados indivíduos[728]. Novamente, a dificuldade dos empregados (com contratos diversos) de aferir, de monitorar a observância de cada contrato individual pelo empregador seria o motor da suspeita do comportamento do empregador. Para evitar essa situação, prefere este uniformizar, simplificar a contratação usando contratos homogeneizados.

---

[726] "We show that if some aspects of performance are noncontractible, then it may be optimal to leave other verifiable aspects of performance unspecified. In other words, if contracts must be somewhat incomplete (due to transaction costs or limits on verifiability) then it is often optimal for parties to write contracts that are even more incomplete." BERNHEIM, B. Douglas; WHINSTON, Michael D. Incomplete contracts and strategic ambiguity, cit., p. 903. Tradução nossa.

[727] Registre-se que há outra preocupação: que o foco excessivo na redação de termos "contratáveis" prejudique o desempenho do agente nas atividades "não contratáveis". BERNHEIM, B. Douglas; WHINSTON, Michael D. Incomplete contracts and strategic ambiguity, cit., p. 904.

[728] EGGLESTON, Karen; POSNER, Eric A.; ZECKHAUSER, Richard J. The design and interpretation of contracts: why complexity matters, cit., p. 111.

Mas a complexidade também poderia ser a resposta adequada para dificuldades de monitoramento. Imagine uma sociedade que deseja contratar um administrador, um diretor financeiro. Idealmente, esse administrador teria o conhecimento técnico e a experiência adequados e cumpriria seus deveres de lealdade, diligência, sigilo, dentre outros, dentro dos padrões esperados pelos acionistas. Mas nem todos os tais atributos podem ser verificáveis ou observáveis. Se o fossem, a melhor forma de contratação seria um contrato simples, com preço fixo. Como os acionistas não são capazes de aferir todos os atributos, o contrato feito acaba sendo uma combinação de remuneração fixa com variável, essa última com métricas construídas com base nos itens julgados valiosos pelos acionistas (ou membros do conselho de administração, conforme o caso). O resultado é um contrato complexo, com variabilidade de contrapartidas e mais demandas cognitivas.

2.3.1.7 Confiança e Reputação

A confiança pode ser definida como "o nível particular de probabilidade subjetiva com que o agente avalia que outro agente ou outro grupo de agentes executará determinada ação"[729]. Essa definição é a da chamada confiança intencional[730].

---

[729] "trust [...] is a particular level of the subjective probability with which an agent assesses that another agent or group of agents will perform a particular action" GAMBETTA, Diego. Can we trust? In: GAMBETTA, Diego. **Trust: making and breaking cooperative relations**. Oxford: Basil Blackwell, p. 216, 1988.

[730] Há diversas definições de confiança. A adotada é considerada restrita e "indica melhor o que a maior parte das pessoas chamaria de 'confiança real'" ("[...] indicate better what most people would call 'real trust'"). A respeito, ver WOOLTHUIS, Rosalinde K.; HILLEBRAND, Bas; NOOTEBOOM, Bart. Trust, contract and relationship development. **Organization Studies**, v. 26, n. 6, 2005, p. 816. Tradução nossa.

Entende-se que a confiança[731] e outras formas de sanções extralegais[732], como a preocupação com a boa reputação[733], promovem a simplicidade contratual.

Sobre a importância da confiança para os negócios, assim afirmam Margaret Blair e Lynn Stout:

> Onde a confiança pode ser fomentada, ela pode reduzir substancialmente as ineficiências associadas às relações de agência e de time. A confiança permite que transações sigam adiante na base de um aperto de mão ao em vez de complexos contratos formais; ela reduz a necessidade de investir recursos em monitoramento constante de empregados e parceiros de negócios; e ela elimina a incerteza e os gastos associados com a tentativa de levar acordos expressos e orais para as cortes.[734]

[731] Um estudo abrangente sobre a confiança pode ser encontrado em HILL, Claire A.; O'Hara, Erin A. A cognitive theory of trust. **Washington University Law Review**, v. 84, p. 1787-1796, 2006.

[732] A respeito de sanções extralegais, ver as obras de Lisa Bernstein: Merchant law in a merchant court: rethinking the code's search for immanent business norms. **University of Pennsylvania Law Review**, v. 144, n. 5, p. 1765-1821, 1996, Private commercial law in the cotton industry: creating cooperation through rules, norms, and institutions. **Michigan Law Review**, v. 99, n. 7, p. 1724-1790, 2001, e Opting out of the legal system: extralegal contractual relations in the diamond industry. **The Journal of Legal Studies**, v. 21, n. 1, p. 115-157, 1992. Ver também ELLICKSON, Robert C. **Order without law: how neighbors settle disputes**. Cambridge: Harvard University, 1991.

[733] "Em quase todos os contratos, uma parte ou ambas as partes se importam com suas reputações. Em contratos comerciais corriqueiros entre comerciantes, ambos os comerciantes esperam fazer negócios com o outro no futuro, ou ao menos com outros comerciantes que provavelmente saberão sobre o comportamento das partes". ("In almost all contracts, one party or both parties care deeply about their reputations. In ordinary comercial contracts between merchants, both merchants expect to do business with each other in the future, or at least with other merchants who are likely to learn about the behavior of the parties"). POSNER, Eric A. **Law and social norms**. Cambridge: Harvard University, 2002, p. 150. Tradução nossa.

[734] "Where trust can be harnessed, it can substantially reduce the inefficiencies associated with both agency and team production relationships. Trust permits transactions to go forward on the basis of a handshake rather than a complex formal contract; it reduces the need to expend resources on constant monitoring of employees and business partners; and it avoids the uncertainty and expense associated with trying to enforce formal and informal agreements in the courts". BLAIR, Margaret M.; STOUT, Lynn. Trust, trustworthiness and the behavioral foundations of corporate law. **University of Pennsylvannia Law Review**, v. 149, 2001, p. 1757. Tradução nossa.

CONTRATOS DE CONSTRUÇÃO DE GRANDES OBRAS

A confiança é usualmente modelada na jogada do dilema do prisioneiro com rodadas repetidas. As partes sabem que, caso surja a oportunidade, elas poderiam se apropriar de uma fatia maior dos lucros. Mas sabem também que, se assim o fizerem, a outra parte irá retaliar e terminará a relação. Por isso, ela prefere não agir de forma oportunística e observar o contrato, especialmente em círculos comerciais mais restritos, nos quais o monitoramento é intenso[735].

O contrato tende a ser simples porque precisaria prever somente as hipóteses bastante prováveis e nas quais o incentivo fosse muito grande para a ação oportunística; em hipóteses ou contingências remotas, ou nas quais o custo-benefício do oportunismo fosse baixo, a confiança ou sanções extralegais (como a criação de *blacklisting*) serviriam para fomentar a cooperação e deter o oportunismo[736, 737]. Na síntese de Eggleston, Posner e Zeckhauser, "a sombra do futuro poderia substituir os custos fixos de se desenhar contratos complexos contingentes"[738].

A confiança e a reputação assumem um papel bastante relevante em vista da duração dos contratos.

---

[735] GRANOVETTER, Mark. Economic action and social structure: the problem of embeddedness. **American Journal of Sociology**, v. 91, 1985, p. 491-492.

[736] "Muito embora haja inúmeros estados de contrapartidas relevantes nos quais o contrato ótimo alocaria obrigações, contanto que as contrapartidas em tais estados sejam relativamente baixas comparadas à contrapartida da cooperação contínua, a ameaça da retaliação deterá o oportunismo, então as alocações em tais estados não precisam ser especificadas no contrato". ("Although there may be innumerable payoff-relevant states where an optimal contract would allocate obligations, as long as the payoffs in those states are relatively low compared to the payoff from continued cooperation, the threat of retaliation will deter opportunism, so allocations in these states need not be specified by contract"). EGGLESTON, Karen; POSNER, Eric A.; ZECKHAUSER, Richard J. The design and interpretation of contracts: why complexity matters, cit., p. 116. Tradução nossa. Sobre condições para o desenvolvimento da cooperação, ver, de Robert Axelrod, **The complexity of cooperation**. Princeton: Princenton, 1997 e **The evolution of cooperation**. New York: Basic Books, 2006.

[737] "Mesmo o agente mais friamente racional e autointeressado deseja a cooperação durante a vida do relacionamento comercial". ("Even the most coldy rational and self-interested commercial actor desires cooperation over the life of the relationship"). BAIRD, Douglas G. Self-interest and cooperation in long-term contracts, cit., p. 584. Tradução nossa.

[738] "The shadow of the future can substitute for the fixed costs of designing complex contingent contracts". EGGLESTON, Karen; POSNER, Eric A.; ZECKHAUSER, Richard J. The design and interpretation of contracts: why complexity matters, cit., p. 116. Tradução nossa.

Em contratos de curta duração ou de uma única interação, os custos de redação e negociação podem ser excessivos[739]; é preferível ter um contrato mais simples e se apoiar na cooperação e no receio de prejuízos à reputação[740].

Todavia, em contratos nos quais as partes podem ter reiteradas relações de prazos restritos, o custo-benefício de contratos mais completos passa a sugerir maiores gastos de negociação e redação, induzindo à complexidade contratual[741]. Em sentido contrário, a reputação adquirida em contratos de longo prazo ou em relações contratuais sequenciais pode induzir à

---

[739] "Se a relação for repetitiva, pode-se economizar em custos de transação ao se decidir, antecipadamente, quais ações cada parte deve tomar ao invés de negociar uma sucessão de contratos de curto prazo". ("If a relationship is repetitive, it may save on transaction costs to decide in advance what actions each party should take rather than to negotiate a sucession of short term contracts"). HART, Oliver; HOLMSTROM, Bengt. The theory of contracts. In: BEWLEY, Truman F. (Ed.). **Advances in economic theory, Fifth World Congress**. Cambridge: Cambridge, 1987, p. 130. Tradução nossa.

[740] "Em essência, quando a informação sobre o comportamento negocial anterior fica disponível para um número significativo de participantes, a quebra do contrato com relação a um negociante é transformada em quebra de contrato com inúmeros negociantes, para os fins de reputação comercial". ("In essence, when information about past transactional behavior is available to a significant number of participants, breach of contract as to one transactor is transformed into breach of contract as to numerous market transactors for the purposes of a transactor's commercial reputation".) BERNSTEIN, Lisa. Private commercial law in the cotton industry: creating cooperation through rules, norms, and institutions, cit., p. 1764. Tradução nossa. Ainda, diz Eric Rasmusen: "Qualquer agente que tenha estabelecido uma reputação de honestidade será um parceiro de negócios mais atraente e receberá ofertas de contratos mais atrativas". ("Any player who has established a reputation for honesty will be an attractive business partner and be offered more attractive contracts"). RASMUSEN, Eric. Explaining incomplete contracts as the result of contract-reading costs. **Advances in economic analysis and policy**. v. 1, n. 1, artigo 2, 2001, p. 24. Disponível em: <http://www.bepress.com/bejeap/advances/vol1/iss1/art2>. Acesso em 10 jan 2010. Tradução nossa.

[741] EGGLESTON, Karen; POSNER, Eric A.; ZECKHAUSER, Richard J. The design and interpretation of contracts: why complexity matters, cit., p. 117.

simplicidade contratual: a confiança serviria como substituto do contrato complexo[742, 743].

A confiança ou a vontade de sinalizar a confiança faria com que as partes preferissem propor contratos mais simples[744]. Pela facilidade de compreensão, uma parte prefere propor um contrato simples para não suscitar, na outra parte, dúvidas sobre o conteúdo de suas obrigações ou mesmo de suas intenções. Um contrato muito complexo (ainda que benéfico para a outra parte), pela assimetria informacional tratada acima, pode gerar desconfianças, por parte daquele menos informado, de que algo lhe escapa em benefício do mais informado[745, 746].

---

[742] "Para um contrato de determinado valor, o nível mais alto de complexidade formal será ótimo quando a duração for longa o suficiente para os custos de negociação e redação serem bastante distribuídos, mas não longa o suficiente para os efeitos reputacionais substituírem a complexidade formal". ("For a given economic stake in the contract, the highest level of formal complexity will be optimal when duration is long enough for drafting cost to be quite spread out, but not long enough for reputation effects to substitute too much for formal complexity"). EGGLESTON, Karen; POSNER, Eric A.; ZECKHAUSER, Richard J. The design and interpretation of contracts: why complexity matters, cit., p. 117. Tradução nossa.

[743] Observe-se que há resultados contraditórios quanto à relação entre contratos e confiança ser de substituição ou complementaridade. A respeito, ver WOOLTHUIS, Rosalinde K.; HILLEBRAND, Bas; NOOTEBOOM, Bart. Trust, contract and relationship development, cit., e POPPO, Laura; ZENGER, Todd. Do formal contracts and relational governance function as substitutes or complements? **Strategic Management Journal**, v. 23, n. 8, p. 707-725, 2002.

[744] Afirmam Hagedoorn e Heesen: "A complexidade pode revelar desconfiança e sobrecarregar as habilidades cognitivas das partes, absorver recursos e ter outras consequências negativas, e as partes devem sempre estar atentas para a complexidade inerente ao contexto". ("Complexity can show distrust and overwhelm the cognitive abilities of parties, absorb resources, and have other negative consequences"). HAGEDOORN, John; HESEN, Geerte. Contractual complexity and the cognitive load of R&D alliance contracts, cit., p. 820. Tradução nossa.

[745] "Mecanismos complexos podem teoricamente ser ideais, mas em um mundo em que as partes podem entender o mecanismo sem custo. Em cenário diverso, o ofertado teme racionalmente que a complexidade esconda algo que é em sua desvantagem e em vantagem do ofertante". ("Complex mechanisms may be theoretically ideal, but only in a world where the parties to the mechanism can understand them costlessly. Otherwise, the acceptor of such a mechanism rationally fears that the complexity hides something that is to his disadvantage and to the offeror's advantage.") RASMUSEN, Eric. Explaining incomplete contracts as the result of contract-reading costs, cit., p. 26. Tradução nossa. No mesmo sentido, Hagedoorn e Heesen: ("Complexity can show distrust and overwhelm the cognitive abilities of parties, absorb resources, and have other negative consequences"), p. 819. Tradução nossa.

[746] Eggleston, Posner e Zeckhauser alertam para o fato de que a "[...] simplicidade não previne a venalidade (ou auto interesse)" ("[...] simplicity does not prevent venality (or self-interest)",

2.3.1.8 Contratos Standard *ou Contratos-tipo*

A utilização de contratos standard, também chamados de contratos-tipo[747] ou contratos formulários, é uma das razões que impele à simplicidade contratual.

As partes optam por tais contratos por diversas razões.

Roppo ensina que a utilização de contratos standard, dentre outros benefícios, simplifica e acelera a contratação, além de reduzir seus custos[748].

Quando ambas as partes são simetricamente pouco informadas, é preferível a adoção de um contrato standard que forneça as bases para a contratação. Ainda, contratos standard trazem consigo "a sabedoria acumulada das partes que utilizaram o contrato no passado"[749].

Com efeito, o uso de tais contratos carrega o benefício da "eficiência redacional", vale dizer, a redução nos custos de elaboração e redação dos termos e condições do contrato e a potencial redução de erros de formulação[750].

Cláusulas novas ou pouco utilizadas podem conter erros de redação, inconsistências, ser ambíguas ou incompletas ou não abranger inteiramente a situação pretendida. A utilização reiterada de cláusulas (ou contratos inteiros) sinaliza sua funcionalidade e o sucesso no teste do tempo: o resultado do texto incorporaria a contribuição dos redatores anteriores e a sequência de ajustes necessários decorrentes de eventuais litígios sobre o teor do contrato[751].

---

já que a escolha da propositura de um contrato simples pode ter sido estratégica, no interesse do proponente. EGGLESTON, Karen; POSNER, Eric A.; ZECKHAUSER, Richard J. The design and interpretation of contracts: why complexity matters, cit., p. 118. Tradução nossa.

[747] BESSONE, Darcy. **Do contrato: teoria geral**, cit., p. 60-61.

[748] Diz ele, ainda,que "o emprego difundido de contratos standard constitui produto ineliminável da moderna organização da produção e dos mercados, na exacta medida em que funciona como decisivo fator de racionalização e de economicidade da actuação empresarial". ROPPO, Enzo. **O contrato**. Coimbra: Almedina, 2009, p. 316.

[749] "[...] the accumulated wisdom of parties who have used the contract in the past". EGGLESTON, Karen; POSNER, Eric A.; ZECKHAUSER, Richard J. The design and interpretation of contracts: why complexity matters, cit., p. 112. Tradução nossa.

[750] KAHAN, Marcel; KLAUSNER, Michael. Standardization and innovation in corporate contracting (or "the economics of boilerplate"). **Virginia Law Review**, v. 83, 1997, p. 720.

[751] KAHAN, Marcel; KLAUSNER, Michael. Standardization and innovation in corporate contracting (or "the economics of boilerplate"), cit., p. 721-722. Obviamente, a adoção irrefletida de padrões pode simplesmente replicar erros alheios.

Ainda, a estandardização reduziria os custos na medida em que tornaria termos, cláusulas ou contratos mais compreensíveis por aqueles que os utilizam em suas rotinas negociais, como advogados e seus clientes e outros assessores[752][753]. Os contratos standard aproveitam-se do chamado "efeito do aprendizado", que consiste na facilidade da leitura e compreensão vivenciados a partir da segunda experiência com o objeto[754]. Eles ainda se beneficiariam da chamada "externalidade de rede", representado pelos benefícios do uso do standard por inúmeras pessoas[755].

Assim, ao trazer externalidades positivas, a estandardização contribuiria para a simplificação contratual.

Mas deve-se observar que o instrumento base pode ser complexo e, se esse for o caso, a estandardização poderia contribuir para o aumento de complexidade média. Esse fator de complexidade sobrepõe-se e liga-se com a evolução dos minutários, examinadas a seguir.

Vale lembrar que o aumento da complexidade média traz impactos mesmo para especialistas que, humanos que são, também têm limitações cognitivas (menores que leigos, mas que, todavia, não deixam de ser limitações):

---

[752] KAHAN, Marcel; KLAUSNER, Michael. Standardization and innovation in corporate contracting (or "the economics of boilerplate"), cit., p. 723-724.

[753] Em contraposição, a doutrina questiona quem, de fato, examina contratos standard. A teoria da "minoria informada" sustenta que uma minoria, suficientemente informada e ativa em defender seus interesses, é capaz de influenciar os termos e condições dos contratos standard, evitando desequilíbrios em prol do vendedor. Essa capacidade de "disciplinar" o mercado foi testada por Yannis Bakos, Florencia Marotta-Wurgler e David R. Trossen. Ao medirem quantos consumidores norte-americanos efetivamente liam contratos standard online, os resultados revelaram que apenas uma fração pouco significativa abria os contratos e, quando o fazia, apenas passava rapidamente pelo conteúdo, em leituras diagonais. A probabilidade de que, dentre tal grupo, alguns efetivamente lessem o conteúdo era muito baixa, sendo pouco provável que alcançassem o equilíbrio que a doutrina suponha da minoria informada. BAKOS, Yannis; MAROTTA-WURGLER, Florencia; TROSSEN, David R. Does anyone read the fine print? Consumer attention to standard-form contracts. **The Journal of Legal Studies**, v. 43, n. 1, Janeiro 2014, p. 1-35.

[754] HAGEDOORN, John; HESEN, Geerte. Contractual complexity and the cognitive load of R&D alliance contracts, cit., p. 833.

[755] Exemplos da externalidade de rede decorrente da estandardização seriam o aumento da expertise e a disseminação do conhecimento ou da interpretação de determinadas cláusulas entre os usuários do standard. KAHAN, Marcel; KLAUSNER, Michael. Standardization and innovation in corporate contracting (or "the economics of boilerplate"), cit., p. 725-726.

COMPLEXIDADE E DIREITO

O apoio de advogados especializados é então utilizado para superar limitações cognitivas individuais. Todavia, ainda assim, o cuidado é recomendado com a crescente complexidade. Cláusulas estandardizadas são regularmente adotadas sem se atentar para arranjos anteriormente estabelecidos e possivelmente conflitantes entre partes, e muitos formulários cobrem o mesmo assunto em muitos lugares, o que pode gerar múltiplas cláusulas inconsistentes lidando com o mesmo evento. Embora a rotinização possa aumentar os níveis toleráveis de complexidade, mesmo os advogados podem não superar a complexidade à luz do número crescente de termos e sua densidade.[756]

2.3.1.9 *Pressão Evolutiva sobre Minutas de Contratos*

As minutas de contratos que compõem os chamados minutários dos escritórios de advocacia e dos departamentos jurídicos internos evoluem ao longo dos anos. Elas sofrem uma "pressão evolutiva".

Alguns fatores provocam a ampliação e o aumento da complexidade do conteúdo das minutas, como lecionam Hagedoorn e Hesen:

A complexidade evolui com o tempo, facilitada pelo rápido avanço tecnológico de programas e sistemas de computadores, que permite que os escritórios de advocacia e os departamentos jurídicos de sociedades multinacionais obtenham e arquivem amplos conjuntos de informações sobre contratos. Cláusulas são frequentemente adicionadas, mas é questionável se mais detalhe é sempre bom. [...] O uso pervasivo e precipitado de padrões aumenta a complexidade

---

[756] "The reliance on specialized lawyers is then used to overcome individual cognitive limitations. However, even then, caution is warranted with increasing complexity. Standardized provisions are regularly adopted without regard to previously established and possibly conflicting arrangements between parties and many forms cover the same material in several places, which is bound to create multiple and inconsistent provisions dealing with same event. While routinization may thus increase tolerable levels of complexity, even lawyers cannot always oversee complexity in light of the added number of terms and their density." HAGEDOORN, John; HESEN, Geerte. Contractual complexity and the cognitive load of R&D alliance contracts, cit., p. 842. Tradução nossa.

contratual – tanto em termos de tamanho quanto de abrangência –, um atributo sempre deixado de lado pelos operadores[757].

Avanços tecnológicos, criação de minutários, uso de minutas padrões constantemente revisadas (e ampliadas) são apenas alguns dos motivos. Há outros.

A globalização dos mercados e o aumento da experiência e da exposição dos advogados e das partes a contratações internacionais, especialmente àquelas nos moldes anglo-saxões, pode ter provocado uma mudança na cultura jurídica (incluindo a nossa): houve uma alteração na forma, no estilo de redigir contratos, uma imitação que provocou o aumento do número de obrigações e responsabilidades usualmente previstas[758].

A incorporação do estilo redacional norte-americano teria, especificamente, provocado uma pressão evolutiva nos minutários dos escritórios brasileiros que gerou o aumento da complexidade dos contratos celebrados. Mas por quê?

Um dos motivos seria a emulação das práticas dos advogados norte-americanos, considerados sofisticados e experientes em negócios[759]. Reforça a emulação o fluxo de estudantes que cursaram LL.M.s em universidades

---

[757] "Complexity evolves over time, facilitated by the rapid technological advancement of computer systems and programs, allowing law firms and legal departments of multinational corporations to collect and store large data sets of contracts. Clauses are frequently added, but is questionable whether more detail is always good. [...] The pervasive and rash use of forms enhances contractual complexity – both in terms of length and comprehensiveness – an attribute often bemoaned in accounts with practictioners". HAGEDOORN, John; HESEN, Geerte. Contractual complexity and the cognitive load of R&D alliance contracts, cit., p. 820. Tradução nossa.

[758] Claire A. Hill afirma que o estilo de redação de contratos anglo-saxão – longos e extremamente detalhados – foi adotado de forma crescente na Europa e na América Latina. E explica: "como mais transações na América Latina envolvem partes não pertencentes à América Latina, particularmente norte-americanas, os contratos estão se tornando longos e mais detalhados e contêm montantes crescentes de disposições gerais". ("As more transactions in Latin America involve non-Latin American parties, particularly U.S. parties, the contracts are becoming longer and more detailed, and are containing increasing amounts of boilerplate. This is so whether the contracts are governed by U.S. law or by the law of the Latin American country.") HILL, Claire A. Commentary: the trajectory of complex business contracting in Latin America. **Chicago-Kent Law Review**, v. 83, n. 1, 2008, p. 179. Tradução nossa.

[759] HILL, Claire A. Commentary: the trajectory of complex business contracting in Latin America, cit., p. 180.

COMPLEXIDADE E DIREITO

norte-americanas e receberam a influência da cultura jurídica dos EUA, bem como a experiência daqueles que tiveram a oportunidade de trabalhar em escritórios nesse país[760].

Ainda, os custos de agência entre os escritórios de advocacia, ou entre escritórios e clientes (especialmente os *bonding* e *monitoring costs*), o fenômeno do *path-dependency* e o dilema do prisioneiro nos moldes da corrida armamentista, todos contribuiriam para o privilégio do padrão norte-americano sobre o local[761].

Além da vivência negocial, os advogados incorporam também as experiências sobre os litígios em contratos. A partir de tais experiências, buscam aprimorar os termos e condições das minutas base, suprimindo trechos ou adicionando outros que auxiliem a esclarecer o sentido pretendido. As minutas, assim, crescem em complexidade.

2.3.1.10 Características dos Mercados, das Partes e dos Assessores

Dentro do ambiente de negócios globalizado do qual o Brasil faz parte, transações são rotineiramente feitas entre partes sofisticadas, em mercados dinâmicos e de crescente nível de complexidade. Os assessores das partes costumam ter um conhecimento bastante especializado e de alto nível técnico-profissional[762].

---

[760] HILL, Claire A. Commentary: the trajectory of complex business contracting in Latin America, cit., p. 180. A cogitação da autora pode ser considerada um pouco autocentrada; muitos estudantes escolhem a Inglaterra ou outros países da Europa para cursar a pós-graduação. Mas, de todo modo, o argumento continua válido, porque o padrão norte-americano de redigir contratos parecer ter fincado raízes também em tais países, conforme HILL, Claire A.; KING, Christopher. How do German contracts do as much with fewer words? **Chicago-Kent Law Review**, v. 79, 2004, p. 89i.e. seq.

[761] HILL, Claire A. Commentary: the trajectory of complex business contracting in Latin America, cit., p. 180. Vale notar que, em outra ocasião, a autora observou, comparando o estilo de redação contratual germânico com o norte-americano, que a motivação das longas cláusulas desse último modelo adviria da tentativa de reprimir o oportunismo e da dificuldade de conceber relações contratuais não adversariais. HILL, Claire A.; KING, Christopher. How do German contracts do as much with fewer words?, cit., p. 897 et seq.

[762] Claire A. Hill diz que dada a complexidade da atividade de redação e negociação de contratos comerciais, os advogados têm que ter "uma capacidade de memória prodigiosa bem como imaginação" ("[...] it requires prodigious memory capacity as well as imagination"). HILL, Claire A. Why contracts are written in "legalese"? **Chicago-Kent Law Review**, v. 77, 2001, p. 59. Tradução nossa.

CONTRATOS DE CONSTRUÇÃO DE GRANDES OBRAS

Como consequência, os instrumentos que representam as transações de tais mercados podem passar a ter essa mesma característica de especialização, tecnicidade e sofisticação. O resultado é o aumento da complexidade contratual.

Pense-se, por exemplo, no mercado de *private equity*. Os vários agentes econômicos que atuam neste nicho (i.e. bancos de investimento e fundos) conhecem profundamente sua área de atuação. Eles dominam técnicas de avaliação de empresas e técnicas de negociação, dentre outras competências e habilidades. Quando na ponta vendedora, organizam processos competitivos de modo a extrair o máximo de valor para os vendedores. Quando na ponta compradora, pesquisam sociedades-alvo com alto potencial de rentabilidade.

Os assessores (i.e. financeiros, contábeis e jurídicos) de tais agentes econômicos são experts em compra e venda de sociedades. Dominam os diversos modelos de aquisição, e usualmente possuem conhecimentos interdisciplinares, que vão além daquele próprio à sua área de conhecimento. Os contratos que refletem as transações de compra e venda de participações societárias acabam sendo estruturados incorporando o nível de sofisticação técnica do mercado, das partes e de seus assessores.

Identificando esse fenômeno, assim se expressam Hagedoorn e Hesen:

> Como os mercados vão ficando cada vez mais complexos, também os contratos que são desenhados para transferir riscos, alinhar os incentivos, efetivamente distribuir os ganhos da troca, e estruturar os arranjos ex post nestes mercados em períodos prolongados de tempo[763].

O efeito do aprendizado, a externalidade em rede, a pressão evolutiva das minutas, referidos anteriormente, são vivenciados precisamente pelas partes e seus advogados e assessores. Os contratos ficam, portanto, bastante complexos.

Diz o ditado que "a prática leva à perfeição". A sabedoria popular encontra respaldo científico, como ilustram Hagedoorn e Hesen:

---

[763] "As markets become ever more complex, so do the contracts that are devised to transfer risks, align incentives, effectively distribute gains from trade, and structure ex post adjustments in these markets over prolonged periods of time". HAGEDOORN, John; HESEN, Geerte. Contractual complexity and the cognitive load of R&D alliance contracts, cit., p. 819. Tradução nossa.

A experiência humana permite o reconhecimento individual rápido dentro de uma moldura específica do mundo cognoscível. Quando os indivíduos confrontam-se com um determinado projeto em base frequente, podem adquirir conhecimento avançado e habilidades ao longo do tempo. Por exemplo, cláusulas de disposições gerais e termos complicados e interdependências podem ser mais facilmente compreendidas por advogados trabalhando em uma determinada área.[764]

Para lidar com a complexidade e para reduzi-la, os profissionais utilizam-se de mecanismos como os heurísticos, ou seja, "atalhos cognitivos que as pessoas usam para resolver problemas"[765]. Por exemplo, para visualizar os riscos tratados em um contrato (e tentar perceber aqueles deixados de lado), é comum que os assessores das partes preparem um heurístico: a matriz de risco.

Outro mecanismo para lidar com a complexidade é a modularidade, ou seja, "a decomposição de um sistema complexo em pedaços (módulos), de modo que as comunicações (ou outras interdependências) são intensas dentro do módulo, mas esparsas e estandardizadas entre os módulos"[766]. Um exemplo de modularidade é o uso de definições em contratos. Cada definição é um módulo. A fixação do sentido e dos limites da definição em um único ponto do contrato evita a repetição e o erro do uso reiterado

---

[764] "Human experience allows for a fast individual recognition within a specific framework of the knowledgeable world. When individuals are confronted with a certain design on a frequent basis, advanced knowledge and skills may be acquired over time. For example, boilerplate provisions and complicated terms and interdependencies may be easier to grasp for lawyers working in the particular field." HAGEDOORN, John; HESEN, Geerte. Contractual complexity and the cognitive load of R&D alliance contracts. **Journal of Empirical Legal Studies**, cit., p. 842. Tradução nossa.

[765] "[...] cognitive shortcuts people use to solve complex problems". NOLL, Roger G.; KRIER, James E. Some implications of cognitive psychology for risk regulation. In: SUSTEIN, Cass R. **Behavioral law and economics**. New York: Cambridge, 2004, p. 327. Tradução nossa. Sobre heurísticos, ver também GIGERENZER, Gerd; TODD, Peter M. **Simple heuristics that make us smart**. New York: Oxford, 1999.

[766] "[...] decomposing a complex system into pieces (modules), in which communications (or other interdependencies) are intense within the module but spare and standardized across modules". SMITH, Henry E. Modularity in contracts: boilerplate and information flow. **Michigan Law Review**, v. 104, 2006, p. 1176. Tradução nossa.

do termo definido[767]. A modularidade, nesse sentido, contribuiria para a simplicidade contratual.

Um exemplo da antítese da modularidade é o uso de referências cruzadas entre cláusulas e de garantias ou obrigações cruzadas em contratos. As referências servem como interações entre as cláusulas[768]. Como visto, elas aumentam a demanda cognitiva e, portanto, contribuem para a complexidade.

Na contratação de advogados, os clientes muitas vezes levam em conta, dentre outros fatores, a especialização de tais profissionais. Os advogados seriam os "engenheiros", responsáveis, prioritariamente, pelo planejamento do contrato e pela alocação contratual dos riscos[769]. A especialização reforçaria a expectativa de celebração de um contrato bastante negociado e com um nível mínimo de falhas. Diz Baird:

> Contratos de longo prazo são geralmente contratos muito negociados. Eles não são formulários pré-impressos que ninguém nunca lê. [...] O caso do contrato de longo prazo é um daqueles com os quais menos devemos nos preocupar quanto a falhas que as partes podem ter deixado. Os interesses são grandes, e as partes são todas profissionais. Elas têm um incentivo de falar as coisas e entender corretamente. Nós podemos confiar que elas empregam uma energia considerável ultrapassando seus vieses cognitivos.[770]

---

[767] SMITH, Henry E. Modularity in contracts: boilerplate and information flow. **Michigan Law Review**, v. 104, 2006, p. 1190.

[768] SMITH, Henry E. Modularity in contracts: boilerplate and information flow, cit., p. 1189.

[769] Collins diz que a outra atribuição dos advogados é participar da resolução de disputas. Ver, sobre os papéis do advogado, COLLINS, Hugh. **Regulating contracts**. New York: Oxford, p. 149-173, 2002. Uma visão mais dura é a de HILL, Claire A. Why contracts are written in "legalese"?, p. 59-85, 2001.

[770] "Long-term contracts are usually heavily dickered contracts. They are not preprinted forms that no one ever reads [...] The case of the long-term contract is the one where we need least concern ourselves with the gaps that parties might have left. The stakes are large, and the parties are all professionals. They have an incentive to spell things out and to get it right. We can depend on them to expend considerable energy overcoming their cognitive biases." BAIRD, Douglas G. Self-interest and cooperation in long-term contracts, cit., p. 593-594. Tradução nossa.

Mas a própria especialização é capaz de gerar ampliação da demanda cognitiva. A especialização, somada ao uso reiterado de contratos standard ou de minutas cada vez mais complexas e modulares, cria novas camadas de dificuldade, resultando no aumento da complexidade média:

> Na medida em que a informação relevante – e, portanto, a complexidade – cresce, maiores são os níveis de esforço cognitivo exigidos. Todavia, a rotinização e a experiência com um padrão complexo repetido podem reduzir a carga cognitiva e aumentar os níveis tolerados de complexidade.[771]

Há ainda o aspecto cultural a contribuir para a complexidade. Discorrendo sobre as alianças de projeto, dizem van den Berg e Kamminga:

> [...] a falta de familiaridade do advogado em seu papel nas alianças também pode ser um obstáculo. O papel tradicional pressupõe obter a melhor proteção contratual possível para seu cliente. Escrever um contrato de aliança [...] exige uma forma diferente de redigir contratos. Ela envolve uma mudança cultural. A aproximação que os advogados adotam em contratos apoia a visão de mundo competitiva.[772]

Uma cultura jurídica adversarial incentiva uma visão de mundo, uma moldura cognitiva direcionada à proteção do oportunismo e, portanto,

---

[771] "As the amount of relevant information – and thus complexity – increases, higher levels of cognitive effort are demanded. However, routinization and experience with a repeated complex pattern may reduce this cognitive load and increase tolerable levels of complexity." HAGEDOORN, John; HESEN, Geerte. Contractual complexity and the cognitive load of R&D alliance contracts, cit., p. 841-842. Tradução nossa.

[772] "[...] lawyer's unfamiliarity with their role in alliances may also be an obstacle. Their traditional role is to achieve the best contractual protection possible for their client. Writing an alliance contract [...] requires a different way of drafting contracts. It involves a cultural change. The approach that lawyers generally take in contracts supports the competitive mindset. In contrast to the common focus of alliances, contracts provide parties with the incentive to focus on self-interest." van den BERG, Matton; KAMMINGA, Peter. **Optimizing contracting for alliances in infrastructure projects**, cit., p. 15.

redige longos contratos com muitas cláusulas[773], aumentando a complexidade:

> O treinamento e a experiência profissional do advogado sempre o farão mais sensível do que as partes contratantes à necessidade de se proteger contra a quebra do contrato, e menos sensível à necessidade de sinalizar confiança e assegurar que o acordo inicial está finalizado. Os advogados podem ver a adição de novas contingências ao contrato como sua responsabilidade ética e profissional, no qual o custo de tal detalhe é de importância menor para eles. Com efeito, os incentivos financeiros são sempre de aumentar a complexidade para justificar o aumento de renda. Nesse e em outros aspectos, existirá uma divergência entre os incentivos dos contratantes e seus agentes jurídicos especializados, com implicações importantes para a complexidade dos contratos resultantes.[774]

Pode-se argumentar que a multiplicidade de advogados envolvidos em grandes negócios[775] é capaz de mitigar as limitações cognitivas e prevenir

---

[773] É um dos argumentos feitos em HILL, Claire A.; KING, Christopher. How do German contracts do as much with fewer words?, cit., p. 897 et seq.

[774] "Lawyer's professional training and experience will often make them more sensitive to the need to protect against breach of contract, and less sensitive to the need to signal trustworthiness and assure that the initial deal is signed, than are the principal contracting parties. Lawyers may view adding many contingencies to the contract as their professional and ethical responsibility, whereas the cost of such detail is of little concern to them. Indeed, financial incentives are often to increase complexity to justify more income. In these and in other ways, there will be a divergence between the incentives of the contracting principals and their specialized legal agents, with important implications for the complexity of resulting contracts". EGGLESTON, Karen; POSNER, Eric A.; ZECKHAUSER, Richard J. The design and interpretation of contracts: why complexity matters, p. 96-97, nota de rodapé 18. Tradução nossa.

[775] Um exemplo é dado por Macaulay: "Muitas grandes companhias, e muitas pequenas, tentam se planejar cuidadosa e completamente. Transações importantes que não fazem parte do curso normal dos negócios são tratadas em contratos detalhados. Por exemplo, recentemente o Empire State Building foi vendido por R$ 65 milhões. Mais de 100 advogados, representando 34 partes, produziram um contrato de 400 páginas". ("Most larger companies, and many smaller ones, attempt to plan carefully and completely. Important transactions not in the ordinary course of business are handled by a detailed contract. For example, recently the Empire State Building was sold for $65 million. More than 100 attorneys, representing 34

o erro[776]. Mas a complexidade dos fatores envolvidos em grandes transações, as decisões tomadas em ambientes de stress e incerteza não deixam de promanar seus efeitos no sistema jurídico e econômico. Por exemplo, um contrato muito complexo gera mais dificuldades (e custos) de monitoramento para as próprias partes contratantes e, logicamente, mais custos em caso de litígios (incluindo custos do erro judicial), como registram Hagedoorn e Hesen:

> Todavia, a carga cognitiva tem implicações, no pós desenho dos contratos, para a racionalidade limitada das partes e sua capacidade de implementar e monitorar esses documentos. Se a carga cognitiva afetar a complexidade destes, isso significa que níveis maiores de demanda cognitiva aumentam a probabilidade de que os agentes econômicos não compreendam inteiramente os contratos ou estejam limitados em suas interpretações sobre as consequências do conteúdo desses contratos.[777]

parties, produced a 400 page contract.") MACAULAY, Stewart. Non-contractual relations in business: a preliminary study, cit., p. 57. Tradução nossa.

[776] "Boa parte da informação é gratuita. Alguém pode obtê-la como parte de suas atividades ordinárias sem qualquer esforço. [...] Outras informações exigem investimentos significativos de tempo, atenção e dinheiro para serem adquiridas e transformadas em conhecimento útil. Uma boa parte da informação descreve apenas parcialmente os fenômenos complexos para os quais as conexões causais são multidimensionais. [...] Em casos em que as conclusões alcançadas servem para criar um ranking de ações alternativas, é clara a possibilidade de erros, especialmente quando as relações de interesse são difíceis de entender e de calibrar depois de compreendidas". ("A good deal of information is free. One gets it as part of ordinary activities without making any special effort to obtain it. [...] Other information requires significant investments of time, attention, and money to acquire and transform into useful knowledge. A good deal of information only partly describes complex phenomena for which causal connections are multidimensional. [...] In cases in which the conclusions reached are used to rank alternative actions [...] it is clear that mistakes are possible, especially when the relationships of interest are difficult to understand and to calibrate once understood.") CONGLETON, Roger D. Coping with unpleasant surprises in a complex world: is rational choice possible in a world with positive information costs? **George Washington University Paper n. 11-32**, p. 4-5. Disponível em: <http://ssrn.com/abstract=1875250>. Acesso em 10 nov. 2010. Tradução nossa.

[777] "However, the cognitive load of contracts has some postdesign implications for the bounded rationality with which contract parties are able to implement and monitor their contracts. If the cognitive load of contracts affects the complexity of contracts, this implies that higher levels of the cognitive load of contracts increase the likelihood that economic actors do not

2.3.1.11 Custos de Negociação e Redação

No artigo *"The problem of social cost"*, publicado em 1960, Ronald H. Coase apontou uma fragilidade do pensamento econômico neoclássico: a falsa premissa de que as transações são realizadas sem custos ou a custos irrelevantes[778].

Em publicação de 1937, Coase já havia identificado "custos de se usar o mecanismo de preço" ou "custos de venda"[779], mais tarde tratados como "custos de transacionar no mercado"[780] depois conhecidos simplesmente como "custos de transação"[781]. Coase observa que realizar transações no mercado traria custos nem sempre triviais: de identificar um comprador ou vendedor, de negociar os termos e as condições da transação, de elaborar o contrato, de monitorar o cumprimento do acordado e de promover a execução em caso de inadimplemento. Interessa, nesse ponto, um dos custos de transação: o de negociação e redação.

De modo geral, os custos incorridos pelas partes até a celebração do contrato são designados de custos de negociação e redação ou custos *ex ante*. Eles compreenderiam, exemplificativamente:

> os custos das partes (incluindo tempo) na identificação da contraparte (aqui incluindo a comparação com outras possíveis contrapartes, e o custo de oportunidade de renunciar a estas), na verificação da reputação e idoneidade profissional da contraparte, na análise da situação financeira ou de crédito dessa, na investigação sobre a qualidade do produto ou serviço, na elaboração da proposta de negócio,

---

fully comprehend contracts or are limited in their interpretation of the consequences of the content of their contract." HAGEDOORN, John; HESEN, Geerte. Contractual complexity and the cognitive load of R&D alliance contracts, cit., p. 841. Tradução nossa.

[778] COASE, Ronald H. The problem of social cost. In: COASE, Ronald H. (Org.). **The firm, the market, and the law**. Chicago: Chicago University, 1990, p. 114.

[779] COASE, Ronald H. The nature of the firm. In: COASE, Ronald H. (Org.). **The firm, the market, and the law**. Chicago: Chicago University, 1990, p. 38-42.

[780] COASE, Ronald H. The problem of social cost, cit., p. 114-115.

[781] Coase afirma que a consolidação do conceito de custos de transação foi feita por Carl J. Dahlman, que os sintetizou como "custo de busca e informação, custos da barganha e da decisão, custos da fiscalização e da execução". COASE, Ronald H. The firm, the market and the law. In: COASE, Ronald H. (Org.). **The firm, the market, and the law**. Chicago: Chicago University, 1990, p. 6.

na contratação de assessores financeiros, contábeis e jurídicos para desenho e escolha da estratégia contratual e para a identificação de possíveis contingências, e na negociação e redação do conteúdo do contrato principal e de eventuais outros acessórios (como de garantias), com o esforço de alinhamento de interesses, simetria informacional e limitação de comportamentos estratégicos oportunistas.[782]

Eric Rasmusen examinou um subtipo particular de custo de negociação e redação: os *contract-reading costs* ou custos de leitura e compreensão. Ele concluiu que esses custos são tão relevantes quanto os de redigir o contrato. Contratos complexos, diz ele, são "relativamente fáceis de escrever, mas são difíceis de compreender"[783]. A dificuldade residiria na compreensão das implicações das cláusulas contratuais. Por isso a leitura de termos propostos em um contrato não seria tarefa ordinária, mas sim "uma habilidade, e requer esforço mesmo daqueles que são experts nisso"[784].

Como visto acima, uma das causas da incompletude contratual é justamente o elevado valor que os custos de negociação e redação podem vir a representar. Em muitas situações, não valeria a pena incorrer em tais custos. Como afirma Benjamin Klein:

> porque muitos eventos futuros podem ser acomodados a baixo custo após a revelação da informação, seria um desperdício para as partes incorrerem em custos de antecipar e negociar respostas preespecificadas para muitas das contingências potenciais improváveis[785].

---

[782] CARMO, Lie Uema do. **Análise econômica da interpretação contratual**. 2006. 216 f. Dissertação (Mestrado em Direito) – Faculdade de Direito, Pontifícia Universidade Católica de São Paulo, São Paulo, 2006, p. 149.

[783] "A complicated contract is relatively easy to write, but it is difficult to read". RASMUSEN, Eric. Explaining incomplete contracts as the result of contract-reading costs, cit., p. 4. Tradução nossa.

[784] "[...] is a skill, and requires effort even by those who are expert in it". RASMUSEN, Eric. Explaining incomplete contracts as the result of contract-reading costs, cit., p. 5. Tradução nossa. Diz ele, ainda, que "é relativamente fácil escrever cinquenta novas páginas de um contrato para prever novas contingências mas é bastante difícil para o leitor ter certeza do que aquelas cinquenta páginas contêm". ("It is relatively easy to write fifty new pages for a contract to provide for extra contingencies but it is quite difficult for the reader to be sure what those fifty pages contain"), cit., p. 23. Tradução nossa.

[785] "Because most future events can be accommodated at lower cost after the relevant information is revealed, it is wasteful for transactors to incur the costs of anticipating and negotiating

Os custos de negociação e redação, portanto, levariam as partes a simplificarem os termos da contratação. Mas por que nem sempre isso se observa? Por que as partes incorrem em altos custos de transação mesmo sabendo não ser isso eficiente (por exemplo, ante a ausência de verificabilidade da prestação)?

Um dos motivos é precisamente o receio do oportunismo e do *hold-up*, ampliado em cenários de investimento específico[786]. A expansão das possibilidades de contingências e ações correspondentes, ou a adição de cláusulas de adaptação, refletem mecanismos racionais de criação de salvaguardas. Confira-se:

> Cláusulas contratuais, tipicamente declarações e garantias, servem para comunicar informação com credibilidade, primariamente para rebater a presunção de atributos indesejáveis que os interesses divergentes inspiram e que a assimetria informacional torna possível. Elas funcionam como meios para uma parte sinalizar para a outra a ausência de atributos indesejáveis e a presença de atributos desejáveis.

> Cláusulas contratuais, tipicamente obrigações [...] tratam do problema do oportunismo ao alinhar os incentivos das partes – ao estabelecer prêmios e punições que tornam o oportunismo menos provável e o comportamento cooperativo mais valioso. As obrigações também permitem o monitoramento.[787]

prespecified contractual responses to many of these unlikely potential contingencies." KLEIN, Benjamin. Contract and incentives: the role of contract terms in assuring performance. In: WERIN, Lars; WIJKANDER, Hans (Eds.). **Contract economics**. Cambridge: Blackwell, 1992, p. 153. Tradução nossa.

[786] O investimento em ativos específicos para a relação contratual criaria uma situação semelhante a um monopólio bilateral: "Uma vez que investimentos em ativos específicos são feitos, restam apenas alternativas imperfeitas de mercado e tanto o comprador quanto o vendedor ficam trancados em uma relação bilateral monopolística". ("Once a transaction-specific investment has been made, only imperfect market alternatives exist and both the buyer and the seller are locked into a bilateral monopoly relationship"). MASTEN, Scott E.; CROCKER, Keith J. Efficient adaptation in long-term contracts: take-or-pay provisions for natural gas. In: MASTEN, Scott E. (Ed.). **Case studies in contracting and organization**. New York: Oxford University, p. 1996, p. 92. Tradução nossa.

[787] "Contractual provisions, typically representations and warranties, serve to credibly communicate information, chiefly to rebut the presumption of undesirable attributes whi-

COMPLEXIDADE E DIREITO

Interessa redigir mais para aumentar a credibilidade do compromisso na linguagem da ECT. Interessa redigir mais para que o exercício do oportunismo seja obstaculizado[788]. Mas isso, reconheça-se, incrementa a complexidade do programa contratual.

Outro motivo é que os termos e condições dos contratos, muitas vezes, servem como um roteiro de ações ou um guia de comportamento para as partes, aumentando a precisão do acordado:

> [...] os termos do contrato que esclarecem as obrigações podem economizar custos. Redigir termos contratuais permite aos parceiros contratantes (e aos contratantes futuros e potenciais do mercado, caso seja dada publicidade ao contrato) compreender melhor no que consiste o acordo das partes.[789]

Redigir mais seria benéfico, afirmam Ryall e Sampson, porque "[...] os acordos podem formar as bases para troca e os meios para planejar a colaboração, fixar as expectativas das partes e, consequentemente, reduzir os equívocos de comunicação e os tropeços custosos".[790]

---

ch divergent interests inspire and information asymmetry makes possible. They provide a means for one party to signal to the other the absence of undesirable attributes and presence of desirable attributes. They also often allocate the information-producing duty to the cheapest-cost provider. Contractual provisions, typically covenants [...] address the problem of opportunism by aligning parties' incentives, by establishing rewards and punishments which make opportunism less worthwhile and cooperative behavior more worthwhile. Promises also address opportunism by permitting monitoring." HILL, Claire A. A comment on language and norms in complex business contracting. **Chicago-Kent Law Review**, v. 77, 2001, p. 42. Tradução nossa.

[788] KLEIN, Benjamin. Why hold-ups occur: the self-enforcing range of contractual relationships. **Economic enquiry**, v. 34, 1996, p. 448.

[789] "[...] contract terms that clarify performance can save costs. Writing contractual terms permits transacting partners (and potential future transactors in the marketplace if the contract is made public) to have a better understanding of what the agreement between the parties consists of". KLEIN, Benjamin. Contract and incentives: the role of contract terms in assuring performance, cit., p. 166. Tradução nossa.

[790] "[...] these agreements may form blueprints for exchange and a means to plan the collaboration, set partner expectation and, consequently, reduce misunderstandings and costly missteps". RYALL, Michael D.; SAMPSON, Rachelle C. Do prior alliances influence alliance contract structure? In: ARINO, A.; REUER, J. J. (Eds). **Strategic Alliances**. Houndsmills: Palgrave MacMillan, 2006, p. 208. Tradução nossa.

O aumento do nível de detalhes, ainda que signifique custos, inclusive de compreensão do contrato, pode ser eficiente, especialmente em cenários em que o nível de confiança é restrito. Diz Rasmusen que "as longas sessões de negociação não são necessariamente ineficientes: na medida em que elas adicionam detalhes mutuamente benéficos ao negócio, elas são eficientes"[791].

A literatura econômica, além de se apoiar no *enforcement* do contrato via judiciário ou arbitragem, ampara-se em meios de garantir o *self-enforcement* das obrigações contratuais via ameaça crível de término da relação. O valor em questão é o chamado capital reputacional, ou seja, o ganho com o potencial inadimplemento descontado da perda do fluxo futuro de receita decorrente do término da relação[792]. O *self-enforcement* funciona melhor quanto mais elevado for o capital reputacional.

Todavia, há transações em que os ganhos do inadimplemento são de grande magnitude. Nesses casos, o *self-enforcement* não basta. O investimento em custos de negociação e redação serviria como complemento para o *self-enforcement*. Tal investimento ajudaria a desencorajar o rompimento: ante previsões contratuais detalhadas, as partes poderiam reconhecer o inadimplemento com maior facilidade.

A redação ampliada do conteúdo do contrato serve também como uma forma de se precaver contra potenciais erros judiciais: as partes escrevem mais para evitar ambiguidade e equívocos de interpretação pelas cortes. Isso explicaria por que as parte redigem longas cláusulas mesmo sobre pontos não verificáveis em eventual litígio[793].

Battigalli e Maggi investigaram duas características de cláusulas contratuais que representariam formas de redução de custos de redação: a discrição e a rigidez[794].

---

[791] "Lengthy dealmaking sessions are not necessarily inefficient: to the extent that they add mutually beneficial details to the deal, they are efficient", RASMUSEN, Eric. Explaining incomplete contracts as the result of contract-reading costs, cit., p. 23. Tradução nossa.

[792] KLEIN, Benjamin. The role of incomplete contracts in self-enforcing relationships. In: BROUSSEAU, Eric; GLACHANT, Jean-Michel (Eds.). **The economics of contracts – theories and applications.** Cambridge: Cambridge University, 2002, p. 62-63.

[793] KLEIN, Benjamin. Contract and incentives: the role of contract terms in assuring performance, cit., p. 164.

[794] BATTIGALLI, Pierpaolo; MAGGI, Giovannl. Rigidity, discretion and the costs of writing contracts. **The American Economic Review**, v. 92, n. 4, p. 798-817, 2002, p. 799-806.

A discrição consistiria na "falta da especificação do comportamento das partes com precisão suficiente"[795] ou na redação de cláusulas que criam um campo de autonomia para a parte. A rigidez seria a previsão mais detalhada da ação ante certos eventos; ela caracterizaria o fato de as "obrigações das partes não estarem suficientemente contingenciadas no estado externo"[796]. No exemplo dos autores, um contrato de construção que não especificasse os materiais a serem utilizados seria dotado de discrição em tal cláusula. Se o mesmo contrato contivesse um prazo determinado para ser finalizado, essa cláusula estaria caracterizada pela rigidez.

Para Battigalli e Maggi, "a rigidez serviria para economizar os custos de se descrever as contingências, enquanto a discrição economizaria os custos da descrição das contingências *e* de descrever as obrigações correspondentes"[797].

Os autores concluem que "tarefas de alta importância tendem a ser reguladas por cláusulas contingentes, tarefas de importância intermediária tendem a ser reguladas por cláusulas rígidas e tarefas de pouca importância são deixadas à discrição do agente"[798].

Haveria uma relação inversamente proporcional entre incerteza e rigidez: quanto menor fosse a incerteza, maior seria a rigidez. Em cenários de incerteza, o contrato ótimo "conteria mais cláusulas contingentes, menos cláusulas rígidas e deixaria maior discricionariedade para o agente"[799].

---

[795] "[...] does not specify the parties' behavior with suficiente precision". BATTIGALLI, Pierpaolo; MAGGI, Giovanni. Rigidity, discretion and the costs of writing contracts, cit., p. 799. Tradução nossa.

[796] "[...] the parties' obligations are not sufficiently contingent on the external state". BATTIGALLI, Pierpaolo; MAGGI, Giovanni. Rigidity, discretion and the costs of writing contracts, cit., p. 799. Tradução nossa.

[797] "[...] ridigity saves on the cost of describing contingencies, while discretion saves on the cost of describing contingencies *and* on the cost of describing actions". BATTIGALLI, Pierpaolo; MAGGI, Giovanni. Rigidity, discretion and the costs of writing contracts, cit., p. 811. Tradução nossa. Grifos dos autores.

[798] "[...] tasks of high importance tend to be regulated by contingent clauses, tasks of intermediate importance tend to be regulated by rigid clauses, and tasks of low importance are left to the agent's discretion". BATTIGALLI, Pierpaolo; MAGGI, Giovanni. Rigidity, discretion and the costs of writing contracts, cit., p. 799. Tradução nossa.

[799] "[...] contains more contingent clauses, fewer rigid clauses, and leaves more discretion to the agent". BATTIGALLI, Pierpaolo; MAGGI, Giovanni. Rigidity, discretion and the costs of writing contracts, cit., p. 809. Tradução nossa. Explicam os autores a razão dessa conformação das cláusulas: "Isso é intuitivo: quando a incerteza é grande, o custo de eficiência de se ignorar

CONTRATOS DE CONSTRUÇÃO DE GRANDES OBRAS

Quando a incerteza aumenta ainda mais, o contrato ótimo passa a apresentar maior número de cláusulas contingentes e, ao mesmo tempo, a ser mais incompleto[800].

2.3.1.12 Custos do Litígio

Ao examinar o papel do direito contratual, Hugh Collins afirma:

> Para criar as relações necessárias de longo prazo, as partes tem que ser confiantes de que a moldura legal, que compreende o contrato escrito juntamente com as obrigações inseridas na lei que suplementam e qualificam o acordo, irão apoiar o entendimento implícito de cooperação e lealdade para a consecução do interesse comum das partes.[801]

A atribuição do papel de geração de confiança mencionada por Collins depende da qualidade do *enforcement* do sistema jurídico. E a qualidade do *enforcement*, por sua vez, é impactada pelos custos de transação contratuais.

A respeito, Williamson observou que há uma interação necessária entre os custos *ex ante* e os custos *ex post*: eles se influenciam reciprocamente. Disse o autor que "um fator complicante em tudo isso é que os custos *ex ante* e *ex post* são interdependentes. Colocado de forma diferente, eles precisam ser tratados de forma simultânea, e não sequencial."[802]

---

eventos de baixa probabilidade e escrever cláusulas rígidas é grande, portanto o número de cláusulas rígidas é baixo" ("This is intuitive: when uncertainty is higher the efficiency cost of ignoring low-probability events and wirting rigid clauses is higher, hence the number of rigid clauses is lower"), mesma obra, p. 809. Tradução nossa.

[800] BATTIGALLI, Pierpaolo; MAGGI, Giovanni Rigidity, discretion and the costs of writing contracts, cit., p. 809.

[801] "To create the necessary long-term supply relations, the parties have to be confident that the legal framework, which comprises the written contract together with the obligations inserted by the law that supplement or qualify the agreement, will support the implicit understanding of co-operation and loyalty to the joint economic interest of the parties". COLLINS, Hugh. Introduction: the research agenda for implicit dimension of contracts, cit., p. 4-5. Tradução nossa.

[802] "A complicating factor in all of this is that the ex ante and ex post costs of contract are interdependent. Put differently, they must be addressed simoutaneously rather than sequentially." WILLIAMSON, Oliver E. **The economic institutions of capitalism – firms, market, relational contracting**, cit., p. 21. Tradução nossa.

O alerta de Williamson destaca as influências recíprocas entre o custo de negociação e redação e os custos *ex post*, vale dizer, os custos de litígio para as partes, para o judiciário e os custos do erro judicial. Quanto mais se investisse nos custos *ex ante*, menores seriam os custos *ex post*.

Em 2005, Richard E. Posner escreveu um importante artigo sobre interpretação de contratos, intitulado *"The law and economics of contract interpretation"*[803]. Usando a moldura de uma equação matemática, ele sistematizou diversos custos de transação relativos a um contrato e indicou as interações entre eles[804]. A versão simples da fórmula é a seguinte:

$$C = x + p(x) \, [y + z + e \, (x, y, z)]$$

onde C representa os custos de transação sociais de um contrato, x os custos de negociação e redação, p a probabilidade de litígio, y os custos do litígio para as partes, z os custos do litígio para o Judiciário (ou órgão encarregado da solução da controvérsia) e e os custos do erro na decisão.

A notação feita por Posner, além de elegante, é também sofisticada. Percebe-se um escopo amplo na construção dos custos de transação, que inclui os efeitos para as partes e para terceiros, tais como futuros contratantes e para o próprio Poder Judiciário. A fórmula de custos de transação contratuais sociais serviu, naquele artigo, para que o autor discorresse acerca dos vários métodos (ou técnicas) de interpretação contratual aceitos no direito norte-americano[805].

Tomando-se a fórmula posneriana como ponto de partida para a reflexão e em uma análise simplificada[806], infere-se que, em decorrência da não verificabilidade do inadimplemento pelas cortes, as partes, a princípio, poderiam optar por não investir em custos de negociação e redação.

Mas, se se concretizasse o litígio, haveria maiores custos *ex post*. Como o contrato resultou simples, a consequência seria a necessidade de maior investimento no momento do litígio. Recairiam sobre as partes custos como de oportunidade; de honorários dos advogados e demais assessores

---

[803] POSNER, Richard A. The law and economics of contract interpretation. **Texas Law Review**, v. 83, p. 1581-1614, 2005.

[804] POSNER, Richard A. The law and economics of contract interpretation, cit., p. 1583 et seq.

[805] POSNER, Richard A. The law and economics of contract interpretation, cit., p. 1589-1608.

[806] Um exame mais aprofundado é feito em CARMO, Lie Uema do. **Análise econômica da interpretação contratual**, cit., p. 146 et seq.

CONTRATOS DE CONSTRUÇÃO DE GRANDES OBRAS

técnicos, etc.; e sobre o judiciário, que teria mais uma causa a deslindar tendo, portanto, mais custos administrativos[807].

Os elevados custos do litígio ou a incerteza das partes quanto ao *enforcement*, todavia, poderiam tanto induzir à simplicidade quanto elevar a complexidade. Eles promoveriam a simplicidade contratual, pois "quando o *enforcement* judicial for caro ou não confiável, as partes podem preferir termos que os juízes podem entender facilmente"[808].

Mas, ante o receio dos custos do litígio no futuro (inclusive os decorrentes do término animoso da relação contratual) ou o receio sobre a interpretação a ser dada ao contrato, as partes optariam por investir mais em custos de negociação e redação.

Por fim, mencione-se que, ante a incerteza do *enforcement* ou dos elevados custos do litígio, as partes podem preferir adotar arranjos alternativos, como as formas híbridas ou as hierarquias, tema objeto de muitos estudos na ECT[809].

2.3.1.13 Relação Contratual Pretérita

Na literatura sobre confiança, há a sugestão de que a experiência de contratação anterior levaria as partes, em nova rodada de contratação, a dispensar um instrumento muito detalhado e custoso[810], porque as repetições

---

[807] O baixo investimento em custos *ex ante* poderia levar ao aumento do erro judicial. Mas o erro poderia ser mitigado se as partes investissem tempo e dinheiro e tivessem bons advogados e boa capacidade probatória ou se o judiciário ou o órgão encarregado da solução da controvérsia fosse bastante preparado. A inter-relação entre os itens da fórmula é tema extenso, com particularidades, razão pela qual se reporta, novamente, a CARMO, Lie Uema do. **Análise econômica da interpretação contratual**, cit., p. 146 et seq.

[808] "[...] when judicial enforcement is expensive or unreliable, parties migh prefer terms that judges can easily understand." EGGLESTON, Karen; POSNER, Eric A.; ZECKHAUSER, Richard J. The design and interpretation of contracts: why complexity matters, p. 120. Tradução nossa.

[809] EGGLESTON, Karen; POSNER, Eric A.; ZECKHAUSER, Richard J. The design and interpretation of contracts: why complexity matters, p. 121. A obra clássica, a respeito, é WILLIAMSON, Oliver E. **The mechanics of governance**. Oxford: Oxford, 1996.

[810] A hipótese repousa no mecanismo do efeito da reputação, conforme, dentre outros, WILLIAMSON, Oliver E. **The mechanics of governance**., cit., p. 151-152.

criariam as condições para um ambiente de cooperação[811]. Pesquisas empíricas recentes confirmam essa hipótese, mas em termos.

Argyres, Bercovitz e Mayer investigaram o processo de aprendizagem contratual, enfocando as relações entre diversos elementos do contrato e a coevolução de tais contratos ao longo do tempo[812]. Eles concluíram que "quando os parceiros contratam novamente ao longo do tempo, eles tendem a incluir mais, e não menos, cláusulas de planejamento de contingência em seus contratos"[813]. Os contratos ficariam, portanto, mais complexos.

Ryall e Sampson examinaram contratos de aliança (ou desenvolvimento conjunto) de tecnologia nas indústrias de manufatura de equipamentos de telecomunicações e de microeletrônica. O propósito dos autores foi investigar se havia relação entre vínculos pretéritos entre as partes e a estrutura formal dos contratos e, se positivo, como tais relacionamentos afetavam a estrutura contratual[814]. Eles pretendiam verificar se a existência de relações anteriores funcionaria como complemento ou substituto de meios de governança formal[815].

Os autores concluíram que a realização de alianças anteriores, seja com a mesma parte, seja com terceiros, faz com que os contratos sejam mais

---

[811] Na pesquisa sociológica, afirma Granovetter: "os indivíduos com os quais alguém mantém uma relação contínua tem uma motivação econômica para ser confiável, de modo a não desencorajar transações futuras" ("[...] individuals with whom one has a continuing relation have an economic motivation to be trustworthy, so as not to discourage future transactions") e "além dos motivos puramente econômicos, relações econômicas contínuas sempre ficam encobertas pelo conteúdo social que carrega expectativas fortes de confiança e abstenção do oportunismo" ("[...] departing from pure economic motives, continuing economic relations often become overlaid with social content that carries strong expectations of trust and abstention from opportunism"). GRANOVETTER, Mark. Economic action and social structure: the problem of embeddedness, cit., p. 490. Tradução nossa.

[812] ARGYRES, Nicholas S.; BERCOVITZ, Janet; MAYER, Kyle J. Complementarity and evolution of contractual provisions: an empirical study of IT services contracts. **Organization Science**, v. 18, n. 1, 2007, p. 4.

[813] "[...] as two partners contract with each other over time, they tend to include more, not less, contingency planning in their contracts." ARGYRES, Nicholas S.; BERCOVITZ, Janet; MAYER, Kyle J. Complementarity and evolution of contractual provisions: an empirical study of IT services contracts, cit., p. 4. Tradução nossa.

[814] RYALL, Michael D.; SAMPSON, Rachelle C. Do prior alliances influence alliance contract structure?, cit., p. 210.

[815] RYALL, Michael D.; SAMPSON, Rachelle C. Do prior alliances influence alliance contract structure?, cit., p. 207.

especificados ou mais detalhados[816]. A explicação sugerida é que os novos contratos celebrados se tornariam menos custosos[817].

Todavia, a celebração concomitante de alianças com a mesma parte provoca um efeito inverso, tornando os contratos menos detalhados, independentemente de fatores como prazo ou escopo da tecnologia[818].

A explicação residiria no fato de as partes estarem na situação que Williamson cunhou como "refém recíproco": a existência de duas relações concomitantes aumentaria a dependência e o poder de barganha, coartando eventuais comportamentos oportunísticos e incentivando a cooperação[819].

Em outra pesquisa empírica, Poppo e Zenger concluíram que contratos e governança relacional funcionam como complementos[820]. Como resultado de uma pesquisa que realizou cento e cinquenta e duas entrevistas com executivos da indústria da computação, os autores concluíram que, com o passar do tempo, as partes desenvolvem a confiança e passam a se apoiar em mecanismos relacionais de governança, mas que, ao mesmo tempo em que tais mecanismos crescem, cresce também o nível de customização dos contratos[821].

Eles concluíram também que a especificidade de ativos (e o decorrente problema de *hold-up*) "gera níveis maiores de complexidade contratual"[822]

---

[816] RYALL, Michael D.; SAMPSON, Rachelle C. Do prior alliances influence alliance contract structure?, cit., p. 212.

[817] "Uma interpretação é que as empresas ganham experiência em redigir contratos colaborativos efetivos em alianças anteriores, o que permite às empresas especificarem direitos, obrigações e processos de desenvolvimento a baixo custo." ("One interpretation is that firms gain experience in drafting effective collaborative agreements with prior alliances, which allows these firms to specify rights, obligations and development processes at lower cost".) RYALL, Michael D.; SAMPSON, Rachelle C. Do prior alliances influence alliance contract structure?, cit., p. 207. Tradução nossa.

[818] RYALL, Michael D.; SAMPSON, Rachelle C. Do prior alliances influence alliance contract structure?, cit., p. 207-212.

[819] RYALL, Michael D.; SAMPSON, Rachelle C. Do prior alliances influence alliance contract structure?, cit., p. 213.

[820] POPPO, Laura; ZENGER, Todd. Do formal contracts and relational governance function as substitutes or complements?, cit., p. 721.

[821] POPPO, Laura; ZENGER, Todd. Do formal contracts and relational governance function as substitutes or complements?, cit., p. 722.

[822] "[...] generates greater levels of contractual complexity". POPPO, Laura; ZENGER, Todd. Do formal contracts and relational governance function as substitutes or complements?, cit., p. 722. Tradução nossa.

mediante o aumento de contratos customizados, vale dizer, de "contratos que especificam contingências, processos adaptativos, e controles que podem mitigar o comportamento oportunístico e portanto, apoiar a governança relacional"[823].

Extrapolando os resultados das pesquisas indicadas, infere-se que, em regra, a repetição das relações contratuais pode contribuir para a complexidade dos contratos, ressalva feita para aquelas concomitantes, que podem induzir à simplicidade do programa contratual. Pode-se concluir também que, em relações contínuas, a existência de mecanismos relacionais de governança (como a confiança) convive com a complexidade contratual decorrente da customização dos contratos.

---

[823] "[...] customized contracts specify contingencies, adaptive processes, and controls likely to mitigate opportunistic behavior and thereby support relational governance". POPPO, Laura; ZENGER, Todd. Do formal contracts and relational governance function as substitutes or complements?, cit., p. 721. Tradução nossa.

Capítulo 3 – Complexidade em Contratos de Construção de Grandes Obras

Na vastidão e profundidade de seu conhecimento, o mestre Antônio Junqueira de Azevedo bebeu nas fontes de Luhmann e Teubner e legou-nos a seguinte lição:

> O direito é um *sistema complexo*; é sistema, porque é um conjunto de vários elementos que se movimentam mantendo relações de alguma constância, e é complexo, porque os elementos são heterogêneos e as relações entre eles variadas. Os elementos que compõem o sistema são: normas [...], instituições [...]; operadores do Direito [...]; doutrina; jurisprudência. Na existência dinâmica do sistema, tanto as normas atuam sobre os outros elementos como esses, pela aplicação, atuam sobre elas. O mesmo ocorre com os demais elementos; há sempre retroalimentação (*feedback*). [...] Além de complexo, o sistema jurídico é um *sistema de 2ª ordem*, isto é, sua existência está em função de um sistema maior, o social; apesar disso, tem ele identidade própria e, por força dessa identidade, é relativamente *autônomo* (tem autonomia operacional).[824]

---

[824] AZEVEDO, Antonio Junqueira de. (Parecer) O Direito como sistema complexo e de 2ª ordem; sua autonomia. Ato nulo e ato ilícito. Diferença de espírito entre responsabilidade civil e penal. Necessidade de prejuízo para haver direito de indenização na responsabilidade civil. In: _____. **Estudos e pareceres de direito privado**. São Paulo: Saraiva, 2004, p. 26-27. Grifos do autor.

A percepção do mestre Junqueira é hoje um desafio teórico. Allen sustenta que:

> [...] o desafio central, largamente despercebido, do sistema legal é domesticar a complexidade, e o esforço para fazê-lo é um de seus aspectos organizativos; com efeito, a luta com a complexidade pode ser um dos aspectos explanatórios mais gerais do sistema legal[825].

Nesse passo, pretende-se refletir brevemente sobre as lições de Weaver e Simon sobre complexidade. Pensando-se o contrato de construção de grandes obras como um sistema complexo, é possível visualizar suas partes e seus diversos componentes.

O programa contratual de uma grande obra – e por essa expressão designa-se não apenas o texto do contrato, mas seu contexto – traz em si um conjunto de regras. Ele é fonte de regras. Nas palavras de Vicenzo Roppo, o regramento contratual é a "sistematização do interesse das partes"[826] e o texto do contrato "a fonte de cognição do regulamento contratual"[827].

O programa contratual fixa normas de comportamento para as partes. Ele determina o que deve ser feito, o comportamento, a ação omissiva ou comissiva esperada ante determinados fatos. Pode haver lacunas, contingências ou situações não previstas ou não especificadas no contrato, resultantes de opção deliberada ou de restrições da capacidade cognitiva dos envolvidos.

---

[825] "[...] the central, largely unnoticed, challenge of the legal system, is to domesticate complexity, and that the effort to do so is one of its organizing features; indeed, the struggle with complexity may be one of the most general explanatory features of the legal system". ALLEN, Ronald J. Rationality and the taming of complexity, cit., p. 2. Tradução nossa.

[826] "Esse lugar conceitual pode bem ser a categoria do regramento contratual. A essência do contrato é, de fato, a sistematização do interesse das partes; e o regramento contratual não é nada mais que tal sistematização: *o modo pelo qual o contrato sistematiza o interesse das partes*". ("Questo luogo concettuale può ben essere la categoria del regolamento contrattuale. L'essenza del contrato è, infatti, la sistemazione degli interessi delle parti; e il regolamento contrattuale non è altro se non tale sistemazione: il modo in cui il contrato sistema gli interessi delle parti.") ROPPO, Vicenzo. Il contratto. In: IUDICA, Giovanni; SATTI, Paolo (Orgs.), **Tratatto di diritto privato**. Milão: Giuffrè, 2001, p. 330. Grifos do autor.

[827] "[...] il texto contrattuale è [...] la fonte di cognizione del regolamento contrattuale", ROPPO, Vicenzo. Il contratto, cit., p. 332. Tradução nossa.

COMPLEXIDADE EM CONTRATOS DE CONSTRUÇÃO DE GRANDES OBRAS

Levando em consideração o que foi tratado até agora, pode-se concluir que o contrato de construção configura uma complexidade organizada, seguindo a conceituação de Weaver. Atua sobre o contrato um número bastante elevado, porém não intratável, de variáveis – jurídicas, econômicas, políticas, sociais – que se encontram formalmente estruturadas e ligadas, imbricadas "em um todo orgânico", representado pelo próprio programa contratual.

O contrato de construção pode ser entendido e analisado como um sistema complexo hierárquico quase decomponível, na acepção de Simon. Assumindo que a cláusula seja a unidade elementar, conclui-se que existem várias hierarquias ou módulos compostos pelas cláusulas (obrigações, declarações, garantias, responsabilidades, disposições gerais, definições, etc.). Elas interagem entre si e com o todo.

As "dimensões implícitas" do contrato[828] também se constituem em partes do sistema do contrato, tais quais as normas aplicáveis. Da mesma forma, as dimensões implícitas e aquelas explícitas interagem entre si, com as demais partes (cláusulas) e com o todo. O todo resulta maior que as partes.

Elevando-se a métrica de análise microanalítica para olhar o contrato de construção como elemento pertencente a uma rede, percebe-se que, dentro da rede contratual, todos os demais contratos (e seus respectivos subsistemas) interagem entre si e com o todo. Novamente, o todo é maior que a mera soma das partes.

3.1 Complexidade em Contratos de Construção de Grandes Obras

Os contratos de construção de grandes obras são contratos complexos na acepção própria jurídica, de um negócio jurídico complexo. Mas para além, do exposto, conclui-se que tais contratos são também caracterizados pela complexidade contratual.

Morin diz:

---

[828] Ver, a respeito, COLLINS, Hugh. Introduction: the research agenda for implicit dimension of contracts. In: CAMPBELL, David; COLLINS, Hugh; WIGHTMAN, John (Eds.). **Implicit dimensions of contract: discrete, relational and network contracts**, cit., 2003, bem como os demais artigos na mesma obra.

> *Complexus* significa o que foi tecido junto; de fato, há complexidade quando elementos diferentes são inseparáveis constitutivos do todo (como o econômico, o político, o sociológico, o psicológico, o afetivo, o mitológico), e há um tecido interdependente, interativo e inter-retroativo entre o objeto do conhecimento e seu contexto, as partes e o todo, o todo e as partes, as partes entre si. Por isso a complexidade é a união entre unidade e a multiplicidade.[829]

Este trabalho, muito embora seja predominantemente da área jurídica, perpassou por temas de administração de projetos, de economia e de engenharia, para o fim de compreender e transmitir o contexto de múltiplos influxos que circundam a realização de um megaprojeto.

O exame da anatomia dos contratos de construção, as noções de complexidade, de complexidade contratual, e o exame de suas fontes permite-nos, neste ponto, identificar alguns fatores de complexidade atinentes à construção de uma grande obra no país.

Um primeiro fator de complexidade dos contratos de construção é de natureza endógena e refere-se à sua complexidade tecnológica e técnica.

Parte dos ativos necessários para compor uma planta industrial costuma ser específica, contendo características especiais, customizadas ou especialmente feitas para uma determinada obra. É usual que os ativos sejam idiossincráticos, projetados e feitos sob encomenda para atender a determinadas necessidades do contratante. Novas tecnologias são desenvolvidas e algumas testadas pela primeira vez em projetos arrojados. Ensinam Clough, Sears e Sears:

> O processo de construção sujeita-se à influência de fatores altamente variáveis e imprevisíveis. [...] Todas as complexidades inerentes aos diferentes locais de construção, tais como condições de subsolo, topografia da superfície, tempo, transporte, fornecimento de materiais, insumos e serviços públicos, subcontratados locais e condições de trabalho, todas são parte do processo de construção. Como consequência das circunstâncias acima indicadas, os projetos

---

[829] MORIN, Edgar. **Os sete saberes necessários à educação do futuro**. 10. ed. São Paulo: Cortez, 2005, p. 38.

de construção são tipificados por sua complexidade e diversidade, e pela natureza não estandardizada de seu projeto e construção.[830]

A elaboração do projeto, a alocação dos ativos dentro da planta industrial, a montagem e a coordenação destes com outros equipamentos e materiais para o alcance do desempenho esperado requer a expertise conjugada de vários profissionais – exemplificativamente, arquitetos, engenheiros mecânicos, mecatrônicos, elétricos e civis, fornecedores de maquinário, empreiteiros e assim por diante. Grandes são os desafios de arranjo e coordenação técnica oriundos da dinâmica interna de tais contratos[831]. Além disso, o fato de se construir projetos únicos em locais não experimentados representa elevados desafios tecnológicos, exponencializados na interação com fatores externos, que, por sua vez, influenciam a dinâmica interna.

Outro fator endógeno de complexidade dos megaprojetos reside, precisamente, na natureza da transação.

Como se viu na parte I, as partes buscam promover a adequada alocação de riscos por meio da celebração do contrato de construção e de outros contratos (financiamento e seguros).

O programa do contrato de construção, na maior parte dos desenhos contratuais adotados, mas especialmente naqueles de *design-build* e *design-manage*, revela-se um intrincado e articulado conjunto de módulos ou partes: as obrigações, os direitos, as responsabilidades das partes são longamente especificados, em detalhes; as declarações e garantias são igual-

---

[830] "The construction process is subject to the influence of highly variable and often unpredictable factors. [...] All of the complexities inherent in different construction sites, such as subsoil conditions, surface topography, weather, transportation, material supply, utilities and services, local subcontractors, and labor conditions, are an innate part of the construction process. As a consequence of the circumstances noted above, construction projects are typified by their complexity and diversity, and by the nonstandardized nature of their design and production". CLOUGH et al. **Construction contracting: a practical guide to company management**, cit., p. 2. Tradução nossa.

[831] "Os cronogramas são intensamente inter-relacionados porque a construção precisa se desenvolver sequencialmente – um atraso de um subcontratado ou de um fornecedor pode ter um impacto dominó em todo o projeto. ("Schedules are highly interrelated because building construction needs to proceed sequentially – a delay on the part of one subcontractor or supplier can have a domino effect through the project".) BAJARI, Patrick; TADELIS, Steven. Incentives versus transaction costs: a theory of procurement contracts, cit., p. 390. Tradução nossa.

CONTRATOS DE CONSTRUÇÃO DE GRANDES OBRAS

mente tratadas em minúcias. As cláusulas do contrato autorreferenciam-se. O instrumento contratual incorpora inúmeros outros documentos.

O programa contratual usualmente contém dispositivos que correlacionam a estrutura de financiamento com o andamento e a execução da obra, além de prever a constituição de garantias diversas em benefício dos financiadores, como alienação ou cessão fiduciária dos direitos sobre a obra, dos recebíveis, do imóvel sobre o qual a obra está sendo construída, etc. Altos são os níveis de interdependência e correlação interna com o programa e entre esse e os demais contratos envolvidos.

Viu-se que nasce uma coligação, uma rede de contratos, ou duas, se assim se preferir: a do contrato de construção com seus subcontratados e fornecedores e aquela formada pela plêiade contrato de construção, de financiamento, societário e securitário. Frise-se que cada uma de tais redes tem, a seu redor, um conjunto de "partes interessadas" em relação às quais elas têm responsabilidades[832].

Como resultado da formação em rede, incidentes podem ter consequências sérias:

> Quando um construtor torna-se inadimplente, as consequências para o projeto podem ser devastadoras. Uma atmosfera de crise pode rapidamente engolfar o projeto. A construção pode parar, e a viabilidade geral do projeto pode ser colocada em questão. Cada ator do projeto deve responder imediatamente a tal exigência – subcontratados devem decidir se continuam a executar os trabalhos; fornecedores, se cientes do inadimplemento, devem avaliar se enviam os materiais; os tomadores tipicamente reexaminam os *covenants* dos empréstimos pensando em reaver os empréstimos; o proprietário é colocado em uma posição não invejável de tentar evitar o desastre total e manter o projeto nos trilhos. No mínimo, o proprietário enfrentará atraso e aumento de custos.[833]

---

[832] Consoante o PMBok, o conceito de partes interessadas compreende: "pessoas e organizações, como clientes, patrocinadores, organizações executoras e o público, que estejam ativamente envolvidas no projeto ou cujos interesses possam ser afetados de forma positiva ou negativa pela execução ou término do projeto". PROJECT MANAGEMENT INSTITUTE. **Um guia do conjunto de conhecimentos em gerenciamento de projetos**: Guia PMBOK. 3. ed. Newtown Square: Project Management Institute: 2004, p. 371.

[833] "When a contractor defaults, the consequences for the project can be devastating. An atmosphere of crisis can quickly engulf the project. Construction may grind to a halt and the overall viability of the project may be thrown into question. Every actor on the project

COMPLEXIDADE EM CONTRATOS DE CONSTRUÇÃO DE GRANDES OBRAS

Uma obra que venha a ter seu andamento anormal poderá causar graves repercussões sobre o capital de giro de uma empresa, com crescentes custos adicionais. O andamento anormal dos trabalhos se caracteriza pela existência de forças restritivas ao ritmo de produção esperado, ocasionando perda de produtividade e manutenção da estrutura de apoio com um aproveitamento apenas parcial, gerando custo adicionais e/ou atrasos na obra[834].

Outro problema é que as consequências, por vezes, não são lineares. Pense-se nas turbulências que podem surgir de fontes endógenas ao programa contratual, tais como fatores macroeconômicos, políticos ou sociais. Exemplos como o vandalismo no canteiro de obras da usina de Jirau, ocorrido em maio de 2011, em que houve a depredação do local da obra, provocou atrasos, destruição de materiais e equipamentos e uma disputa que poderia ser bilionária entre, de um lado, a proprietária do empreendimento, o consórcio Energia Sustentável do Brasil e a construtora Camargo Corrêa S.A e, de outro, as seguradoras da obra[835]. Um evento em princípio menor causa consequências desproporcionais, não lineares.

Sabe-se que as prestações de todos os envolvidos na rede, em última instância, precisam ser articuladas e desenvolvidas tempestivamente e durante longo prazo, para que se consiga, ao final, alcançar a realização da obra.

Somando-se os desafios técnicos e tecnológicos específicos de cada projeto à complexidade do objeto e das prestações, à multiplicidade de partes, aos riscos e aos elevados interesses, o resultado, inescapável, é um programa contratual muito complexo em todas as dimensões. Enormes

---

must respond immediately to such an exigency – subcontractors must decide whether to continue performing work; suppliers, if they are aware of the default, must evaluate whether to ship supplies; lenders typically reexamine loan covenants in anticipation of calling their loans; the project owner is in the unenviable position of trying to avert total disaster and keep the project on track. At a minimum, the owner will face delay and increased costs." BARRU, David J. How to guarantee contractor performance on international construction projects: comparing surety bonds with bank guarantees and standy letters of credit. **George Washington International Law Review**, v. 37, 2005, p. 52-53. Tradução nossa.

[834] PEDROSA, Verônica de Andrade. **Reivindicações em contratos de empreitada no Brasil**, cit., p. 28-29.

[835] FOLEGO, Thiago. Seguro de Jirau é motivo de disputa. **Valor Econômico**, São Paulo, Caderno Finanças, p. C1, 12 dez. 2011.

serão as quantidades de contingências previstas, a variabilidade das partidas e a demanda cognitiva.

Outro fator é a complexidade do ambiente institucional. Tome-se, em consideração da dificuldade apresentada pelo ambiente brasileiro, ilustrativamente, a complexidade jurídica. Ela revela-se de muitas formas.

Por exemplo, existe uma notável complexidade material ou temática jurídica pois os contratos de construção abrangem questões de direito de contratos, tributário, trabalhista, previdenciário, de responsabilidade civil, dentre outras. Caso tais contratos tenham por escopo a execução de obras públicas, a carga aumenta, incluindo questões próprias dos setores regulados.

Outra manifestação da complexidade jurídica aparece no debate sobre a qualificação de contratos de construção ou de *engineering*, como visto anteriormente. Para alguns, são contratos atípicos mistos. Para outros, nada mais do que a empreitada. Da exata qualificação dependem as regras aplicáveis, não apenas de ordem contratual, mas também de ordem tributária e previdenciária.

A complexidade jurídica revela-se também na insegurança das decisões trabalhistas e previdenciárias vivenciadas por construtores, subconstrutores, financiadores, patrocinadores e investidores, nas mutações do ambiente regulatório e das agências e na teia cognitivamente árdua representada pelo regramento tributário.

Há ainda um fator de complexidade específico de contratos de construção, relativo à inexistência de contratos standard.

Retome-se a reflexão feita por Kaplow, que conclui que regras complexas têm o benefício de trazer maior amplitude de previsão e, ao mesmo tempo, mais especificidade e acuidade para as ações e os comportamentos esperados pelos indivíduos.

Em contrapartida, a complexidade das regras contidas no contrato amplia os custos de informação para as partes e os custos de informação e aplicação (*enforcement*) para a autoridade encarregada da solução de controvérsias.

A complexidade seria eficiente se o custo de informação, de compreensão para as partes *ex ante* e para a autoridade *ex post* fossem baixos. Isso seria possível se as partes pudessem contar com contratos standard ou modelos, por exemplo, ou se por baixo custo pudessem contratar experts. Mas, como dito, no Brasil não dispomos ainda de contratos standard com termos e condições discutidos e negociados por organizações internacionais ou por associações de classe nacionais que representam tanto os empreiteiros quanto os donos de obra. Aqui, importam-se e adaptam-se modelos de outros contextos.

Essa característica da nossa cultura e de nossa praxe jurídica faz com que não possamos tirar proveito dos benefícios trazidos pelos contratos-padrão ou contratos-tipo, formas reconhecidas de redução de custos de negociação e de redação de contratos. Por não haver, no Brasil, tais contratos disponíveis em nosso sistema (ainda que modelos internacionais "tropicalizados" e disseminados com regularidade), incorre-se em elevados custos de redação e negociação.

Uma parte que, por exemplo, nunca tenha celebrado ou tido contato com um contrato dessa natureza incorrerá em altos custos (i.e. assessores legais e técnicos sofisticados e, usualmente, caros, além do custo de oportunidade na leitura e compreensão de um contrato de elevada demanda cognitiva) até se familiarizar com a estrutura do contrato. Essa parte não tem a opção, como ocorre em outros países, de escolher um contrato-padrão e, se essa for sua decisão racional, de preferir simplesmente utilizá-lo, acreditando ser esse um padrão "justo" e legitimado pelas práticas da indústria local. Ao contrário, a parte é obrigada a conviver com a incerteza e com os custos de seu processo de obtenção de informação, de aprendizagem.

Um redutor dos custos de transação contratuais é a existência de um corpo de regras organizado, que dispense as partes da necessidade de muito negociar e redigir. A regulação mais extensa pelo direito das relações contratuais (por meio de normas cogentes ou dispositivas) auxiliaria as partes a economizar custos de negociação e redação. Já a uniformidade da interpretação judicial das regras tornaria o comportamento do Judiciário mais previsível, servindo de sinalização sobre o que deve e o que não deve ser pactuado para se evitar litígios desnecessários[836].

A elevada imbricação técnica com outras áreas de conhecimento (engenharia, arquitetura, finanças, direito, etc.) e intra-áreas do conhecimento refletida no conteúdo dos contratos de construção torna-os especialmente áridos para a solução de controvérsias pelo Judiciário.

Ademais, precisamente por essa sofisticação, as partes usualmente optam por submeter eventuais desavenças a peritos especializados ou a

---

[836] POSNER, Richard A. The law and economics of contrac interpretation, cit., p. 1586.

árbitros. Como esses métodos de solução de controvérsia, por sua vez, são confidenciais, não existe, no Brasil, fonte jurisprudencial que permita às contratantes conhecer de antemão as interpretações correntes sobre certas disposições contratuais.

Ainda, os custos de obtenção de informação que poderiam ser mitigados para as partes e para os assessores das partes continuam elevados, ante a módica literatura disponível sobre referidos contratos. O conhecimento fica, pois, limitado e assimétrico, restrito às partes que reiteradamente contratam e litigam (i.e. empreiteiras, fornecedores de equipamentos ou serviços) e a seus assessores técnicos. A interpretação contratual é obstaculizada.

Conclui-se que, no atual estágio legislativo, doutrinário e jurisprudencial no Brasil, a tendência das partes é construir contratos bastante longos e detalhados, contendo a previsão do maior número de contingências e ações que sejam eficientes para o agente racional vis-à-vis os custos de transação contratuais (aumentando, por consequência, também a complexidade em sua dimensão cognitiva).

Assim, por todo o visto, em ambientes institucionais de elevada complexidade, como é o caso do Brasil, os custos *ex ante* podem não mitigar os custos *ex post*, mas se somarem a eles, resultando em um custo de contratação social desnecessariamente elevado.

A complexidade poderia encarecer os dispêndios das partes para contratar e também para litigar, se isso vier a ser necessário. A probabilidade de erro judicial cresceria à medida que o contrato se torna mais denso, de mais difícil compreensão. Eventual erro na decisão, por sua vez, repercutiria em futuras contratações, pois as partes tentariam evitar que a situação se repetisse, e poderiam redigir contratos ainda mais longos (aumentando os custos de negociação e redação). Em síntese, pode-se dizer que o custo da complexidade recai sobre os envolvidos na contratação, sobre futuros contratantes/litigantes e sobre as cortes, em detrimento do bem-estar social geral.

3.2 Nota sobre a Incompletude Contratual, a Complexidade e os Novos Modelos de Contratação

Como se viu, caracteriza os contratos de construção a existência de prestações complexas, articuladas entre si, e articuladas nas ações e reações necessárias das partes e de terceiros à relação contratual (mas ligados à rede contratual).

Um dos problemas de relações de longo prazo, com especificidade de ativos e de investimentos, é o *ex post hold-up*. Uma forma de solucioná-lo seria por meio da redação de contratos que previssem todas as ações que cada parte deveria tomar ante a ocorrência de determinados eventos. Para solucionar o problema de *hold-up*, o contrato deveria prever todos os eventos e as correspondentes ações. A solução seria redigir um contrato completo.

Sabe-se, todavia, que um contrato completo é muito custoso. Há dúvidas quanto a ele ser factível, ante as limitações cognitivas humanas, em um mundo marcado pelo dinamismo e pela hipercomplexidade.

A literatura econômica nos ensina que "quando os serviços a serem fornecidos compreendem multitarefas com benefícios e custos randômicos, o número de contingências contratuais cresce exponencialmente com o número de tarefas"[837]. Assim, "mesmo com um número moderado de tarefas, a contratação de um contrato completo é impossível"[838].

A conclusão é mais assertiva e determinada do que parece. A impossibilidade de contratação via contrato completo não decorre apenas do fato de os agentes serem dotados de racionalidade limitada. A complexidade decorrente das combinações entre eventos e ações é intratável até para computadores, como diz MacLeod: "quando a complexidade cresce exponencialmente com uma variável de interesse, o problema rapidamente se torna intratável para qualquer mecanismo computacional finito, mesmo para valores modestos da variável"[839].

---

[837] "[...] when the services to be provided entail multitasking with random benefits and costs, the number of contract contingencies grows exponentially with the number of tasks". MACLEOD, W. Bentley. Complexity and Contract, cit., p. 215. Tradução nossa.

[838] "[...] this implies that even with a moderate number of tasks, complete state-contingent contracting is impossible". MACLEOD, W. Bentley. Complexity and contract, cit., p. 215. Tradução nossa. No mesmo sentido, ANDERLINI, Luca; FELLI, Leonardo. Incomplete written contracts: undescribable states of nature. **The Quarterly Journal of Economics**, v. 109, n. 4, 1994, p. 1086, e BATTIGALLI, Pierpaolo; MAGGI, Giovanni. Rigidity, discretion and the costs of writing contracts, cit., p. 799.

[839] "[...] when complexity grows exponentially with a variable of interest, the problem quickly becomes intractable for any finite computation device for even modest values of this variable". MACLEOD, W. Bentley. Complexity and contract, cit., p. 215. A finitude poderia sugerir a possibilidade de uma solução para o problema. Mas não é o que ocorre. Diz MacLeod que "ser solucionável em um período finito de tempo não significa uma solução prática, já que o tempo necessário para escrever um contrato completo é um período astronomicamente

A inferência a respeito de contratos de construção é forçosa. Considerando que haverá, pela própria natureza do objeto e do contrato, uma multiplicidade de prestações complexas e articuladas, a previsão, em um contrato, de todos os eventos futuros e de todas as ações esperadas das partes é virtualmente intratável. Portanto, em construções de grandes obras o problema de *hold-up* não poderá ser resolvido por um contrato mais completo.

Fica aqui o registro de que as novas modalidades de contratação, a aliança e a parceria de projetos, de menor nível de complexidade do que o tão utilizado EPC, diminuem os custos de transação contratuais, pela sua estrutura mais simples e não dependente de um arranjo trilateral. Caberia ao nosso sistema, de sua parte, fomentar as condições de cooperação que permitissem que acordos de tal ordem florescessem e se propagassem.

---

longo" ("being solvable in finite time does not imply practical solution since the time needed to write a complete contract is an astronomically long period"), cit., p. 215. Tradução nossa.

Considerações Finais

A complexidade é uma característica dos contratos de construção de grandes obras. Examinada a anatomia jurídica e econômico-financeira dessa categoria de contratos, percebe-se que a complexidade é intrínseca a ela.

Embora se reconheça que exista um padrão médio de complexidade inerente a certas transações, uma dentre as várias questões que pendem é: como tratar as fontes de complexidade que elevam referido padrão? Como visto, a complexidade carrega consigo consequências negativas, como sobrecarga cognitiva e dificuldade de compreensão de cenários e de riscos, além de induzir à absorção ineficiente de recursos, via aumento dos custos de transação sociais.

Com efeito, ao se examinar as fontes percebe-se que existe, no ambiente institucional brasileiro, um conjunto de fatores que acentua a complexidade. Percebe-se que alguns indutores talvez tenham um peso desnecessário, podendo ser objeto de aprimoramento via adoção de políticas públicas específicas.

Reconhecer a complexidade e suas fontes pode ser do interesse não só da academia, mas também de operadores do direito e de instituições e organizações que participam de projetos de grandes obras. Espera-se que o presente trabalho tenha o condão de auxiliar a compreensão de partes, advogados, juízes e árbitros, dentre outros, a respeito da dinâmica de um contrato de grandes obras.

Um dos autores mais importantes a estudar a complexidade, Herbert A. Simon, salientava que o estudo de sistemas se tornava, na década de 1960, um tema popular. E tal popularidade era motivada mais por "uma necessidade preemente de sintetizar e analisar a complexidade do que por um largo desenvolvimento de um corpo de conhecimento ou de técnicas para se lidar com a complexidade"[840].

Esta parece ser uma conclusão necessária após um trabalho como o que ora se apresenta. O presente trabalho buscou sensibilizar para a existência e a relevância da complexidade em contratos, em geral, em contratos de construção, em específico. Espera-se que ela consiga apoiar àqueles que buscam compreender a complexidade. Pode-se concluir que ainda há um longo caminho a percorrer: este trabalho foi apenas um passo.

---

[840] "a pressing need for synthesizing and analyzing complexity than it is to any large development of a body of knowledge and technique for dealing with complexity". SIMON, Herbert A. The architecture of complexity, cit., p. 482. Tradução nossa.

Referências

ABRAHAMS, A.; CULLEN, C. Project alliances in the construction industry. **Australian Construction Law Newsletter**, v. 62, p. 31-36, 1998.

AKERLOF, George A. The market for 'lemons': quality uncertainty and the market mechanism. **Quarterly Journal of Economics**, v. 84, p. 488-500, 1970.

ALLEN, Ronald J. Rationality and the taming of complexity. **Northwestern Public Law and Legal Theory Series**, n. 11-51, p. 1-23, 2011.

AL-NAJJAR, Nabil 1. Incomplete contracts and the governance of complex contractual relationships. **The American Economic Review**, v. 85, n. 2, p. 432-436, May 1995.

ALPA, Guido. I contratti di engineering. In: RESCIGNO, Pietro (Org.). **Tratatto di diritto privato**. 2a ed. Torino: UTET, 2000. v. 11. tomo 3. p. 69-85.

_____. Engineering: problemi di qualificazione e di distribuzione del rischio contrattuale. In: VERRUCOLI, Piero (Cura). **Nuovi tipi contrattuali e tecniche di redazione nella pratica commerciale**: profili comparatistic1. Milano: Giuffrè, 1978. p. 331-352.

AMERICAN INSTITUTE OF ARCHITECTS. The History of the AIA Contract Documents. Disponível em: https://www.aiacontracts.org/contract-doc-pages/21531-the--history-of-aia-contract-documents. Acesso em: 16 fev 2019.

AMERICAN INSTITUTE OF ARCHITECTS. **Uniform Contract**. Disponível em: <http://aiad8.prod.acquia-sites.com/sites/default/files/2017-12/First-AIA-contract-document-1888.pdf>. Acesso em 16 fev 2019.

ANDERLINI, Luca; FELLI, Leonardo. Incomplete written contracts: undescribable states of nature. **The Quarterly Journal of Economics**, v. 109, n. 4, p. 1085-1124, 1994.

ANDERSON, John et al. Phases of the construction project. In: KLINGER, Marilyn; SUSONG, Marianne (Eds.). **The construction project**: phases, people, terms, paperwork, processes. Chicago: ABA, 2006. p. 4-40.

ANDRADE, Carlos Drummond. **Alguma poesia**: o livro em seu tempo. Organização de Eucanaã Ferraz. São Paulo: Instituto Moreira Salles, 2010.

ARGYRES, Nicholas S.; BERCOVITZ, Janet; MAYER, Kyle J. Complementarity and evolution of contractual provisions: an empirical study of IT services contracts. **Organi-**

zation Science, v. 18, n. 1, p. 3-19, 2007.

ASCENÇÃO, José de Oliveira. **A tipicidade dos direitos reais**. Lisboa: Calouste Gulbenkian, 1968.

ÁVILA, Humberto. O imposto sobre serviços e a lei complementar nº 116/03. In: ROCHA, Valdir de Oliveira (Coord.). **O ISS e a LC 116**. São Paulo: Dialética, 2003. p. 165-184.

AZEVEDO, Antonio Junqueira de. Natureza jurídica do contrato de consórcio (sinalagma indireto). Onerosidade excessiva em contrato de consórcio. Resolução parcial do contrato. In: _____. **Novos estudos e pareceres de direito privado**. São Paulo: Saraiva, 2009. p. 345-374.

_____. (Parecer) O direito como sistema complexo e de 2ª ordem; sua autonomia. Ato nulo e ato ilícito. Diferença de espírito entre responsabilidade civil e penal. Necessidade de prejuízo para haver direito de indenização na responsabilidade civil. In: _____. **Estudos e pareceres de direito privado**. São Paulo: Saraiva, 2004. p. 25-37.

_____. **Negócio jurídico**: existência, validade e eficácia. 3. ed. São Paulo: Saraiva, 2000.

AWREY, Dan. Complexity, innovation and ther regulation of modern financial markets. **Harvard Business Law Review**, v. 2, n. 2, p. 235-294, 2012. Disponível em: <http://ssrn.com/abstract=1916649>. Acesso em 15 nov. 2011.

_____. Complexity, innovation and the regulation of modern financial markets, University of Oxford Legal Research Paper Series, paper n. 49/2011, p. 1-65, set. 2011. Disponível em: <http://ssrn.com/abstract=1916649>. Acesso em 15 nov. 2011.

AXELROD, Robert. **The complexity of cooperation**. Princeton: Princenton, 1997.

_____. **The evolution of cooperation**. New York: Basic Books, 2006.

BAC, Mehmet. Opportunism and the dynamics of incomplete contracts. **International Economic Review**, v. 34, n. 3, p. 663-684, 1993.

BAIRD, Douglas G. Self-interest and cooperation in long-term contracts. **Journal of Legal Studies**, v. 19, n. 2, p. 583-596, 1990.

BAJARI, Patrick; TADELIS, Steven. Incentives versus transaction costs: a theory of procurement contracts. **RAND Journal of Economics**, v. 32, n. 3, p. 387-407, 2001.

BAKOS, Yannis; MAROTTA-WURGLER, Florencia; TROSSEN, David R. Does anyone read the fine print? Consumer attention to standard-form contracts. **The Journal of Legal Studies**, v. 43, n. 1, p. 1-35, 2014.

BNDES - Banco Nacional de Desenvolvimento Econômico e Social. **Perspectivas do investimento 2015-2018 e panoramas setoriais**, 2014. 198 p. Disponível em: <https://web.bndes.gov.br/bib/jspui/bitstream/1408/2842/7/Perspectivas%20do%20investimento%202015-2018%20e%20panoramas%20setoriais_atualizado_BD.pdf> Acesso em 29 jul 2016.

BNDES - Banco Nacional de Desenvolvimento Econômico e Social. **Perspectivas do investimento 2018-2021**, julho de 2018, 6 p. Disponível em: <https://web.bndes.gov.br/bib/jspui/bitstream/1408/15580/1/Perspectivas_Investimento_2018-2021_Final_P.pdf> Acesso em 15 fev 2019.

BAPTISTA, Luiz Olavo. Contratos de engenharia e construção. In: BAPTISTA, Luiz Olavo; PRADO, Maurício Almeida (Orgs.). **Construção civil e direito**. São Paulo: Lex Magister, 2011. p. 12-42.

BARRU, David J. How to guarantee contractor performance on international construction

REFERÊNCIAS BIBLIOGRÁFICAS

projects: comparing surety bonds with bank guarantees and standy letters of credit. **George Washington International Law Review**, v. 37, p. 51-108, 2005.

BATTIGALLI, Pierpaolo; MAGGI, Giovann1. Costly contracting in a long-term relationship. Nov. 2003. **IGIER Working Paper no. 249**. Disponível em: <http://ssrn.com/abstract_id=48064>. Acesso em 20 out. 2008.

_____. Rigidity, discretion and the costs of writing contracts. **The American Economic Review**, v. 92, n. 4, p. 798-817, 2002.

BELL, Mathew. Standard form construction contracts in Australia: are our reivented wheels carrying us forward? **Building and Construction Law Journal**, v. 25, n. 2, 79-93, 2009.

BERNHEIM, B. Douglas; WHINSTON, Michael D. Incomplete contracts and strategic ambiguity. **American Economic Review**, v. 88, n. 4, p. 902-932, 1998.

BERNSTEIN, Lisa. Private commercial law in the cotton industry: creating cooperation through rules, norms, and institutions. **Michigan Law Review**, v. 99, n. 7, p. 1.724-1.790, 2001.

_____. Merchant law in a merchant court: rethinking the code's search for immanent business norms. **University of Pennsylvania Law Review**, v. 144, n. 5, p. 1.765-1.821, 1996.

_____. Opting out of the legal system: extralegal contractual relations in the diamond industry. **The Journal of Legal Studies**, v. 21, n. 1, p. 115-157, 1992.

BERNSTEIN, Peter L. **Against the gods: the remarkable story of risk**. New York: Wiley & Sons, 1996.

BESSONE, Darcy. **Do contrato**: teoria geral. 4. ed. São Paulo: Saraiva, 1997.

_____. Da comercialidade da empreitada de construção. **Revista dos Tribunais**, v. 79, n. 652, p. 7-13, fev. 1990.

BEVILACQUA, Clóvis. **Código Civil**. 11. ed. Rio de Janeiro: Francisco Alves, 1958. v. IV.

BEZANÇON, Xavier; CUCCHIARINI, Christian; BITTER, Patrícia. **Guide de la commande privée**: contrats prives globaux développement durable. Paris: Le Moniteur, 2008.

BIANCA, C. Massimo. L'obbligazione. In: _____. **Diritto civile**. 2a ed. Milano: Giuffrè, 2004.

_____. Il contratto. In: _____. **Diritto civile**. 2a ed. Milano: Giuffrè, 2000.

BIELSCHOWSKY, Ricardo. A indústria em três movimentos: relatórios de três pesquisas. In: _____ (Coord. e Org.). **Investimentos e reformas no Brasil: indústria e infra--estrutura nos anos 1990**. Brasília: Ipea; Cepal, 2002. p. 161-304.

BIONDI, Biondo. **Istituzioni di diritto romano**. 4a ed. Milano: Giuffrè, 1972.

BOITEUX, Fernando Netto. **Contratos mercantis**. São Paulo: Dialética, 2001.

BONOMI, Claudio Augusto; MALVESSI, Oscar. **Project finance no Brasil**: fundamentos e estudo de casos. 2. ed. São Paulo: Atlas, 2004.

BORÇA JR., Gilberto; QUARESMA, Pedro. Perspectivas de investimento na infra-estrutura 2010-2013. **Revista do BNDES**, Rio de Janeiro, n. 77, p. 1-7, 2010.

BORGES, Luiz Ferreira Xavier; NEVES, Cesar das. Parceria público-privada: riscos e mitigação de riscos em operações estruturadas em infra-estrutura. **Revista do BNDES**, Rio de Janeiro, v. 12, n. 23, p. 73-118, 2005.

BRAGA, Jorge Luiz. Dos limites da responsabilidade do empreiteiro em face do contrato de subempreitada de obra civil. LTr: **Revista Legislação do Trabalho**. São Paulo, v. 63, n. 4, p. 500-503, Abr., 1999.

BRANDÃO, Luiz E. T.; SARAIVA, Eduardo C. G. Risco privado em infraestrutura pública: uma análise quantitativa de risco como ferramenta de modelagem de contratos. **Revista de Administração Pública**, v. 41, n. 6, p. 1035-1067, 2007.

BRASIL. Comitê Gestor do PAC. **Balanço 4 anos 2007-2010 PAC**. p. 1-33. 2010. Disponível em: <http://www.brasil.gov.br/pac/relatorios/nacionais/11o-balanco-4-anos/parte-1/view>. Acesso em 2 out. 2011.

_____. Comitê Gestor do PAC. **PAC 2 2011-2014**: primeiro balanço. p. 1-188. Disponível em: <http://www.brasil.gov.br/pac/relatorios/2011-nacionais>. Acesso em 2 out. 2011.

_____. Comitê Gestor do PAC. **PAC 2 segundo balanço julho-setembro 2011**. p. 1-182. Disponível em: <http://www.brasil.gov.br/pac/relatorios/2011-pac-2/2o-balanco/2o--balanco-inicio/view>. Acesso em 27 nov. 2011.

_____. Comitê Gestor do PAC. **PAC 2015-2018: segundo balanço 2016**. p __. Disponível em: <http://www.pac.gov.br/pub/up/relatorio/23216159149151fbfbcedb1d57dff510.pdf>. Acesso em 29 jul 2016.

BREALEY, Richard; COOPER, Ian. HABIB, Michel. The financing of large engineering projects. In: MILLER, Roger; LESSARD, Donald R. (Orgs.). **The strategic management of large engineering projects: shaping institutions, risks and governance**. Hong Kong: MIT, 2000. p. 165-179.

BRESNEN, Mike; MARSHALL, Nick. The engineering or evolution of co-operation? A tale of two partnering projects. **International Journal of Project Management**, v. 20, p. 497-505, 2002.

BRIGLIA, Shannon J. et al. Terms employed in the construction project. In: KLINGER, Marilyn; SUSONG, Marianne (Eds.). **The construction project**: phases, people, terms, paperwork, processes. Chicago: ABA, 2006. p. 87-117.

BRITTO, Jorge N. P. Cooperação industrial e redes de empresas. In: KUPFER, David; HASENCLEVER, Lia (Orgs.). **Economia industrial**: fundamentos teóricos e práticas no Brasil. 7. reimp. Rio de Janeiro: Elsevier, 2002. p. 345-388.

BROUSSARD, Buddy; MARTIN, Jay G.; STIBBS Jr., John H. The importance of engineering, procurement and construction contracts in electric power projects. **South Texas Law Review**, v. 44, p. 765-781, 2003.

BRUNER, Philip L. Construction law: the historical emergence of construction law. **William and Mitchell Law Review**, v. 34, p. 1-24, 2007.

BUENO, Júlio Cesar. Melhores práticas em empreendimentos de infraestrutura: sistemas contratuais complexos e tendências num ambiente de negócios globalizado. In: SILVA, Leonardo Toledo. **Direito e Infraestrutura**. São Paulo: Saraiva, 2012. p. 61-78.

BULGARELLI, Waldirio. **Contratos mercantis**. 14. ed. São Paulo: Atlas, 2001.

BUSTO, Maria Manuel. **Manual jurídico da construção**. Coimbra: Almedina, 2004.

CAGNASSO, Oreste; COTTINO, Gastone. Contratti commerciall1. In: COTTINO, Gastone (Cura). **Trattato di diritto commerciale**. Padova: Cedam, 2000. v. 9.

CALDAS Aulete dicionário online. Disponível em: <http://aulete.uol.com.br/site.php?mdl=aulete_digital&op=loadVerbete&pesquisa=1&palavra=complexo>. Acesso em 11 jan. 2012.

CALLAHAN, Michael T. **Construction change order claims**. 2nd ed. New York: Aspen, 2005.

CAMPBELL, David; COLLINS, Hugh. Discovering the implicit dimension of contracts. In: CAMPBELL, David; COLLINS, Hugh; WIGHTMAN, John (Eds.). **Implicit dimensions of contract**: discrete, relational and network contracts. Oxford; Portland: Hart, 2003.

CARMO, Lie Uema do. **Análise econômica da interpretação contratual**. 2006. 216 f. Dissertação (Mestrado em Direito) – Faculdade de Direito, Pontifícia Universidade Católica de São Paulo, São Paulo, 2006.

CARNEIRO, Maria Christina Fontainha. Investimentos em projetos de infra-estrutura: desafios permanentes. **Revista do BNDES**, Rio de Janeiro, v. 13, n. 26, p. 15-34, 2006.

CARNELUTTI, Francesco. **Teoria geral do direito**. São Paulo: Lejus, 2000.

CARRION, Valentin. **Comentários à consolidação das leis do trabalho**. 11. ed. São Paulo: Revista dos Tribunais, 1989.

CARVALHO DE MENDONÇA, J. X. **Tratado de direito comercial brasileiro**. 6. ed. São Paulo: Freitas Bastos, 1960. 2ª parte. v. 6.

CAVALLO BORGIA, Rosella. **Il contratto di engineering**. Padua: Cedam, 1992.

CHOI, Albert; TRIANTIS, George. Strategic vagueness in contract design: the case of corporate acquisitions. **Yale Law Journal**, v. 119, p. 848-924, 2010.

CHUNG, Tai-Yeong. Incomplete contracts, specific investments, and risk sharing. **The Review of Economic Studies**, v. 58, n. 5, p. 1031-1042, 1991.

CLOUGH, Richard H.; SEARS, Glenn A.; SEARS, S. Keoki; SEGNER, Robert O., R. **Construction contracting: a practical guide to company management**. 8th ed. Hoboken: Wiley & Sons, 2015.

COASE, Ronald H. The firm, the market and the law. In: COASE, Ronald H. (Org.). **The firm, the market, and the law**. Chicago: Chicago University, 1990. p. 1-31.

_____. The nature of the firm. In: COASE, Ronald H. (Org.). **The firm, the market, and the law**. Chicago: Chicago University, 1990. p. 33-55.

_____. The problem of social cost. In: COASE, Ronald H. (Org.). **The firm, the market, and the law**. Chicago: Chicago University, 1990. p. 95-155.

CONGLETON, Roger D. Coping with unpleasant surprises in a complex world: is rational choice possible in a world with positive information costs? **George Washington University Paper n. 11-32**. Disponível em: <http://ssrn.com/abstract=1875250>. Acesso em 10 nov. 2010.

COLLINS, Hugh. Introduction. In: TEUBNER, Gunther; COLLINS, Hugh (Eds.) **Networks as connected contracts**. Oxford; Portland: Hart, 2011. p. 1-72.

_____. Introduction: the research agenda for implicit dimension of contracts. In: CAMPBELL, David; COLLINS, Hugh; WIGHTMAN, John (Eds.). **Implicit dimensions of contract**: discrete, relational and network contracts. Oxford; Portland: Hart, 2003.

_____. **Regulating contracts**. New York: Oxford, 2002.

CORREA, Paulo et al. **Como revitalizar os investimentos em infra-estrutura no Brasil**: políticas públicas para uma **melhor participação do setor privado**. 2007. v. 1. p. 1-52. Relatório Principal. Banco Mundial. Relatório n. 36624-BR, Departamento de

Finanças, Setor Privado e Infra-estrutura.

_____. Regulatory governance in infrastructure industries: assessment and measurement of Brazilian regulators. **Trends and Policy Options**, n. ., 2006, 77 p. Disponível em: <http://www.regulacao.gov.br/publicacoes/artigos/regulatory-governance-in--infrastructure-industries>. Acesso em 2 nov. 2010.

CORREIA, Alexandre; SCIASCIA, Gaetano. **Manual de direito romano**. São Paulo: Saraiva, 1949.

COSTA, Mário Júlio de Almeida. **Direito das obrigações**. 7. ed. Coimbra: Almedina, 1999.

COUTINHO, Luciano. A construção de fundamentos para o crescimento sustentável da economia brasileira. In: ALÉM, Ana Cláudia; GIAMBIAGI, Fabio (Orgs.). **O BNDES em um Brasil em transição**. Rio de Janeiro: BNDES, 2010. p. 17-36.

CRESPIN-MAZET, Florence; PORTIER, Philippe. The reluctance of construction purchasers towards project partnering. **Journal of Purchasing & Supply Management**, v. 16, p. 230-238, 2010.

CROCKER, Keith J; REYNOLDS, Kenneth J. The efficiency of incomplete contracts: an empirical analysis of air force engine procurement. **The RAND Journal of Economics**, v. 24, n. 1, p. 126-146, 1993.

CUNHA, Antônio Geraldo. **Dicionário etimológico Nova Fronteira da língua portuguesa**. 2. ed. Rio de Janeiro: Nova Fronteira, 2000.

DAINTITH, Terence. The design and performance of long-term contracts. In: DAINTITH, Terence; TEUBNER, Gunther (Eds.). **Contract and organization**: legal analysis in the light of economic and social theory. New York: De Gruyer, 1986. p. 164-192.

DE CHIARA, Michael K.; ZETLIN, Michael S. **New York construction law**. New York: Aspen, 2003.

DEL MAR, Carlos P. **Direito na Construção Civil**. São Paulo: PINI: Leud, 2015. 560 p.

DELGADO, Mauricio Godinho. **Curso de direito do trabalho**. 9. ed. São Paulo: LTr, 2010.

DENNIS, M. Stephen; ROUVELAS, Joanna B.; DIBRITA JR., Anthony. Design-build. In: DE CHIARA, Michael K.; ZETLIN, Michael S. (Eds). **New York construction law**. New York: Aspen, 2003. p. 101-128.

DÍEZ-PICAZO, Luis. **Fundamentos de derecho civil patrimonial**: introduccion, teoria del contrato. 5. ed. Madrid: Civitas, 1996. v.1.

DÍEZ-PICAZO, Luis; GULLÓN, Antonio. **Instituciones de derecho civil**. Madrid: Tecnos, 2000. v. I/1.

DI PEPE, Giorgio Schiano. Contratto di *engineering* e società di progettazione: considerazioni preliminar1. In: VERRUCOLI, Piero (Cura). **Nuovi tipi contrattuali e tecniche di redazione nella pratica commerciale**: profili comparatistic1. Milano: Giuffrè, 1978. p. 354-360.

DUARTE, Rui Pinto. **Tipicidade e atipicidade dos contratos**. Lisboa: Almedina, 2000.

EDWARDS, Troy; JORDAN, Michael; van WASSENAER, Arent; WILKIE, David. Project financing of alliance-based projects. **Construction Law International**, v. 6, p. 1-14, March 2011.

ECLAVEA, Romualdo. **American jurisprudence 2d., state and federal**: building and construction contracts to carriers. New York: Thomson-West, 2009. v. 13.

EGGLESTON, Karen; POSNER, Eric A.; ZECKHAUSER, Richard J. The design and interpretation of contracts: why complexity matters. **Northwestern University Law Review**, v. 95, n. 1, p. 91-132, 2000.

ELLICKSON, Robert C. **Order without law**: how neighbors settle disputes. Cambridge: Harvard University, 1991.

ENEI, José Virgílio Lopes. **Project finance**: financiamento com foco em empreendimentos. São Paulo: Saraiva, 2007.

ENGRÁCIA ANTUNES, José A. **Direito dos contratos comerciais**. Lisboa: Almedina, 2009.

_____. Contratos comerciais: noções fundamentais. **Direito e Justiça**, Revista da Universidade Católica Portuguesa, Lisboa, v. especial, 2007.

ENNECERUS, Ludwig. Derecho de obligaciones. In: ENNECERUS, Ludwig; KIPP, Theodor; WOLFF, Martín (Orgs.); LEHMANN, Henrich (Rev.). **Tratado de derecho civil**. 3. ed. Barcelona: Bosch, 1966.

EPSTEIN, Richard A. **Simple rules for a complex world**. Cambridge: Harvard, 1995.

EZELDIN, A. Samer; ORABI, Wallied. Risk identification and response methods: views of large scale contractors working in developing countries. In: PANDEY, M. et al. (Eds.). **Advances in engineering structures, mechanics & construction**. Dordrecht: Springer, 2006. p. 781-792.

FARINA, Juan M. **Contratos comerciales modernos**: modalidades de contratación empresaria. 3. ed. Buenos Aires: Astrea, 2005. v. 1-2.

FERNANDES, Wanderley. **Cláusulas de exoneração e limitação de responsabilidade**. 2011. 325 f. Tese (Doutorado em Direito Comercial) – Faculdade de Direito, Universidade de São Paulo, São Paulo, 2011.

FERREIRA, Tiago Toledo; AZZONI, Carlos Roberto. Arranjos institucionais e investimento em infraestrutura no Brasil. **Revista do BNDES**, Rio de Janeiro, n. 36, p. 37-86, 2011.

FIESP - Federação das Indústrias de São Paulo. **Construbusiness 2015**. Relatório produzido pelo Departamento da Indústria e Construção da FIESP. 110 p. Disponível em: <http://hotsite.fiesp.com.br/construbusiness/2015/docs/Caderno-Tecnico.pdf>. Acesso em 29 jul 2016.

FIESP - Federação das Indústrias de São Paulo. **12° Construbusiness: Congresso Brasileiro da Constru**ção. 140 p. Disponível em: <https://sitefiespstorage.blob.core.windows.net/uploads/2017/03/deconcic-construbusiness-2016.pdf>. Acesso em 15 fev 2019.

FINNERTY, John D. **Project finance: engenharia financeira baseada em ativos**. Rio de Janeiro: Qualitymark, 1996.

FIOCCA, Demian. BNDES: infra-estrutura e desenvolvimento. Fórum nacional do Banco Nacional de Desenvolvimento Econômico e Social – BNDES, maio 2005. Disponível em: <http://www.bndes.gov.br/SiteBNDES/export/sites/default/bndes_pt/Galerias/Arquivos/empresa/download/apresentacoes/fiocca_infraedesenvolvimento.pdf>. Acesso em 2 nov. 2010.

FLEMING, Thomas M.; MASON, Maryrose (Eds.). **New York jurisprudence 2d**. New York: Thomson-West, 2008. v. 22.

FLORICEL, Serghei; MILLER, Roger. Strategic systems and templates. In: MILLER,

Roger; LESSARD, Donald R. (Orgs.). **The strategic management of large engineering projects**: shaping institutions, risks and governance. Hong Kong: MIT, 2000. p. 113-130.

FLYVBJERG, Bent; BRUZELIUS, Nils; ROTHENGATTER, Werner. **Megaprojects and risks**: an anatomy of ambition. Cambridge: Cambridge, 2003.

FOLEGO, Thiago. Seguro de Jirau é motivo de disputa. **Valor Econômico**, São Paulo, 12 dez. 2011, Caderno Finanças, p. C.1.

FORGIONI, Paula A. **Teoria geral dos contratos empresariais**. 2. ed. rev. São Paulo: Revista dos Tribunais, 2010.

_____. **A evolução do direito comercial brasileiro**: da mercancia ao mercado. São Paulo: RT, 2009.

_____. **Contrato de distribuição**. 2. ed. São Paulo: Revista dos Tribunais, 2008.

_____. Apontamentos sobre algumas regras de interpretação dos contratos comerciais: Pothier, Cairu e Código Comercial de 1850. **Revista de Direito Mercantil, Industrial, Econômico e Financeiro**, v. 141, p. 31-59, 2007.

_____. Análise econômica do direito: paranóia ou mistificação. **Revista de Direito Mercantil, Industrial, Econômico e Financeiro**, v. 139, p. 242-256, 2005.

_____. A interpretação dos negócios empresariais no novo Código Civil Brasileiro. **Revista de Direito Mercantil, Industrial, Econômico e Financeiro**, v. 42, p. 7-38, 2003.

FORGIONI, Paula A.; OLIVEIRA, Jonathan Mendes de; RODRIGUEZ, Caio Farah. Interpretação dos negócios empresariais. In: FERNANDES, Wanderley (Org.). **Fundamentos e princípios dos contratos empresariais**. São Paulo: Saraiva, 2007.

FRANCO, Vera Helena de Mello. **Contratos**: direito civil e empresarial. 5 ed. São Paulo: Revista dos Tribunais, 2014.

FRANCOM, Tober C. Performance of the Construction Manager at Risk (CMAR) Delivery Method Applied to Pipeline Construction Projects. Dissertation presented in partial fulfillment of the requirements for the degree of Doctor of Philosophy. Arizona State University, December 2015. 138 p.

FREITAS, Augusto Teixeira. **Esboço do código civil**. Brasília: Departamento da Imprensa Nacional do Ministério da Justiça; Fundação Universidade de Brasília, 1983. v. 2.

FRISCHTAK, Claudio R. O investimento em infra-estrutura no Brasil: histórico recente e perspectivas. **Pesquisa e Planejamento Econômico**, Rio de Janeiro, v. 38, n. 2, p. 307-348, 2008.

FRISCHTAK, Claudio R.; MOURAO, J. **O estoque de capital de infraestrutura no Brasil: uma abordagem setorial**, 2017. 23 p. Disponível em: <https://epge.fgv.br/conferencias/modernizacao-da-infraestrutura-brasileira-2017/files/estoque-de-capital-setorial--em-infra-brasil-22-08-2017.pdf>. Acesso em: 15 fev 2019.

FURST, Stephen et al. **Keating on construction contracts**. 8th ed. London: Sweet & Maxwell, 2006.

GALGANO, Francesco. **Derecho comercial**: el empresario. Santa Fé de Bogotá: Temis, 1999. v. 1.

GAMBETTA, Diego. Can we trust? In: GAMBETTA, Diego. **Trust**: making and breaking cooperative relations. Oxford: Basil Blackwell, 1988. p. 213-237.

REFERÊNCIAS BIBLIOGRÁFICAS

GHESTIN, Jacques. The contract as economic trade. In: BROSSEAU, Eric; GLACHANT, Jean-Michel (Eds.). **The economics of contracts**: theories and applications. Cambridge: Cambridge University, 2002. p. 99-115.

GIL, Fabio Coutinho de Alcântara. **A onerosidade excessiva em contratos de enginee-ring**. 2007. 151 f. Tese (Doutorado em Direito Comercial) – Faculdade de Direito da Universidade de São Paulo, São Paulo, 2007.

GODOY, Claudio Luiz Bueno de. **A função social do contrato**: os novos princípios contratuais. 2. ed. São Paulo: Saraiva, 2007.

GOETZ, Charles J.; SCOTT; Robert E. Principles of relational contracts. **Virginia Law Review**, v. 67, p. 1089-1150, 1981.

GOLDBERG, Victor P. Risk management in long-term contracts. **Columbia Law and Economics Working Paper n. 282**. p. 1-10. 2005. Disponível em: <http://ssrn.com/abstract=805184>. Acesso em 22 set. 2010.

_____. Price adjustments in long-term contracts. **Wisconsin Law Review**, v. 1985, p. 527-543, 1985.

_____. Regulation and administered contracts. **The Bell Journal of Economics**, v. 7, n. 2, p. 426-448, 1976.

GOLDBERG, Victor P.; ERICKSON, John R. Quantity and price adjustment in long-term contracts: a case study of petroleum coke. **Journal of Law and Economics**, v. 30, n. 2, p. 369-398, 1987.

GOMES, Orlando. **Contratos**. 26. ed. Rio de Janeiro: Forense, 2009.

_____. Empreitada e subempreitada. In: _____. **Novas questões de direito civil**. 2. ed. São Paulo: Saraiva, 1988. p. 39-52.

_____. Empreitada: responsabilidade do dono da obra. In: _____. **Novas questões de direito civil**. 2. ed. São Paulo: Saraiva, 1988. p. 419-435.

_____. Interpretação de cláusula de reajustamento de preço de obra. In: _____. **Novas questões de direito civil**. 2. ed. São Paulo: Saraiva, 1988. p. 195-203.

_____. Empreitada: atraso no pagamento das contas, acerto final. In: _____. **Questões mais recentes de direito privado**. São Paulo: Saraiva, 1987. p. 181-190.

_____. A função do contrato. In: _____. **Novos temas de direito civil**. Rio de Janeiro: Forense, 1983. p. 101-109,

GRANOVETTER, Mark. Economic action and social structure: the problem of embeddedness. **The American Journal of Sociology**, v. 91, n. 3, p. 481-510, 1985.

GRASSI, Robson A. Williamson e "formas híbridas": uma proposta de redefinição do debate. **Economia e sociedade**, v. 12, n. 1, p. 43-64, 2003.

HAGEDOORN, John; HESEN, Geerte. Contractual complexity and the cognitive load of R&D alliance contracts. **Journal of Empirical Legal Studies**, v. 6, n. 4, p. 818-847, 2009.

HALMAN, J. 1. M.; BRAKS, B. F. M. Project alliancing in the offshore industry. **International Journal of Project Management**, v. 17, n. 2, p. 71-76, 1999.

HAMPSON, Keith D.; KWOK, Tommy. Strategic alliances in building construction: a tender evaluation tool for the public sector. In: **Proceedings of the International Conference on Concurrent Engineering, 1996**, University of Toronto, Ontario. Disponível em: <http://eprints.qut.edu.au/41065/>. Acesso em 10 nov. 2011.

HAN, Seung Heon. A risk-based entry decision model for international projects. **KSCE Journal of Civil Engineering**, v. 5, n. 1, p. 87-96, 2001.

HARRIS, Donald R.; VELJANOVSKI, Cento G. The use of economics to elucidate legal concepts: the law of contract. In: DAINTITH, Terence; TEUBNER, Gunther (Eds.). **Contract and organization**: legal analysis in the light of economic and social theory. New York: De Gruyer, 1986. p. 109-121.

HART, Oliver. **Firms, contracts and financial structure**. Oxford: Oxford, 1995.

HART, Oliver; MOORE, John. Foundations of incomplete contracts. **The Review of Economic Studies**, Cidade, v. 66, n. 1, special issue: contracts, p. 115-138, 1999.

_____. Incomplete contracts and renegotiation. **Econometrica**, v. 56, n. 4, p. 755-785, 1988.

HART, Oliver; HOLMSTROM, Bengt. The theory of contracts. In: BEWLEY, Truman F. (Ed.). **Advances in economic theory, Fifth World Congress**. Cambridge: Cambridge,1987. p. 71-155.

HELDT, Cordula. Internal relations and semi-spontaneous order: the case of franchising and construction contracts. In: AMSTUTZ, Marc; TEUBNER, Gunther (Eds.). **Networks: legal issues of multilateral co-operation**. Oxford; Portland: Hart, 2009. p. 137-152.

HENDRIKSE, George; WINDSPERGER, Josef. Determinants of contractual completeness in franchising. In: TUUNANEN, M. et al. (Eds.). **New developments in the theory of networks**. Heidelberg: Springer, 2011. p. 13-30.

HERMALIN, Benjamin E.; KATZ, Michael L. Judicial modification of contracts between sophisticated parties: a more complete view of incomplete contracts and their breach. **Journal of Law, Economics & Organization**, v. 9, n. 2, p. 230-255, 1993.

HERMALIN, Benjamin E.; KATZ, Avery W.; CRASWELL, Richard. Contract law. In: POLINSKY, A. Mitchell; SHAVELL, Steven (Eds.). **The handbook of law and economics**. Amsterdam: Elsevier, 2007. v. 1. p. 7-138.

HILL, Claire A. Commentary: the trajectory of complex business contracting in Latin America. **Chicago-Kent Law Review**, v. 83, n. 1, p. 179-183, 2008.

_____. A comment on language and norms in complex business contracting. **Chicago--Kent Law Review**, v. 77, p. 29-57, 2001.

_____. Why contracts are written in "legalese"? **Chicago-Kent Law Review**, v. 77, p. 59-85, 2001.

HILL, Claire A.; KING, Christopher. How do German contracts do as much with fewer words? **Chicago-Kent Law Review**, v. 79, p. 889-926, 2004.

HILL, Claire A.; O'Hara, Erin A. A cognitive theory of trust. **Washington University Law Review**, v. 84, p. 1.787-1.796, 2006.

HUGHES, Richard O.; CHRISTENSEN, Linda. Managing construction in New York construction law. In: DE CHIARA, Michael K.; ZETLIN, Michael S. (Eds). **New York construction law**. New York: Aspen, 2003. p. 69-100.

HUGHES, Will; CHAMPION; Ronan; MURDOCH, John. **Construction contrats: law and management**. 5 e., Oxon and New York: Routledge, 2015, 435 p.

HUSE, Joseph A. **Understanding and negotiating turnkey and EPC contracts**. 2 e., London: Sweet & Maxwell, 2011.

REFERÊNCIAS BIBLIOGRÁFICAS

HVIID, Morten. Long-term contracts and relational contracts. In: NEWMAN, Peter (Ed.). **The new Palgrave dictionary of economics and the law**. p. 46-72. May 1998. Disponível em: <http://ssrn.com/abstract_id=52360>. Acesso em 20 out 2008.

ICC – International Chamber of Commerce. **ICC Model Turnkey Contract for Major Projects**. ICC Publication No. 659 E. Paris: ICC Services, 2007. p. 1-110.

INSTITUTO ANTÔNIO HOUAISS. **Dicionário Houaiss da língua portuguesa**. Rio de Janeiro: Objetiva, 2011.

INSTITUTO BRASILEIRO DE GEOGRAFIA E ESTATÍSTICA. Diretoria de Pesquisa – DPE, Coordenação de Contas Nacionais – CONAC. Sistema de Contas Nacionais – Brasil. Referência 2000. **Nota Metodológica n. 19**: formação bruta de capital fixo. versão 1. 2000. p. 1-7.

INSTITUTO BRASILEIRO DE GEOGRAFIA E ESTATÍSTICA. **Contas Nacionais do Brasil**. Disponível em: https://cidades.ibge.gov.br/brasil/pesquisa/10089/76999, Acesso em 15 fev 2019.

INSTITUTO BRASILEIRO DE GEOGRAFIA E ESTATÍSTICA. Indicadores IBGE - **Contas nacionais trimestrais**, 2015. 39 p. Disponível em: <ftp://ftp.ibge.gov.br/Contas_Nacionais/Contas_Nacionais_Trimestrais/Fasciculo_Indicadores_IBGE/pib--vol-val_201504caderno.pdf> Acesso em: 29 jul 2016.

INSTITUTO BRASILEIRO DE GEOGRAFIA E ESTATÍSTICA. **PIB avança 1,0% em 2017 e fecha ano em R$ 6,6 trilhões**. Estatísticas econômicas, Disponível em: <https://agenciadenoticias.ibge.gov.br/agencia-sala-de-imprensa/2013-agencia-de-noticias/releases/20166-pib-avanca-1-0-em-2017-e-fecha-ano-em-r-6-6-trilhoes.>, Acesso em 15 fev 2019.

JACKSON, Matthew O. **Social and economic networks**. Princeton: Princeton, 2008.

JENKINS, Jane. **International Construction Arbitration Law**. 2nd e., Alphen aan den Rijn: Kluwer Law, 2014.

JORGE NETO, Francisco Ferreira; CAVALCANTE, Joubert de Quadros P. O empreiteiro, o dono da obra e a responsabilidade pelos direitos trabalhistas. LTr – **Revista Legislação do Trabalho**, Suplemento Trabalhista, São Paulo, v. 37, n. 62, p. 303-311, 2001.

JOSKOW, Paul L. The performance of long-term contracts: further evidence from coal markets. **The RAND Journal of Economics**, v. 21, n. 2, p. 251-274, 1990.

_____. Price adjustment in long-term contracts: the case of coal. **Journal of Law and Economics**, v. 31, n. 1, p. 47-83, 1988.

_____. Contract duration and relationship-specific investments: empirical evidence from coal markets. **The American Economic Review**, v. 77, n. 1, p. 168-185, 1987.

_____. Vertical integration and long-term contracts: the case of coal-burning electric generating plants. **Journal of Law, Economics, & Organization**, v. 1, n. 1, p. 33-80, 1985.

KADES, Eric. The laws of complexity and the complexity of laws: the implications of computational complexity theory for the law. **Rutgers Law Review**, v. 49, p. 403-484, 1997.

KAHN, Marcel; KLAUSNER, Michael. Standardization and innovation in corporate contracting (or "the economics of boilerplate"). **Virginia Law Review**, v. 83, p. 713-768, 1997.

KASER, Max. **Direito privado romano**. Lisboa: Fundação Calouste Gulbenkian, 1992.

KAPLOW, Louis. A model of the optimal complexity of legal rules. **Journal of Law, Economics & Organization**, v. 11, n. 1, p. 150-163, 1995.

KENIGER, Michael et al. Case study of the National Museum (Action Peninsula) project. In: **Proceedings of the fifth annual conference**: innovation in construction, construction industry institute, Brisbane, Australia, 2000. Disponível em: <http://eprints. qut.edu.au/41506.pdf>. Acesso em 10 nov. 2011.

KLEIN, Benjamin. The role of incomplete contracts in self-enforcing relationships. In: BROUSSEAU, Eric; GLACHANT, Jean-Michel (Eds.). **The economics of contracts**: theories and applications. Cambridge: Cambridge University, p. 59-71, 2002.

_____. Why hold-ups occur: the self-enforcing range of contractual relationships. **Economic enquiry**, v. 34, p. 444-463, 1996.

_____. Contract and incentives: the role of contract terms in assuring performance. In: WERIN, Lars; WIJKANDER, Hans (Eds.). **Contract economics**. Cambridge: Blackwell, 1992.

KLEIN, B.; CRAWFORD, R.; ALCHIAN, A. Vertical integration, appropriate rents and the competitive contracting process. **Journal of Law and Economics**, v. 21, n. 1, p. 297-326, 1978.

KLEINDORFER, Paul. Risk management for energy efficiency projects in developing countries. **INSEAD Faculty & research working paper**, 2010/18/TOM/ISIC. Disponível em: <http:ssrn.com/abstract=1579938>. Acesso em 10 nov. 2010.

KNIGHT, Frank. **Risk, uncertainty and profit**. Kissimmee: Signalman, 2009.

KWOK, Tommy; HAMPSON, Keith D. Strategic alliances between contractors and subcontractors: a tender evaluation criterion for the public works sector. In: **Construction process re-engineering**: proceedings of the international conference on construction process re-engineering, 14-15th July 1997, Gold Coast, Australia. Disponível em: <http://eprints.qut.edu.au/41065/2/41065.pdf>. Acesso em 10 nov. 2011.

LAAN, Albertus et al. Building trust in construction partnering projects. **Journal of Purchasing and Supply Management**, v. 17, p. 98-108, 2011.

LANGFIELD-SMITH, Kim. The relations between transactional characteristics, trust and risk in the start-up phase of a collaborative alliance. **Management Accounting Research**, v. 19, p. 344-364, 2008.

LEÃES, Luiz Gastão Paes de Barros. Um problema de interpretação contratual: os contratos de empreitada. In: LEÃES, Luiz Gastão Paes de Barros. **Direito comercial**: textos e pretextos. São Paulo: José Bushatsky, p1976. . 101-120.

LEONARDO, Rodrigo Xavier. **Redes contratuais no mercado habitacional**. São Paulo: Revista dos Tribunais, 2003.

LIMA, Alvino. **O direito de retenção e o possuidor de má fé**. 2 ed., São Paulo: Editora Lejus, 1995.

LOPEZ, Teresa Ancona. **Comentários ao Código Civil**: parte especial, das várias espécies de contratos. Organização de Antônio Junqueira de Azevedo. i.e.., São Paulo: Saraiva, 2003. v. 7.

LORDI, Antonio. The Italian construction contract: a contribution to the study of the European construction law. **Journal of Law and Commerce**, v. 24, p. 97-110, 2004.

LORENZETTI, Ricardo Luis. **Tratado de los contratos**. 2. ed. Buenos Aires: Rubinzal-

REFERÊNCIAS BIBLIOGRÁFICAS

-Culzoni, 2007. v. 2.

LUCE, Edward. An unbridged divide takes its toll. **Financial Times**, London, 6th Nov. 2011. Disponível em: <http://www.ft.com/cms/s/0/c0058b18-06df-i.e.-b9cc-00144fea-bdc0.html#axzz1d8Tf8hiO>. Acesso em 8 nov. 2011.

MACAULAY, Stewart. The real and the paper deal: empirical pictures of relationships, complexity and the urge for transparent simple rules. **Modern Law Review**, v. 66, n. 1, p. 44-79, 2003.

_____. Relational contracts floating on a sea of custom? Thoughts about the ideas of Ian Macneil and Lisa Bersntein. **Northwestern Law Review**, v. 94, n. 3, p. 775-804, 2000.

_____. Non-contractual relations in business: a preliminary study. **American Sociological Review**, v. 28, p. 55-67, 1963.

MACEDO JR., Ronaldo Porto. **Contratos relacionais e defesa do consumidor**. São Paulo: Max Limonad, 1998.

MACLEOD, W. Bentley. Complexity and contract. In: BROSSEAU, Eric; GLACHANT, Jean-Michel (Eds.). **The economics of contracts**: theories and applications. Cambridge: Cambridge University, 2002. p. 213-240.

MARCONDES, Fernando. Contratos de construção por administração com preco máximo garantido: a lógica econômica e a apuração dos resultados. In: MARCONDES, Fernando (Org.). **Temas de Direito na Construção**. São Paulo: PINI, 2015, p.11-30.

MARINÂNGELO, Rafael. Aspectos relevantes dos modelos contratuais FIDIC. In: MARCONDES, Fernando (Org.). **Temas de Direito na Construção**. São Paulo: PINI, 2015, p.11-30.

MARINÂNGELO, Rafael e KLEE, Lukás. **Recomendações FIDIC para orientação de contratos de projetos e obras**. São Paulo: PINI, 2014.

MARINO, Francisco P. C. **Contratos coligados no direito brasileiro**. São Paulo: Saraiva, 2009.

MARQUES NETO, Floriano de Azevedo. Contratos de construção pelo Poder Público. In: BAPTISTA, Luiz Olavo; PRADO, Maurício Almeida (Orgs.). **Construção civil e direito**. São Paulo: Lex Magister, 2011. p. 43-67.

MARREWIJK, Alfons Van et al. Managing public-private megaprojects: paradoxes, complexity and project design. **International Journal of Project Management**, v. 26, 2008. p. 591-600.

MARTINS, Fran. **Contratos e obrigações comerciais**. 16. ed. Rio de Janeiro: Forense, 2010.

MARTINEZ, Pedro Romano. **O subcontrato**. Coimbra: Almedina, 2006.

MASTEN, Scott E.; CROCKER, Keith J. Efficient adaptation in long-term contracts: take--or-pay provisions for natural gas. In: MASTEN, Scott E. (Ed.). **Case studies in contracting and organization**. New York: Oxford University, 1996. p. 90-103.

MAZZAMUTO, Salvatore. Contratti di produzione di beni e servizl. Appalto. In: BESSONE, Mario (Cura). **Istituzioni di diritto privato**. 8a ed. Torino: Giappichelli, 2001.

MCKINSEY & COMPANY. **Estudo do setor do transporte aéreo do Brasil**: relatório consolidado. Rio de Janeiro: McKinsey & Company, 2010.

MEIRELLES, Hely Lopes. **Direito de construir**. 11. ed. São Paulo: Malheiros, 2013.

MENEZES CORDEIRO, António. **Manual de direito comercial**. Coimbra: Almedina,

2007.

_____. **Tratado de direito civil português**. 2. ed. Lisboa: Almedina, 2000. v. I, tomo 1.

MESSINEO, Francesco. **Doctrina general del contrato**. Buenos Aires: Europa-América, 1986. tomo 1.

MILLER, Roger; LESSARD, Donald R. Introduction. In: _____. (Orgs.). **The strategic management of large engineering projects**: shaping institutions, risks and governance. Hong Kong: MIT, 2000. p. 1-18.

_____. Mapping and facing the landscape of risks. In: _____. (Orgs.). **The strategic management of large engineering projects**: shaping institutions, risks and governance. Hong Kong: MIT, 2000. p. 75-92.

_____. Public goods and private strategies. In: _____. (Orgs.). **The strategic management of large engineering projects**: shaping institutions, risks and governance. Hong Kong: MIT, 2000. p. 19-49.

MIRANDA CARVALHO, E. V. **Contrato de empreitada**. Rio de Janeiro: Freitas Bastos, 1953.

MIZRUCHI, Mark S. Análise de redes sociais: avanços recentes e controvérsias atuais. In: MARTES, Ana Cristina Braga (Org.). **Redes e sociologia econômica**. São Carlos: EdUFSCar, 2009. p. 131-159.

MONTEIRO DE BARROS, Cecilia Vidigal. PPPs in Brazil. **The International Construction Law Review**, v. 26, parte 2, p. 180-187, 2009.

MOREIRA ALVES, José Carlos. **Direito romano**. 6. ed. Rio de Janeiro: Forense, 2002.

MORIN, Edgar. **Os sete saberes necessários à educação do futuro**. 10. ed. São Paulo: Cortez, 2005.

MUKERJI, Sujoy. Ambiguity aversion and incompleteness of contractual form. **American Economic Review**, v. 88, n. 5, 1998, p. 1207-1231.

NAOUM, Shamil. An overview into the concept of partnering. **International Journal of Project Management**, v. 21, p. 71-76, 2003.

NASH, Ralph C. **Incentive contracting**. Government contracts monograph no. 7. Disponível em: <http://ssrn.com/abstract=1928629>. Acesso em 2 jan. 2010.

NÓBREGA, Marcos. **Direito da infraestrutura**. São Paulo: Quartier Latin, 2011.

NORTH, Douglass C. **Institutions, institutional change and economic performance**. Cambridge: Cambridge, 1990.

OLIVA, Rafael; ZENDRON, Patricia. Políticas governamentais pró-investimento e o papel do BNDES. In: ALÉM, Ana Cláudia; GIAMBIAGI, Fabio (Orgs.). **O BNDES em um Brasil em transição**. Rio de Janeiro: BNDES, 2010. p. 75-92.

OLIVEIRA, José Clemente et al. Investimento na transição reformista: indústria, mineração, petróleo, telecomunicações, energia elétrica, transportes e saneamento. In: BIELSCHOWSKY, Ricardo (Coord. e Org.). **Investimentos e reformas no Brasil**: indústria e infra-estrutura nos anos 1990. Brasília: Ipea; Cepal, 2002. p. 13-160.

PAIVA, Alfredo de Almeida. **Aspectos do contrato de empreitada**. 2. ed. Rio de Janeiro: Forense, 1997.

PASIN, Jorge Antonio; LACERDA, Sander Magalhães; LAPLANE, Gabriela. O BNDES e os novos caminhos da logística. In: ALÉM, Ana Cláudia; GIAMBIAGI, Fabio (Orgs.). **O BNDES em um Brasil em transição**. Rio de Janeiro: BNDES, 2010. p. 227-238.

PEDROSA, Verônica de Andrade. **Reivindicações em contratos de empreitada no Brasil**. 1994. 95 f. Dissertação (Mestrado em Engenharia) – Departamento de Engenharia de Construção Civil, Escola Politécnica, Universidade de São Paulo, São Paulo, 1994.

PEREIRA, Caio Mário da Silva. **Instituições de direito civil**. 13. ed. Rio de Janeiro: Forense, 2009.

_____. Contrato de empreitada. **Revista de Direito Tributário**, São Paulo, v. 13, n. 50, p. 42-49, out./dez. 1989.

PEREIRA, Jorge de Brito. Do conceito de obra no contrato de empreitada. **Revista da Ordem dos Advogados**, Lisboa, v. 54, n. 2, p. 569-622, 1994.

PEREIRA, Renée. Atrasos limitam capacidade de projetos. **O Estado de São Paulo**, São Paulo, Caderno Economia, p. B7, 9 jan. 2012.

PESSOA, Michelle Pinheiro. **Contrato PMG (preço máximo garantido)**: uma alternativa para clientes e construtoras que desejam compartilhar ganhos e riscos. 2004. 64 f. Trabalho de Conclusão de Curso (Especialização em Gerenciamento de Empresas e Empreendimentos na Construção Civil, com ênfase em Real Estate) – Escola Politécnica, Universidade de São Paulo, São Paulo, 2004.

PETERSON, Jason H. The Big Dig disaster: was design-build the answer? **Suffolk University Law Review**, v. 40, p. 909-930, 2007.

PILEGGI, Fulvio Carlos. **Identificação e análise dos riscos de um projeto de project finance, sob a ótica do financiador, para uma usina de açúcar e álcool**. 2010. 86 f. Dissertação (Mestrado em Economia) – Escola de Economia, Fundação Getulio Vargas, São Paulo, 2010.

PINTO, José Emilio Nunes. **O contrato de EPC para construção de grandes obras de engenharia e o novo Código Civil**. p. 3-13. 2002. Disponível em: <https://www.jusvl. com/artigos/68>. Acesso em 20 dez. 2010.

PONTES DE MIRANDA, Francisco C.. Parecer sobre contrato de empreitada, cumprido pelos figurantes, sem reclamações dentro do prazo fixado no contrato e sem atendimento de outras exigências, e inexistência de cláusula rebus sic stantibus. 11 dez. 1972. In: _____. **Dez anos de pareceres**. Rio de Janeiro: Francisco Alves, 1977. v. 10. p. 192-202.

_____. Parecer sobre não ser responsável pelos danos que resultaram de execução do projeto, feito por outrem, empresa construtora que só se responsabilizou pela obra e pelos serviços. 6 dez. 1972. In: _____. **Dez anos de pareceres**. Rio de Janeiro: Francisco Alves, 1977. v. 10. p. 181-191.

_____. **Tratado de direito privado**. 3. ed. São Paulo: Revista dos Tribunais, 1972. tomo 44.

POPPO, Laura; ZENGER, Todd. Do formal contracts and relational governance function as substitutes or complements? **Strategic Management Journal**, v. 23, n. 8, p. 707-725, 2002.

POSNER, Eric A. **Law and social norms**. Cambridge: Harvard University, 2002.

POSNER, Richard A. The law and economics of contract interpretation. **Texas Law Review**, v. 83, p. 1581-1614, 2005.

PROJECT MANAGEMENT INSTITUTE. **Um guia do conjunto de conhecimentos em gerenciamento de projetos**: Guia PMBOK. 3. ed. Newtown Square: Project Management Institute, 2004.

_____. **A guide to the project management body of knowledge (PMBOK guide).** 5 e. Newton Square: Project Management Institute, 2013. 589 p.

PUGA, Fernando Pimentel; BORÇA JR., Gilberto Rodrigues; NASCIMENTO, Marcelo Machado. O Brasil diante de um novo ciclo de investimento e crescimento econômico. In: ALÉM, Ana Cláudia; GIAMBIAGI, Fabio (Orgs.). **O BNDES em um Brasil em transição.** Rio de Janeiro: BNDES, 2010. p. 59-74.

PUGA, Fernando Pimentel et al. Perspectivas do investimento na economia brasileira 2010-2013. In: TORRES, Ernani; PUGA, Fernando; MEIRELLES, Beatriz (Orgs.), **Perspectivas do investimento: 2010-2013.** Rio de Janeiro: BNDES, 2010. p. 12-51.

PUGA, Fernando Pimentel et al. Por que o PAC vai aumentar o investimento. **Visão do Desenvolvimento 2007**, Rio de Janeiro. p. 187-197, 2007.

RAMALHO, Yolanda; CAFÉ, Sônia Lebre; COSTA, Gisele. Planejamento corporativo 2009-2014. In: ALÉM, Ana Cláudia; GIAMBIAGI, Fabio (Orgs.). **O BNDES em um Brasil em transição.** Rio de Janeiro: BNDES, 2010. p. 93-104.

RASMUSEN, Eric. Explaining incomplete contracts as the result of contract-reading costs. **Advances in Economic Analysis and Policy.** v. 1, n. 1, artigo 2, p. 1-30, 2001. Disponível em: <http://www.bepress.com/bejeap/advances/vol1/iss1/art2>. Acesso em 10 jan. 2010.

RIBEIRO, Renato Ventura. Direito de retenção no contrato de empreitada. **Revista de Direito Mercantil, Industrial, Econômico e Financeiro**, São Paulo, v. 45, n. 141, p. 57-68, jan./mar. 2006.

RICARDINO, Roberto. **Administração de contrato em projetos de construção pesada no Brasil um estudo da interface com o processo de análise do risco.** 2007. 172n f. Dissertação (Mestrado em Engenharia) – Escola Politécnica, Departamento de Engenharia de Construção Civil, Universidade de São Paulo, São Paulo, 2007.

RIZZARDO, Arnaldo. **Contratos:** lei nº 10.406, de 10.01.2002. 11. ed. Rio de Janeiro: Forense, 2015.

ROCHA, Silvio Luís Ferreira. **Curso avançado de direito civil: contratos**. Organização de Everaldo Augusto Cambler. São Paulo: Revista dos Tribunais, 2002.

ROCKMAN, Roberto. Governo aposta no PAC para fazer PIB crescer. **Valor Econômico**, São Paulo, Caderno Especial de Infraestrutura, p. F2, 19 dez. 2011.

RODRIGUES, Silvio. **Direito civil**: dos contratos e das declarações unilaterais da vontade. 27. ed. São Paulo: Saraiva, 2000. v. 3.

ROONEY, Gregory. **Project alliancing**: the process architecture of a relationship based project delivery system for complex infrastructure projects. Disponível em: <http://ssrn.com/abstract=1809267>. Acesso em 2 dez. 2011.

_____. **Project alliancing and relationship contracting**: conflict embracing project delivery systems. Disponível em: <http://ssrn.com/abstract=400640>. Acesso em 2 dez. 2011.

ROPPO, Enzo. O Contrato. Coimbra: Almedina, 2009.

ROPPO, Vicenzo. Il contratto. In: IUDICA, Giovanni; SATTI, Paolo (Orgs.). **Tratatto di diritto privato**. Milão: Giuffrè, 2001.

ROSAPEPE, Roberto. Engineering. In: BUONOCORE, Vicenzo; LUMINOSO, Angelo

REFERÊNCIAS BIBLIOGRÁFICAS

(org). **Contratti d'impresa**. Milano: Giuffrè, 1993. tomo 1. p. 401-441,

ROSS, Jim. **Introduction to project alliancing**. Presentation to Institution of Engineers. 17 Aug. 2000, Brisbane, Australia. Disponível em: <http://www.alliancingassociation. org/Content/Attachment/Introduction%20to%20Project%20Alliancing%20-%20 Jim%20Ross%202000.pdf>. Acesso em 16 nov. 2010.

RYALL, Michael D.; SAMPSON, Rachelle C. Do prior alliances influence alliance contract structure? In: ARINO, A.; REUER, J. J. (Eds). **Strategic Alliances**. Houndsmills: Palgrave MacMillan, 2006. p. 206-216.

SAKAL, Matthew W. Project alliancing: a relational contracting mechanism for dynamics projects. **Lean Construction Journal**, v. 2, n. 1, p. 67-79, 2005.

SALANIÉ, Bernard. **The economics of contracts**: a primer. 2. ed. Cambridge: MIT, 2005.

SANTINI, Gerardo. **Commercio e servizi**: due saggi di economia del diritto. Bologna: Il Mulino, 1998.

SARRA DE DEUS, Adriana R. **Contrato de EPC (Engineering, Procurement e Construction): determinação do regime jurídico**. 2018. 280 p. Dissertação (Mestrado em Direito) - Departamento de Direito Civil, Faculdade de Direito, Universidade de São Paulo, São Paulo. 2018.

SCHUCK, Peter H.. Legal complexity: some causes, consequences and cures. **Duke Law Journal**, v. 42, n. 1, p. 1-52, 1992.

SCHWARCZ, Steven L. Regulating complexity in financial markets. **Washington University Law Review**, v. 87, n. 2, p. 211-268, 2009.

SCHWARTZ, Alan. Relational contracts in the courts: an analysis of incomplete agreements and judicial strategies. **Journal of Legal Studies**, v. 21, n. 2, p. 271-318, 1992.

_____. Legal contract theories and incomplete contracts. In: WERIN, Lars; WIJKANDER, Hans. **Contract economics**. Cambridge: Blackwell, 1992.

SCOTT, Robert E. A theory of self-enforcing indefinite agreements. **Columbia Law Review**, v. 103, n. 7, p. 1641-1699, 2003.

SCOTT, Robert E.; TRIANTIS, George G. Incomplete contracts and the theory of contract design. **Case Western Reserve Law Review**, v. 56, n. 1, p. 187-201, 2005.

SCOTT, Robert E.; KRAUS, Jody S. **Contract law and theory**. 4. ed. Newark: LexisNexis, 2007.

SEGAL, Ilya. Complexity and renegotiation: a foundation for incomplete contracts. **The Review of Economic Studies**, v. 66, n. 1, special issue: contracts, p. 57-82, 1999.

SIFFERT Filho, Nelson. A expansão da infraestrutura no Brasil e o project finance. In: ALÉM, Ana Cláudia; GIAMBIAGI, Fabio (Orgs.). **O BNDES em um Brasil em transição**. Rio de Janeiro: BNDES, 2010. p. 211-224.

SILVA, Clóvis V. do Couto. Contrato de engineering. **Revista dos Tribunais**, São Paulo, v. 81, n. 685, p. 29-40, 1992.

SILVA, João Calvão. Empreitada e responsabilidade civil. In: SILVA, João Calvão. **Estudos de direito civil e processo civil (pareceres)**. Coimbra: Almedina, 1999. p. 9-40.

SILVA, Leonardo Toledo. **Contrato de aliança: projetos colaborativos em infraestrutura e construção**. São Paulo: Almedina, 2017. 274 p.

SIMON, Herbert A. The architecture of complexity. **Proceedings of the American Philosophical Society**, v. 106, n. 6, p. 467-482, 1962.

SIQUEIRA, Bruno Luiz Weiler; SIQUEIRA, Maria Aparecida da Silva. Empreitada e subempreitada: responsabilidades e limites. **Revista Legislação do Trabalho**, v. 64, n. 11, p. 1388-1401, 2000.

SMITH, Henry E. Modularity in contracts: boilerplate and information flow. **Michigan Law Review**, v. 104, p. 1175-1222, 2006.

SOARES RIBEIRO, J. **Responsabilidade pela segurança na construção civil e obras públicas**. Coimbra: Almedina, 2009.

SOLIS-RODRIGUES, Vanessa; GONZALEZ-DIAZ, Manuel. Contractual complexity and completeness to contain opportunism in franchise agreements. **ISNIE 2008**. Disponível em: <http://papers.isnie.org/paper/146.html>. Acesso em 4 jan. 2011.

SOUSA NETO, José Antônio; OLIVEIRA, Virgínia Izabel de. Project finance theory and project control. **Caderno de Idéias** CI0406, Fundação Dom Cabral, p. 1-15, jul. 2004.

SPIER, Kathryn E. Incomplete contracts and signalling. **The RAND Journal of Economics**, v. 23, n. 3, p. 432-443, 1992.

STIPANOWICH, Thomas J. Reconstructing construction law: reality and reform in a transactional system. **Wisconsin Law Review**, v. 620, p. 463-578, 1998.

STROKES, McNeill. **Construction law in contractor's language**. New York: McGraw-Hill, 1977.

SUNDFELD, Carlos Ari (Coord.). **Parcerias público-privadas**. São Paulo: Malheiros, 2002.

SWEET, Justin. **Legal aspects of architecture, engineering and the construction process**. 3. ed. Saint Paul: West, 1986.

SZTAJN, Rachel; VERÇOSA, Haroldo Malheiros Duclerc. A incompletude do contrato de sociedade. **Revista de Direito Mercantil, Industrial, Econômico e Financeiro**, n. 131, nova série, p. 7-20, jul./set. 2003.

TALAMANCA, Mario. **Istituzioni di diritto romano**. Milano: Giuffrè, 1990.

TALAMINI, Eduardo; JUSTEN, Monica Spezia (Coords). **Parcerias público-privadas: um enfoque multidisciplinar**. São Paulo: Revista dos Tribunais, 2005.

TAVARES PAES, Paulo Roberto. **Obrigações e contratos mercantis**. Rio de Janeiro: Forense, 1999.

TEPEDINO, Gustavo; BARBOZA, Heloisa Helena; BODIN DE MORAES, Maria Celina. **Código Civil interpretado conforme a Constituição da República**. Rio de Janeiro: Renovar, 2006. v. 2.

THEODORO JÚNIOR, Humberto. Título executivo extrajudicial. Contrato de empreitada acompanhado de atestados de medição In: THEODORO JÚNIOR, Humberto. **Pareceres de processo civil**. Rio de Janeiro: América Jurídica, 2003. p. 211-220, (Série grandes pareceristas, v. 2.)

TIROLE, Jean. Incomplete contracts: where do we stand? **Econometrica**, v. 67, n. 4, p. 741-781, 1999.

TORRES, Rodolfo; AROEIRA, Cleverson. O BNDES e a estruturação de projetos de infraestrutura. In: ALÉM, Ana Cláudia; GIAMBIAGI, Fabio (Orgs.). **O BNDES em um Brasil em transição**. Rio de Janeiro: BNDES, 2010. p. 197-208.

TORRES FILHO, Ernani Teixeira; PUGA, Fernando Pimentel. Os rumos dos investimentos em infra-estrutura. **Visão do Desenvolvimento**, n. 20, p. 1-8, 17 nov. 2006. Disponível em: <http://www.bndes.gov.br/SiteBNDES/bndes/bndes_pt/Institucional/Publicacoes/Consulta_Expressa/Tipo/Visao_do_Desenvolvimento/200611_2.html>. Acesso em 2 nov. 2010.

_____. Investimentos vão crescer entre 2007 e 2010. **Visão do Desenvolvimento**, n. 21, p. 1-8, 29 nov. 2006. Disponível em: <http://www.bndes.gov.br/SiteBNDES/bndes/bndes_pt/Institucional/Publicacoes/Consulta_Expressa/Tipo/Visao_do_Desenvolvimento/200611_1.html>. Acesso em 2 nov. 2010.

TRIANTIS, George G. Unforeseen contingencies. Risk allocation in contracts. **Encyclopedia of Law and Economics**, p. 100-116. Disponível em: <http://encyclo.findlaw.com/4500book.pdf>. Acesso em 15 maio 2009.

_____. Contractual allocations of unknown risks: a critique of the doctrine of commercial impracticability. **University of Toronto Law Journal**, v. 42, n. 4, p. 450-483, 1992.

TURNER, J. Rodney. Project contract management and a theory of organization. **ERIM Report Series in Management**, ERS-2001-43-ORG, p. 1-15, 2001. Disponível em: <http://papers.srn.com/sol3/papers.cfm?abstract_id=370900>. Acesso em 26 dez. 2011.

UNITED NATIONS COMMISSION ON INTERNATIONAL TRADE LAW. **Legal guide on drawing up international contracts for the construction of industrial works.** Disponível em: <http://www.uncitral.org/uncitral/en/uncitral_texts/procurement_infrastructure/1988Guide.html>. Acesso em 2 jun. 2009.

VAN DEN BERG, Matton; KAMMINGA, Peter. **Optimizing contracting for alliances in infrastructure projects.** Disponível em: <http://ssrn.com/abstract=934569>. Acesso em 26 jun. 2011.

VARELA, João de Matos Antunes. **Das obrigações em geral**. 10. ed. Coimbra: Almedina, 2000. v. 1.

VASCONCELOS, Pedro Pais de. **Contratos atípicos**. 2 ed., Lisboa: Almedina, 2009.

VERÇOSA, Haroldo M. D. **Contratos mercantis e a teoria geral dos contratos**: o Código Civil e a crise do contrato. São Paulo: Quartier Latin, 2010.

VERÇOSA, Haroldo M. D.; SZTAJN, Rachel. **Curso de direito comercial**. São Paulo: Malheiros, 2011. v. 4. tomo 1.

VIANA, Marco Aurélio da Silva. **Contrato de construção e responsabilidade civil**: teoria e prática. 2. ed. amp. São Paulo: Saraiva, 1981.

WALD, Arnoldo. Consórcios de empresas. In: _____. **Estudos e pareceres de direito comercial**: problemas comerciais e fiscais da empresa contemporânea. São Paulo: RT, 1979. p. 316-319.

WEAVER, Warren. Science and complexity. **E:CO**, New York, v. 6, n. 3, p. 65-74, 2004. Originalmente publicado em American Scientist, n. 36, p. 536-544, 1948.

WELLENHOFER, Marina. Third party effects of bilateral contracts within the network. In: AMSTUTZ, Marc; TEUBNER, Gunther (Eds.). **Networks: legal issues of multilateral co-operation**. Oxford; Portland: Hart, 2009. p. 119-136.

WERREMEYER, Kit. **Understanding & negotiating construction contracts**. Kingston: RSMeans, 2006.

WILLIAMSON, Oliver E. Contract and economic organization. In: BROSSEAU, Eric; GLACHANT, Jean-Michel (Eds.). **The economics of contracts**: theories and applications. Cambridge: Cambridge University, 2002. p. 49-58.

_____. **The mechanics of governance**. Oxford: Oxford, 1996.

_____. Opportunism and its critics. **Managerial and Decision Economics**, v. 14, n. 2, p. 97-107, 1993.

_____. **The economic institutions of capitalism**: firms, market, relational contracting. New York: Free, 1985.

_____. Transaction-cost economics: the governance of contractual relations. **Journal of Law and Economics**, v. 22, n. 2, p. 233-261, 1979.

WOOLTHUIS, Rosalinde K.; HILLEBRAND, Bas; NOOTEBOOM, Bart. Trust, contract and relationship development. **Organization Studies**, v. 26, n. 6, p. 813-840, 2005.

YEUNG, John F. Y.; CHAN, Albert P.C.; CHAN; Daniel W. M. The definition of alliancing in construction as a Wittgestein family-resemblance concept. **International Journal of Project Management**, v. 25, p. 219-231, 2007.

ZANCHIM, Kleber Luiz. **Risco e incerteza nos contratos de parceria público-privada (PPP)**. 2010. 218 f. Tese (Doutorado em Direito) – Departamento de Direito Civil, Faculdade de Direito, Universidade de São Paulo, São Paulo, 2010.

ÍNDICE

Agradecimentos...7

Nota do IBDIC 9

Prefácio 11

Lista de figuras 13

Lista de tabelas 15

Lista de abreviaturas...17

Sumário...17

Introdução...23

Parte 1 – Contratos de Construção de Grandes Obras....................29

Capítulo 1 – Contratos de *Engineering* e Construção de Grandes Obras 67

Capítulo 2 – Anatomia dos Contratos de Construção 67

Parte 2 – Complexidade...225

Capítulo 1 – As Bases da Complexidade 227

Capítulo 2 – Complexidade e Direito...237

Capítulo 3 – Complexidade em Contratos de Construção de Grandes Obras 301

Considerações Finais..313

Referências...315